N° 1708

ASSEMBLÉE NATIONALE

CONSTITUTION DU 4 OCTOBRE 1958

DOUZIÈME LÉGISLATURE

Enregistré à la Présidence de l'Assemblée nationale le 30 juin 2004.

RAPPORT

FAIT

AU NOM DE LA MISSION D'INFORMATION [(1)]

SUR L'ACCOMPAGNEMENT DE LA FIN DE VIE

Président et Rapporteur

M. JEAN LEONETTI,

Député.

TOME I

RAPPORT

---

(1) La composition de cette mission figure au verso de la présente page.

La Mission d'information sur l'accompagnement de la fin de vie est composée de : M. Jean LEONETTI, président ; M. Jean BARDET, Mme Christine BOUTIN, M. Jean-Paul DUPRÉ, Mme Catherine GÉNISSON, MM. Gaëtan GORCE, Olivier JARDÉ, Mme Nadine MORANO, MM. Michel PIRON, Michel VAXÈS, vice-présidents ; Mmes Martine BILLARD, Marie-Josée ROIG[1], secrétaires ; MM. Paul-Henri CUGNENC, Alain GEST, Mme Henriette MARTINEZ, M. Bernard PERRUT, membres du Bureau ; Mmes Sylvie ANDRIEUX-BACQUET, Martine AURILLAC, Danielle BOUSQUET, MM. Pascal CLÉMENT, Patrick DELNATTE, Pierre-Louis FAGNIEZ, Mmes Jacqueline FRAYSSE, Claude GREFF, MM. Jean-Christophe LAGARDE, Jean-Marie LE GUEN, Alain NÉRI, Jean-Marc NESME, Mme Françoise de PANAFIEU, MM. Christian VANNESTE, Alain VIDALIES.

SOMMAIRE

MESDAMES, MESSIEURS,

Toute société vit de paradoxes. Ceux qui touchent à la fin de vie figurent parmi les plus singuliers.

Alors que la mort est de plus en plus médicalisée et survient la plupart du temps à l'hôpital, les soins et l'hospitalisation sont pour le malade, sa famille et ses proches, synonymes d'espoir.

Alors qu'en voulant affirmer sa primauté sur le groupe, l'individu revendique de plus en plus d'autonomie et est tenté d'identifier sa mort au simple achèvement de sa vie biologique, hors de toute considération humaine et sociale, il attend en même temps de la société qu'elle soulage sa douleur et qu'elle l'accompagne dans ses derniers instants par des soins appropriés.

Alors que notre société n'est pas avare d'une réglementation pointilleuse de la moindre activité professionnelle, elle expose des médecins réanimateurs qui arrêtent chaque année entre 75 000 et 100 000 appareils de réanimation, à des risques de poursuites judiciaires non négligeables, faute de règles en la matière.

Alors que l'allongement régulier de l'espérance de vie maintient en vie des personnes de plus en plus âgées, lorsque la mort frappe ces dernières, leur entourage est tenté le plus souvent de réduire l'hommage rendu à leur mémoire à sa plus simple expression, n'accordant qu'une place marginale au rituel funéraire et s'employant à raccourcir la période de deuil qui s'ensuit. A une longue vie et à une longue fin de vie succèdent alors des instants très courts, comme si la césure de la mort devait être occultée et oubliée au plus vite. Parce qu'elle est de plus en plus refoulée, notre société n'attribue de fait qu'une place réduite à la mort, la reléguant souvent à une simple abstraction.

Parce que les exigences de nos concitoyens en faveur d'une meilleure qualité de la vie se prolongent jusque dans l'exigence d'une qualité de la mort, le débat sur la fin de vie et son accompagnement est au confluent de multiples données démographiques, sociales et médicales.

Le vieillissement de la population nous impose de réfléchir sur les soins qu'attendent des personnes de plus en plus âgées. S'il y a 200 ans, 8 % de la population franchissaient le cap des 75 ans, ils sont aujourd'hui 58 % dans ce cas. Dans le même temps, l'apparition de maladies comme le sida a touché des personnes jeunes, peu préparées à affronter la mort.

Plus profondément, notre rapport à celle-ci a changé. Tandis que la mort en images, proche ou lointaine, envahit nos écrans de télévision, les personnes âgées, vulnérables et isolées, les mourants sont tenus à l'écart, à distance et reçoivent des témoignages de solidarité notoirement insuffisants, comme l'a révélé la canicule de l'été dernier.

Enfin, au fur et à mesure que les individus avancent dans le grand âge, la médecine en repoussant les limites de la technique et de la connaissance médicales, parvient à les maintenir en vie en soulageant leur douleur. En effet, aujourd'hui, quand des soins palliatifs peuvent être assurés, les situations où ils sont insuffisamment efficaces sont évaluées à 2 ou 3 % des cas de fin de vie.

Ces évolutions incontestées de la société française ont été exacerbées par des événements récents, surgis dans des contextes très particuliers et fortement médiatisés, à savoir la canicule de l'été 2003 et le cas douloureux de Vincent Humbert.

Créée le 15 octobre 2003 à la suite de ces événements à la demande du Président de l'Assemblée nationale, M. Jean-Louis Debré, la Mission d'information sur l'accompagnement de la fin de vie a tenté en huit mois d'appréhender l'ensemble des problèmes posés par la fin de vie.

Composée de 31 membres représentant toutes les sensibilités politiques, elle a procédé à 81 auditions organisées en cinq cycles, qui ont inspiré la rédaction de ce rapport. Elle a entendu ainsi successivement des historiens, des philosophes, des sociologues, des représentants des religions monothéistes et des représentants des loges maçonniques, des représentants des professions de santé et du monde associatif, des juristes et enfin des responsables politiques. Parallèlement, le 13 octobre 2003, la Chancellerie ouvrait un espace de débat sur l'euthanasie sur le site du ministère de la justice, tandis que la mission était saisie, de son côté, à travers un courrier abondant de nombreux témoignages individuels.

Si, conformément aux vœux de ses membres, ses auditions n'ont pas été ouvertes à la presse, il en a été différemment de trois tables rondes.

Celles-ci ont réuni des philosophes, des médecins, des juristes et aussi bien le président d'une association de soins palliatifs que le Président d'honneur de l'Association pour le droit à mourir dans la dignité.

Toutes les informations ainsi recueillies, tous les échanges ainsi établis, joints à des déplacements en Belgique, aux Pays-Bas et dans une unité de soins palliatifs à Paris ont permis aux membres de la mission de réfléchir et de se forger une opinion, dans un climat apaisé. Il est apparu en effet rapidement qu'aucune solution ne pouvait être imposée. Si une sensibilité politique n'avait pas vocation à dicter ses choix à une autre, le débat ne pouvait non plus être ramené à une confrontation simpliste entre malades et médecins ou entre chrétiens et athées. De fait, les préjugés de départ, les points de vue originels très tranchés sur ces questions, justifiés par des expériences personnelles ou obéissant à de fortes convictions religieuses ou philosophiques transcendant les clivages politiques, ont cédé peu à peu la place à une appréhension dépassionnée des données d'un problème particulièrement complexe, que la représentation nationale abordait pour la première fois. Cette évolution incontestable des esprits, ce rapprochement d'opinions divergentes montrent au demeurant que si des élus nationaux s'astreignent à traiter des questions de société fondamentales, en prenant du temps et du recul, en s'entourant du maximum d'avis de personnalités représentatives, la discussion et la réflexion sont possibles. Cette démarche fournit la preuve qu'un point d'équilibre peut être atteint entre des approches différentes, sans pour autant que chacun renie ses propres choix. Cette expérience très positive, saluée par tous les membres de la mission, mériterait incontestablement d'être étendue à d'autres sujets de société.

Au-delà de ces constatations sur la méthode suivie et ses vertus, les travaux de la mission ont livré trois enseignements.

Dans ce domaine qui, encore une fois, emprunte fortement à la subjectivité de chacun, parce qu'il touche au plus profond de l'être, les mots sont utilisés dans des sens différents par les uns et par les autres et obscurcissent la discussion. Cela est particulièrement vrai de l'euthanasie, les distinctions usuelles entre euthanasie « active » et « passive », euthanasie « directe » et « indirecte » ne coïncidant ni avec des notions juridiques aisément identifiables ni avec les intentions des acteurs engagés dans l'accompagnement de la fin de vie.

Les malentendus entre les juristes - en particulier les pénalistes - et les médecins favorisent des interprétations de la règle de droit, qui ne sont pas sans conséquences sur le choix de l'acte médical. Les premiers invoquent des catégories juridiques simples et solidement établies, inadaptées à l'extrême variété de situations auxquelles sont confrontés les seconds, suivant que le malade est conscient ou non, qu'il dépend ou non d'une thérapie et qu'il est ou non seul dans la vie.

Enfin, la mission a pu se rendre compte combien les enjeux de ce sujet qui justifient plus que tout autre sérénité et sérieux, sont souvent malheureusement caricaturés et appréhendés superficiellement. La complexité de la réalité médicale et sociale, l'extrême diversité des cas individuels sont rapidement dissimulées derrière des slogans simplificateurs et la discussion verse bien souvent dans un débat binaire, comme si les choix du législateur ne se résumaient qu'à une alternative : la défense du *statu quo* ou l'adoption d'une législation sur l'euthanasie.

Pour tenter de surmonter ces ambiguïtés sémantiques, pour essayer de vaincre ces malentendus et pour clarifier les approches tant philosophiques que médicales et juridiques de ces problèmes qui nous concernent tous, la mission s'est efforcée à travers ce rapport de répondre à trois questions :

– quel est le regard de notre société sur la mort ? (I) ;

– quelles sont les attentes de notre société ? (II) ;

– quelles sont les réponses possibles aux attentes de notre société ? (III).

1. PREMIÈRE PARTIE : QUEL EST LE REGARD DE NOTRE SOCIÉTÉ SUR LA MORT ?

« *Et la mort ? Où est-elle ? Il chercha son ancienne peur, sa peur habituelle de la mort et ne la trouva pas. Où était-elle ? Quelle mort ? Il n'y avait pas de peur parce qu'il n'y avait pas de mort.* »[1]

Les travaux de la Mission d'information sur l'accompagnement de la fin de vie se sont ouverts sur les auditions de philosophes, d'historiens et de sociologues. Comme l'a souligné M. Didier Sicard, Président du Comité consultatif national d'éthique pour les sciences de la vie et de la santé[2], le débat en la matière « *resurgit toujours à l'occasion d'un procès ou d'une situation spectaculaire, mais peu fréquente. Entre ces événements importants, la réflexion de la société est assez faible* »[3]. C'est pourquoi, il a semblé fondamental à l'ensemble des membres de la mission de replacer dans une perspective plus générale, le débat sur l'opportunité et la possibilité de faire évoluer la réglementation sur l'accompagnement de l'autre dans sa fin de vie. Cette réflexion ne peut être indépendante du regard que porte notre société sur la mort. En effet, comme l'écrivait Louis-Vincent Thomas, anthropologue, dont les travaux sur la mort font autorité, et qui a été cité par Mme Anita Hocquard, socio-anthropologue, enseignante-chercheur à l'Université de Paris I, en préalable à son audition devant la mission : « *Chaque société a la mort qu'elle mérite.* »[4]

Face à cet événement, qualifié par Vladimir Jankélévitch d'« *inclassable, [...] dépareillé par excellence, unique en son genre, monstruosité solitaire, [...] sans rapport avec tous les autres événements qui, tous, s'inscrivent dans le temps* », nos sociétés occidentales contemporaines ont une réaction de déni que l'ensemble des personnes auditionnées ont souligné, pour le regretter. Cette perte de familiarité avec la mort s'est accentuée avec le déplacement du lieu de la mort. On ne meurt

---

1 Léon Tolstoï, *La mort d'Ivan Ilitch*, Gallimard, Folio, p. 156.

2 Le Comité consultatif national d'éthique pour les sciences de la vie et de la santé est dénommé dans la suite du rapport, Comité consultatif national d'éthique ou CCNE.

3 Audition du 21 octobre 2003.

4 Audition du 18 novembre 2003.

plus chez soi, au milieu des siens, on meurt à l'hôpital, seul et de plus en plus tard. Les peurs d'aujourd'hui devant la mort – peur de la souffrance et de la maladie, peur de la déchéance et de la perte de la dignité – s'inscrivent donc dans ce contexte d'une mort médicalisée et hospitalière.

Mais la médicalisation et la rationalisation de la mort ne doivent pas faire oublier que si cette dernière est universelle, elle est, pour chaque être humain, unique car « *tout le monde s'imagine qu'il est le premier à mourir.* »[1] L'action des pouvoirs publics doit donc veiller à respecter celui qui va mourir. En effet, « *l'attitude devant la mort reflète l'idée que l'époque se fait de l'humanité de l'individu* »[2] écrit M. Damien Le Guay, philosophe. Il rejoint ainsi Norbert Elias pour lequel « *dans la conscience des hommes, l'image de la mort est très étroitement liée à l'image de soi, de l'être humain qui prédomine dans la société à laquelle ils appartiennent* »[3] et Pierre Chaunu, pour qui une société se juge à la manière dont elle traite ses morts.

1.1 LA MORT REFOULÉE

S'agissant du regard de nos sociétés modernes sur la mort, M. Pascal Hintermeyer, Directeur de l'Institut de sociologie à l'Université Marc Bloch-Strasbourg II, a observé que « *de ce point de vue, nos sociétés sont très particulières par rapport aux autres sociétés humaines où la mort a une place importante. La plupart des recherches menées se retrouvaient sur cette idée d'une exception anthropologique de la modernité avancée sur la question de la mort.* »[4] Selon l'expression de Louis-Vincent Thomas, nous assistons bien à un « déni » de la mort[5].

Celui-ci s'exprime dans l'espace, la mort étant de plus en plus désocialisée et dans le temps, cette individualisation progressive de la mort étant le fruit d'une longue évolution.

1.1.1 LA DÉSOCIALISATION ET L'INDIVIDUALISATION DE LA MORT

La mort contemporaine n'est plus familière mais individualisée et solitaire.

1.1.1.1 Le sentiment général de la perte de la « mort sociale »

Si les diverses personnalités auditionnées par la mission ont analysé – chacune à la lumière de son expérience et de sa pratique

---

1 Eugène Ionesco, « *Le roi se meurt* », Gallimard, 1968, p.68.
2 *Qu'avons-nous perdu en perdant la mort ?*, Editions Cerf, 2002, p. 39
3 *La solitude des mourants,*Editions Christian Bourgois, Collection Détroits, 1998, p. 71.
4 Audition du 19 novembre 2003.
5 *Anthropologie de la mort*, Payot, 1975.

professionnelle – ce déni sous des éclairages différents, toutes ont fait le constat de la perte de la mort sociale. Ainsi, M. Michel Vovelle[1] a-t-il plutôt mis l'accent sur les différentes configurations historiques de la mort. Devant la mission, il a rappelé que « *la mort, selon les époques, a connu des formulations différentes. L'époque médiévale, celle de l'art de mourir* – artes moriendi – *se focalisait sur l'instant de la mort, comme l'illustrent les xylographies représentant l'agonisant entouré, d'une part, par les anges, d'autre part, par les démons qui le sollicitent. Le mourant se trouvait face à un dilemme : à cet instant précis, tout pouvait être sauvé ou perdu et le croyant le plus respectueux pouvait tout perdre par manque de foi. Cette survalorisation de l'instant de la mort a été relayée à l'époque classique par le thème de la bonne mort comme le fruit d'une bonne vie. L'imagerie et l'iconographie de la mort de Saint Joseph visité par le Christ, en présence de la Vierge et de Saint Jean, sont symboliques de cette bonne mort [...]. Il est certain qu'à chaque séquence de l'évolution de l'humanité, une société est régie par un système de la mort qui, n'est certes pas le décalque mécanique des structures sociales mais qui a à voir avec les structures de la société, du pouvoir et l'imaginaire collectif, religieux ou philosophique. D'un système à l'autre, la mort change et des séquences de crise se renouvellent. Le Moyen Age fut marqué par la crise du macabre, la fin du XVIe siècle par le frisson du baroque* »[2].

Toutes ces époques avaient en commun de considérer la mort comme familière et naturelle. Or, cette perspective a changé dans nos sociétés contemporaines.

– La perte de la mort familière

Dans son avis relatif à « *L'accompagnement des personnes en fin de vie* », le Conseil économique et social indiquait que : « *Longtemps, la mort a été familière aux vivants [...] Nous l'avons sinon effacée, du moins reléguée au point de ne plus la voir ou de la considérer que comme une abstraction.* »[3]

Les travaux de Philippe Ariès ont donné une forte consistance historique à l'opposition entre le rapport familier qu'entretenaient les sociétés traditionnelles avec la mort et le rapport fait de dénégation qui a cours aujourd'hui. Au cours des différentes auditions, de nombreuses références y ont été faites :

– « *Philippe Ariès avait mis en lumière une continuité de cette mort naturelle, de l'époque médiévale et même pré-médiévale jusqu'au paysan de*

---

1 Notamment dans son ouvrage *La mort et l'Occident de 1300 à nos jours*, Gallimard, 1983.
2 Audition du 29 octobre 2003.
3 Avis du 24 février 1999, p. 3.

Tolstoï, qui, voyant la mort venir se tournait vers le mur et prenait congé, de façon pacifiée, de la vie et des autres. »[1]

– « *Je voudrais, en préambule, revenir à la situation particulière de notre société occidentale. De tout temps, pendant des siècles, la mort a été naturelle et acceptée. Roland, Don Quichotte et les moujiks de Tolstoï sentent la mort venir et se couchent. Jusqu'à la fin du XIXe siècle, du moins dans les campagnes, cela se passait ainsi. L'être humain se savait mortel et sentait sa mort venir. Progressivement, à partir du milieu du XXe siècle, la mort a quitté le monde des choses familières pour se retirer furtivement. La mort est désormais cachée, taboue, d'autant plus inavouable qu'elle est inacceptable, d'autant plus impensée qu'elle est insensée.* »[2]

– « *Nous assistons à un déni de la mort, à une disparition, à une mort interdite, à ce que Gorer appelle une sorte de « pornographie de la mort », une mort qui n'est plus visible. Philippe Ariès qualifie cette situation « de phénomène particulièrement inouï ». Selon lui, nous vivons, depuis une cinquantaine d'années, « une révolution brutale des idées et des sentiments traditionnels », une forme de rupture dans une continuité. Pendant mille ans, l'homme, sentant la mort venir, comme le dit la fable de La Fontaine ou la Chanson de Roland, convoquait son entourage pour faire œuvre de transmission matérielle ou spirituelle.* »[3]

Quand M. Damien Le Guay parle de la « mort perdue », il fait référence à la perte de cette mort familière, qualifiée d'apprivoisée par Philippe Ariès, par opposition à la mort inversée et sauvage qui a cours aujourd'hui. Le refoulement de la mort se manifeste par une stratégie de rupture entre la vie et la mort. Celle-ci n'a plus sa place dans la vie sociale, elle n'est plus visible : le mourant est mis à l'écart et le défunt doit disparaître le plus rapidement possible.

Très caractéristique de cette évolution est l'inversion de la mort idéale. La mort familière impliquait que normalement, l'on savait que l'on allait mourir et que l'on avait le temps de s'y préparer : « *On ne meurt pas sans avoir eu le temps de savoir qu'on allait mourir. Ou alors c'était la mort terrible, comme la peste ou la mort subite, et il fallait bien la présenter comme exceptionnelle, n'en pas parler. Normalement donc, l'homme était averti. Que se soient les chevaliers de la Table ronde :* « Sachez, dit Gauvain, que je ne vivrai pas deux jours. » *ou Roland à Roncevaux qui* « sent que son temps est fini » *ou le pauvre laboureur de La Fontaine, tous*

---

1 Audition de M. Michel Vovelle du 29 octobre 2003.

2 Audition de M. Philippe Letellier, professeur au CHU de Caen, responsable de l'unité de soins palliatifs, du 9 décembre 2003.

3 Audition de M. Damien Le Guay du 5 novembre 2003.

sentent la mort venir et y font face. »[1] A Tolstoï sur son lit d'agonie qui demandait « *Comment meurent donc les moujiks ?* », Philippe Ariès répond « *Mais les moujiks mouraient comme Roland, Tristan, Don Quichotte : ils savaient. Dans les trois morts de Tolstoï, un vieux postillon agonise dans la cuisine de l'auberge [...]. Il sait. Quand une bonne femme lui demande gentiment si ça va, il répond :* " La mort est là, voilà ce que c'est." »[2]

La mort s'annonçait par des signes précurseurs caractéristiques : Anatole Le Braz a ainsi décrit de nombreux « intersignes » annonciateurs de celle-ci en Bretagne, région où la perte de la mort familière a été moins sensible et moins récente que dans d'autres[3].

Aujourd'hui, l'idéal de la bonne mort est la mort qui survient sans que l'on s'en rende compte. « *Ce que nous appelons aujourd'hui la bonne mort, la belle mort, correspond exactement à la mort maudite d'autrefois, la* mors repentina et improvisa, *la mort inaperçue.* »[4] Tout le monde souhaite en effet mourir sans s'en apercevoir. Selon un sondage BVA/*Psychologie magazine* de novembre 1998, 82 % des personnes interrogées préfèreraient mourir sans s'en rendre compte. M. Damien Le Gay commente ainsi cette enquête : « *il est préférable de ne plus « vivre » sa mort, de ne pas la regarder en face et, presque à l'improviste, de se laisser surprendre par elle.* »[5] On entend ainsi couramment les paroles suivantes : « *il est mort dans son sommeil, il ne s'est pas réveillé, il a eu la plus belle des morts* » qui sont significatives de ce que Mme Marie-Frédérique Bacqué analyse comme « *une tentative de maîtrise et de déni (de la mort) à travers le souhait d'un court-circuit final, exemplaire par l'infarctus du myocarde ou la rupture d'anévrisme. Ce serait une mort idéale permettant de s'éteindre brutalement, ou dans son sommeil, en évitant la souffrance et la déchéance, l'agonie ou le questionnement anxiogène.* »[6]

– Un phénomène récent

Même si elle a connu des évolutions, cette conception de la mort familière a eu cours pendant des siècles. En fait, la perte de la familiarité avec la mort, « *cette révolution brutale des idées et des sentiments traditionnels* »[7], selon l'expression de Philippe Ariès, s'est produite dans les années cinquante.

---

[1] Philippe Ariès, *Essais sur l'histoire de la mort en Occident du Moyen Age à nos jours*, Seuil, 1979, p. 18.
[2] *Idem*, p. 20.
[3] *La Légende de la mort*, Coop Breizh, 1994, pages 8 et suivantes.
[4] Philippe Ariès, *L'homme devant la mort*, Seuil, 1977, p.581
[5] *Qu'avons-nous perdu en perdant la mort* ?, *opus* cité p. 102-103.
[6] *Apprivoiser la mort*, Editions Odile Jacob, 2003, p. 33.
[7] *Essais sur l'histoire de la mort en Occident du Moyen Age à nos jours*, *opus* cité, p. 61.

Elle est née aux Etats-Unis et s'est progressivement étendue à l'Europe industrielle. Philippe Ariès en a dessiné les contours géographiques. Les habitudes traditionnelles ont tout d'abord été abandonnées dans les villes. Le phénomène s'est ensuite propagé comme une tâche d'huile, ce qui explique que dans certaines régions plus rurales, le phénomène ait été moins prononcé, et en tout cas, plus tardif. Ainsi, Mme Yolande Briand, Secrétaire générale de la Fédération « Santé-sociaux » de la CFDT et infirmière, a indiqué qu'en raison de ce déni de la mort, les élèves infirmiers n'ont presque jamais, avant leurs études, été concrètement confrontés à celle-ci. La réaction devant la mort varie toutefois en fonction de l'origine des élèves : « *Cette première confrontation (avec la mort) est d'une violence inouïe. Tous les élèves infirmiers vous le diront, mis à part ceux qui sont originaires de familles rurales ou maghrébines dans lesquelles la mort est plus prise en charge dans le cadre de la cellule familiale.* »[1]

– La mort interdite

La mort fait peur et est perçue comme le mal absolu. Pour Louis-Vincent Thomas, « *L'Occident d'aujourd'hui vit la mort comme obscène et scandaleuse [...] Car dorénavant la mort cesse d'appartenir au monde naturel ; c'est une agression venue du dehors [...] Ne dit-on pas spontanément de quelqu'un qui vient de mourir : qu'est-ce qui l'a tué ? De quoi est-il mort ? [...] L'homme moderne pratique en permanence une stratégie de la coupure : vie/mort pensées en termes antinomiques* »[2].

Philippe Ariès parle de la « *mort interdite* »[3], ajoutant « *qu'aujourd'hui, il suffit de la nommer pour provoquer une tension émotive incompatible avec la vie quotidienne.* »[4] Pour Geoffrey Gorer, la mise en place de cet interdit se manifeste par une sorte de « pornographie de la mort » : ce qui était autrefois imposé est aujourd'hui défendu. Dans son livre *Pornography of death,* il a montré comment la mort est devenue taboue, remplaçant au XXe siècle, le sexe comme principal interdit. On fait comme si la mort n'existait pas et le meilleur moyen d'y parvenir est de la chasser de la vie quotidienne. Ainsi, la mort n'est plus évoquée explicitement devant les enfants qui n'assistent plus aux obsèques de leurs grands-parents « partis en voyage » : la mort leur est présentée comme un non-événement. D'une manière très imagée, Philippe Ariès écrit que « *ce ne sont plus les enfants qui naissent dans les choux, mais les morts qui disparaissent parmi les fleurs.* »[5] Mme Marie–Thérèse Garnier, infirmière

---

1 Audition du 28 janvier 2004.

2 *La mort*, Que sais-je ?, Presses universitaires de France, 2003.

3 *Essais sur l'histoire de la mort en Occident du Moyen Age à nos jours, opus* cité, p. 61 à 72.

4 *Idem.*

5 *Ibidem.*

au sein d'une unité mobile de soins palliatifs, a insisté sur « *la gêne de notre société face à la mort qui dit implicitement aux familles et aux malades qu'il est presque indécent de montrer leur peine et qu'ils dérangent les bien portants s'ils montrent leurs difficultés à vivre des moments difficiles* »[1].

Cet interdit justifie le mensonge fait aux mourants. Pour Philippe Ariès, l'origine de ce mensonge s'explique par le désir, de la part de l'entourage, d'épargner le mourant. Mais ce souci « *dû à l'intolérance à la mort de l'autre et à la confiance nouvelle du mourant dans son entourage, a été recouvert par un sentiment différent, caractéristique de la modernité : éviter non plus au mourant mais à la société, à l'entourage lui-même, le trouble et l'émotion trop forte, insoutenable, causés par la laideur de l'agonie et la simple présence de la mort.* »[2] La tendance à cacher la gravité de son état à un malade est très présente dans nos sociétés : même si l'article L. 1111-2 du code de la santé publique reconnaît au malade le droit d'être informé sur son état de santé, les médecins font montre de la plus extrême prudence, quant il s'agit d'annoncer un pronostic mortel.

Le refoulement de la mort se manifeste aussi dans l'impossibilité de se représenter, par avance, la mort de ses proches. Celle-ci prend toujours l'individu au dépourvu comme s'en est étonné M. Stéphane Meyer, conseiller de l'ordre du Grand Orient de France : « *Notre civilisation occulte la mort, comme si elle voulait s'en débarrasser. Cela n'a pas toujours été le cas. Pourtant, si l'on accepte de pousser son premier cri, il faut accepter son dernier soupir. Cette immaturité vis-à-vis de la conception de sa vie, je la constate en tant que professionnel [...] mais je suis étonné de l'étonnement et du désarroi des gens devant la mort. Il semble que les personnes ne se soient jamais posé au préalable aucune question sur le sens de la vie et de la mort. Je suis frappé de l'immaturité de personnes de 60 ans, effondrées devant la perte de leur parent de 90 ans, comme pourrait l'être un enfant au décès de sa mère. C'est malheureusement la majorité des cas et c'est sans doute pour cela que vous allez être obligés de répondre à la place de nos concitoyens immatures.* »[3]

Anticiper sa propre mort est tout aussi difficile. Il a ainsi été fait part à plusieurs reprises à la mission des difficultés qu'ont les Français à exprimer leur volonté au regard du principe du don d'organes, celui-ci impliquant la nécessité d'imaginer sa mort et de la concevoir concrètement.

Afin de disposer d'un état des lieux des connaissances sur les représentations et les perceptions de la fin de vie et des soins palliatifs par la population générale et les professionnels de santé, l'Institut national de

---

1 Audition du 7 janvier 2004.

2 *Essais sur l'histoire de la mort en Occident du Moyen-Age à nos jours, opus* cité, p. 61 à 72.

3 Audition du 3 décembre 2003.

prévention et d'éducation pour la santé (INPES) a confié au Centre de recherche pour l'étude et l'observation des conditions de vie (CREDOC), la réalisation d'une étude exploratoire. Celle-ci met l'accent sur la solitude des familles, qui regrettent que la mort et la souffrance des proches soient des sujets rejetés du champ social et que rien, dans la vie sociale, ne les prépare à affronter ce type de situations[1].

Ces constatations rejoignent l'étude qualitative réalisée en 1999, également par le CREDOC, à la demande du Comité interfilière funéraire, sous la direction de M. Jean-Pierre Loisiel et commentée par M. Michel Hanus, Président de la Société française de thanatologie. Les personnes interrogées y ont notamment insisté sur le non-dit étouffant de la mort dans notre société, le rejet du deuil et le refoulement de la mort. Pour la plupart, la perte d'un proche est un événement difficilement imaginable et toujours vécu comme brutal, inattendu, même dans le cas de longues maladies ou de la disparition d'un parent très âgé ou hospitalisé[2].

– Le déni de la mort se reflète dans le discours surabondant sur la mort

Comme le constate Louis-Vincent Thomas, « *les discours sur la mort sont révélateurs d'artifices qui désamorcent l'angoisse et mettent la mort à distance : le langage courant fourmille d'expressions argotiques, humoristiques ou d'euphémismes compassés ; le langage scientifique la réduit à l'objet réifié, fait biologique éventuellement maîtrisable ; mais surtout les médias diffusent sur la mort un discours surabondant qui la banalise, en occulte la dimension essentielle : morts anonymes et lointaines, d'intérêt statistique ou anecdotique, morts spectacles dont la répétition estompe l'impact émotionnel* »[3].

Cette analyse, que l'on pourrait appliquer à la façon dont la canicule de l'été 2003 a été traitée dans les médias et perçue par l'opinion publique, est partagée par M. Xavier Mirabel, médecin et Président de l'Association *« Alliance pour les droits de la vie »* : « *Le deuxième point sur lequel notre société est en difficulté, c'est le déni de la mort. On a toutes les chances de mourir vieux, donc on a l'impression que l'on ne mourra pas. On écarte cette réalité. Les sociologues et les philosophes ont écrit beaucoup de choses passionnantes sur l'impact d'une mort qui, objectivée par les cadavres sanguinolents présentés par la télévision, disparaît de notre environnement, n'est plus vue ni approchée par les enfants. La mort nous*

---

1 *Etude exploratoire sur les connaissances, représentations et perceptions à l'égard des soins palliatifs et de l'accompagnement*, étude du CREDOC pour l'INPES, juillet 2003.

2 *La mort aujourd'hui*, Michel Hanus, Editions Frison-Roche, collection Face à la mort, 2000, p. 23 et suivantes.

3 *La Mort*, *opus* cité, p. 43.

semble lointaine et plus elle est lointaine par l'entremise de l'écran, plus elle nous fait peur. »[1]

M. Damien Le Guay insiste lui aussi sur le décalage entre la mort réelle et la mort imaginaire : « *L'imaginaire social, télévisuel, cinématographique n'a jamais accordé autant de place à la mort. Refus de la mort réelle ; présence excessive de la mort imaginaire. Mais ces morts ne sont pas du même ordre. La première, la mort individuelle, celle qui intervient dans les familles et qui, après tout, est la seule mort qui tienne, est trop individuelle, trop singulière, trop personnelle, opposée à trop d'obligations sociales actuelles pour être partagée. Quant à l'autre, celle de nos écrans, elle est de l'ordre de l'imaginaire mais d'un imaginaire bien particulier. Rares sont les films comme « L'incompris » de Comencini ou « Cris et chuchotements » de Bergman, relatant la vraie douleur de ceux qui meurent. Nous avons atteint un tel degré d'irréalité que la mort, dans les films [...] est du même ordre que celle des jeux d'enfant [...] Le héros est immortel.* »[2]

1.1.1.2 La mort contemporaine, une mort individualisée et solitaire

Corollaire de la désocialisation de la mort, la mort contemporaine est individualisée et solitaire. Comme le résume la formule de Mme Danièle Hervieu-Léger, sociologue et directrice d'études à l'Ecole des Hautes Etudes en Sciences Sociales : « *Mourir en sujet, c'est consentir à mourir seul.* »[3]

– La mort individualisée

Dans nos sociétés, la mort n'est plus un événement communautaire mais un événement de la vie privée des individus. Les scènes de morts publiques décrites par les historiens ou illustrées par les peintres (Jean-Baptiste Greuze, « *La mort du père* ») sont des témoignages d'un autre monde. Philippe Ariès le rappelle : « *Comme on naissait en public, on mourait en public et pas seulement le roi, mais n'importe qui. Le mourant présidait et ne trébuchait guère, car il savait comment se tenir, tant il avait été de fois témoin de scènes semblables. Il appelait un à un ses parents, ses familiers, ses domestiques, "jusqu'au plus bas" dit Saint-Simon en décrivant la mort de Mme de Montespan. Il leur disait adieu, leur demandait pardon, leur donnait sa bénédiction. Investi d'une autorité souveraine, surtout au*

---

[1] Audition du 28 janvier 2004.
[2] *Qu'avons-nous perdu en perdant la mort ?*, *opus* cité p. 46.
[3] Audition du 19 novembre 2003.

XVIIIe et XIXe siècles, par l'approche de la mort, il donnait des ordres, faisait des recommandations. »[1]

Aujourd'hui, la mort ne relève plus que de la seule sphère privée et familiale, cette dernière étant d'ailleurs souvent réduite aux membres très proches, à la famille cellulaire, comme le souligne M. Damien Le Guay ; pour celui-ci, cette évolution est allée de pair avec l'évolution du rôle de la famille dans la société : « *la mort ne concerne plus la communauté mais la seule sphère privée. Nous vivons là une nouveauté radicale, de même que* « la famille cesse d'être ce qu'elle fut toujours, pour autant que nous le sachions, un rouage de l'ordre social » *selon Marcel Gauchet, de même, la mort, à la suite de cette première privatisation, relève de la seule sphère de l'individu et est en quelque sorte bannie du champ social.* »[2]

Mme Marie de Hennezel, psychologue et auteur du rapport « Fin de vie et accompagnement » remis en octobre 2003 à M. Jean-François Mattei, Ministre de la santé, de la famille et des personnes handicapées, a regretté devant la mission qu'« *à la solidarité qui se manifestait autrefois autour des mourants se soit substituée une solitude, un chacun pour soi qui n'encourage pas à faire confiance aux autres et qui fait que l'on préfère compter sur soi* »[3].

Cette individualisation de la mort n'est pas sans conséquences car celui qui va mourir devra lui-même donner un sens à sa mort, et si possible, la réussir : « *L'individu est un être isolé qui doit produire de lui-même un sens qui lui est propre et non pas se rattacher à des logiques de sens ou à des récits qui lui seraient imposés de l'extérieur ; il doit développer une expérience personnelle et non pas collective.* »[4] Cette analyse rejoint celle faite par Mme Danièle Hervieu-Léger : « *cet événement est donc pensé comme l'ensemble de nos pratiques et des événements de notre vie, comme devant être une réussite individuelle. Autrement dit, aujourd'hui il y a une sorte d'impératif de « réussir sa mort » qui plane sur nous tous* »[5]. Elle a confirmé cette évolution devant la mission : « *Dans la tension irréductible entre atomisation et subjectivation se dessine la configuration contemporaine du « bien mourir » : une configuration qui aiguise l'épreuve effrayante de la déliquescence solitaire, mais qui pousse aussi à la limite la requête d'accomplissement de la dignité tragique du sujet autonome [...] Faute de pouvoir nous appuyer, pour faire face à cette épreuve, sur de grands codes de sens venus d'en haut, c'est par petits bouts [...] que nous*

---

1 Philippe Ariès, *Essais sur l'histoire de la mort en Occident du Moyen Age à nos jours, opus* cité p. 168.
2 *Qu'avons-nous perdu en perdant la mort ?, opus* cité p. 16.
3 Table ronde du 17 décembre 2003.
4 Audition de M. Damien Le Guay du 5 novembre 2003.
5 Ouvrage collectif, *Qu'est-ce que mourir ?*, Editions Le Pommier, 2003, p. 103-104.

sommes amenés à en produire le sens, pour nous-mêmes et pour nos proches. »[1]

C'est d'ailleurs sur cette mise en sens personnel que les soins palliatifs fondent une partie de leur action. Les travaux d'Elisabeth Kübler-Ross auxquels les personnalités entendues par la mission ont fait de constantes références et qui ont jeté les bases des soins palliatifs tels que pratiqués aujourd'hui, sont fondamentalement tournés vers la réhabilitation du mourant. Celui-ci vit, dans son agonie, une expérience unique. Mme Michèle Salamagne, Médecin responsable de l'Unité de soins palliatifs de l'Hôpital Paul Brousse de Villejuif, a décrit l'une des premières étapes des soins palliatifs comme « *un temps de réappropriation de sa propre histoire après l'expérience morcelante de la maladie. Ainsi réunifié et réinscrit dans ses repères, le patient va progressivement reprendre la main.* »[2]

De la même façon, pourrait-on considérer que les revendications portant sur la maîtrise de sa mort par l'individu ou en tout cas, sur le moment et les modalités de sa mort, procèdent d'une volonté de mise en sens personnelle de sa mort. Cependant, Mme Anita Hocquard analyse cette volonté de mourir debout, et donc d'affronter la mort en face, comme une « *forme subtile du déni de la mort* »[3].

– *La mort solitaire*

A l'égard des mourants, la désocialisation de la mort se caractérise par ce que Louis-Vincent Thomas appelle la « *désolidarisation-démission* » et l'« *escamotage des mourants* » dont l'une des manifestations est l'extrême solitude : « *On meurt donc presque en cachette, plus seul que Pascal n'en a jamais eu l'idée.* »[4] Les cultures traditionnelles se caractérisent par leur capacité de soutenir chaque homme dans la maladie et dans la mort. Dans nos sociétés occidentales qui sont avant tout des sociétés de type marchand, l'agonisant n'est pas rentable et est donc perçu comme un intrus et une charge. On agonise le plus souvent seul, sans y être préparé, l'idéal étant la mort de celui qui « *joue à celui qui ne sait pas qu'il va mourir.* »[5] Poursuivant cette analyse, Philippe Ariès écrit : « *là où nous sommes tentés de ne voir qu'escamotage, ils (les sociologues américains) nous montrent la création empirique d'un style de mort où la discrétion apparaît comme la forme moderne de la dignité. Avec moins de poésie, c'est la mort de Mélisande* »[6]. Pour que la mort soit tolérée par les survivants, il

---

1 Audition du 19 novembre 2003.
2 Table ronde du 11 février 2004.
3 Audition du 18 novembre 2003.
4 Philippe Ariès, *Essais sur l'histoire de la mort en Occident du Moyen Age à nos jours*, *opus* cité, p. 173.
5 *Idem*, p. 172.
6 *Ibidem*, p. 173.

faut qu'elle soit acceptable, c'est-à-dire, la plus discrète possible. Il s'est ainsi institué « *un idéal de la mort qui s'est substitué aux pompes théâtrales de l'époque romantique et, d'une manière générale, à la publicité traditionnelle de la mort [...], un modèle nouveau de la mort [...] L'accent est mis sur l'acceptable. Il importe en effet que la mort soit telle qu'elle puisse être acceptée ou tolérée par les survivants* »[1].

M. Pascal Hintermeyer a cependant fait observer devant la mission que nos contemporains craignaient la mort solitaire. C'est à cette mort survenant à la sauvette que veulent mettre fin les personnes engagées dans les soins palliatifs, auditionnées par la mission. MM. Henri Delbecque, Responsable du Comité de suivi du Programme national de développement des soins palliatifs, et Philippe Letellier, notamment, ont fait part de la crainte de l'abandon et de la solitude exprimée par les malades en fin de vie[2].

– La disparition de la mort individuelle

Conséquence et stade ultime de ce refoulement de la mort hors du champ social, le mourant est privé de sa propre mort. C'est en ce sens que M. Damien Le Guay parle de la disparition de la mort individuelle : « *La deuxième disparition est celle de la mort individuelle, c'est-à-dire de la reconnaissance individuelle de cette mort qui vient, de ce temps de séparation entre le vivant et le mort et entre le mort et les personnes endeuillées. Nous avons perdu une grammaire funéraire, une pratique, un langage, des rites et des rituels, ce qui fait dire à Léon Burdin, Aumônier de l'Hôpital de Villejuif pendant une quinzaine d'années, que nous vivons « une double mort », c'est-à-dire une mort par privation de la vie et une mort par privation de la parole. Il considère que nous sommes dans une forme de suicide muet, de disparition de l'individu comme être de parole donc être de mémoire, de relations, de partage par le biais de la parole. Il ajoute : « ce suicide-là n'est que l'expression muette et stérile d'une immense détresse intérieure. » Face à cette disparition, un nouvel idéal moderne de la mort s'est progressivement installé, une forme de mort « sans s'en rendre compte », une disparition presque inconsciente, une mort qui ne présente plus de visibilité.* »[3]

Le même constat est dressé par Louis-Vincent Thomas : « *le mourant se voit interdit de parole. Il est traité en mineur ou comme un être privé de raison* [...] *Chosifié, réifié, réduit à une somme organique de symptômes, déjà défunt au sens étymologique du terme (privé de raison). Il est seulement observé comme un sujet clinique, isolé quand on peut, comme*

---

[1] Philippe Ariès, *Essais sur l'histoire de la mort en Occident du Moyen Age à nos jours*, *opus* cité, p. 74.
[2] Auditions des 16 et 9 décembre 2003.
[3] Audition du 5 novembre 2003.

un mauvais exemple, et traité comme un enfant irresponsable dont la parole n'a plus ni sens ni autorité [...]. Les mourants n'ont plus de statut et par conséquent plus de dignité. Ils sont des clandestins. »[1]

Mme Marie de Hennezel rend compte aussi de cette privation de la mort individuelle : « *Autre violence banale, quasi quotidienne, faite aux malades à l'hôpital : le silence. Cette façon de les tenir à l'écart de ce qui les concerne, d'esquiver leurs questions :* "personne n'explique jamais rien", *ou bien* "je n'arrive pas à savoir ce que j'ai". *Voilà ce que l'on entend tous les jours. Comment une personne peut-elle faire sienne une maladie ou une mort dont on ne lui a rien dit ?* »[2]

Elle lie cette perte au déni de la mort, qui fait souhaiter ne pas avoir conscience de mourir. Dans ce contexte, « *la mort est rarement présentée comme un temps fort de la vie d'un être humain* »[3]. Lors de la première table ronde organisée par la mission, elle a insisté sur l'enjeu consistant à « *partager avec la personne, ce moment unique et fort qu'est la fin de vie d'un être humain, puisque ce sont les derniers gestes, les derniers regards et les derniers mots qui s'échangent et que cela compte* ».[4]

Vivre sa mort permet à l'individu de ne pas finir sa vie sur une béance ; les personnalités accompagnant les patients en fin de vie dans le cadre des soins palliatifs ont fait part à la mission de nombreux cas de mourants, pour qui il avait été fondamental de renouer des liens, de réaliser un dernier projet, avant et afin de partir en paix. Tel est le sens des propos de M. Olivier Abel, membre de la Commission Eglise et Société de la Fédération protestante de France et professeur de philosophie éthique, pour qui « *La mort est aussi singulière que la naissance, et il est important de lui faire place, de permettre à qui la rencontre de se rassembler et de dépouiller* »[5]. Ces moments forts, Léon Burdin les a retracés dans un livre issu de témoignages au contact de la mort, en sa qualité d'Aumônier de l'hôpital Gustave Roussy de Villejuif[6]. Lors de son audition, il a mis en valeur la densité des derniers instants que vivent les mourants et leur entourage : « *Un être humain ne meurt pas comme meurt un animal ou une plante. La mort est une interruption brutale mais quand on emploie le terme de mort pour désigner ce que vit un être humain lorsqu'il affronte sa propre mort, lorsqu'il est engagé dans cette aventure de la mort, il y a un ensemble de réalités dont on ne peut pas ne pas tenir compte. Je crois beaucoup plus juste d'employer le mot de « mourir ». L'homme entre dans un processus*

---

1 *La mort, opus* cité, p. 69.
2 Rapport Mission « *Fin de vie et accompagnement* », p. 32.
3 *Idem*, p. 33.
4 Table ronde du 17 décembre 2003.
5 Audition du 25 novembre 2003.
6 Léon Burdin, *Parler la mort*, préface de Bernard-Henry Lévy, Desclée de Brouwer, 1997.

dans lequel il engage toutes ses activités, ses souvenirs et ses projets, ce qu'il a fait, ce qu'il n'a pas fait, ce qu'il a été pour ses enfants et ses parents [...] Ce qui me semble fondamental, c'est d'avoir conscience que jusqu'aux derniers instants, l'homme est un vivant et que la vie se déploie dans cette rencontre avec la mort. C'est dans cette rencontre-là que se passent des feux d'artifice de vie. Je ne sais pas si vous pouvez imaginer ce que peut représenter par exemple, comme énergie humaine, une réalité qui n'a pu être acceptée pendant toute une vie et qui est acceptée au moment de la mort. C'est donc une poussée de vie qui permet alors la reconnaissance et l'émergence de cette réalité. Cela pose le problème du délai et de la liberté de l'intervention humaine. »[1]

Dans son avis n° 63, le Comité consultatif national d'éthique partage ces mêmes préoccupations et regrette que les évolutions de notre société aient conduit « *bien souvent à déposséder la personne de sa mort ; à ne pas lui permettre – là où ce serait encore possible – de prendre en charge ses derniers moments et de les vivre. En effet, la mort fait encore partie de la vie d'une certaine manière. Elle l'achève et la clôture et lui permet d'arriver à une forme d'unité. L'identité d'une personne n'est en effet jamais définie tant qu'elle n'est pas close. Et le pouvoir mystérieux de la mort tient dans le fait que, tout en mettant fin à la vie (en l'anéantissant en dehors de toute perspective de foi), il lui donne pourtant valeur et sens. La scansion et la sanction de la mort forment les conditions du temps humain lui-même. »*[2]

C'est sans doute parce que la violence et la valeur de ce moment sont inconsciemment ressenties que l'on veut l'éviter. « *La mort nous fait aussi peur intuitivement, car nous savons pertinemment qu'à son approche, vont se vivre des choses extrêmement intenses, vraies et fortes, telles des réconciliations. On peut comprendre que l'intensité de ces moments puisse parfois vouloir être fuie.* »[3]

1.1.2 L'ABOUTISSEMENT D'UNE LONGUE ÉVOLUTION

Le déni de la mort est le reflet de l'évolution de nos sociétés contemporaines, dans la mesure où « *la mort est un enjeu civilisationnel comme le sont toutes les grandes expériences humaines engageant les « évaluations fortes » dont se dote une société : la distinction entre ce qui est bien et qui est mal, de ce qui est désirable et de ce qui est repoussant, de ce qui est utile et de ce qui ne l'est pas, etc. A chaque phase de la civilisation correspond donc une « configuration » spécifique, qui fait elle-même émerger des comportements spécifiques, en matière notamment*

---

1 Audition du 3 février 2004.
2 Avis n° 63 du 27 janvier 2000, *« Fin de vie, arrêt de vie, euthanasie »*. Voir le site www.ccne-ethique.fr.
3 Audition de M. Xavier Mirabel du 28 janvier 2004.

de rapport à celui qui va mourir, de rapport au corps de celui qui a cessé de vivre, de manière de se souvenir, ou de manière d'anticiper sa propre mort (et surtout sa propre agonie). »[1]

L'influence de l'individualisme, le changement des configurations familiales et sociales, les aspirations de la société au bonheur et au progrès, la sécularisation de la société sont autant de facteurs qui participent de cette évolution.

1.1.2.1 L'influence de l'individualisme

La familiarité traditionnelle avec la mort impliquait une conception collective de la destinée car « *la familiarité avec la mort est une forme d'acceptation de l'ordre de la nature.* »[2] Cette conception s'est progressivement effacée au profit d'une vision individuelle du destin de chacun. Philippe Ariès a analysé comment nous étions passés à travers les siècles, de la mort collective « *Et moriemur* » (nous mourrons tous), – reflet de l'acceptation dans la mort, d'une des grandes lois de l'espèce – à « *la mort de l'autre* », inacceptable car mettant un terme à l'attachement à autrui, avant de connaître enfin « *la mort de soi* ». La prise de conscience de la certitude de sa propre mort s'est faite par la reconnaissance de la mort d'autrui. On peut sans doute avancer une explication psychanalytique à cette évolution : « *En regardant l'autre en face de moi, je découvre un être mortel. Cette découverte n'est pas une étrangeté puisque la vie éternelle est mon désir imaginaire. Ce n'est qu'à partir du moment où je découvre que je ne suis pas unique, que je ressemble à l'autre qu'il me faut accepter mon mortel destin.* »[3]

En outre, la conception collective de la mort est difficilement conciliable avec la particularité de nos sociétés contemporaines dont le mode de fonctionnement, directement issu du siècle des lumières, repose sur l'autonomie de l'individu. Nos sociétés sont composées d'« *individus foncièrement indépendants les uns des autres.* »[4] M. Damien Le Guay rappelle que « *la logique de l'individu atomique ayant des droits s'oppose à la logique de la Cité. Si la mort a changé de définition, c'est parce que l'homme en a lui-même changé, il est de moins en moins la partie d'un tout et de plus en plus un tout suffisant. Nous serions, comme l'estime Marcel Gauchet, en train de vivre une forme d'individualisme de la déliaison qui ne serait qu'une conséquence ultime de l'individualisme démocratique étudié par Tocqueville.* »[5] Cet individualisme n'est pas sans danger, il est porteur

---

1 Danièle Hervieu-Léger, ouvrage collectif, *Qu'est-ce que mourir ?*, *opus* cité, p. 91.
2 Philippe Ariès, *Essais sur l'histoire de la mort en occident du Moyen Age à nos jours*, *opus* cité, p. 32.
3 Michel Dethy, *Introduction à la psychanalyse de Lacan*, Editions sociales, 2003, p. 110.
4 Norbert Elias, *La solitude des mourants*, Pocket, 1987, p. 71.
5 Audition du 5 novembre 2003.

du risque de « *dérives liées à l'atomisation et à l'isolement de l'individu* », celui-ci étant appelé à exister « *pour soi, dans une indépendance voulue* [...] *qui le conduit, par conséquent, à vivre et mourir seul* »[1].

Cet individualisme a largement contribué au refoulement de la mort dans nos sociétés contemporaines. En effet, à la question, « *pourquoi mourir ?* », la réponse individuelle peut apparaître inconcevable et, de ce fait, inacceptable. En revanche, poser cette question dans une perspective collective peut revêtir une autre signification et la réponse peut alors avoir un sens. Pour Louis-Vincent Thomas, la mort permet en effet de résoudre le dilemme crucial qui est celui de la confrontation entre la prodigalité qui est l'essence de la vie et la pénurie de temps, d'espace et de matière : « *Toutefois vient un moment où les cadets doivent absolument disparaître. Pour une double raison, cruelle mais inévitable certes : éviter le surnombre, la pollution démographique (la bombe "P" [...] Si le grain ne meurt – pour reprendre la formule évangélique – il n'y a plus de place pour les aventures créatrices de la vie, plus de jeunesse et de mutations possibles. La vie confrontée au double drame de la pénurie et de ses limites individualisantes va faire servir l'échec absolu, la mort, à ses propres fins. Mais l'échec ne peut être dépassé que si l'espèce, pour reprendre la belle expression du biologiste,* "poursuit sa marche sur un chemin jonché des cadavres des individus". »[2]

1.1.2.2 Le changement des configurations familiales et sociales

Les changements des configurations familiales et sociales ont eu des répercussions fondamentales sur l'image de la mort dans notre société. Parmi ces changements, M. Michel Vovelle cite les contraintes de l'urbanisation, le brassage des populations et le repli sur la famille étroite[3]. Il a rappelé devant la mission « *le recul des intermédiaires et la dépossession de la famille qui n'est plus en mesure d'assurer le dernier passage. En effet, le recul de la cohabitation trigénérationnelle, dans un contexte de travail et d'habitat urbain, est effectif.* »[4]

D'une manière générale, ces changements sont, selon Mme Danièle Hervieu-Léger, « *un facteur de désorganisation de solidarités anciennes qui pouvaient jouer de génération en génération* ». De plus, « *la dislocation des communautés naturelles où les hommes du passé naissaient, vivaient et mouraient [...] (renvoie) les mourants à cette insondable solitude que décrit Norbert Elias* »[5]. C'est cette perte des solidarités qu'a regrettée M. Damien

---

1 Audition de Mme Danièle Hervieu-Léger du 19 novembre 2003.
2 *La mort, opus* cité, p. 40 à 42.
3 *La mort et l'Occident de 1300 à nos jours*, Gallimard, 2000, préface.
4 Audition du 29 octobre 2003.
5 Ouvrage collectif *Qu'est ce que mourir ?*, *opus* cité, p. 126 et 127.

Le Guay : « *Nous voyons bien qu'une double logique s'impose [...] nous sommes de moins en moins en Nation et de plus en plus en Société. Et ce qui est sans doute vrai de manière générale, l'est plus particulièrement de la mort.* » Cela est d'autant plus accentué que « *la famille, lieu d'inscription et d'apprentissage des liaisons individuelles et sociales ne joue plus son rôle d'intégration dans la société. Elle cesse, comme nous dit Marcel Gauchet,* "d'être une institution" *pour n'être plus qu'*"une affaire privée." »[1]

Ce recul des solidarités est vraisemblablement à l'origine de la culpabilité à l'égard des mourants. Selon Louis-Vincent Thomas, le refoulement de la mort serait « *d'abord d'ordre psychologique, d'autant que les liens entre la peur de la mort et la culpabilité ne font aucun doute ; culpabilité attachée aux désirs plus ou moins conscients de la mort du père, de la mère, des frères et sœurs qui pourraient bien expliquer la mort cachée aux enfants, la mise à distance des mourants, le refus de manifester sa douleur devant la mort des autres* »[2].

1.1.2.3 Les aspirations de la société au bonheur et au progrès

En étant avide de bonheur et de progrès, la société contemporaine refoule en même temps la mort.

– Une société tournée vers la recherche du bonheur

« *L'époque aime trop la vie et le bonheur pour ne pas détester, en retour le malheur. Et la mort est le pire de tous. Cette interdiction (de la mort) s'est faite, en partie, au nom d'une certaine idée toute moderne de la félicité perpétuelle* »[3]. Dans nos sociétés vivant pour le meilleur, selon Mme Danièle Hervieu-Léger, la simple présence de la mort est inconvenante. Parmi les causalités immédiates du déni de la mort dans nos sociétés contemporaines, Philippe Ariès cite: « *la nécessité du bonheur, le devoir moral et l'obligation sociale de contribuer au bonheur collectif en évitant toute cause de tristesse ou d'ennui, en ayant toujours l'air heureux, même si l'on est au fond de la détresse. En montrant quelque signe de tristesse, on pêche contre le bonheur, on le remet en question, et la société risque de perdre sa raison d'être.* »[4] Comme l'a fait remarquer M. Olivier Abel, nous vivons dans des sociétés très normatives : « *La mort en tant que rupture est vécue comme une gêne par rapport à l'ordre normal des choses.* »[5]

Mais de quel bonheur s'agit-il ?

---

1 Audition du 5 novembre 2003.
2 *La mort*, *opus* cité, p. 43.
3 Damien Le Guay, *Qu'avons-nous perdu en perdant la mort ?*, *opus* cité, p. 56.
4 *Essais sur l'histoire de la mort en Occident du Moyen Age à nos jours*, *opus* cité, p. 66.
5 Audition du 25 novembre 2003.

Les images et les idées de bonheur traduisent le plus souvent l'attachement aux valeurs matérielles de la vie. Or, la possession matérielle, l'avoir sont difficilement conciliables avec la mort, qui ne peut que représenter l'échec. Dans nos sociétés de consommation, la mort nous prive de tout.

Alors que l'idéal de ce bonheur aspire à la légèreté, à l'inverse, la mort comme évidence tragique, pèse sur la condition humaine. Et pour en alléger le poids, elle est refoulée.

Mais ce refoulement est source de déséquilibres. Bruno Bettelheim, survivant des camps de la mort, définit la vie comme « *une lutte des pulsions de la vie contre le danger d'être écrasé par la mort* ». Il poursuit : « *il existe une peur omniprésente de l'anéantissement qui menace de s'insinuer d'une façon si destructrice si on ne parvient pas à la maintenir fermement sous le contrôle de notre conviction des valeurs positives de la vie* »[1]. Cette crainte de l'anéantissement explique le déni de la mort mais celui-ci ne permet pas d'en faire le nécessaire apprentissage ; il n'apprend pas la sagesse préconisée par Montaigne, pour qui « *philosopher, c'est apprendre à mourir* ». En mettant l'accent sur la vie, comme le fait remarquer M. Damien Le Guay, notre société « *exclut l'équilibre entre malheur et bonheur et, de manière plus profonde, le nécessaire travail du négatif* »[2].

Allant plus loin, M. François Jullien plaide pour une réconciliation entre la vie et la mort. Rappelant la conception d'Horace selon laquelle à l'ombre de la mort, la vie a plus d'éclat, il montre comment la mort fait ressortir la vie. En ce sens, la mort promeut la vie : « *S'il faut la mort, c'est non seulement comme une mise en péril permanente, que la vie a à surmonter, mais surtout parce que la non-vie [...] est ce par quoi de la vie se sauve de son asphyxie par saturation et respire. Telle cette « respiration » de la vie mobile que Plotin opposait au règne immobile de l'éternel.* »[3]

Accepter la mort ferait aimer la vie de façon plus profonde : c'est dans ce sens que la mission a interprété les paroles de M. Joseph Sitruk, Grand Rabbin de France : « *Nos sages ont écrit quelque chose que je trouve très beau : « Plus que de mourir, l'homme a peur de vivre.* »[4] Louis-Vincent Thomas affirme en conclusion de son ouvrage sur la mort : « *Il est vrai absolument de dire que si l'on aime la vie et que l'on n'aime pas la mort,*

---

1 *Survivre*, Paris, Pluriel, Hachette, 1979, p. 21.
2 *Qu'avons-nous perdu en perdant la mort* ? *opus* cité, p. 56.
3 *L'ombre au tableau*, Seuil, 2004, p. 73.
4 Audition du 26 novembre 2003.

c'est que nous n'aimons pas vraiment la vie. »[1] Parce que les rapports entre la mort et la vie sont indissociables, M. Jacques Ricot, philosophe, rappelle que selon Kierkegaard, « *penser la mort, c'est penser la vie dans son authenticité* », car « *la mort, quelle qu'en soit l'imminence, est ce qui borde la vie et lui donne son sens. Non pas sa direction, bien qu'elle en soit le terme, mais sa signification. La vie humaine serait-elle aussi féconde si elle ne connaissait pas sa limite ?* »[2]

– *Le déni de mort se venge en déni de vie*

Le déni de la mort n'est pas sans conséquences sur l'acceptation même de la vie. Pour Michel Maffesoli, la liaison est nécessaire entre "l'appel à la mort" et "l'appel à la vie", « *en ce qu'ils constituent, sur la longue durée, un équilibre des plus solides. Lorsqu'une société échoue à trouver un tel équilibre, elle succombe rapidement à la violence débridée ou à l'ennui généralisé. La modernité est un exemple flagrant de civilisations qui en ayant voulu faire l'économie de la douleur, ont évacué l'ombre, et vu proliférer de ce fait, carnages et génocides tandis que dans le même temps elles étaient gagnées par un manque d'intensité existentielle* »[3].

Dans le rapport présenté en 2002 par MM. Maurice Tubiana et Marcel Legrain devant l'Académie de médecine[4], on constate qu'en 30 ans, de 1968 à 1998, le taux de suicide dans la population française est passé de 17,9 à 21,3 pour 100 000 habitants, le suicide constituant, dans la tranche d'âge des 15-24 ans, la seconde cause de mortalité. Les tentatives de suicide concernent chaque année près de 150 000 personnes. M. Damien Le Guay établit « *indéniablement un lien entre ces tentatives de suicide et cet apprentissage des contraintes et de toutes ces limitations de puissance qui constituent, d'une manière ou d'une autre, le choc du réel [...] Le déni de mort se venge en déni de vie* »[5].

M. Pascal Hintermeyer perçoit dans la faible place qu'accorde nos sociétés à la mort, un indicateur de leurs problèmes : « *Notre société est sans doute l'une des rares à accorder à la mort une place très réduite, ce qui n'est pas très bon signe. Les sociétés dans lesquelles les ethnologues ont constaté que la mort n'a que peu de place, sont des sociétés, en général, en grande difficulté.* »[6]

---

1 *La mort, opus* cité, p. 124.
2 *Philosophie et fin de vie, opus* cité, p. 104.
3 *La part du diable*, Champs, Flammarion, 2004, p. 164.
4 *Comment développer et améliorer les actions de prévention dans le domaine de la santé française ?*, Académie de médecine, février 2002.
5 *Qu'avons-nous perdu en perdant la mort ?, opus* cité, p. 25 et 26.
6 Audition du 19 novembre 2003.

M. Edgard Morin est plus radical encore dans son analyse. Dans son ouvrage, *L'homme et la mort devant l'histoire*, il lie la « crise de l'individualité devant la mort » à la crise – plus générale – de « l'individualité »[1].

– La croyance dans le progrès

D'une manière très prosaïque, les progrès de l'hygiène qui ont mis un terme à la familiarité physique avec la mort ont contribué à ce refoulement de la mort. La mort est devenue « la mort sale » selon l'expression de Philipe Ariès : « *[la mort] ne fait plus seulement peur à cause de sa négativité absolue ; elle fait peur comme n'importe quel spectacle inconvenant et il est donc indécent de la rendre publique. Les progrès rapides du confort, de l'intimité, de l'hygiène personnelle, des idées d'asepsie, ont rendu chacun plus délicat : sans que l'on n'y puisse rien, les gens ne supportent plus les odeurs et les spectacles qui, encore au début du XIX*e *siècle, faisaient partie, avec la souffrance et la maladie, de la quotidienneté.* »[2]

D'une façon plus générale, les progrès scientifiques ont permis d'éliminer de nombreuses causes de mortalité ; certaines maladies n'existent plus et l'espérance de vie a considérablement augmenté : « *Les prouesses de la chirurgie et les progrès de la médecine ont permis de gagner de belles victoires sur des maladies considérées comme incurables et de sauver des vies qu'un accident grave conduisait naguère encore à une mort certaine.* »[3]

Mais ces progrès ont donné prise à des rêves d'immortalité. Selon M. Pascal Hintermeyer, « *le contexte social (est) caractérisé, entre autres, par un fantasme de toute puissance technique* »[4]. L'analyse du Cardinal Philippe Barbarin, Archevêque de Lyon, n'est pas différente : « *De l'espérance légitime que les progrès de la médecine pourraient parvenir à vaincre demain un mal qui semble aujourd'hui fatal, est né comme un mirage, celui d'un progrès sans limite de la médecine et peut-être, l'illusion que la mort serait un jour vaincue* »[5].

M. Damien Le Guay dénonce cette « *espérance scientifiste* » et voit dans « *la croyance diffuse en l'imminente immortalité de l'homme* », « *l'un des derniers avatars de l'idéologie du progrès qui fait de la science une*

---

1 *L'homme et la mort devant l'histoire*, Seuil, 1970.
2 *L'homme devant la mort*, Seuil, 1977, p. 563.
3 Audition du 26 novembre 2003.
4 Audition du 19 novembre 2003.
5 Audition du 26 novembre 2003.

revanche de l'homme contre le destin. Cette croyance est une idéologie de substitution au salut chrétien »[1].

Pour le Comité consultatif national d'éthique, « *l'emprise technique qui marque notre temps rejoint la quête d'immortalité qui habite depuis toujours l'humanité. Beaucoup croient alors et beaucoup espèrent que les progrès de la science permettront un jour d'échapper à la mort elle-même [...] Les incontestables progrès de la médecine et de la technique et les fantasmes d'immortalité ont conduit bien souvent à déposséder la personne de sa mort* »[2].

1.1.2.4 La sécularisation de la société

M. Damien Le Guay lie le déni de la mort à l'effacement progressif, dans nos sociétés contemporaines, des repères religieux et plus particulièrement des repères chrétiens : « *Autrefois, dans le système qui a prévalu jusque dans les années 60, la vie et la mort cohabitaient. Au cœur du mystère pascal, la mort n'avait pas le dernier mot, présente comme l'un des trois temps de la respiration spirituelle de l'humanité : un temps pour la vie connue, un temps pour la mort inconnue et un temps pour une autre vie. Nous assistons à la fin de cette cohabitation au profit d'une séparation inhumaine et d'une souffrance insupportable pour les individus. Nous avons désappris à intégrer la mort dans la vie et nous devons gérer cette nouvelle ignorance, au prix d'un refoulement sans nom.* »[3] Dans la mesure où « *l'homme est devenu l'alpha et l'oméga de sa propre existence, les transcendances de jadis, le cosmos ou Dieu, paraissent à beaucoup illusoires, voire dogmatiques ou mortifères. La mort est devenue pour la plupart des gens le bout d'une impasse, il n'y a plus rien à négocier, ni à anticiper* »[4].

C'est la raison pour laquelle aujourd'hui, le mourant n'a plus de valeur sociale ; autrefois, il gardait cette valeur jusqu'au bout, puisqu'il l'emportait avec lui. M. Damien Le Gay estime que « *pour aller jusqu'au bout de cette logique de laïcisation, la mort doit être acceptée dans son non-sens, non-sens de la vie, de la mort et de l'après-mort. Ce processus serait lié à la laïcisation de l'Europe qui, selon Luc Ferry dans son livre « Qu'est-ce qu'une vie réussie ? », est le laboratoire d'un monde qui cherche ses repères au-delà de la religion* »[5].

Commentant, dans son rapport, l'étude précitée confiée par l'INPES au CREDOC, Mme Marie de Hennezel met en lumière les

---

1 *Qu'avons-nous perdu en perdant la mort ?*, *opus* cité, p. 66.
2 Avis n° 63 du 27 janvier 2000, « *Fin de vie, arrêt de vie, euthanasie* », voir le site http://www.ccne-ethique.fr.
3 *Qu'avons-nous perdu en perdant la mort ?*, *opus* cité, p. 18.
4 *Idem*, p. 19.
5 Audition du 5 novembre 2003.

différentes conceptions de la mort idéale et les degrés d'acceptation de celle-ci, selon que l'on est croyant ou non : « *Pour d'autres, il est préférable d'avoir conscience que sa fin de vie approche afin de se recentrer sur soi et de se préparer à la mort. Ces personnes disent envisager sereinement la mort. Ce sont souvent des personnes « croyantes ». Elles affirment que les convictions religieuses les aident à accepter l'idée de la mort.* »[1]

1.2 LA MORT RATIONALISÉE

Si la mort reste une entité abstraite et difficilement cernable, on peut appréhender les différentes formes du vécu de la mort, ce que l'on a pu appeler « le mourir ». Le refoulement de la mort s'exprime aujourd'hui dans la volonté de maîtriser les conditions de sa mort, la bonne mort étant une mort rationalisée : « *il n'y a de bonne mort que vaincue et soumise à la loi* » (Jean Baudrillard). Cette rationalisation se manifeste dans la façon dont nous traitons nos morts par le rituel et nos mourants par la médicalisation. Ces deux aspects sont d'ailleurs liés : avant l'enterrement, c'est dans un lieu familier, habité par les siens, que l'on reposait autrefois ; la médicalisation de la mort ayant eu pour effet de repousser le dernier passage derrière les portes des hôpitaux, hors de la sphère de l'intime, la ritualisation des adieux en a été depuis lors transformée.

La rationalisation de la mort est-elle la cause, la conséquence, le révélateur, le symptôme ou le signe du refoulement de la mort ? Tout est inextricablement mêlé et il est difficile de faire la part des choses. La mort rationalisée, dans ses deux formulations – médicalisation et perte du rituel –, répond bien à ce souci d'éloignement des mourants et correspond à cette stratégie de rupture avec les morts, si caractéristique du déni.

1.2.1 LA MORT MÉDICALISÉE

Si la mort s'est médicalisée, c'est parce que la mort survient à l'hôpital, parce qu'elle n'est plus considérée comme la fin naturelle d'un être humain et parce que le poids de la décision médicale est considérable.

1.2.1.1 La généralisation de la mort hospitalière

En passant de l'habitation à l'hôpital, les morts n'ont pas seulement changé de domicile, ils ont changé de statut : la construction symbolique du rapport à la mort et au mort s'en est trouvée transformée. Au sein de l'établissement de santé, le décès n'appartient plus à l'ordre naturel.

---

1 Rapport précité, p. 33 et 34.

L'individu moderne, à l'image d'Ivan Ilitch[1], quitte le cycle vital et familier pour entrer dans le cycle médical.

1.2.1.1.1 Le déplacement du lieu de la mort du domicile à l'hôpital

L'homme moderne naît et meurt à l'hôpital. La migration des morts du domicile aux institutions publiques ou privées et parallèlement « *la fin tendancielle de la mort familiale, à domicile* »[2], constituent une des principales ruptures de la seconde moitié du XXe siècle. M. Michel Vovelle a indiqué que le modèle américain de la mort hospitalière s'est progressivement généralisé dans l'ensemble des sociétés dites évoluées. Analysant les évolutions de ce phénomène en France, une étude menée pour la Direction pour l'Animation de la Recherche, des Etudes et des Statistiques (DARES) du Ministère de l'emploi, du travail et de la cohésion sociale[3], constate que ce changement s'est déroulé sur une vingtaine d'années, à partir des années soixante pour se stabiliser dans les années quatre-vingt. En 1962, on comptait encore 63,2 % des décès au domicile contre 33,5 % en établissement hospitalier au sens large (hôpital, hospice, maison de retraite) ; vingt ans plus tard, ce rapport s'était inversé : en 1983, 66 % des décès avaient lieu en établissement hospitalier et 30,5 % au domicile. Aujourd'hui, les chiffres officiels ne sont pas disponibles, mais les personnalités auditionnées par la mission ont évalué entre 70 et 75 %, le pourcentage des morts en institutions. Selon M. Marc Dupont, membre de la Mission interministérielle de lutte contre le cancer, ancien Chef du Département des droits du malade à la Direction générale de l'Assistance publique-Hôpitaux de Paris, cette proportion est sans doute plus importante dans les centres urbains (80 %) et elle atteindrait même 90 % en région parisienne[4].

Il conviendrait de rapprocher ces chiffres de la réalité observée dans d'autres pays. Ainsi, aux Pays-Bas, la proportion entre mort hospitalière et mort à domicile est inversée ; cette répartition est le reflet d'une société, où le maillage social est beaucoup plus serré qu'en France, les solidarités familiales et sociales permettant, avec l'aide du médecin de famille dont le rôle est demeuré fondamental dans le cadre du lien de confiance qui les unit, d'assurer le maintien des malades au domicile jusqu'au bout de leur vie.

---

1 Léon Tolstoï, *La mort d'Ivan Ilitch*, *opus* cité.
2 Audition de M. Michel Vovelle du 29 octobre 2003.
3 « *Les services funéraires : du monopole public au marché concurrentiel* », Olivier Boissin et Pascale Trompette, Etude de l'Institut de recherche économique sur la production et le développement, de l'université Pierre Mendès-France, pour la Direction pour l'Animation de la Recherche, des Etudes et des Statistiques, (DARES), octobre 2002.
4 Audition du 4 février 2004.

Cette tendance ne traduit pas les souhaits de la population qui voudrait à 70 %, mourir chez elle, comme l'a souligné M. Damien Le Guay : « *On l'a dit, la mort est de moins en moins familiale et de plus en plus médicale. Cette mort hospitalière est un fait. Cependant, si 70 % des Français meurent à l'hôpital, 70 % souhaiteraient mourir chez eux. Cela exprime la préoccupation des Français de concilier le souci d'être soignés jusqu'au bout – les médecins font ce qu'il faut pour prendre en charge et apaiser la douleur – et un souci de familiarité en pouvant mourir chez soi.* »[1]

1.2.1.1.2 La médicalisation de la fin de vie

Cette concentration de la mortalité au sein des établissements de santé, conséquence directe de la médicalisation de la fin de vie, est « *le reflet d'un progrès considérable, dans les dernières décennies, des techniques de réanimation et de maintien en vie des malades incurables ou terminaux* »[2]. Selon Mme Anita Hocquard, « *au cours de ce dernier demi-siècle, on ne peut que constater une montée en puissance de la médecine et de la médicalisation, qui se traduit par l'augmentation indéniable de l'efficacité thérapeutique (antibiotiques et techniques de réanimation notamment) et qui a pour conséquence que de plus en plus de décès ont lieu dans des espaces médicaux ou médicalisés. En France, 75 % des décès ont lieu à l'hôpital.* »[3]. Les progrès scientifiques et médicaux ont changé la nature des fonctions historiquement assumées par l'hôpital. Autrefois, asile des misérables, il est devenu l'endroit où l'on peut dispenser des soins qu'il est impossible d'assurer à domicile. De nos jours, comme le fait valoir Philippe Ariès, « *L'hôpital n'est donc plus seulement un lieu où l'on guérit et où l'on meurt à cause d'un échec thérapeutique, c'est le lieu de mort normale, prévue et acceptée par le personnel médical* »[4].

La mort hospitalière fait courir deux dangers à celui qui s'approche du terme de sa vie. Le premier est l'abandon : le mourant pour lequel on ne peut plus rien faire, subit, dans une institution dont la raison d'être est de guérir, une sorte de relégation ainsi décrite par Louis-Vincent Thomas : « *La mise à distance relationnelle confirme la mise à distance spatiale : les visites du médecin au chevet du mourant se font de plus en plus rares et furtives. Fréquemment, ce n'est plus le médecin-chef qui se déplace mais l'assistant, l'infirmière [...] Cette solitude se fait abandon dramatique dans le cas de ceux que l'on a appelés « les morts à l'arrivée », clochards, ivrognes [...] que l'on laisse de côté pour s'intéresser à des cas plus dignes*

---

1 Audition du 5 novembre 2003.
2 Audition de M. Michel Vovelle du 29 octobre 2003.
3 Audition du 18 novembre 2003.
4 *L'homme devant la mort, opus* cité, p. 578.

d'intérêt. »[1] Le second risque est celui de l'acharnement thérapeutique que Louis-Vincent Thomas qualifie de « *mort volée* » : « *Rien de plus dérisoire et de plus absurde que de vouloir prolonger à grands frais, d'autant que [le patient] n'y trouve aucun bénéfice. Certes, il n'est pas toujours aisé de discerner entre la ténacité raisonnable et l'opiniâtreté démesurée mais la question que pose l'acharnement thérapeutique illustre bien le défi que la médecine moderne lance à la société actuelle.* »[2]

1.2.1.1.3 L'incapacité de l'entourage à assumer la mort à domicile

M. Didier Sicard s'est dit frappé par l'incapacité de la famille à assumer la fin de vie de ses proches : « *Il est étrange de constater que les personnes atteintes d'une insuffisance cardiaque, d'une insuffisance respiratoire, du SIDA, d'un cancer ou d'une maladie chronique au long cours sont bien souvent transportées, après avoir bénéficié de soins palliatifs à domicile, toutes sirènes hurlantes, par le SAMU, pour que la mort survienne dans un hôpital. La famille ne supporte pas la survenue de la mort à domicile. Les services de réanimation se retrouvent confrontés à des fins de vie, qu'il aurait fallu que l'entourage assume très simplement. Lorsque, par exemple, la respiration devient difficile, il y a une incapacité croissante de l'entourage et de notre société à accepter que la fin de vie se passe à domicile.* »[3]

En constatant que « *dans la pratique, c'est toujours dans des moments de grande panique que les malades maintenus à domicile sont hospitalisés.* »[4], Mme Marie-Thérèse Garnier l'a rejoint dans son analyse. Devant cette impuissance de la famille, elle s'est montrée très sceptique quant à la réalité de la volonté exprimée par une majorité de la population de mourir à domicile : « *On entend régulièrement que 70 % des malades souhaiteraient mourir à leur domicile. Sans bien connaître l'origine de cette étude, je crains qu'elle n'ait été menée sur des gens en bonne santé et je ne suis pas certaine que les personnes malades souhaitent vraiment, à 70 %, mourir chez elles. Economiquement parlant, il est intéressant de le croire, parce que les soins à domicile coûtent moins cher qu'une hospitalisation. Cependant, pour qu'une personne en fin de vie puisse être maintenue à domicile, il faut que plusieurs conditions soient remplies. Je n'en citerai que quelques-unes qui me paraissent tout à fait essentielles. Tout d'abord, il faut que le malade puisse se sentir en sécurité chez lui, même en l'absence de soignants.* »[5]

---

1 *La mort, opus* cité, p. 71.
2 *Idem*
3 Audition du 21 octobre 2003.
4 Audition du 7 janvier 2004.
5 *Idem.*

Cette incapacité de la famille à gérer la fin de vie n'est sans doute pas sans lien avec le déni de la mort évoqué précédemment. Les proches ne sont pas préparés à ces situations extrêmes, ce d'autant plus qu'ils ne peuvent compter ni sur le soutien de la communauté proche ni sur celui d'un médecin de famille qui, en fait, a disparu, remplacé par le généraliste qui en réalité, n'a pas à connaître de la mort : « *L'ancien médecin de famille, avec le prêtre et la famille, était l'assistant du mourant. Son successeur, le médecin généraliste, s'est éloigné de la mort. Sauf cas d'accidents, il ne la connaît pas. La mort s'est déplacée de la chambre du malade où il n'est plus appelé à l'hôpital où échouent tous les grands malades en danger de mort.* »[1]

A cette incapacité morale d'assumer la fin de vie à domicile, s'ajoutent les difficultés de la prise en charge, 24 heures sur 24, des soins quotidiens d'hygiène et d'assistance du malade en fin de vie[2].

1.2.1.1.4 La mort « gérée » par l'Etat

Dans ce contexte de mort hospitalière, il revient à l'Etat d'assumer la responsabilité à la fois matérielle et morale de la gestion de la mort.

– Une lourde tâche matérielle

La mort en milieu médical constitue un véritable problème pour les établissements de santé représentant « *une activité considérable en matière de fin de vie, d'accompagnement des familles, de soins palliatifs mais aussi de dépôt du corps, d'accompagnement, des pratiques, des liens avec les opérations funéraires [...] Cette activité a été déniée pendant très longtemps jusqu'à une période très récente ; elle est, psychologiquement et affectivement extrêmement lourde pour les personnels, d'autant que ce n'est pas forcément abordé directement en matière de formation, de dialogue, de discussion. Notre société confie aux hôpitaux une charge extrêmement lourde pour laquelle ils sont très peu préparés* »[3].

La question des locaux et celle de la formation des personnels soulèvent des difficultés particulières.

S'agissant des locaux, l'étude précitée réalisée pour le compte de la DARES a insisté sur le fait que la plupart des établissements de santé n'étaient pas préparés à répondre à ces nouvelles contraintes et que l'investissement dans les équipements nécessaires n'apparaissait pas, pour le moment, comme prioritaire. Impuissants à assumer ces responsabilités, les

---

[1] Philippe Ariès, *Essais sur l'histoire de la mort en Occident du Moyen Age à nos jours, opus* cité, p. 208.
[2] Cf. *infra* les paragraphes 2.1.2.3 et 3.3.3.2.3.
[3] Audition de M. Marc Dupont du 4 février 2004.

établissements de santé ont eu alors recours à des solutions extérieures : « *La démission des hôpitaux face au problème de la gestion de la mort à l'hôpital se joue au bénéfice de ceux qui vont s'affirmer comme les professionnels de la question, les pompes funèbres. Ceci se traduit par le développement des chambres funéraires [...] annexes de l'hôpital. L'absence de stricte réglementation en la matière, l'engouement des hôpitaux pour les solutions externes susceptibles de pallier rapidement le déficit d'équipement, l'intérêt des entreprises de pompes funèbres à se rapprocher de ces lieux de concentration de la mortalité, ont largement encouragé une forte proximité entre ces morgues privées et les établissements publics de soins.* »[1]

M. Marc Dupont a fait état devant la mission d'une évolution de la réflexion sur le sujet, certes tardive, puisque intervenant douze ans après la parution de la circulaire sur les soins palliatifs de 1986. Il apparaît que l'on ne peut plus éviter les solutions de continuité entre les soins donnés au mourant et la prise en charge du défunt et de ses proches : « *Le volet* post-mortem *a été abordé pratiquement douze ans plus tard. Aujourd'hui, une nouvelle réflexion apparaît sur ce volet. Je ne développerai pas ce sujet mais sachez que c'est une évolution importante dans le fonctionnement des hôpitaux. A l'Assistance publique de Paris, depuis plusieurs années, nous avons fait en sorte que l' "après décès" soit aussi dans le prolongement des soins. Nous avons affecté dans les chambres mortuaires des personnels infirmiers. Cela fait un peu jaser à une époque où l'on manque de personnel infirmier mais il était important de montrer qu'une grande chaîne des soins se poursuit également après la mort ; lorsque les familles se rendent à la chambre mortuaire pour que le corps leur soit présenté, elles ont en face d'elles des soignants. C'est une évolution quelque peu détonante dans le monde hospitalier mais elle va se poursuivre.* »[2]

La formation des personnels des établissements de santé à faire face à ces situations de fin de vie n'est pas adaptée. Mme Yolande Briand a insisté sur le sentiment de culpabilité des personnels des hôpitaux, qui vivent en permanence avec le spectacle de la mort et de sa négation : « *formés pour guérir, au moins pour soigner, ils doivent aussi aider à mourir, ce pour quoi ils n'ont reçu aucune formation particulière. Ils ne sont pas non plus formés à accueillir les endeuillés.* »[3] M. Michel Hanus regrette que « *l'hôpital, structure mise en place pour répondre à la maladie, reste, dans une large majorité des cas, incompétent à accompagner la douleur des proches d'une personne décédée. La mort est pratiquement traitée comme s'il s'agissait d'un artefact, d'un échec médical que l'on*

---

1 *Les services funéraires : du monopole public au marché commercial, opus* cité p. 38.
2 Audition du 4 février 2004.
3 Audition du 28 janvier 2004.

préférerait taire ou ne pas voir. De nouveau, la mort se trouve niée et ne requiert alors pas d'approche spécifique ou de formation particulière des personnels. Ainsi, l'annonce du décès est encore trop souvent l'objet de multiples détours, mots couverts ou pirouettes rhétoriques, qui rendent le vécu encore plus difficile pour les proches »[1].

– Une responsabilité morale et symbolique

La société, la famille, les proches ne peuvent plus assumer la charge matérielle et morale de la mort des leurs. A la question : « *Alors, le dernier souffle d'un proche est-il si effrayant que son entourage, bien qu'il ait promis de ne jamais le laisser mourir à l'hôpital, décide de l'y emmener au dernier moment ? »,* Mme Nadine Hesnart, Présidente de la Fédération nationale des infirmiers, répond *: « Peut-être. Ce qui me paraît certain, en tout cas, c'est que les familles n'agissent pas dans l'espoir que l'état du patient puisse s'améliorer. »*[2]

D'une manière quelque peu provocatrice, M. Damien Le Guay pense que les textes législatifs et réglementaires et notamment la loi n° 99-477 du 9 juin 1999 visant à garantir le droit à l'accès aux soins palliatifs, ne font que combler des lacunes de notre société : « *la fonction du "législateur privé" assurée par la famille et la morale individuelle tend à disparaître au profit du seul "législateur privé". Aujourd'hui, les soins palliatifs relèvent moins de l'entraide individuelle, de la responsabilité familiale, de la solidarité de voisinage et de plus en plus de la loi avec le développement d'un droit des malades. Le droit ne consacre plus une avancée des mœurs, il corrige une sauvagerie, en limite les effets et tente de la supprimer par une contrainte législative. »*[3]

Cette évolution s'inscrit dans un contexte général où les attentes envers la puissance publique sont nombreuses et où les systèmes religieux fournissent de moins en moins de repères symboliques. Il est demandé à l'Etat d'attribuer un sens symbolique à la mort. Mme Danièle Hervieu-Léger a largement développé ce point de vue : « *Ce rôle croissant de l'Etat dans le travail de mise en sens, qui vaut pratiquement pour tous les domaines, vaut en particulier dans le domaine de la mort. Ce n'est pas seulement parce que la sécularisation a fait son œuvre et que l'Etat, en un sens, est invité à remplir des fonctions qui étaient assurées, historiquement, par les appareils religieux– ce qui est vrai jusqu'à un certain point – ; c'est surtout parce que l'événement du mourir lui-même a changé de signification. Pourquoi ? Parce que nous ne savons plus ce que c'est que mourir et c'est là un point absolument central, à mon avis [...] Dans ces*

---

1 *La mort aujourd'hui, opus* cité p. 38 et 39.
2 Audition du 10 décembre 2003.
3 *Qu'avons-nous perdu en perdant la mort ?, opus* cité, p. 18.

conditions, les problèmes que pose l'accompagnement du mourir ont complètement changé de sens. Ce ne sont plus les dépositaires d'un sens symbolique du mourir qui interviennent pour accompagner celui qui va faire le grand passage. Ce sont des individus qui ont la charge de réaliser un nouveau protocole de la bonne mort qui n'est plus celle du héros ou celle du saint, mais qui est la mort rationnellement bien vécue avec un accompagnateur qui vous écoute, qui vous entend et qui vous considère jusqu'au dernier moment comme une personne. Ces accompagnateurs travaillent pour l'instant absolument sans filet, et sont dans une sorte de mise en responsabilité absolument fantastique puisqu'on leur demande de prendre la mort en charge. »[1]

En sa qualité de sociologue, Mme Danièle Hervieu-Léger prête à cette situation, un enjeu politique lié au mode de fonctionnement d'une société démocratique.

– Les limites de la gestion de la mort par l'Etat : la normalisation et la sécularisation

– M. Michel Castra, maître de conférences en sociologie et chercheur au laboratoire CLERCE-CNRS, a attiré l'attention de la mission sur la construction d'un modèle du bien mourir, normalisé à l'excès et qui serait par trop réducteur devant la multiplicité des fins de vie potentielles. Ses travaux s'appuient, pour une large part, sur l'analyse du mode de fonctionnement des unités de soins palliatifs : « *Les médecins en unités de soins palliatifs sont amenés à mettre en place une sélection des patients pour l'admission dans l'unité, afin de faire face à la diversité de situations que recouvre la notion floue et abstraite de « mourant ». C'est une acception très particulière et très précise de la fin de vie que l'on va retenir, en établissant un profil somme toute assez étroit du patient en fin de vie.* »[2]

Mais il fait valoir que ce danger de normalisation est général. Il puise son origine dans le déni de la mort : *« On peut distinguer l'existence de deux modèles contemporains du « bien mourir » autour des soins palliatifs, d'une part, et de l'euthanasie volontaire, d'autre part. C'est toujours à partir de ces deux cadres sociaux, qui sont aussi des cadres normatifs, que notre modernité envisage le rapport à la fin de vie et à la mort. Si la construction et la représentation d'une « mort positive » prennent, de part et d'autre, des formes radicalement différentes, ces idéologies normatives du « bien mourir » concrétisent toutes deux une stratégie de distanciation par rapport à la mort et donnent en même temps un sens à celle-ci. Il y a là un invariant anthropologique. Il s'agit bien de*

---

[1] Audition du 19 novembre 2003.
[2] Audition du 10 février 2004.

neutraliser la mort afin de la rendre plus supportable pour la société mais aussi pour les professionnels qui la prennent en charge. »[1]

– La deuxième limite est la sécularisation de l'hôpital. De fait, reprenant les préoccupations de Mme Marie de Hennezel : *« En sécularisant les soins, l'hôpital semble s'être déshumanisé. Les soignants ne sont ni formés, ni encadrés pour prendre soin de l'être. »,* M. Damien Le Guay observe qu' *« Il semble – et on est toujours dans les tendances – que l'hospitalité, qui était et qui devrait signifier à la fois le soin du corps et la prise en charge spirituelle de l'âme, s'éloigne de l'hôpital et de l'hospitalisation. Autant, il y a un accroissement des soins, autant il semblerait – eu égard à ce que dit Mme Marie de Hennezel – que les personnels soient démunis face à la prise en charge de ce spirituel en souffrance. Mme Marie de Hennezel indique que* « l'hôpital n'est plus fidèle à ce qui fut sa fonction première, l'hospitalité ». *Il est vrai que cette fonction était autrefois tenue en grande partie par les congrégations religieuses et que de 1901 à 1905, la loi de séparation de l'Eglise et de l'Etat a renvoyé dans leurs foyers 120 000 membres de congrégations qui tenaient des fonctions dans les écoles, dans les hôpitaux »*[2]. Mais si l'on devait s'engager plus profondément sur la voie d'une intégration de la dimension spirituelle de la fin de vie dans les établissements de santé, on ne manquerait pas de se heurter rapidement au principe de la laïcité. D'ores et déjà, les malades hospitalisés *« doivent être mis en mesure de participer à l'exercice de leur culte et peuvent recevoir la visite du ministre du culte de leur choix »*, conformément à l'article R. 1112-46 du code de la santé publique[3], mais les visites systématiques de religieux sont proscrites. En outre, seuls les établissements nouvellement construits disposent de salles multiconfessionnelles pour l'exercice du culte[4].

De plus, l'application de ces principes, à l'heure actuelle, n'est pas sans poser des problèmes dont la Commission de réflexion sur l'application du principe de laïcité dans la République s'est fait l'écho : *« Certaines préoccupations religieuses des patients peuvent perturber le fonctionnement de l'hôpital : des couloirs sont transformés en lieux privatifs de prière. » [...] Le modèle de charte du patient, proposé par le ministère comme modèle aux établissements de santé indique qu' « un patient doit pouvoir suivre dans la mesure du possible les préceptes de la religion ». En revanche, il ne peut, par son comportement, remettre en cause le fonctionnement du service ».* Comme c'est toujours le cas en matière de libertés publiques, un équilibre entre l'expression d'une liberté et le bon

---

1 Audition du 10 février 2004.
2 Audition du 5 novembre 2003.
3 Décret n° 74-27 du 14 janvier 1974 relatif aux règles de fonctionnement des centres hospitaliers et des hôpitaux locaux.
4 Conseil d'Etat, Rapport public 2004, *Un siècle de laïcité*, p. 315, La Documentation française.

fonctionnement du service public ou la garantie de l'ordre public doit être respecté.

Et pourtant, l'homme, dans ses derniers instants, est dans une demande de soins de l'être et de l'âme : « *La demande spirituelle est rarement formulée comme telle, mais elle est "quasiment toujours présente"* » souligne Mme Marie de Hennezel[1] et il importe donc de répondre d'une façon ou d'une autre, à ces attentes. Certains souhaiteront une spiritualité laïque qui, selon M. Damien Le Guay, « *soit tend à se passer de religion – c'est le projet de Comte-Sponville –, soit tend à se réapproprier en philosophie la vérité du discours religieux – c'est celui de Luc Ferry* ».[2] D'autres aspireront à une spiritualité religieuse et pour eux, il importerait de quitter « *cette crispation laïque à l'égard de la religion [...] ; d'aboutir à une laïcité apaisée avec une religion modeste pour permettre d'accueillir, dans ce travail de la conscience sur elle-même, le plus mystérieux, le plus intime, le plus puissant que soi et donc donner à la conscience une ouverture sans plafond, un horizon dégagé. Il ne faut pas limiter ces soins palliatifs aux seuls soins psychologiques et aux seuls rituels folklorisés dont nous avons déjà parlé, mais essayer autant que possible de surmonter ce tabou du spirituel et cet interdit du religieux et opter pour la liberté de la conscience en travail.* »[3] M. Michel Vovelle insiste sur la nécessité de s'adapter avec souplesse et compréhension à une population multiconfessionnelle aux traditions différentes[4]. Il s'agirait, selon M. Emmanuel Hirsch, Directeur de l'Espace éthique de l'Assistance publique-Hôpitaux de Paris, « *dans l'univers rationnellement désenchanté de l'hôpital* » de découvrir « *du côté des pratiques contemporaines de l'accompagnement des malades en fin de vie, des occurrences nouvelles et inédites du « bien mourir » [...] quelques pistes pour reconnaître les voies de la créativité symbolique des sociétés sécularisées* »[5].

1.2.1.2 La mort n'est plus considérée comme une fin naturelle

Désormais médicalisée et hospitalière, fondamentalement la mort « *n'apparaît plus comme une nécessité faisant partie de la nature du vivant* »[6].

1.2.1.2.1 La mort est perçue comme un échec

Si autrefois ou encore maintenant dans les pays en voie de développement, on mourait souvent violemment – de faim, de pauvreté, à

---

1 *L'art de mourir*, Laffont, 1997, p. 28.
2 Audition du 5 novembre 2003.
3 *Idem.*
4 *La mort et l'Occident de 1300 à nos jours*, *opus* cité, préface de l'édition de 2000.
5 Ouvrage collectif *Qu'est ce que mourir ?*, *opus* cité, p. 10.
6 Hans Jonas, *Le principe de responsabilité – Une éthique pour la civilisation technologique*, Cerf, 1999, p. 39.

cause des guerres et des épidémies –, la mort dans les pays riches est perçue comme un accident, voire une agression qui prend toujours au dépourvu. L'individu, dans nos sociétés, se comporte en fait comme s'il ne devait pas mourir, sa sécurité étant assurée par les institutions sanitaires. Les morts violentes n'existent plus ou alors elles suscitent une profonde émotion.

– La mort n'appartient plus à l'ordre naturel des choses

La mort n'est plus conçue comme la fin naturelle d'une existence, comme une « *fatalité inscrite dans le devenir d'un individu* »[1] mais comme une panne ou un dysfonctionnement auxquels la médecine saura remédier. Comme l'a écrit Philippe Ariès, il est « *loin le temps où les personnes mouraient d'un mal anonyme et vague qu'on ne se préoccupait pas de définir. Le phénomène nouveau et remarquable est le suivant : le grand malade est retiré à son angoisse existentielle et est mis en condition par la maladie et le médecin* »[2]. Ainsi, dit-on spontanément de quelqu'un qui va mourir : « *de quoi est-il mort* ? » Ces réactions illustrent les propos de Mme Danièle Hervieu-Léger : « *L'événement de la mort est désormais extrêmement naturalisé. Il est d'abord et avant tout saisi comme un événement d'un parcours biologique qui, comme tel, est de plus en plus désinvesti symboliquement.* »[3] Pour elle, ce phénomène est lié en grande partie à la laïcisation de la mort.

– La mort est perçue comme un accident ou comme une faute médicale

Dans le contexte d'une médecine performante à l'excès et qui s'est constituée en quelque sorte comme une religion du corps guéri de tout, la mort apparaît comme « *un accident ayant une cause avec un engagement de la responsabilité du médecin, qui n'a pas fait ce qu'il fallait* »[4]. M. Gilbert Schulsinger, Grand maître *honoris causa* à la Grande Loge de France, ancien médecin chirurgien, ajoute que « *la mort est instrumentalisée, et l'on se doit de la faire reculer. Elle est ressentie aujourd'hui, au mieux, comme un échec provisoire de la science, au pire comme une faute médicale* »[5].

Des responsabilités sont alors recherchées et l'on est donc amené à se poser la question : « de quoi le malade est-il mort ? » Mais cette interrogation en appelle alors une autre : « à cause de qui est-il mort ? »

---

1 Audition de Mme Danièle Hervieu-Léger du 19 novembre 2003.
2 *Essais sur l'histoire de la mort en Occident du Moyen Age à nos jours, opus* cité, p. 204.
3 Audition du 19 novembre 2003.
4 Audition de M. Didier Sicard du 21 octobre 2003.
5 Audition du 2 décembre 2003.

Cette conception explique les réactions des familles décrites par M. Didier Sicard qui, au moment fatidique, font comme s'il y avait encore quelque chose à faire et appellent en catastrophe les services d'urgence à qui il incombera la responsabilité de gérer les derniers instants du mourant : « *La responsabilité éventuelle des médecins hospitaliers apparaît parce que les médecins de famille ont disparu, remplacés par des médecins généralistes et des médecins dits "urgentistes". Or, les médecins des services d'urgence qui sont consultés, ne connaissent rien du patient et sont très embarrassés par l'attitude à adopter. Le premier réflexe est alors déontologique avec, en arrière-plan, la vague sensation qu'il existe une loi interdisant tout acte d'euthanasie et surtout une loi disposant que la non-assistance à personne en danger est un délit, voire plus. Dans ces situations toujours embarrassantes, on s'aperçoit que les conclusions opérationnelles sont souvent les plus mauvaises, aboutissant à un transfert sur l'hôpital de la gestion de la fin de vie. Cette situation qui peut confiner paradoxalement à l'acharnement thérapeutique n'est jamais vue avec lucidité, comme si l'hôpital avait vocation à apporter la réponse efficace.* »[1]

Dans un premier temps, les services hospitaliers se conduisent donc comme si le malade devait vivre à tout prix et comme si la possibilité d'envisager le décès était refusée : les techniques de réanimation permettent d'entretenir l'espoir, et puis l'on doit admettre – médecins comme familles –, qu'en tout état de cause, il n'y a plus rien à faire. Et l'on passe, en quelques heures, de la supplique adressée par les familles au corps médical de « faire absolument quelque chose » à la demande de « laisser le malade tranquille ».

1.2.1.2.2 L'incertitude des frontières entre la vie et la mort

L'avancée des connaissances scientifiques a eu pour conséquence de poser en termes nouveaux le problème des rapports entre la vie et la mort et de revoir les réponses à la question *« qu'est-ce que mourir ? »* Lors d'un séminaire à la Cité des sciences, Mme Danièle Hervieu-Léger l'avait posée à M. Jean-Claude Ameisen, spécialiste de l'apoptose, la mort programmée des cellules ; il lui avait répondu : « *Il n'y a pas de définition biologique du mourir. Mourir, c'est quand la médecine décide d'arrêter…* »[2]

La vision créatrice de la mort que les travaux sur le « suicide cellulaire » induisent, font dire à Mme Danièle Hervieu-Léger que la frontière entre le mort et le vif est devenue « *éminemment poreuse* »[3]. M. Jean-Claude Ameisen en a tiré la déduction que la mort n'est pas nécessairement inscrite dans le programme génétique du vivant : « *Pendant*

---

1 Audition du 21 octobre 2003.
2 Audition du 19 novembre 2003.
3 *Idem*

longtemps, on a pensé que la disparition de nos cellules – comme notre propre disparition – ne pouvait résulter que d'accidents ou de destruction, d'une incapacité à résister à l'usure, au passage du temps [...] Mais la réalité s'est révélée de nature plus complexe. Aujourd'hui, après plus d'un demi-siècle de questionnement, a émergé la notion contre-intuitive que toutes nos cellules possèdent en permanence le pouvoir de déclencher leur autodestruction, leur mort prématurée. Ces données ont commencé à modifier, au niveau cellulaire, la notion même de vie. La vie, phénomène perçu jusque là comme positif, semble résulter de la répression continuelle d'un événement négatif. La disparition prématurée d'un grand nombre de cellules permet à notre corps de se construire et de se reconstruire sans cesse. Ces phénomènes d'autodestruction ont reçu le nom de suicide cellulaire et de mort cellulaire programmée. »[1]

– De la mort cardio-vasculaire à la mort cérébrale

On perçoit , alors, de quelle responsabilité normative est investi le médecin chargé de « déclarer » une mort qui ne se présente plus comme une réalité directement constatable mais comme un fait dont il faut établir, le plus certainement possible, la réalité. Déclarer la mort de quelqu'un est nécessaire, pour différentes raisons, qu'il s'agisse de la célébration d'obsèques, de la transmission du patrimoine ou, le cas échéant, du prélèvement d'organes. En déterminer les critères est donc indispensable. M. Michel Vovelle a rappelé que la question de la mort effective était déjà présente au siècle des lumières et que les critères objectivant la mort sont apparus simultanément avec les progrès de la physiologie : « *A cette époque, conjointement aux progrès de la physiologie, s'est posé le problème du moment de la mort. En ouvrant l'Encyclopédie de Diderot et de d'Alembert, nous constatons que de nombreux articles sont consacrés à la mort ; le premier article traite des enterrements précipités. La question avait d'abord été formulée dans les gazettes allemandes, à propos des funérailles juives. En effet, les juifs berlinois enterraient traditionnellement leurs morts dans les 24 heures suivant le décès. Le problème des funérailles précipitées fut ainsi lancé par les gazetiers, tant est si bien que cet article de l'Encyclopédie fourmille d'exemples mentionnant des morts-vivants mal enterrés. Dans ma jeunesse, ayant dépouillé plus de 20 000 testaments provençaux, essentiellement rédigés par des vieilles filles, j'ai été marqué par leur peur d'être ensevelies vivantes.* »[2]

La mort se déduit sur la base de critères : « *Les définitions de la mort ne se séparent pas des critères par lesquels on confirme celle-ci. En un*

---

[1] Ouvrage collectif, *Qu'est-ce que mourir ? opus* cité, p. 26
[2] Audition du 29 octobre 2003.

sens, la mort n'est pas [...] seuls n'existent que le mourant ou le cadavre. »[1] Ces critères ont évolué au fil du temps. La mort était autrefois objectivée grâce à des signes impressionnistes (arrêt du pouls, cessation de la respiration repérée à l'aide d'un duvet ou d'un miroir sur la bouche...) et c'était l'arrêt du cœur, organe vital primordial, qui signifiait la mort ou le dernier souffle.

Aujourd'hui, la définition de la mort est cérébrale et ses critères sont, techniquement, très élaborés, ce qui fait écrire à M. Bernard-Marie Dupont que *« la mort ne se montre plus, elle se démontre scientifiquement »*[2]. Les progrès accomplis en matière de réanimation médicale sont à l'origine de la notion de mort cérébrale, introduite dans la littérature médicale par deux médecins français, Mollaret et Goulon ; ces derniers ont décrit quatre stades de coma, le quatrième – coma dépassé – correspondant en France à la mort légale ; celui-ci implique la perte totale et irréversible de l'activité du cerveau et du tronc cérébral, même si l'appareil cardio-vasculaire est maintenu artificiellement en état de fonctionnement. L'adoption d'une telle définition s'explique pour une large part par la nécessité de pouvoir prélever un organe afin de réaliser une greffe. La mort cérébrale doit être constatée à partir d'examens nombreux définis par le décret n° 96-1041 du 2 décembre 1996 relatif au constat de la mort préalable au prélèvement d'organes, de tissus et de cellules à des fins thérapeutiques ou scientifiques ; si les preuves de la mort doivent être cumulatives, une confirmation doit être apportée par un encéphalogramme plat. Aujourd'hui, seul un décret définit donc la mort.

– L'unité de la mort est brisée

De manière quelque peu paradoxale, alors que la mort se démontre et se justifie techniquement et médicalement, la frontière entre la vie et la mort est devenue plus incertaine. Ainsi que l'analyse Bernard-Marie Dupont, « *la distinction entre la vie et la mort semble être davantage une histoire de degré que de nature. La frontière entre le vivant et le mort s'estompe ; le no man's land s'installe [...]. La mort n'est plus synonyme de rupture du temps, car la technique permet de la remplacer par la durée. Nous assistons à la constitution d'un espace tampon, d'un purgatoire laïque que sont peut-être en train de devenir certains services de réanimation médicale* »[1]. Philippe Ariès énonçait déjà cette idée : « *Dans les mentalités traditionnelles, l'instantanéité (de l'instant de la mort) était atténuée par la certitude d'une continuation [...] A partir du XVIIe siècle, la croyance plus répandue dans la dualité de l'âme et du corps et dans leur séparation à la mort a supprimé la marge du temps. Le trépas est devenu instant. La mort*

1 Louis-Vincent Thomas, *La mort*, *opus* cité, p. 32.
2 Ouvrage collectif, *Qu'est-ce que mourir ?*, *opus* cité, p. 61.

médicale d'aujourd'hui a reconstitué cette marge, mais en gagnant sur l'en-deçà, et non plus sur l'au-delà. »[2]

Même si les morts d'autrefois pouvaient être longues et douloureuses comme celle de Louis XIV, dans la mesure où il n'y avait ni assistance respiratoire ni ventilation mécanique, les agonies n'étaient pas prolongées artificiellement. Il y avait, selon l'image de M. Bernard-Marie Dupont « une unité de temps, de lieu et d'action » ; avec l'introduction de la mort cérébrale, cette unité s'est brisée. Le rapport au temps s'en est trouvé modifié, Mme Danièle Hervieu-Léger soulignant que « *la problématique des comas a remplacé l'idée du grand passage par l'idée d'un étagement* »[3]. Ce sont en quelque sorte des degrés de morts successives que l'homme moderne doit affronter car le *« temps de la mort s'est à la fois allongé et subdivisé »*[4] : « *Il y a bien longtemps que le mourant a perdu conscience. La mort a été décomposée, morcelée en une série de petites étapes dont, en définitive, on ne sait plus où est la mort vraie, celle où l'on a perdu la conscience, celle où l'on a perdu le souffle. Toutes ces petites morts silencieuses ont remplacé la grande action dramatique de la mort.* »[5]

Le fractionnement du temps de la mort ne va pas sans poser des problèmes pour le malade en fin de vie. M. Michel Castra a rappelé en effet que « *si la fin de vie est devenue un problème social et politique, c'est très largement en raison de l'allongement de la période terminale de la vie. Aujourd'hui, mourir prend du temps...* »[6]. M. Philippe Letellier a fait part de ses inquiétudes quant aux conséquences de la prolongation de ces temps d'incertitude qui, à cause ou grâce aux progrès médicaux, fait perdre au mourant ses repères : « *la technologie médicale a prolongé le temps d'incertitude entre la vie et la mort, par d'interminables agonies. [...] Quelle est l'attitude d'un malade qui s'achemine progressivement vers sa mort ? Il faut savoir que nos malades, quand ils sont dans un état grave, sentent la mort venir, comme il y a des siècles. La connaissance de sa mort imminente est quelque chose d'inscrit dans l'homme. Cela n'a rien d'extraordinaire. Mais les mécanismes d'adaptation de l'homme à cette approche de la mort imminente, se sont émoussés par la prolongation des agonies. On ne meurt plus, vite et bien comme il y a un siècle, on meurt un peu, on revit un peu, on meurt un peu, on revit un peu, et dans ces aléas, ces rémissions, ces rechutes incessantes qui se multiplient avec les progrès continuels des traitements, le malade perd ses repères. Les médecins eux-mêmes rentrent dans le tabou de la mort et se persuadent qu'ils vont*

---

1 Ouvrage collectif, *Qu'est-ce que mourir ?, opus* cité, p. 64 et 65
2 *L'homme devant la mort, opus* cité, p. 579.
3 Audition du 19 novembre 2003.
4 Philippe Ariès, *L'homme face à la mort, opus* cité, p. 579.
5 Philippe Ariès, *Essais sur l'histoire de la mort en Occident du moyen-âge à nos jours, opus* cité, p. 63.
6 Audition du 10 février 2004.

pouvoir prolonger la vie. Ils se livrent, même si cela est de moins en moins fréquent, à une sorte d'acharnement thérapeutique qui ne tient absolument pas compte du sujet malade et de ses véritables aspirations. »[1]

1.2.1.3 Le poids de la décision médicale

Dans ce contexte, le médecin est particulièrement exposé et sa décision est essentielle ; en même temps, son autorité est de plus en plus contestée.

1.2.1.3.1 Les questions éthiques posées par la mort cérébrale

A partir de quand un être humain est-il mort ? Est-il moralement possible et acceptable qu'un médecin mette un terme, d'une façon ou d'une autre, à la vie d'un patient ? Avec l'évolution de la définition de la mort, les réponses à certaines interrogations éthiques n'apparaissent plus comme des évidences.

Quand la définition cardio-vasculaire de la mort avait cours, la réponse à la première question était : quand la circulation du sang et la respiration spontanée ont cessé. Par ailleurs, en réponse à la deuxième question, il était admis qu'un médecin ne pouvait jamais agir pour faire cesser la vie de son patient, de telles actions ne pouvant être considérées que comme des homicides au sens du code pénal.

Si l'on s'interroge sur la définition cérébrale de la mort, la réponse est moins claire. Ainsi, Léon Schwartzenberg écrivait-il : *« J'affirme que la nouvelle définition de la mort [...] n'est ni biologique, ni scientifique ; c'est une définition métaphysique. On définit la mort d'un être humain à partir du moment où sa conscience est morte. On le déclare mort non parce que ses organes ont cessé de vivre, mais parce qu'il est mort à l'espèce humaine. On établit une différence entre l'espèce humaine et toutes les autres espèces. Cette différence s'appelle la conscience. »* [2]

Mais la perte de conscience comporte aussi des degrés et peut être réversible. A partir de quel moment l'absence de conscience de l'individu peut-elle être considérée comme la mort irréversible ?

Sous un angle légèrement différent, M. Michel Vovelle distingue le vivant et l'humain : *« Actuellement, la science a déterminé des critères objectivant la mort, tel l'encéphalogramme plat. Les critères de définition du passage de la vie à la mort et de l'humain à ce qui est peut-être encore*

---

1 Audition du 9 décembre 2003.

2 Cité par Louis-Vincent Thomas, *La mort*, *opus* cité, p. 33.

vivant dans l'entretien de certaines fonctions vitales mais qui ne répond plus à aucune forme d'hominisation, ont été affinés. »[1]

Dans la mesure où les frontières entre la vie et la mort sont incertaines, quand faut-il considérer que quelqu'un a cessé de vivre ? Le critère primordial doit-il être la fin de l'activité consciente ou la fin du fonctionnement autonome des fonctions vitales ?

Les médecins ayant désormais les moyens techniques de prolonger presque indéfiniment la survie, il arrive un moment où ils sont inévitablement amenés à se poser la question de l'arrêt de certaines procédures. Il est des cas où des personnes peuvent être plongées pendant de longues années dans le coma. On peut ainsi citer le cas de cet ancien footballeur international (Jean-Pierre Adams) dans le coma depuis vingt et un ans ou de Theresa Schiavo, aux Etats-Unis, dans le coma pendant onze ans après une attaque cardiaque.

1.2.1.3.2 L'importance de la décision médicale dans la fin de vie

« Le temps de la mort s'est allongé au gré du médecin : celui–ci ne peut pas supprimer la mort, mais il peut en régler la durée, de quelques heures qu'elle était autrefois à quelques jours, à quelques semaines, à quelques mois, voire quelques années [...]. Il arrive que ce prolongement devienne un but [...]. Le monde se rappellera l'agonie shakespearienne de Franco, au milieu de ses vingt docteurs. Le cas le plus sensationnel est sans doute celui de Karen Ann Quinlan. »[2] Ces propos de Philippe Ariès illustrent les résultats de toutes les études épidémiologiques récentes, aussi bien nord-américaines que françaises, selon lesquelles plus de 50 % des décès survenant dans les services de réanimation sont précédés d'une décision d'arrêt ou de limitation des soins actifs[3].

Une récente enquête, publiée dans le numéro du *Lancet* du 2 août 2003, dont les conclusions ont été rapportées devant la mission par Mme Anita Hocquard, et qui concernent six pays européens (Belgique, Danemark, Italie, Pays-Bas, Suède et Suisse), montre que 25 % à 50 % des décès résultent d'une décision médicale, soit par limitation des soins et refus de l'acharnement thérapeutique, soit par administration de doses d'antalgiques susceptibles de précipiter la mort ou par euthanasie active ou suicide médicalisé à la demande ou non des patients.

---

1 Audition du 29 octobre 2003.

2 *L'homme de la mort, opus* cité, p. 579.

3 S. Grobuis et alii, *« Bases de réflexion pour la limitation et l'arrêt des traitements en réanimation chez l'adulte »*, Revue *Réanimation urgences*, 2000, n° 9.

S'agissant de la France, 50 % des décès survenant dans les services de réanimation sont consécutifs à un arrêt ou à une limitation de traitement, selon M. François Lemaire, adjoint au Chef de service de réanimation de l'hôpital Henri Mondor et Secrétaire de la Commission d'éthique de la *Société de réanimation de langue française*.[1]

Les médecins se trouvent donc face à une interrogation morale et à une incertitude juridique, nées des progrès de la science qui posent en termes nouveaux la problématique du « terminus de l'aventure humaine », selon l'expression de M. Michel Vovelle. De nombreux praticiens ont fait part à la mission de leurs inquiétudes et de leurs craintes que des actes effectués dans le cadre de bonnes pratiques ne tombent sous le coup d'incriminations pénales inadaptées à la réalité de leur activité.

1.2.1.3.3 La contestation du pouvoir médical

Pendant longtemps, la fonction primordiale du médecin n'a pas été de guérir ; l'« officier de santé » qu'était Charles Bovary, le médecin de campagne décrit par Balzac dans *« le médecin de campagne »* ou par Tolstoï remplissaient surtout une fonction d'hygiène publique et allégeaient éventuellement la souffrance, en administrant des calmants ou parfois de l'opium aux riches agonisants : *« On lui donna une forte dose d'opium, il perdit conscience. »*[2] Il incombait également au médecin une fonction morale qu'il partageait avec le prêtre. En apportant une plus grande sécurité sanitaire à la population, la révolution pastorienne et les évolutions thérapeutiques ultérieures ont assis le pouvoir des médecins. Mais corrélativement à l'augmentation d'un pouvoir qui a gagné régulièrement en efficacité, on constate, depuis quelques décennies, que le médecin a perdu de sa légitimité. Les critiques sont allées de pair avec le transfert de pouvoir du médecin de famille généraliste au médecin hospitalier ; reconnu pour ses titres, paré des attributs de la technique et de la puissance, exerçant son autorité sur une équipe, ce dernier a vu son influence contestée et son pouvoir remis en cause au regard de deux appréhensions des malades : l'acharnement thérapeutique et l'euthanasie.

Mme Anita Hocquard a rappelé que l'acharnement thérapeutique est dénoncé d'une manière *« omniprésente chez les partisans de l'euthanasie volontaire, qui est apparue dès la fin du XIXe siècle (cf. l'article de Littré et Robin dans le Dictionnaire de médecine dans lequel les auteurs dénoncent les risques de « cacothanasie »)*[3].

---

1 Audition du 3 décembre 2003 – cf. aussi *infra*, le paragraphe 2.2.3.1. – Les statistiques.
2 Léon Tolstoï, *La mort d'Ivan Ilitch*, *opus* cité, p. 152.
3 Audition du 18 novembre 2003.

Celui-ci est également rejeté par ceux qui ne souhaitent pas qu'on les prive de leur mort comme le Père de Dainville dont M. Michel Vovelle a rappelé les dernières paroles : « *Nous avons tous en mémoire ce cri lancé par le père de Dainville, savant jésuite visité sur son lit d'agonie par un de ses confrères :* " on me frustre de ma mort ". *Ce thème de la frustration de la mort a trouvé un large écho dans la dénonciation de l'acharnement thérapeutique symboliquement dénommé* "heroic measures" *par les Anglo-Saxons.* »[1]

Lors du dixième congrès national de la *Société française d'accompagnement et de soins palliatifs* en juin 2004 qui portait sur le thème « L'euthanasie et la mort désirée », Mme Véronique Fournier, Directrice du Centre d'éthique clinique de l'hôpital Cochin à Paris, dans son intervention intitulée *« La mort n'appartient pas aux médecins »*, a dénoncé avec force l'« *irréductible paternalisme médical à la française* ».

M. Emmanuel Hirsch souligne les dangers qu'il y a à s'opposer radicalement aux mécanismes de la mort naturelle pour conserver la vie : *« (cela) ne va pas sans questions et engagements lourds d'effets et de sens. Les équipes médicales hautement performantes expriment une volonté de puissance face à l'impuissance, à l'abstention. C'est une fatalité, une fragilité ultime qui est refusée. C'est l'image même de la vie humaine qui est refusée, sa représentation qui est remise en cause. A l'évidence, nous sommes dans un combat aux extrêmes du vivant [...]. Au bout du compte, quelles barrières morales satisfaisantes pourraient prévenir les dérives d'une pratique qui, dans son extrémité, transformera la personne sans bénéfice réel pour elle, en un objet d'expérimentation, voire de performance ?* »[2]

La contestation de l'euthanasie par inoculation de produits mortifères exprime l'autre forme de peur des malades. Un article retentissant, certes critiqué mais en tout état de cause jamais démenti, du Père Patrick Verspieren S.J., a dénoncé les euthanasies clandestines[3]. Au cours des différentes auditions, il a également été fait part à la mission de la réalité de ces euthanasies, qui apparaissent comme des décisions arbitraires et solitaires et traduisent le plus souvent l'incapacité du médecin à accompagner son malade jusqu'à la mort. Ainsi, M. Jean-Philippe Wagner, Président de la Fédération des associations *« Jusqu'à la mort, accompagner la vie » (JALMAV)* rappelait avoir *« dû pratiquer, à une époque, des actes d'euthanasie, par la force des choses, parce que mes chefs de service m'y obligeaient »*[4]. Même si le nombre de ces actes semble avoir aujourd'hui

---

1 Audition du 29 octobre 2003.
2 Ouvrage collectif, *Qu'est-ce que mourir ? opus* cité, p. 17 et 18.
3 *Sur la pente de l'euthanasie*, *Etudes*, janvier 1984.
4 Audition du 20 janvier 2004.

diminué, leur existence demeure incontestable[1] – comme en témoignent certains malades qui se sont « évadés » de certains services pour se réfugier dans des services de soins palliatifs – et les membres de la mission se sont montrés très soucieux d'en préserver la population.

En fait, acharnement thérapeutique et euthanasie s'articulent autour d'un même refus de laisser écouler à la mort sa durée naturelle. C'est ce pouvoir du médecin de programmer la mort qui est récusé. Devant les députés, M. Olivier Abel a demandé au pouvoir médical de se « *retirer discrètement* »[2].

Sans doute, peut-on noter les signes d'un apaisement du conflit entre médecins et malades. Dans la préface de l'édition 2000 de son ouvrage *La mort et l'Occident de 1300 à nos jours*, M. Michel Vovelle note que l'âpreté des affrontements entre corps médical et malades s'est atténuée, même si certaines affaires, comme celle du sang contaminé, montrent que la confiance dans le corps médical peut rapidement être ébranlée. Pour Mme Danièle Hervieu-Léger, la contestation du pouvoir médical est une toile de fond sur laquelle s'inscrivent à la fois l'abandon chez un certain nombre de praticiens « *de ce que le professeur Robert Zitoun appellerait le paternalisme médical* »[3] et la revendication par les malades d'être les « *acteurs de leur mort* ».[4]

Ces évolutions des pratiques médicales à travers lesquelles la médecine entend traiter de la vie et de la mort, font craindre à la population un terrorisme de la norme qu'a analysé, dans ses écrits[5], Georges Canguilhem, philosophe et médecin.

Parallèlement à ces changements, le rituel s'est profondément modifié.

1.2.2 LES INFLEXIONS DU RITUEL

Le refoulement de la mort imprime un ton très particulier au rituel funéraire moderne : disparition ou simplification de certaines pratiques, méfiance à l'égard de l'expression de l'émotion, effacement du mort au bénéfice quasi-exclusif du survivant… L'« *escamotage des rites* »,[6] selon l'expression de M. Damien Le Guay, est le reflet de la disparition de la mort sociale évoquée précédemment.

---

1 Cf. *infra* le paragraphe 2.2.2.2. – Les pratiques clandestines.
2 Audition du 25 novembre 2003.
3 Audition du 19 novembre 2003.
4 *Idem*
5 *Ecrits sur la médecine*, Seuil, 2002.
6 Audition du 5 novembre 2003.

1.2.2.1 La simplification et l'effacement des manifestations extérieures de la mort

Les rites qualifient l'ensemble des conduites plus ou moins stéréotypées, codifiées et institutionnalisées s'appuyant sur un ensemble complexe de symboles et de croyances. Les rites funéraires concernent deux communautés, celle des morts et celle des vivants. Malgré leur disparité dans le temps et dans l'espace, les traditions funéraires obéissent à des constantes universelles. Leur double finalité est ainsi résumée par Louis-Vincent Thomas : *« au plan du discours manifeste, elles sont motivées par ce qu'elles apportent symboliquement au mort : par une série d'actions, un lieu et des rôles lui sont assignés. Mais au plan du discours latent, même si le cadavre reste toujours le point d'appui des pratiques, le rituel ne prend en compte qu'un seul destinataire : l'homme vivant, individu ou communauté. »*[1] Censés guider le défunt dans son destin *post-mortem*, les rites funéraires visent avant tout à transcender l'angoisse de la mort chez les survivants. Selon le titre d'un ouvrage de Louis-Vincent Thomas, ce sont des *« rites de mort pour la paix des survivants »*, cet aspect étant particulièrement accentué dans nos sociétés modernes.

1.2.2.1.1 L'escamotage des rites

M. Damien Le Guay a rappelé que le phénomène « particulièrement inouï »[2], du déni de la mort remonte à une cinquantaine d'années. C'est à ce même moment que l'on assiste à une inflexion du rituel. Selon l'étude précitée réalisée pour la Direction pour l'animation de la Recherche des Etudes et des Statistiques (DARES), *« en matière funéraire, il est plutôt rare de parler de révolution : la modernité entre à pas feutré dans un univers régi par la tradition ; la chronologie du cycle de vie dicte une temporalité presque indolente au changement. Pourtant, l'univers du funéraire, arrivé à mi-chemin du XXe siècle, entre en ébulition. Au tournant du siècle, la pompe des funérailles quitte ses habits d'apparat pour un protocole dépouillé et uniformisé. La décennie suivante, ce sont les cadavres qui quittent le domicile pour aller peupler les maisons mortuaires [...] Le dénuement croissant marque une étape décisive dans le processus de laïcisation des pratiques funéraires ; le développement de la crémation à partir des années 75 en constitue une expression achevée [...] Au fil de cette intrusion de la modernité dans les rituels funéraires, la sémiotique rituelle associée à la pompe des cérémonies funèbres traditionnelles ressort toujours plus déshéritée : il ne reste plus qu'un éloge funèbre dépouillé de sa symbolique ostentatoire. »*[3]

---

1 *La mort*, *opus* cité, p. 92.
2 Audition du 5 novembre 2003.
3 *Les services funéraires : du monopole public au marché concurrentiel*, *opus* cité, p. 35.

Une des explications fournie par Mme Marie-Frédérique Bacqué pour comprendre cet effacement des rites est la découverte au XXe siècle, de la *« puissance mortifère de l'homme »*, à travers l'exemple des apocalypses nucléaires d'Hiroshima et de Nagasaki. Cette toute puissance a conduit cet auteur à élaborer le concept de mort totale[1], lié à ces possibilités de destruction. Cette idée expliquerait le sentiment que ces rites ne servent à rien et peuvent donc être laissés de côté : *« La mort totale » est la mort de l'« homme total » maussien (Mauss, 1950), c'est-à-dire la mort de toutes les dimensions de l'homme – physique, psychologique et sociale – [...]. Le fantasme de la mort totale qui interfère avec la réalité de la mort individuelle peut expliquer, chez certains, le sentiment que les rites actuels sont inopérants, inutiles et non pourvoyeurs d'espoir »*.[2]

Par ailleurs, la mort hospitalière a sans doute porté un coup décisif au rituel, comme le fait également remarquer Mme Marie-Frédérique Bacqué : *« Personne ne sait quoi faire et, souvent, seuls les soignants, si le patient est décédé à l'hôpital, apportent un semblant d'organisation à ce qui devrait être, en fait, le début d'une cérémonie. En institution, c'est hélas, l'aspect administratif qui prime. Garder le corps plus de deux heures dans la chambre occupée a longtemps posé un problème. Or, se regrouper en famille autour du défunt est un acte de respect et déjà, bien sûr, un acte rituel. »*[3]

1.2.2.1.2 La simplification des rites pour la paix des survivants

« Autrefois, il y avait alors les trois temps de la mort : celui du mourant, celui de la cérémonie et celui du deuil. Ces trois temps se sont, d'une manière ou d'une autre, quelque peu écrasés sur le seul moment de la cérémonie »[1]. M. Damien Le Guay résume ainsi la simplification des rites autour de la mort. Cette séquence en trois temps s'est en fait trouvée réduite à la portion congrue. Le temps du mourant n'existe plus pour la raison avancée par ce philosophe, qu'il n'y a plus de mourants mais des malades. Certains rites, tels que les enterrements sont simplifiés ; d'autres, comme les veillées, sont obsolètes et certains, si l'on songe aux cortèges, sont interdits dans les villes ; les enterrements ne mobilisent plus qu'une modeste assistance et se déroulent avec une hâte qui ne se dissimule plus, sauf pour les défunts célèbre. Le rite, encore ostentatoire après la guerre, s'est rétréci, au point de rendre presque invisible la tenue d'obsèques. L'étude pour la DARES précitée parle de *« dénuement croissant »* de la cérémonie funéraire : *« Après la guerre de 1939-45, on assiste au déclin progressif de l'ostentation mortuaire, officialisée en 1964 par les instructions du Concile de Vatican II qui ordonne la suppression des classes d'Eglise, des tentures*

---

1 *Apprivoiser la mort, opus* cité, p. 24.
2 *Idem*, p. 25.
3 *Ibidem*, p. 51.

et des tarifs d'Eglise. Dans le même temps, les véhicules motorisés se substituent au corbillard à attelage et font place à des convois plus standardisés. »[2].

On peut certes justifier ces mutations par les impératifs de temps, d'espace, de rentabilité et par la réduction de la taille de la famille ainsi que par les contraintes de la vie urbaine. L'incidence des questions économiques a incontestablement sa part dans cet appauvrissement du parcours funéraire. Ce secteur d'activités est, dans notre monde, atteint par le jeu de la concurrence et, de ce fait, les offres de services s'en ressentent. La pratique des devis, l'application au service extérieur des pompes funèbres des techniques marchandes sont révélatrices de l'évolution de notre société. Les contraintes des services funéraires imposent aux familles des rites rapides. L'étude précitée pour la DARES analyse comment la loi n° 93-23 du 8 janvier 1993 relative à la législation dans le domaine funéraire[3] a défini un nouvel espace marchand et n'a pas eu « *d'hésitation à franchir cette barrière symbolique que constituait un siècle de monopole dans un secteur chargé d'enjeux civiques et sociaux. Cette loi ne fait pas que défaire le monopole. Elle institue le marché, c'est-à-dire qu'elle s'emploie à définir un espace économique qui corresponde au libre jeu de l'offre et de la demande et à l'encadrer* »[4].

Mais, cette simplification des rites obéit, selon Louis-Vincent Thomas, « *à un besoin plus profond : le défunt, hier au centre du rite, s'est de nos jours effacé au profit des survivants qu'il faut absolument protéger contre la peine et l'inconfort en réglementant le jeu social des émotions. Non seulement les marques sociales qui désignaient l'endeuillé, n'existent plus mais celui-ci doit épargner aux autre la contagiosité de sa douleur et souffrir seul et en silence.*»[5].

Dans cette stratégie de rupture à l'égard de la mort, il importe d'« *éviter le dérangement (et de) désinscrire (celui qui est mort) de la terre des vivants.* » La simplification des rites va de pair avec leur discrétion. « *Dans la zone de la mort nouvelle et moderne, on cherche à réduire au minimum décent les opérations destinées à faire disparaître le corps. Il importe avant tout que la société, le voisinage, les amis, les collègues, les enfants s'aperçoivent le moins possible que la mort est passée. Si quelques formalités sont maintenues, et si une cérémonie marque encore le départ, elles doivent rester discrètes et éviter tout prétexte à émotion. Les*

---

1 Audition du 5 novembre 2003.

2 « *Les services funéraires : du monopole public au marché concurrentiel* », *opus* cité, p. 35 et 36.

3 Codifiée désormais dans le code général des collectivités territoriales sous les articles L. 2223-19 et s. et pour la partie réglementaire sous les articles R. 2223-24 et s.

4 *Les services funéraires : du monopole public au marché concurrentiel, opus* cité, p. 80.

5 *La mort, opus* cité, p. 104.

condoléances sont supprimées ; les manifestations apparentes du deuil disparaissent. On n'adopte pas une apparence différente de celle des autres jours » [1]. En fait, la mort ne suspend plus, comme autrefois, le temps de la vie en collectivité, elle est *« interdite de séjour »*[2].

Devant la mission, M. Damien Le Guay s'est demandé si l'incinération qui se traduit par la disparition du corps lui-même ne serait pas *« la phase ultime de cette disparition sociale »*[3]. Il a en effet relevé que celle-ci n'était quasiment pas pratiquée en France, il y a encore vingt ans. Or, elle représente aujourd'hui 15 à 20 % des pratiques funéraires et avoisine les 40 % en Allemagne et les 71 % au Royaume-Uni. Même si des résistances à ce phénomène obéissent à des raisons diverses, telles que les interdits religieux ou la culpabilité, il est vrai que l'on assiste en Occident à une *« poussée crématiste »*[4], selon l'expression de Louis-Vincent Thomas, le développement de la crémation constituant une *« expression achevée »* du *« processus de laïcisation des pratiques funéraires »*[5]. Mais, si ce choix est justifié par la modernité - les gains de place, l'hygiène - cette pratique perd en symbolique, dans la mesure où il lui manque, comme le pense Louis-Vincent Thomas, « *la richesse affective du symbole, ce qui leur confère une relative infirmité. La crémation, en Europe, ne déborde pas le geste technique (remise quelque peu brutale de l'urne). Le rituel proprement dit reste à inventer en relation probable avec la symbolique du feu, qui est chaleur, lumière, purification, connaissance...* »[6]

1.2.2.2 La disparition des fonctions sociales et individuelles du rituel

A tous les changements de statut majeur de l'existence, et la mort n'est pas le moindre, correspondent des rites de passage. L'ethnologue français Arnold Van Gennep, pour qui *« les rites accompagnent tout changement de place, de situation sociale et d'âge »* distingue les rites préliminaires comme la séparation de l'individu de son ancien groupe, les rites liminaires tels que la mise en marge du sujet par rapport à l'ancien et au nouveau groupe et les rites postliminaires, assimilés à l'agrégation de l'individu à son nouveau groupe. Selon Mme Marie-Frédérique Bacqué, ces cérémonies rituelles « *existent dans toutes les civilisations sous forme de séquence de succession d'étapes de longueur variable. Chacune de ces étapes s'accompagne d'une signification plus ou moins symbolique, qui transcende l'individu pour l'inscrire dans une suite d'individus* »[7]. C'est en

---

1 Damien Le Guay, *Qu'avons-nous perdu en perdant la mort ? opus* cité, p. 95.
2 *Idem.*
3 Audition du 5 novembre 2003.
4 *La mort, opus* cité, p. 104.
5 *Les services funéraires : du monopole public au marché concurrentiel », opus* cité p. 36.
6 *La mort, opus* cité p. 105.
7 *Apprivoiser la mort, opus* cité, p. 46.

ce sens que le rite est fondamentalement social. Mais elle ajoute que « *le rite a un impact profond sur l'inconscient individuel* »[1].

Dans notre société, la simplification, voire la destruction comme l'écrit M. Damien Le Guay ainsi que la désymbolisation des rites autour de la mort leur ont fait perdre, pour une large part, ces fonctions à la fois sociales et individuelles. Et les tentatives de régénération, par le biais de la création de nouveaux rites, risquent de rester dans l'impasse si elles se contentent de reposer exclusivement sur la notion de personnalisation.

1.2.2.2.1 Le rituel et la société

– Le lien entre les morts et les endeuillés

M. Damien Le Guay a insisté devant les députés sur le fait que les hommes sont avant tout « *des êtres religieux dans une triple acception [...] nous sommes reliés les uns aux autres et nous nous relions lorsque la mort survient ; nous sommes en relecture dans le sens où au moment de la mort, nous sommes à la fois pour les endeuillés et pour ceux qui viennent à mourir, en travail de mémoire et de clôture de mémoire ; nous nous ouvrons à plus grand, à plus mystérieux que soi.* »[2]

Or, le souci d'individualisation qui est celui de notre modernité nous fait souvent oublier que, comme le rappelle Jean-Claude Ameisen, « *nous ne sommes jamais seuls à inventer notre chemin[...] Nous sommes faits de mémoire, même si souvent nous l'oublions. Nous sommes faits de la mémoire des morts. Nous vivons de leur absence. Nous la transformons [...] Si nul ne peut vraiment être certain de ce qu'il advient aux morts, ce que nous savons, c'est que nous leur devons d'être ce que nous sommes [...] Et le respect que nous portons aux morts nous permet de transformer en partage ce qui ne pourrait n'être qu'un vol [...] Il faut sans cesse nous inscrire dans cette trame mouvante, choisir, inventer. L'invention de nouvelles formes de relations à l'absence est sans doute indissociable de l'invention de nouvelles formes de relations à la vie.* »[3]

Le déroulement des cérémonies entourant la mort rend difficile ce travail de liaison. M. Damien Le Guay rappelle que l'attitude actuelle à l'égard de la mort donne à croire, comme le pensait Nietzsche, que l'homme est de passage sur une terre inhospitalière : « *L'homme ? une espèce animale minuscule et extravagante qui, fort heureusement n'a qu'un temps* .

---

1 *Apprivoiser la mort*, *opus* cité, p. 47.
2 Audition du 5 novembre 2003.
3 Ouvrage collectif, *Qu'est-ce que mourir ?*, *opus* cité, p. 83.

La vie sur terre ? Un instant fugitif, un incident, une exception sans conséquence. »[1]

La rapidité, le refus des transitions et le souci de rendre la mort invisible participent de cette évolution dans laquelle l'homme n'inscrit plus sa vie dans une trajectoire où la vie et la mort auraient chacune leur place.

– La réorganisation des rapports sociaux au sein de la communauté des vivants

Cette fonction du rituel de deuil a été développée devant la mission par Mme Danièle Hervieu-Léger : *« Le deuil des sociétés traditionnelles était, d'abord et avant tout, destiné à manifester la réorganisation des rapports sociaux après le départ de l'un des membres. Par exemple, les femmes, se mettant en noir signifiaient par là qu'elles étaient entrées dans un nouveau statut. Le deuil était lui-même un moment très important de réarticulation des statuts sociaux, et il était aussi un moment très important de remise en scène du lien commun. D'où l'importance des banquets de funérailles qui, loin d'être anecdotiques, marquaient bien le départ d'un des membres et permettaient aussi de se retrouver, pour d'abord manger ensemble, c'est-à-dire donner témoignage à la vie ensemble, et marquer que la vie continue. »*[2]

Si cette fonction n'est plus assurée, cela tient, comme le souligne également Mme Danièle Hervieu-Léger, au mode de fonctionnement de nos sociétés démocratiques : *« Le problème aujourd'hui – et cela vaut pour toutes les ritualités et pas seulement pour la mort – c'est que nous sommes pris dans une situation extrêmement particulière, liée à la démocratie. Nos sociétés démocratiques reposent sur un postulat extrêmement important, [...] nous décidons du lien social collectivement, tous les jours. Nous sommes des citoyens qui « décidons », qui « replébiscitons » ensemble notre lien, tous les jours. Je parodie à peine Renan. C'est une fiction démocratique mais elle est indispensable à notre « vivre ensemble ». Autrement dit, il n'y a rien entre nous qui nous unisse au titre d'une sorte de permanence inscrite dans la fatalité, ou dans le destin de notre société. Nous sommes des sociétés autonomes, ce qui est extrêmement meurtrier pour le rituel. Car précisément, que fait le rituel ? Il assure la représentation au sens de la mise en scène de la continuité. Il y a donc là une aporie des sociétés modernes démocratiques, qui est très frappante et que tentent de contourner les inventions rituelles ; ces dernières s'analysent comme des tentatives pour redonner le sens de la continuité, sachant qu'en même temps nous ne dépendons pas de cette continuité. Le vêtement noir*

---

1 *Qu'avons-nous perdu en perdant la mort ?, opus* cité, p.40.
2 Audition du 19 novembre 2003.

dont s'habillait la femme en deuil signifiait aussi que sa vie était terminée sous l'angle de sa sexualité. On n'imagine plus, aujourd'hui, une organisation du veuvage qui assignerait à une femme autonome, même si elle a été profondément attachée à son mari qui vient de mourir, une sorte de condition sociale de veuve. Aujourd'hui nous ne pouvons plus supporter ce genre de choses. Nous sommes donc obligés d'inventer les moyens de nous signifier à nous-mêmes notre continuité. »[1]

– L'évitement de la contagion de la mort

Les rites traditionnels ont pour objet de circonscrire la mort, dans une perspective de *« stratégie défensive implicite »*[2]. En prenant prétexte de l'intérêt du mort, le rite remplit une fonction fondamentale qui est de *« préserver l'équilibre individuel et social des vivants »*[3]. Louis-Vincent Thomas cite ainsi des exemples confirmant l'intention de se protéger du mort, donc de la mort : *« Outre le lavage du corps mort, la liturgie chrétienne traditionnelle multiplie les aspersions d'eau bénite tout au long des funérailles. Et les pratiques populaires à valence magique étaient fréquentes dans nos campagnes : l'eau de la toilette funèbre, considérée comme chargée de maléfice, était jetée, en Bretagne, dans un trou creusé au fond du jardin ».*[4]

Nos sociétés contemporaines essaient de se préserver de la contagion de la mort en en parlant le moins possible, ce qui constitue également une forme de déni.

1.2.2.2.2 Le rituel et l'individu

Si le rite remplit une fonction sociale évidente, il joue un rôle essentiel pour les survivants.

– Le rite comme moyen d'apprivoiser la mort et de partager une expérience commune

Le rite se justifie par le désir de rendre hommage au défunt en associant l'entourage mais il a fondamentalement pour objet de préserver le survivant. Devant un événement d'une violence extrême, les rites renvoient à un vécu commun à tout être humain. En faisant référence à un partage de l'expérience et en permettant ainsi son dépassement, les rites de deuil, les gestes, les paroles, apprivoisent ainsi la mort. Leur fonction fondamentale *« est de guérir, et de prévenir, fonction qui revêt d'ailleurs de multiples*

---

1 Audition du 19 novembre 2003.
2 Louis-Vincent Thomas, *La mort, opus* cité, p. 94.
3 *Idem.*
4 *Ibidem*, p. 94.

visages : déculpabiliser, rassurer, réconforter, revitaliser. Socialement réglé, le rituel funéraire répond aux besoins de l'inconscient, prolongeant au plan de l'action, donc à travers les corps, les mécanismes de défense que l'imaginaire met en place. »[1]

Les rites du deuil permettent une symbolisation de la mort : *« Il s'agit, à nouveau, d'abstraire la mort et de remplacer son expérience concrète par des représentations mentales. Chacun en a ses propres représentations, mais la fonction même du rituel est de donner le prototype des représentations de la mort partagées par tous. »*[2] Aujourd'hui, tout se passe comme s'il n'y avait plus de prise en charge collective du rapport entre le défunt et le survivant, par le biais de l'imaginaire collectif.

Défini comme l'ensemble des attitudes et des comportements imposés par une collectivité à tous ceux qui sont affectés par la mort du disparu, le deuil social codifie le chagrin et a vocation à y associer les autres membres de la communauté. Les signes distinctifs du deuil permettent de désigner l'endeuillé et de lui faciliter le travail de deuil, en respectant sa douleur et en facilitant son recueillement. Ces marques du deuil ont été variables selon les régions ou les époques mais l'on a pu constater qu'elles étaient toujours plus contraignantes pour les femmes, comme si le fait de donner la vie les plaçait plus près de la mort. Aujourd'hui, ces signes extérieurs de deuil ont quasiment disparu : la tenue de deuil n'a plus cours, elle a progressivement disparu, la tenue de grand deuil, le crêpe à la boutonnière ne sont plus que des images d'archives. L'affichage « Deuil en 24 heures » sur les vitrines des teinturiers est obsolète ; l'endeuillé est prié de se conformer à une obligation de discrétion sociale.

La perte du rite social est d'autant plus déstabilisante que, dans nos sociétés, la mort refoulée prend au dépourvu ; l'homme en deuil doit s'adapter à une situation nouvelle sans avoir de références communes. Dans la mesure où ce travail d'apprivoisement à travers le rite n'est plus possible, la mort est, selon l'expression de M. Philippe Ariès, devenue « sauvage ».

– *Le rite comme expression de l'intériorité*

Le deuil individuel qualifie l'expérience douloureuse vécue par celui qui a subi la perte. Or, *« la destruction des rites s'est faite sans tenir compte de la détresse des individus »*[3]. L'extrême édulcoration des rites rend d'autant plus difficile le deuil individuel qu'elle se conjugue avec l'accélération du temps social.

---

1 Louis-Vincent Thomas, *La mort, opus* cité, p. 92.
2 Marie-Frédérique Bacqué, *Apprivoiser la mort, opus* cité, p. 86.
3 Damien Le Guay, *Qu'avons-nous perdu en perdant la mort ?, opus* cité, p. 106.

Le recours à une forme préétablie de codes permet de surmonter le traumatisme de la mort. Les anthropologues, comme M. René Girard, ont montré en effet comment le rite pouvait être régulateur de violence. Mme Marie-Frédérique Bacqué parle des « *états de sidération liés au choc du décès* » qui pourraient être *« limités par les rites sociaux effectués pendant les funérailles. On peut même dire que le travail de deuil ne débute vraiment qu'avec l'autorisation sociale du groupe et l'inter-identification avec les proches »*[1]. Cette thèse a été largement développée par M. Damien Le Guay : « *Cet élément de ritualisation ou de recours à des formes préétablies est important, dans la mesure où, plus particulièrement au moment de la mort, un travail de catharsis, de mise en expression d'une émotion sauvage qui serait de nature à vous submerger, s'effectue à travers le rite. Le travail du rite permet d'évacuer cette sauvagerie... Autrement dit, l'inhumanité de la mort est telle qu'elle pourrait tout à la fois détruire celui qui est endeuillé mais aussi faire sortir les personnes endeuillées de la communauté. Pour permettre de surmonter cette violence et ce risque de la séparation avec la communauté, le rite mortuaire est là. Le rite permet de faire sortir de soi cette violence, de l'exprimer, de la dire, de la mettre en mots ... Philippe Ariès, en conclusion de ses différents ouvrages sur la mort, met en évidence, pour cet accès à soi-même, l'importance des codes sociaux qui rendent possible l'expression de l'intériorité. Selon lui, ces codes qui sont extérieurs à l'individu « permettent le passage de la quotidienneté radoteuse et calme à l'intériorité pathétique. »*[2]

La perte de formalisme des rites a engendré pour l'individu une timidité extrême et une incapacité à exprimer ses émotions. Pour Mme Marie-Frédérique Bacqué, il est devenu plus difficile pour les sentiments de s'exprimer. Or, l'expression des sentiments permet de lutter contre le débordement émotionnel. Elle explique ces attitudes par la rationalisation de notre monde et « *la volonté de maîtrise de soi de l'homme moderne qui lui interdit de s'abandonner à des comportements qui le dépassent* »[3].

– Une obligation de discrétion

Il pèse sur l'individu moderne une obligation de discrétion, sous peine d'exclusion sociale, ainsi décrite par Philippe Ariès : *« Dans le cas du mourant, comme dans celui du survivant, il importe de ne rien laisser percer de ses émotions [...]. Le survivant malheureux doit cacher sa peine, renoncer à se retirer dans sa solitude qui le trahirait et continuer sans une pause, sa vie de relations, de travail et de loisirs. Autrement, il serait*

---

1 *Apprivoiser la mort, opus* cité, p. 85.
2 Audition du 5 novembre 2003.
3 *Apprivoiser la mort, opus* cité, p. 76.

exclu. »[1] Il insiste sur le fait que le risque d'exclusion sociale dû à un deuil trop visible et donc trop encombrant pour la société, n'est pas de même nature que l'exclusion traditionnellement acceptée et reconnue comme nécessaire : *« Cette exclusion aurait une toute autre conséquence que la réclusion rituelle du deuil traditionnel. Celle-ci était acceptée par tous comme une transition nécessaire et elle comportait des tempéraments également rituels, comme les visites obligatoires de condoléances, les « lettres de consolation », les « secours de la religion ». Elle a aujourd'hui le caractère d'une sanction, celle qui frappe les déclassés, les malades contagieux. Elle rejette les affligés impénitents du côté des asociaux. Qui veut s'épargner cette épreuve doit garder le masque en public et ne le déposer que dans l'intimité la plus sûre : on ne pleure, dit Gorer, qu'en privé, comme on se déshabille ou on se repose, en privé, en cachette. »*[2]

Cette obligation de discrétion est difficilement conciliable avec les exigences de la durée de tout deuil. On distingue habituellement, dans le déroulement normal du deuil, plusieurs étapes : l'installation plus ou moins difficile dans le deuil, le vécu douloureux et le retour à la vie normale. Il faut en effet du temps pour que le cercle de la peine se referme. Or, le temps nécessaire à ce parcours n'est pas respecté car le temps social s'est accéléré : avant tout, il faut que la vie – mise entre parenthèses par la mort – reprenne ses droits. Parlant de la « mort à toute vitesse », M. Damien Le Guay note que : *« le temps psychologique n'a pas subi la même accélération. Cette attitude ne respecte pas l'humanité d'un individu qui s'inscrit dans une époque, une terre, empreinte de vie, sauf à considérer que nous ne sommes pas inscrits dans cette terre et ce temps. Quand quelqu'un meurt, sa mémoire en nous vient à se clore ; elle ne disparaît pas aussi vite que le corps. Brutalement, elle cesse de s'accroître, comme un étang qui n'est plus alimenté par une rivière. La mémoire doit alors faire oeuvre d'inventaire, ne rien oublier et mettre de l'ordre. »*[3]

Mme Marie-Frédérique Bacqué insiste aussi sur la nécessité de donner du temps au temps car *« la rupture que constitue la mort d'un proche mérite pourtant que l'on s'y arrête. Evénement majeur de l'existence, elle trace une frontière nette entre un avant et un après, résolument différents. Le rite a précisément cette fonction : relier ces temps, symboliser l'horloge qui s'arrête, puis reprendre plus tard, comme pour les autres, comme toujours [...] son efficacité, au sens noble, est justement de donner, aux femmes et aux hommes qui l'emploient, la possibilité de*

---

1 *Essais sur l'histoire de la mort en Occident du Moyen-âge à nos jours*, *opus* cité, p. 187.
2 *Idem.*
3 *Qu'avons-nous perdu en perdant la mort ?*, *opus* cité, p. 38.

s'effondrer lors de la rupture avec le temps d'avant, puis de récupérer plus tard le rythme des autres. »[1]

Une des explications qu'elle avance est la modification, générale dans notre société, du rapport au temps entre 1900 et 2000 : *« l'accélération des technologies, l'appétit des connaissances, la vitesse de transmission des informations et la prise de conscience des capacités humaines ont transformé l'existence de l'homme occidental. L'enfant puis l'adulte jeune entrent dans une course-poursuite, cherchant à atteindre des objectifs qui vont se succéder jusqu'à ce qu'on nomme « la mort sociale » [...] Le temps devient ainsi une dimension quasi matérielle de l'existence. Cette concrétisation de notre unité de vie – les heures qui passent, ou l'âge qu'on a – empêche de prendre le temps quand le rythme de la vie s'arrête soudain pour laisser place à la rupture de l'événement. »*[2]

– *Le deuil, problème de santé publique*

Aujourd'hui, la question du deuil est devenu un véritable problème de santé publique : on peut constater une surmortalité des veufs dans l'année suivant la mort du conjoint, comme si le refoulement de la peine aggravait le traumatisme de la perte. Mme Marie-Frédérique Bacqué fait état de *« la surmortalité au cours des dix premières années qui suivent la perte du conjoint. »*[3] et selon M. Christian de Cacqueray, 40 % des états dépressifs sont dus à des deuils pathologiques[4]. M. Michel Hanus a insisté sur les risques liés au deuil qui ne se font pas ou incomplètement : « *Le deuil est une incontournable et inévitable épreuve. Elle a une grande influence sur la santé physique et mentale, ce qui n'est pas assez connu des médecins. On constate une surmortalité du deuil en épidémiologie. Son déroulement et ses issues sont essentiellement conditionnés par la nature de la relation qui existait et qui existera toujours entre deux personnes, la morte et l'endeuillée. Le deuil n'est pas l'oubli, on n'oublie jamais quelqu'un qui fut important.* »[5]

Mme Marie-Frédérique Bacqué lie ces pathologies du deuil à l'absence d'intégration de la perte que permettent les rites : « *L'absence de mentalisation de la perte pourrait donc bien être à l'origine des complications, mais surtout des pathologies du deuil en termes de somatisation et de perturbation comportementale.* »[6]

---

1 *Apprivoiser la mort, opus* cité, p. 50.
2 *Idem*, p. 48 à 50.
3 *Ibidem*, p. 225.
4 *La mort confisquée. Essai sur le déclin des rites funéraires*, Editions CLD, 2002, p. 93.
5 Audition du 18 novembre 2003.
6 *Apprivoiser la mort, opus* cité, p. 87.

C'est la raison pour laquelle, parallèlement à l'accompagnement des mourants dans le cadre des soins palliatifs, s'est développé un accompagnement de ceux qui restent, sur le modèle du *« bereavment service »* du Saint Christopher's hospital de Londres. M. Michel Hanus a rappelé les actions réalisées en ce sens par la Fédération européenne « Vivre son deuil »[1].

Il ne s'agit pas, après avoir médicalisé la mort, de médicaliser le deuil, comme c'est, observe Mme Marie-Frédérique Bacqué, le cas aux Etats-Unis où il existe une prise en charge médicale, mais d'aider les endeuillés à faire leur chemin : *« A la différence de ce que l'on constate aux Etats–Unis, l'approche française est étrangère à la médicalisation du deuil. S'il reste nécessaire de traiter les aspects psychiatriques comme la douleur totale massive, les attaques d'angoisse et les sentiments de ruine totale, le cadre temporel du deuil, même post-traumatique, est beaucoup plus large. On peut expliquer cette position française par un accès aux soins privilégiés, au système social de remboursements favorable et, peut-être une pression des laboratoires moins forte. Le développement de la psychiatrie de secteur et des psychologues spécialisés dans ce domaine contribue aussi largement à diffuser des connaissances et à organiser l'aide. »*[2]

Elle remarque ainsi que *« la resocialisation du deuil est déjà en voie de progression. En dix ans, nombre d'associations qui proposent des services d'écoute téléphonique, des entretiens individuels et familiaux, des groupes de partage ou encore des groupes thérapeutiques ont vu le jour.»* Elle nuance cependant la portée de cette aide, dans un contexte général de refoulement de la mort : *« Ce transfert des capacités réparatrices du collectif à la relation thérapeutique duelle avec un « psy » apparaît actuellement comme la seule option proposée aux « victimes » de la perte d'un proche. Elle n'est pas pour autant dérisoire, ni délétère ; elle est simplement insuffisante et, surtout, non soutenue par un discours collectif. »*[3]

En général, la préparation à la perte – qui va à l'encontre des attitudes du déni – permettrait d'éviter les traumatismes : *« Il existe, en effet, des pertes qui ne se produisent pas dans des situations traumatiques et qui ne sont pas traumatogènes. Ce sont en général les pertes qui ont été préparées et qui apparaissent comme « normales » dans la société.* » Elle fait par exemple référence à « *la mort de sujets très âgés, ayant rempli leur rôle et disparaissant sans tragédie, après avoir eu le temps de faire leurs adieux [...] Les structures de soins palliatifs facilitent ce travail de prédeuil,*

---

1 Audition du 18 novembre 2003.
2 *Apprivoiser la mort, opus* cité, p. 156-157.
3 *Idem*, p. 12.

lorsque la mort est annoncée, sans pour autant être programmée, et que les adieux peuvent commencer tranquillement [...] ». Même la perte d'un enfant qui a un potentiel pathogène énorme « *n'est pas systématiquement traumatique, si elle a été préparée, aménagée sans secret, sans déni de la souffrance et de la peur, avec, parfois, une participation de l'enfant lui-même.* »[1]

1.2.2.3 Le nouveau rituel et ses limites

Si l'ancien rituel avec sa durée et ses codes s'est effacé, il a toutefois, dans une certaine mesure, cédé la place à un nouveau rituel.

1.2.2.3.1 La professionnalisation des rites autour du défunt

Nos contemporains sont tout à fait disposés à faire ce qu'il faut pour leurs morts et en cela, le lien entre le rite et la déculpabilisation est maintenu. Parce que la peur du mort et la peur de la mort sont inséparables de la culpabilité, la sollicitude témoignée au mort induit l'apaisement. Analysant l'enquête précitée réalisée en 1999 par le CREDOC, à la demande du Comité interfilière funéraire, M. Michel Hanus a cependant mis l'accent sur le désarroi des personnes face à la préparation des obsèques d'un proche : « *au moment de la survenue du décès, la non-préparation est généralement la règle. L'on est pris au dépourvu est ainsi le commentaire qui revient le plus souvent. En l'absence d'institutions, de pôles spécialisés pouvant apporter aide et conseil aux familles sur les démarches à effectuer, la préparation des obsèques est souvent vécue comme une épreuve supplémentaire. Les administrations (ont) une attitude de déni quasi-systématique de la douleur des proches. [...] Les démarches administratives sont nombreuses et les administrations ne sont pas préparées au contact avec les personnes endeuillées. Les proches du défunt sont traités sans aucune prise en compte de la spécificité de leur état psychologique.* »[2]

S'agissant des soins donnés aux défunts, là aussi, des évolutions sont très perceptibles. Ces soins font partie intégrante des rites et jouent un rôle très important, dans la mesure où ils nouent une ultime relation avec le mort ; c'est aussi une façon, pour le survivant, d'atténuer provisoirement le traumatisme de la perte et d'être rassuré sur l'image de sa propre mort : Louis-Vincent Thomas parle à ce propos de « rite surdéterminé ». Ces soins qui auparavant incombaient de façon naturelle aux familiers du défunt et à l'entourage social, relèvent maintenant de professionnels. Poussée à l'extrême, cette professionnalisation a abouti à la « médicalisation du traitement du cadavre ». L'étude précitée menée pour la DARES met en

---

1 *Apprivoiser la mort, opus* cité, p. 114 et 115.

2 *La mort aujourd'hui, opus* cité, p.36 et 37.

exergue cette évolution : « *Ajoutons un second élément majeur aux transformations qui affectent la gestion du cadavre : le traitement du corps par des procédés d 'embaumement ; développés au début des années 60 en France, les soins mortuaires ou soins thanatopraxiques vont bien au-delà de la simple toilette mortuaire traditionnellement réalisée par la famille et les religieux. Tout se passe comme si, à la médicalisation de la fin de vie, succédait la médicalisation du traitement du cadavre pour enlever les stigmates de la souffrance et de la mort et conserver le corps. En quelques décennies, ces pratiques se démocratisent et connaissent un développement spectaculaire. Le recours à la thanatopraxie concerne à peu près 20 % des décès.* »[1]

Quelle signification donner à ces pratiques ? Pour les auteurs de cette étude, « *l'hypothèse n'est pas exclue que l'on assiste plus fondamentalement à une évolution sociologique majeure. Certains sociologues n'hésitent pas à voir dans le développement rapide de ces pratiques, l'émergence de rituels modernes dont la portée symbolique serait d'autant plus intense qu'ils réveilleraient des formes anciennes de manifestations du sacré* ».[2] Ainsi, Louis-Vincent Thomas perçoit dans ces nouveaux usages calqués sur le modèle américain « *la possibilité de réinventer une conduite mortuaire, de provoquer l'irruption d'une autre forme de sacré dont l'athanée serait le cadre et le corps apprêté le support* », ajoutant : « *Soins au cadavre, exposition du corps dans un cadre approprié, voilà donc qu'en plein XXe siècle, nous perpétrons sous les couleurs du modernisme des conduites plusieurs fois millénaires [...] Aucune culture ne peut intégrer le non-sens de la mort. La nôtre qui voit s'effriter les mythes d'immortalité est en train de s'inventer d'autres signifiants en apprivoisant le cadavre.* »[3]

1.2.2.3.2 La laïcisation du rituel

Les rites funéraires aujourd'hui utilisent encore très fréquemment un code religieux. Lors de son audition, M. Damien Le Guay a indiqué que 70 % des Français pensent que la cérémonie religieuse est importante lors du décès, par ailleurs 80 à 90 % des enterrements sont religieux et enfin 55 % vont, pour la Toussaint, rendre hommage à leurs morts. De ces chiffres, il tire la conclusion que les Français sont culturellement et rituellement attachés à une pratique religieuse.

Il s'agit pour lui incontestablement d'une pratique liée à une symbolique religieuse qui n'est pas interchangeable avec d'autres formes de rites ou d'autres symboles, les Français faisant la part des choses, entre ce

---

1 *Les services funéraires : du monopole public au marché concurrentiel, opus* cité, p. 39.
2 *Idem*, p. 41.
3 *Le cadavre, de la biologie à l'anthropologie*, Editions Complexe, 1980, p. 185.

qui est de l'ordre du religieux et de l'ordre du symbolique. Il réfute l'idée selon laquelle le religieux n'assurerait que le service public minimum du symbolique : « *En ce qui concerne la mort, nous vivons une forme de confusion entre le religieux et le symbolique. La sociologue Marie-Frédérique Bacqué, qui s'exprime assez souvent sur ces sujets, déclare que le religieux – à savoir l'Église catholique – assure ce qu'elle nomme « le service public minimum du symbolique » et qu'il y a une sorte d'affaissement du religieux sur le symbolique, le symbolique fonctionnant par lui-même alors que le religieux renvoie à un au-delà. On pourrait, dit-elle, substituer ce symbolique religieux à un autre symbolique. Or, il faut savoir que les Français ont instinctivement fait la différence entre ce qui est de l'ordre d'un rituel religieux et ce qui est de l'ordre d'un rituel symbolique.* »[1] Il a souligné une forme d'incompréhension ou de malentendu à propos de ces rites, rappelant les récents travaux de Régis Debray sur la religion, selon lequel « *tout entre-soi suppose un au-dessus. Quand le niveau méta s'affaisse, l'inter se disloque.* »[2] Autrement dit, il est nécessaire, « *dans toute société, d'avoir une forme de réquisition par l'extérieur qui permet effectivement au lien social de s'établir et aux individus de se parler. Régis Debray ajoute que* « la consistance interne s'obtient par référence externe. »[3] *Cette cohabitation, cette juxtaposition, ce travail de l'intérieur et de l'extérieur, afin que l'intérieur puisse pleinement se dire* »[4] sont assurés par la religion.

Il faut cependant observer que le code religieux utilisé a pour base des croyances auxquelles nos concitoyens souscrivent peu et qui promettent un avenir auquel ils n'accordent qu'un faible crédit. Selon un sondage, seulement 12 % des catholiques pratiquent régulièrement un culte et seuls 4 % d'entre eux croient en la résurrection des corps (*Le Monde* du 17 avril 2003). D'après ce même sondage, 39 % des Français pensent qu'il n'y a rien après la mort et 33 % imaginent quelque chose mais sans le préciser. A travers ces résultats, cette enquête témoigne, outre le recul des croyances, de l'écart entre la proportion relativement faible de pratiquants et de l'importance des cérémonies funéraires religieuses. Mme Marie-Frédérique Bacqué s'interroge sur les raisons de ce décalage : « *S'agit-il là d'une angoisse de l'au-delà qui ramènerait au bercail quelques brebis égarées ou bien faut-il voir, dans cette contradiction, l'expression du vide auquel sont confrontés les endeuillés face à la mort* ? »[5]

Mme Danièle Hervieu-Léger parle d'une « *mort laïcisée* », en ce sens que « *les grands dispositifs symboliques mis en place par les traditions*

---

1 Audition du 5 novembre 2003.
2 *Idem.*
3 *Ibidem*
4 *Ibidem.*
5 *Apprivoiser la mort, opus* cité, p. 60.

religieuses pour lui donner du sens ont largement perdu de leur capacité de s'imposer à nos contemporains, la mort n'est plus gérée par des appareils symboliques qui donnaient en quelque sorte à cet événement le même sens pour tout le monde »[1].

1.2.2.3.3 La personnalisation du rituel

La personnalisation du rituel s'inscrit dans le cadre plus général de l'individualisation de nos sociétés. Dans l'analyse qu'il a faite de l'enquête du CREDOC précitée, M. Michel Hanus a relevé le souci de « *personnaliser le rituel funéraire pour se le réapproprier* »[2]. La ritualisation traditionnelle du deuil est de moins en moins acceptée surtout par les jeunes et par les populations urbaines. Les dimensions relationnelle et affective l'emportent très largement sur l'aspect social qui ne doit plus être ostentatoire. La personnalisation des obsèques se développe, ce souci étant cependant moins fort en milieu rural où le tissu social est tel que la cérémonie apparaît souvent plus chaleureuse et plus humaine : « *En milieu urbain, nombreuses sont les personnes à ressentir une certaine forme de globalisation, de standardisation du rituel funéraire : les enterrements s'enchaînent, les cimetières sont immenses et impersonnels, on ne connaît ni le prêtre ni le personnel des pompes funèbres. Tout ceci tend à induire un sentiment de perte de sens, la cérémonie est alors perçue comme un pur rituel de convention, anonyme et désacralisé. Autrement dit, si à ce niveau, le rite a conservé son aspect social conventionnel – montrer aux autres –, le versant affectif n'est plus satisfaisant, le rapport au défunt peut être vu comme « standardisé », « formaté », ce qui est insupportable . Ceci explique qu'en milieu rural, l'on s'en tienne majoritairement à une cérémonie plutôt traditionnelle, c'est-à-dire que les gens d'un même village vont par exemple se faire inhumer suivant le même rituel que peu de gens songent a priori à contester ; en ville par contre, émerge une demande de plus en plus forte de personnalisation du rituel. Cette tendance correspond en fait à une volonté de réappropriation de la cérémonie : personnaliser le rituel est une façon de le rendre moins anonyme, plus chaleureux, plus humain. Le rituel perd ainsi de son caractère d'ostentation pour devenir avant tout un élément propre à satisfaire les attentes intimes des proches.* »[3]

Cette nouvelle ritualité s'organise autour de « petits récits de sens » comme les dénomme Mme Danièle Hervieu-Léger, pour qui il y a eu un déplacement du rôle des rites : « *Cette ritualité ne cherche plus à manifester la continuité du lien social et symbolique – ce qui est le propre du rituel religieux – mais cherche à mettre en évidence le plus fortement possible la singularité de la personne dont il est question dans le rite [...] Ce n'est plus*

---

1 Audition du 19 novembre 2003.
2 *La mort aujourd'hui*, *opus* cité, p. 176.
3 *Idem*, p. 167.

un atome d'une communauté qui, du même coup, a des moyens de ressouder ses liens après le départ de l'un de ses membres. Mais c'est une personne qui, jusqu'au dernier moment, fait valoir sa singularité d'individu. »[1]

Cette personnalisation se fait le plus souvent par le biais d'éléments non marchands : lectures de textes, chants, musique accompagnant la cérémonie, portage du cercueil, tous ces éléments qui font que ce n'est plus seulement un atome de la communauté qui s'en va mais une personne qui, jusqu'au dernier moment, s'attache à faire valoir indirectement son individualité et son unicité.

Les personnes qui assistent à la cérémonie sont elles aussi invitées à montrer leur singularité : « *Je pense au simple fait de dire que, dans l'espace du bâtiment religieux, tout individu a le droit de manifester sa singularité de croyant, de pas croyant, de mal croyant, de tout ce que vous voulez. Il est invité à poser la main sur le cercueil, à mettre une fleur ou à faire un signe de croix, à la seule condition que le geste parle pour lui. « Attention ! Il faut que ce geste parle pour vous... lui est-il demandé ! Antérieurement, une telle attention n'était jamais formulée ; en entrant dans une église, il fallait tout simplement se signer et rien de plus.* »[2] A la mort individualisée décrite plus haut correspond un rituel personnalisé.

Cette personnalisation du rite permet à la communauté d'exprimer sa sympathie à l'égard du défunt et de sa famille ; en ce sens, elle est perçue comme un signe de réconfort. Tout se passe comme si, plus ou moins consciemment, chacun pressentait la fonction en quelque sorte thérapeutique exercée par le rite. Sa mise en sommeil risquant d'être préjudiciable, nos contemporains éprouvent le besoin de ne pas être des spectateurs passifs et réinventent des gestes. Cependant, cette personnalisation représente en même temps une contrainte émotionnelle, sans doute peu compatible avec l'obligation de discrétion et de retenue propre à notre époque, comme l'analyse Mme Marie-Frédérique Bacqué : *« Aujourd'hui, pendant la cérémonie, un proche prend souvent la parole pour exprimer ce qu'il a vécu avec celui qu'on célèbre. Cette nouvelle forme d'accompagnement, qui se veut plus laïque, reste néanmoins une contrainte émotionnelle. Jadis, cette tâche était dévolue au prêtre ou au pasteur, mais les ministres des cultes contemporains, souvent débordés (crise des vocations religieuses), ont remis ce temps de parole tant attendu aux endeuillés, ce qui devrait se traduire par une forme singulière d'expression émotionnelle, mais qui manque souvent son but en raison de la retenue caractéristique de notre époque. »*[3]

---

1 Audition du 19 novembre 2003.
2 *Idem.*
3 *Apprivoiser la mort, opus* cité, p. 59.

Mais la portée de ces novations pose véritablement problème. Pour Mme Marie-Frédérique Bacqué, *« la création de rites reste dans l'impasse si elle se contente de reposer sur la notion de personnalisation »*[1]. En effet, la personnalisation des pratiques funéraires risque de se réduire à la construction de liens entre individus qui n'aurait d'autre objet que leur socialisation. Pour Mme Danièle Hervieu-Léger, *« la continuité du lien ne peut plus se jouer dans nos sociétés d'individus que dans l'affirmation, au fond, de la réciprocité des consciences, dans le relationnel, dans la qualité de la relation »*[2]. Le rite ne remplirait plus qu'une fonction sociale et serait donc amputé de sa fonction symbolique qui est la seule à assurer, selon la définition de Mme Françoise Héritier-Augé : *« la liaison entre les générations, passée, présente et future [...] Sans cela, il n'y aurait que des individus face à face, dépourvus de relations à autrui, c'est-à-dire qu'il n'y aurait que de l'impensable, que de l'invivable »*[3] D'une manière très imagée, Luce des Aulniers compare la socialisation des pratiques funéraires *« aux remous ou au nombre de cercles laissés par le jet d'une pierre dans l'eau. La ritualisation, de son côté, parle davantage de l'onde sous-marine. La socialisation est du domaine de la largeur, alors que la ritualisation renvoie à la profondeur. »*[4] Si les rites ne remplissent plus cette fonction symbolique, notre société butera toujours sur les problèmes posés par le déni de la mort. Pour Mme Marie-Frédérique Bacqué, l'acceptation des nouveaux rites exige un travail mental d'adaptation et de réflexion : *« Pour être effective, cette qualité que possédaient les rites anciens et qu'auront, espérons-le, les pratiques à venir, exige la mentalisation de la perte, c'est-à-dire l'intériorisation à partir de représentations et d'une symbolique partagée. »*[5]

1.3 LES PEURS DE LA MORT

Si, dans notre société, la mort apparaît de plus en plus refoulée et rationalisée, elle éveille également plusieurs formes de peur, les deux réactions étant nullement incompatibles.

Dans un monde qui se soucie peu de la mort et la refoule, on ne peut pas dire pour autant, en effet, que la peur de la mort n'existe plus. Malgré son déni, la pensée de la mort est présente, placée en arrière-plan des angoisses sourdes de nos contemporains. Il n'est qu'à voir à quel point le passage du temps et la crainte de voir s'enfuir une jeunesse que l'on voudrait éternelle nous obsèdent. Et le déplacement des peurs *« de la peur de mourir (associée à la damnation dans l'autre monde) à la peur de la*

1 *Apprivoiser la mort, opus* cité, p. 61.
2 Audition du 19 novembre 2003.
3 *De la mort à la naissance des rites, Revue des psychanalystes,* n° 41, Destins des rituels, Hiver 1991-1992.
4 *Rites d'aujourd'hui et de toujours*, Frontières, 1998, citée par Mme Marie-Frédérique Bacqué, *Apprivoiser la mort, opus* cité, p. 47.
5 *Apprivoiser la mort, opus* cité, p. 63.

grande déchéance inséparable de l'abandon dans ce monde-ci »[1] n'est sans doute qu'une façon d'esquiver l'inquiétude ontologique de la mort et de ne pas se trouver affronté à son imaginaire, qualifié par le Père Duigou de « *débordant et qui annihile la capacité de penser les situations* »[2].

1.3.1 UNE PEUR DE TOUJOURS : LA PEUR DE MOURIR

L'angoisse devant l'inconnu, l'appréhension de l'au-delà traduisent toujours cette peur de mourir.

1.3.1.1 L'inquiétude ontologique face à une expérience impossible

En même temps qu'il s'est mis à penser, l'homme a pris conscience de son caractère mortel et en a recherché le sens. La pratique des rites funéraires en témoigne. Schopenhauer enracinait le besoin métaphysique de l'homme dans l'étonnement que suscite en lui la mort.

Les sociétés traditionnelles cherchaient à se libérer de l'angoisse de la mort, en l'intégrant dans le cours normal des choses. Mme Danièle Hervieu-Léger a réfuté l'idée selon laquelle, même familière, la mort faisait moins peur. Ce qui a changé, ce sont les croyances autour de la mort, qui ne s'organisent plus autour de la crainte de l'enfer et du jugement dernier : « *Il est sûr qu'existent des aspects de refoulement mais il est absurde de mettre en avant l'idée que, dans les sociétés traditionnelles, la mort était familière et qu'elle faisait beaucoup moins peur. La mort était porteuse d'énormes terreurs mais ces peurs d'autrefois ne sont pas nos peurs d'aujourd'hui [...] Pendant des siècles, particulièrement dans les sociétés chrétiennes d'Europe occidentale, la peur de la mort était entièrement canalisée par la peur de l'enfer et du jugement. Tout le problème de l'accompagnement était posé, mais il était posé, à travers la préparation de celui qui allait mourir à l'affrontement du jugement. Aujourd'hui, ces croyances en l'enfer ou en l'idée d'un jugement se sont à peu près complètement effondrées ; même chez des fidèles religieux extrêmement traditionnels, ces idées sont devenues incompatibles avec la vision du "Dieu Amour", qui est devenu la figure dominante du divin dans nos sociétés. Comme chacun sait, Dieu a des figures très variables historiquement. Mais le Justicier a été refoulé à la marge et la figure d'un Dieu Amour est incompatible avec la croyance de l'enfer ; quant à la peur du jugement, elle n'est pas non plus celle qui terrorise nos contemporains.* »[3]

---

1 Danièle Hervieu-Léger, ouvrage collectif, *Qu'est-ce que mourir ? opus* cité, p. 93.
2 Audition du 27 janvier 2004.
3 Audition du 19 novembre 2003.

– La mort, une expérience impossible donc impensable

Pour Freud, « *au fond, personne ne croit en sa propre mort ou, ce qui revient au même, dans son inconscient, chacun est persuadé de sa propre immortalité* »[1].

L'angoisse devant la mort est liée au caractère impensable de la mort, illustré par M. Olivier Abel : « *La mort est une limite. L'homme n'en est pas maître, ni techniquement, ni religieusement. Rien ne peut lui donner l'ombre d'un savoir sur ce qu'est la mort, elle nous échappe, elle est l'autre. La mort est une expérience impossible, c'est une impuissance ;* « Je ne peux pas mourir », *disait le philosophe Emmanuel Lévinas.* »[2]

Elle est impensable, au sens où le concept de mort ne renvoie à aucune expérience connue. Nous ne pouvons parler que de la vie, c'est-à-dire de notre expérience et nous n'avons à tout prendre, pour référence, que la mort d'autrui qui, certes nous renvoie à notre propre mort, mais qui nous est extérieure. En dernière analyse, penser sa mort est contradictoire car la pensée suppose la conscience de soi. Or, selon la formulation de Kant, « *la pensée que je ne suis pas ne peut absolument pas exister ; car si je ne suis pas, je ne peux pas non plus être conscient que je ne suis pas* ». M. Jacques Ricot rappelle « *les fécondes distinctions proposées par Jankélévitch qui distingue la mort selon les trois personnes du singulier de la conjugaison grammaticale.* »[3]. Il est ainsi possible de penser la mort à la troisième personne, de dire « *il est mort* » et de le conjuguer à tous les temps. Il s'agit là de *« la mort – en général – la mort abstraite et anonyme.* » La mort à la deuxième personne se situe « *entre l'anonymat de la troisième personne et la subjectivité tragique de la première* »[4] ; c'est la mort du proche : « *l'inconsolable qui pleure l'irremplaçable.* »[5] Pour cette mort là, « *le passé n'est plus possible.* »[6] Quant à la mort à la première personne, « *je ne peux [en] parler qu'au futur. C'est le seul temps qui soit autorisé pour la mort propre* »[7].

– La mort, une angoisse fondamentale

Puisque la mort est impensable, Epicure en conclut qu'elle n'est donc pas à craindre : « *Ainsi celui de tous nos maux qui nous donne le plus d'horreur, la mort, n'est rien pour nous, puisque tant que nous existons nous-même, la mort n'est pas, et que, quand la mort existe, nous ne sommes*

---

1 *Essais de psychanalyse*, Payot, 1950, p. 253.
2 Audition du 25 novembre 2003.
3 *Philosophie et fin de vie, opus* cité, p.99 à 102.
4 *Idem.*
5 *Ibidem.*
6 *Ibidem.*
7 *Ibidem.*

plus. Donc la mort n'existe ni pour les vivants ni pour les morts, puisqu'elle n'a rien à faire avec les premiers, et que les seconds ne sont plus. »[1] Et pourtant, elle est source d'angoisse et son « *attente est difficilement sereine [...] Lucrèce lui-même, le disciple admiratif d'Epicure, ne pouvait s'empêcher de démentir implicitement le maître.* "Mea res agitur". *C'est de moi qu'il s'agit. L'attente n'est pas rien, sous prétexte que le futur n'est rien, lui qui n'est pas encore. L'attente n'est pas le futur, c'est le présent du futur. Et ce présent pèse de tout son poids d'angoisse.* »[2]

Jésus lui-même craint la mort et dans l'épître aux Hébreux[3], Paul décrit son désespoir ; face à la mort , une des dernières paroles du Christ sur la croix sera : « *Mon Dieu, mon Dieu, pourquoi m'as-tu abandonné ?* »[4]

Dans nos sociétés contemporaines, on croit éviter cette peur de la mort en la déniant. Mme Jacqueline Lagrée, philosophe, a analysé cet oubli de la mort comme une des formes contemporaines du divertissement pascalien selon lequel « *les hommes n'ayant pu guérir la mort, la misère, l'ignorance, se sont avisés, pour se rendre heureux, de n'y point penser.* »[5] Mais il est à craindre que fuir la mort comme possibilité certaine ne fasse que renforcer la peur de ce que l'on fuit. L'illusion ne peut en effet être en permanence entretenue et quand la mort d'un proche ou l'apparition d'une grave maladie survient, l'angoisse est d'autant plus grande. En tout état de cause, en fin de vie, elle ne peut plus être esquivée. Mme Jacqueline Lagrée a fait part de l'inquiétude ontologique de tout être arrivant au bout de son chemin, liée au « *questionnement sur la raison d'être de mon être, le sens de la vie, les valeurs que j'y inscris par ma pratique, la finalité de mon existence* »[6].

Mme Marie-Frédérique Bacqué distingue dans cette peur deux éléments ; d'une part, une angoisse existentielle pure : « *si le groupe traditionnel protège de l'angoisse de la mort, il n'empêche pas l'angoisse endogène de la mort, cette angoisse existentielle qui conduit à s'interroger sur sa place parmi les hommes et sur la perte de cette place, sur le retour à l'inorganique et, parfois même sur le court-circuit entre l'avant-naissance et l'après-mort.* »[7] ; d'autre part, le travail du deuil de soi que M. Michel de M'Uzan nomme le « travail de trépas » : « *L'agonie implique toute une série de remaniements qui, parce qu'ils sont des changements majeurs et profonds, entraînent des souffrances. Physiquement, mais surtout psychologiquement et moralement, ces souffrances sont rejetées par la*

---

1 *Lettre à Ménécée, Lettres d'Epicure*, traduction de Jean Salem, Nathan, 1982, p. 77.
2 *Jacques Ricot, Philosophie et fin de vie, opus* cité, p. 102.
3 Paul, Epître aux Hébreux, 5-7.
4 Saint Mathieu **15**, 33-41.
5 Audition du 12 novembre 2003.
6 *Idem.*
7 *Apprivoiser la mort, opus* cité, p. 78.

plupart d'entre nous suivant un mouvement de protection bien compréhensible. »[1]

Forts de leur expérience auprès de patients en fin de vie, des médecins ont insisté devant la mission sur cette souffrance morale à l'approche de la mort. Ainsi, M. Jean-Marie Gomas, médecin généraliste, cofondateur de la *Société française d'accompagnement et de soins palliatifs*, a parlé d'une souffrance morale insupportable, qui touche à notre propre angoisse face à la mort ; il a précisé avoir « *accompagné des milliers de malades et ceux qui sont morts sereins ne doivent pas représenter plus de 5 % des cas. La grande majorité des patients meurent révoltés, tristes, confus, désespérés* »[2].

La sédation est parfois la seule réponse adaptée à cette souffrance mais il s'agit d'une réponse médicale à une inquiétude métaphysique. Mme Jacqueline Lagrée a regretté les « *tentations malencontreuses de vouloir à tout prix assigner une cause organique à un malaise métaphysique et de chercher à calmer par des tranquillisants, l'inquiétude ontologique qui est dans la fin de vie comme elle l'est à la petite enfance lors de la découverte du langage* »[3].

Espérer quelque chose après la mort ne libère pas de cette angoisse, comme l'écrivait avec humour Simone de Beauvoir : « *Qu'on l'imagine céleste ou terrestre, l'immortalité, quand on tient à la vie ne console pas de la mort.* »[4]

1.3.1.2 Les tentatives de réponses philosophiques et religieuses à l'angoisse de la mort

La pensée humaine a élaboré des moyens de défense contre l'angoisse de la mort en concevant des « *systèmes de croyance qui aident à supporter la mort par dérivation vers l'imaginaire* »[5]. Ces corpus de croyances réconfortent et calment l'angoisse, soit en installant dans les représentations de la mort des images de vie, soit en apportant des justifications rationnelles à la mort. A l'opposé, certaines philosophies font prévaloir la notion de néant.

1.3.1.2.1 La mort comme anéantissement de l'être

La religion, sur laquelle ont reposé pendant des siècles les analyses métaphysiques autour de la mort, a subi une longue suite de remises en

---

1 *Apprivoiser la mort*, *opus* cité, p. 376.
2 Audition du 6 janvier 2004.
3 Audition du 12 novembre 2003.
4 *Une mort très douce*, Gallimard, « Folio », 1972, p. 132.
5 Louis-Vincent Thomas, *La Mort*, *opus* cité, p. 111.

cause à partir du siècle des lumières : Diderot voyait dans la foi une superstition, Feuerbach, une aliénation, et Marx, un opium qui aidait le peuple à ne pas souffrir. Pour M. Damien Le Guay, « *ces vagues successives de déconstruction ont révélé les « illusions » de la religion et le « néant de la mort » [...] Elles ont détruit ces réseaux de confiance qui entouraient l'homme confronté à la mort* »[1]. Elles ont ainsi abouti à des philosophies modernes s'articulant autour de l'idée du néant. Ainsi, pour Vladimir Jankélévitch, la mort est « *une fenêtre qui ne donne sur rien* »[2] ; elle est encore le néant absolu : « *La mort est non seulement le néant de notre être somatique, mais encore le rien, et même le plus jamais rien de notre tout psychosomatique* »[3]. Quant à Jean-Paul Sartre, il conçoit la mort comme la « *néantisation de toutes mes possibilités* » ; « *elle vient à nous du dehors* » et n'est « *qu'un pur fait* »[4].

Ces conceptions philosophiques de la mort, vécue comme une agression extérieure, répondent bien à la vision de la mort de l'individu moderne et autonome. La fin du rituel et l'exclusion des morts du monde des vivants s'en trouveraient ainsi justifiées. Comme le souligne M. Damien Le Guay, « *L'homme sartrien est une illustration philosophique de l'homme moderne : il n'est pas lié, n'est pas contraint par ses engagements antérieurs [...] Cette posture sartrienne d'une mort venue de l'extérieur, factuelle, étrangère à mon être, est une façon de méconnaître la mort, de la sortir de soi, de la laisser au plus loin, afin qu'elle ne remette en cause ni ma souveraineté ni ma liberté.* »[5] Elles vont avec l'idée que notre monde serait rentré dans un processus de « désenchantement » au sens donné par M. Max Weber, caractérisé par un abandon de la foi religieuse.

Cependant, l'idée de réduire la mort au néant n'est pas unanimement partagée. Ainsi, Emmanuel Lévinas juge que la conception du néant telle que la formule Vladimir Jankélévitch est un dogmatisme à l'envers et que se pose la question de « *ce qui s'ouvre avec la mort [...] est-ce néant ou inconnu ?* »[6] Comme par anticipation, Baudelaire lui a répondu : la mort est « *le portique ouvert sur des cieux inconnus.* »[7]

1.3.1.2.2 L'espérance après la mort

Dans le contexte douloureux de voir l'autre partir, émerge un questionnement majeur : que se passe-t-il après la mort ?

---

1 *Qu'avons-nous perdu en perdant la mort ?*, *opus* cité, p. 84.
2 *Penser la mort*, Editions Lianna Levi, 1994, p.108.
3 Vladimir Jankélévitch, *Penser la mort,* Editions Lianna Levi 1994, p. 108..
4 *L'être et le néant*, Gallimard, 1965, p. 621, 630 et 631.
5 *Qu'avons-nous perdu en perdant la mort ?, opus* cité, p.87.
6 *Dieu, la mort et le temps*, Livre de poche, 1993, p.16-17.
7 *Les fleurs du mal, La mort des pauvres*, Collection Bouquins, Robert Laffont, 1980, p. 95.

– *Les interrogations métaphysiques*

Commentant l'enquête précitée réalisée par le CREDOC, M. Michel Hanus écrit : « *Très peu nombreux sont les interviewés qui conçoivent la mort comme une fin, derrière laquelle il n'y a rien. L'idée du néant serait en effet une réponse trop négative aux questions métaphysiques renvoyant notre propre existence à une absence de sens. Au contraire, un grand nombre de participants à l'étude s'interrogent sur ce « quelque chose » qui vient après la mort.* »[1]

A cette interrogation métaphysique, l'eschatologie, définie comme l'étude des doctrines et des croyances relatives aux fins dernières de l'humanité après sa mort et de l'univers après sa disparition, tente d'apporter des réponses, en faisant appel à l'immortalité, à la réincarnation ou à la résurrection. M. Michel Hulin a développé une typologie en quatre temps des croyances en un au-delà[2] : l'au-delà proche qui situe les survivants dans un univers semblable à celui des vivants avec une possibilité de réincarnation (Chamanisme d'Asie Centrale, de Sibérie, d'Amérique du Nord et croyances africaines traditionnelles) ; l'au-delà sans retour, qui renvoie le pays des morts dans un monde autre et lointain (Egypte pharaonique) ; l'au-delà de la résurrection de la chair, qui rendrait possible la réunion, voire la fusion du monde des vivants et celui des défunts (Religions du Livre, eschatologie chrétienne) ; l'au-delà indien, qui n'apparaît plus essentiellement sous la forme d'un espace ou d'un autre monde mais se situe dans l'ordre du temps et se présente comme la série des intervalles temporels séparant les unes des autres, les réincarnations successives d'un même principe spirituel (transmigration des âmes).

Ces croyances s'articulent autour de certaines oppositions fondamentales : la distinction entre le corps et l'esprit (les morts sont-ils de purs esprits ?), la distinction entre l'événement unique et des événements multiples (de la naissance à la mort, le destin est-il une fois pour toutes, scellé à l'instant de la mort ?) et la distinction du bien et du mal (les injustices de ce monde sont-elles ou non réparées dans l'au-delà ? Y aurait-il un tri des âmes en fonction de leurs actions sur terre ?).

– *Les réponses traditionnelles des grandes religions monothéistes et de la franc-maçonnerie*

Les réponses données à ces inquiétudes métaphysiques ne sont pas neutres. Comme les philosophes participant à la première table ronde organisée par la mission autour du thème « *Pourquoi débattre de la fin de*

---

1 *La mort aujourd'hui, opus* cité, p. 29 et 30.
2 *La face cachée du temps, l'imaginaire de l'au-delà*, Fayard, 1985.

vie ? » l'ont souligné, selon que l'on pense que l'homme est maître de son destin ou que celui-ci est entre les mains d'une force qui le dépasse, la dimension de la volonté individuelle de la liberté varie. Cependant, comme l'a fait valoir M. Nicolas Aumônier, Maître de conférences en histoire et philosophie des sciences à l'université Joseph Fourier-Grenoble I, il est difficile de faire entrer dans l'espace public du débat, les conceptions religieuses ; en effet, le législateur doit respecter, en matière de fin de vie comme en d'autres, le principe de laïcité et ne pas prendre en considération les arguments sur le néant ou la vie après la mort : « *Qu'est-ce qui peut assurer le législateur qu'il y a une vie après la mort et que donc, en autorisant l'euthanasie, il autorise le rêve bien légitime d'une personne qui imagine qu'en quittant la vie, elle ne mourra plus ? En effet, pour penser cela, il faut penser d'une manière ou d'une autre, qu'on reste encore en vie. Or, il me semble que le législateur agit dans le cadre d'une laïcité très forte et ne peut pas tomber dans ce travers, dans cette illusion, dans cette sorte d'« opium du peuple ». Il ne peut pas faire comme s'il y avait une vie après la mort, seul argumentaire tenable de ce que nous aurions une bonne raison de quitter une vie devenue ignoble pour une autre, plus agréable, meilleure ou sans souffrances. [...]*

Il va de soi que l'hypothèse du néant possède la même dignité argumentative que celle d'une vie après la mort. La seule difficulté est que cette hypothèse est très rarement soutenue dans toute la rigueur qu'elle devrait impliquer. Dès que nous disons néant, il faut supprimer une pensée du meilleur après la mort. Le néant ne peut pas, comme néant, être meilleur que quoi que ce soit. « Être meilleur que » suppose un minimum d'essence ou de qualité pour entrer dans une comparaison avec ce qui lui est, si l'on peut dire, antérieur. C'est parce que, le plus souvent, la pensée du néant est formulée de la même manière qu'une croyance en un au-delà que je les ai associées dans une même réprobation : celle qui s'applique à toute paresse argumentative de notre part. »[1]

Les représentants des grandes religions monothéistes auditionnées par la mission ont rappelé leurs conceptions de la mort :

– « La mort est une limite à notre pouvoir. Ce discours est peut-être un a priori théologique, car il signifie que quelque chose ne nous appartient pas, mais appartient à Dieu, que quelque chose nous est donné. Or, quand on reçoit un cadeau, ce dernier nous appartient, mais il sera un jour rendu, de manière différente et parfois sous une autre forme. »[2]

---

1 Table ronde du 17 décembre 2003.
2 Audition de M. Olivier Abel du 25 novembre 2003

– « *Avec la mort, dit notre liturgie, la vie n'est pas détruite, elle est transformée.* »[1]

– « *Pour l'homme de foi, la mort est le passage obligé, attendu et même désiré d'un état à un autre, par lequel il se présentera devant Dieu et accèdera à une vie, selon le Coran, meilleure que celle-ci. Pour ces raisons, le croyant doit mourir en règle avec lui-même, avec les autres et avec Dieu. Cette belle mort – qui n'est pas l'euthanasie au sens commun admis aujourd'hui – est cette sortie de vie souhaitée et recherchée.* »[2]

– « *Effectivement nous – et le christianisme nous rejoint en tous points sur cet article de foi – nous croyons en l'éternité de l'âme [...]. Dans l'hypothèse où nous avons cette croyance, commune en l'occurrence, que l'âme est éternelle, qu'elle a existé avant notre naissance, qu'elle existera après notre mort, nous ne sommes donc les témoins que d'une partie de nos propres vies. Nous ignorons ce qui s'est passé avant et nous ignorons ce qui se passera après. Si un homme est profondément convaincu de cela, il vivra avec une très grande sérénité les passages de la naissance et de la mort, il n'aura pas peur du tout de la mort. Pour ma part, je passe un temps fou dans mes conférences, mes cours et mes prêches, à apprendre aux gens à ne pas avoir peur de la mort. Et quand on a gagné ce combat, l'espérance dont je parle est évidemment tout à fait autre.* »[3]

Les conceptions des différentes obédiences maçonniques s'appuient sur une démarche moins spirituelle et plus philosophique.

Pour M. Jean-Pierre Pilorge, Grand Secrétaire de la Grande Loge nationale française, la mort n'est pas la fin de toute chose mais permet le passage à autre chose : « *La vie humaine ne se limite pas aux horizons de ce monde. Elle n'a pas seulement pour racine le grec bios, la vie organique et biologique, mais aussi le latin vita, la vie de l'âme. En effet, le particularisme de notre obédience n'est pas d'être une société de pensée mais une école de spiritualité [...] La mort nous fait faire l'expérience que la vie ne nous appartient pas et qu'elle est un don. Pour nous, francs-maçons de tradition, le passage de la vie à la mort, c'est le passage d'une rive à l'autre – celle de la vraie vie, de la vie éternelle –, c'est le passage de l'autre côté du miroir. Nous ne retenons ni l'indifférence de la sagesse stoïcienne, sorte de soumission un peu fataliste à l'ordre des choses, ni le pathétique de la pensée philosophique moderne depuis Kierkegaard, ni même l'apprivoisement de la peur tel que le préconisait Montaigne. Pour nous, la mort n'est pas la fin de la vie, la fin d'une vie, mais sa continuation ininterrompue sous une autre forme. Le but ultime de*

---

1 Audition de Son Eminence Philippe Barbarin du 26 novembre 2003.
2 Audition de M. Dalil Boubakeur du 25 novembre 2003.
3 Audition de M. Joseph Sitruk du 26 novembre 2003.

nos rituels maçonniques est de nous préparer à notre propre mort, notre vie initiatique étant faite de multiples morts successives. »[1]

M. Gilbert Schulsinger a rappelé qu'il ne saurait *« traduire les mille et une sensibilités des membres de la Grande Loge de France. Il y a parmi nous des croyants et des agnostiques qui pensent et s'expriment en toute liberté de conscience. Tous s'accordent toutefois, sur une approche philosophique commune qui s'appuie sur deux piliers :*

– un humanisme, fondé sur le respect et la défense des valeurs imprescriptibles de la condition humaine dans toutes ses composantes ;

– une spiritualité qui se situe au-delà des dogmes. »[2]

Pour Mme Marie-Françoise Blanchet, Grande Maîtresse de la Grande Loge féminine de France, *« l'aspect religieux – toute vie n'appartient qu'à Dieu – reste du domaine de la liberté de choix de l'individu. Il est soumis aux obligations et croyances de chaque religion mais celles-ci ne doivent pas intervenir dans l'élaboration des lois françaises, pays où le principe de laïcité est inscrit dans la Constitution »*[3].

– Le développement des croyances autour de la mort

Le chapitre consacré à « La religion en France des années soixante à nos jours » par l'étude de l'Institut national de la statistique et des études économiques (INSEE) constate que la place des religions dites traditionnelles est allée en s'érodant. En 1981, 74 % des personnes interrogées disaient appartenir à une religion ; en 1999, ce pourcentage était tombé à 58 % dont 90 % disaient appartenir à la religion catholique. Cette étude fait remonter la rupture aux années soixante-cinq, époque marquée par un recul tant des croyances que des pratiques[4].

Mme Danièle Hervieu-Léger l'explique par *« la perte de plausibilité des grands codes de sens gérés par les institutions religieuses qui entraîne avec elle la disqualification des rationalisations théologiques qui ont gouverné le rapport à la mort et au mourir en Occident pendant des siècles »*[5]. Par ailleurs, l'idée d'un autre monde meilleur, la croyance dans des notions comme le paradis ou l'enfer sont peu compatibles avec le souci contemporain de l'accomplissement de l'individu sur terre : *« L'idée selon laquelle la vie entière, à travers souffrances et épreuves, n'est faite que pour préparer à la mort a perdu toute consistance : la réalisation de soi à*

---

1 Audition du 3 décembre 2003.
2 Audition du 2 décembre 2003.
3 Audition du 2 décembre 2003..
4 *Données sociales – La Société française*, INSEE, 2002, p. 565-579.
5 Ouvrage collectif, *Qu'est-ce que mourir ?*, *opus* cité, p. 97 et 98.

laquelle l'homme peut prétendre ne prend sens que dans la stricte mesure où elle est susceptible d'opérer ici et maintenant, et la religion prend en charge ce souci pragmatique de soi-même dans ce monde. »[1]

Cela ne signifie pas pour autant que ne se soient pas élaborées des croyances autour de la question de la mort. L'étude de l'INSEE précitée fait état de la montée de certaines croyances, indépendamment de toutes appartenances religieuses. Après avoir chuté spectaculairement depuis 1960, puis après avoir connu un léger redressement passager dans les années 1970, les croyances liées à « l'après-mort » en particulier, sont en hausse depuis 1990 et de façon encore plus marquée chez les jeunes. Alors que la croyance en Dieu recule (62 % en 1981, 56 % en 1999), la croyance en une vie après la mort progresse : 35 % en 1981, 38 % en 1999. Cette augmentation ne concerne pas simplement la croyance en la réincarnation : certes, celle-ci passe de 22 % en 1981 à 25 % en 1999, ce qui montre qu'elle est maintenant solidement installée en Occident mais la croyance au paradis augmente aussi légèrement (de 27 % à 28 %) ainsi que la croyance à l'enfer (de 15 % à 18 %)[2].

Ces données statistiques rejoignent les constatations faites par Mme Danièle Hervieu-Léger pour laquelle la rationalisation du rapport à la mort ne signe pas la fin des croyances à son propos : « *En même temps, et ce point est très important, il serait faux d'imaginer que ce repli des grands dispositifs de mise en sens de la mort signifie qu'il n'y ait pas de croyances qui prolifèrent autour de la mort. Au contraire, sur un mode extraordinairement bricolé et quelquefois très bizarre, ces croyances sur la mort se multiplient dans nos sociétés. C'est le cas en particulier, avec cette réinterprétation extrêmement « drôle » de la fameuse croyance en la réincarnation, à laquelle adhèrent à peu près un quart des Occidentaux. N'ayant strictement rien en commun avec la croyance bouddhiste ou hindouiste dans la réincarnation et dans les vies successives, elle est pensée, non pas du tout comme une épreuve terrible, mais comme une bonne solution au problème de la mort. Quand on interroge les gens, - ce que j'ai beaucoup fait -, pour savoir ce qu'ils mettent derrière cette croyance en la réincarnation, on s'aperçoit qu'ils rêvent de refaire leur parcours « en réussi », c'est-à-dire en ne ratant pas, cette fois, les bons embranchements. »*[3]

A la mort rationalisée, correspondrait paradoxalement, selon M. Michel Vovelle « *un nouvel irrationalisme diffus (qui) s'exprime par le biais de bricolages idéologiques individuels (ou parfois collectifs dans le*

---

1 Ouvrage collectif, *Qu'est-ce que mourir ? Opus* cité, p. 98 et 99.
2 *Données sociales – La Société française*, *opus* cité, p. 565-579.
3 Audition du 19 novembre 2003.

cadre des sectes) sous la forme de syncrétismes variés qui renvoient fréquemment à l'héritage chrétien, tout en s'exonérant de la notion de péché, mais aussi à d'autres systèmes. »[1] Des sociologues contemporains, comme Patrick Baudry ou Jean-Didier Urbain, parlent de « bricolage » des croyances.

M. Michel Hanus explique la montée de ces nouvelles croyances par l'inadaptation des réponses traditionnelles : « *Comme les réponses traditionnelles sont insatisfaisantes, chacun se construit ses propres perceptions, son propre système de croyances, personnelles, étayées par des lectures ou par des on-dit, de ce que peut représenter « l'après ». La religion bouddhiste – mais certains parlent de « philosophie » – semble tenir une part de plus en plus importante dans ces nouveaux systèmes de croyance [...]. En fait, bien que très peu adhérent au concept de réincarnation tel que défini par le bouddhisme ou l'hindouisme, beaucoup s'interrogent, et la croyance en une vie après la mort est majoritaire dans notre échantillon. En fait, la profession de foi ou de non-foi, déclarée reflète bien souvent la volonté d'adhérer à une norme sociale liée à l'image que chacun a intériorisée du croyant ou de l'athée [...] Beaucoup peuvent se dire non-croyants par rejet de la religion catholique, souvent critiquée dans notre échantillon, alors que les mêmes peuvent exprimer par ailleurs une forte demande de croyance, au sens d'une explication spirituelle acceptable de "l'après". »*[2]

Il considère que ces croyances peuvent apporter un soutien aux personnes endeuillées, en facilitant le travail de deuil : « *Précisons qu'un système de croyance accepté et intériorisé, non obligatoirement corrélé avec le déclaratif athée/croyant, peut permettre une facilitation du travail de deuil. Autrement dit, le fait de structurer mentalement « l'après », et ce quelles que soient les convictions déclarées, semble apporter un réel réconfort psychique : on accepte plus facilement la perte de l'autre dés lors que l'on sait qu'il est ailleurs, tandis que pour les personnes n'ayant pas structuré leur représentation de l'au-delà, le vécu du deuil semble plus long et plus difficile. »*[3]

1.3.2 DE NOUVELLES PEURS : LES PEURS DE LA FIN DE VIE

Les peurs prédominantes autrefois ont largement disparu des préoccupations de nos contemporains. Elles ont été décrites et analysées notamment par M. Jean Delumeau, historien, ancien professeur au Collège de France : « *Dans l'Europe des Temps modernes, la peur camouflée ou manifestée, est présente partout. Il en est ainsi dans toute civilisation mal*

---

1 *La mort et l'Occident de 1300 à nos jours*, Gallimard, 2000, Préface.
2 *La mort aujourd'hui, opus* cité, p. 30 à 32.
3 *Idem*, p. 33.

armée techniquement pour riposter aux multiples agressions d'un environnement menaçant. »[1] Il range ainsi au nombre des « *peurs du plus grand nombre* »[2] : la peur de mourir de faim (les grandes famines ont décimé des millions d'individus) et la peur des épidémies (surtout de la peste) : « *Pendant près de quatre cent ans, la peste avait été un grand personnage de l'histoire. Grand, parce que sinistre.* »[3]

Ces peurs là n'existent plus. Cependant, nos sociétés de progrès techniques n'ont pas fait disparaître les peurs. Celles-ci n'ont fait que se déplacer. Or, d'une manière générale, la peur est source de déséquilibre pour l'individu. Le Père Daniel Duigou a fait part à la mission de l'angoisse des personnels des services de soins palliatifs devant la mort ; cette angoisse est celle de tout homme et aboutit à ce qu'*« un individu ne peut plus agir de lui-même »*, dans la mesure où *« le moi est en danger »*[4]. Cette analyse est partagée par M. Jean Delumeau : « *La peur peut en effet devenir cause de l'involution des individus [...] Plus généralement, quiconque est en proie à la peur risque de se désagréger. Sa personnalité se lézarde, l'impression de réconfort que donne l'adhésion au monde disparaît ; l'être devient séparé, autre, étranger. Le temps s'arrête, l'espace se rétrécit.* »[5]

L'enquête précitée réalisée par l'INPES montre combien la question de la fin de vie se greffe sur les peurs du corps social[6]. M. Pascal Hintermeyer a avancé l'idée que les peurs et les angoisses de nos contemporains ne sont somme toute pas tellement éloignées de « *certaines représentations et de certaines valeurs qui ont cours dans des sociétés différentes des nôtres. Nous craignons, comme la plupart des autres hommes, de mourir dans l'inquiétude. Nous souhaitons mourir en paix. Nous craignons, comme c'est le cas aussi dans d'autres sociétés et civilisations, la mort solitaire. Nous préférons l'idée de mourir accompagné, au milieu de nos semblables. Nous craignons aussi de mourir à l'anglaise, à la sauvette, dans l'extrême discrétion, et que cette mort ne soit pas socialement reconnue et ritualisée* »[7].

Ce qui a changé, comme l'observe Mme Danièle Hervieu-Léger, ce sont les peurs liées à la fin de vie, à la déréliction et à la grande dépendance, l'enfer étant désormais : « *ce qui précède la mort ; mais pas ce qui vient*

1 *La peur en Occident*, Hachette, collection Pluriel, 1999, p. 49.
2 *Idem.*
3 *Ibidem*, p. 134.
4 Audition du 27 janvier 2004.
5 *La peur en Occident*, *opus* cité, p. 23.
6 *Etude exploratoire sur les connaissances représentatives et perceptions à l'égard des soins palliatifs et de l'accompagnement*, étude du CREDOC pour l'INPES, Juillet 2003.
7 Audition du 19 novembre 2003.

après ! C'est bien autour de ce déplacement que toutes sortes de choses se jouent. »[1]

1.3.2.1 Les données démographiques : le vieillissement de la population

La fin de vie s'insère dans un contexte général de vieillissement de la population. M. Michel Vovelle a précisé que, d'un point de vue historique, la peur de la mort, compte tenu de la durée de l'espérance de vie, s'est, jusqu'à la fin du XVIIIe siècle, « *inscrite dans le cadre d'une vie brève* »[2]. Pour Mme Danièle Hervieu-Léger, « *l'augmentation vertigineuse du nombre des personnes très âgées et grabataires* » doit être considérée comme « *une donnée démographique principale à partir de laquelle il faut raisonner* »[3]. Elle a précisé que « *l'allongement de la durée de la vie constitue en effet le fait central de la donne actuelle du mourir. Sa conséquence principale est de confronter chaque individu – et la société dans son ensemble – au phénomène massif du vieillissement, de la perte d'autonomie et de la dépendance. L'identification à celui qui va mourir est ainsi supplantée par la nécessité – au moins aussi angoissante – de devoir se projeter dans la personne très âgée qui témoigne de la dégradation lente et irrémédiable de la vie. Il en résulte un déplacement des peurs, de la peur de mourir (associée à la damnation dans l'autre monde) à la peur de la grande déchéance (inséparable de l'abandon dans ce monde-ci). Pendant des siècles, des générations de chrétiens ont prié chaque soir pour que la « mort subite » (et le risque d'être saisi par elle en état de péché mortel) leur soit épargnée. Qui aujourd'hui – s'il prie – demande autre chose que de pouvoir échapper à la dégradation interminable du corps et de l'esprit ? Il y a, dans cette mutation, de la crainte et de l'espérance, l'indice d'un changement majeur des mentalités* »[4].

Même si autrefois l'importante mortalité infantile faussait les moyennes et si, comme le rappelle M. Robert Munchembled : « *il est possible de vivre vieux, comme Louis XIV (76 ans) ou Voltaire (84 ans), y compris dans le peuple : telle sorcière douaisienne du XVIIIe siècle est réputée centenaire, encore qu'une approximation soit fréquente en ce domaine dans la bouche des humbles, peu intéressés par les chiffres exacts* »[5], une des spécificités de nos sociétés dites évoluées est l'allongement tendanciel de l'espérance de vie.

---

1 Audition du 19 novembre 2003.
2 Audition du 29 octobre 2003.
3 Audition du 19 novembre 2003.
4 Ouvrage collectif, *Qu'est-ce que mourir ?*, *opus* cité p. 93.
5 *Sociétés, cultures et mentalités dans la France moderne. XVIe –XVIIIe siècle*, Armand Colin, Collection Cursus Histoire, p. 56.

Selon le bilan démographique réalisé en 2003 par l'INSEE[1], l'espérance de vie à la naissance des Français est globalement élevée au regard des pays comparables. En 2003, elle est estimée en France métropolitaine à 75,9 ans pour les hommes et à 82,9 pour les femmes. Cette espérance est en très légère progression pour les hommes (75,8 ans en 2002), et en légère diminution pour les femmes (83 ans en 2002), la canicule de l'été 2003 ayant été plus meurtrière pour les secondes que pour les premiers. En 1982, elle était de 70,2 ans pour les hommes et de 78,4 ans pour les femmes. Entre 1950 et 2002, elle a augmenté de 12,2 ans pour les hommes et de 13,7 ans pour les femmes, soit en moyenne une année supplémentaire environ tous les quatre ans. Pendant longtemps, l'allongement de la durée moyenne de vie a été dû à la baisse du taux de mortalité infantile ; désormais, l'espérance de vie progresse surtout du fait de l'allongement de la durée de la vie aux âges élevés. Il y avait, en 2002, douze millions de personnes âgées de plus de 60 ans dont 4 millions et demi avaient plus de 75 ans. Le nombre des personnes âgées de 85 ans et plus est passé de 700 000 en 1985 à 1 million en 2000 et est estimé à 1,4 million en 2020. Cet accroissement de la durée de vie aux âges élevés pose la question majeure de la « qualité » des années ainsi gagnées. Selon les enquêtes décennales sur la santé et les soins médicaux[2], l'espérance de vie sans incapacité a progressé durant la période 1981-1991 de 3 ans pour les hommes et de 2,6 ans pour les femmes. On peut donc dire que les années de vie gagnées ont donc été sur cette période des années de vie en relative bonne santé.

Si ce sont les groupes les plus âgés qui bénéficient des gains démographiques les plus substantiels, « *cela est très exactement lié au fait que les personnes âgées sont infiniment mieux soignées qu'elles ne l'ont jamais été* »[3].

Ces données démographiques illustrent en même temps la concentration des morts pendant le grand vieillissement. Mme Sophie Pennec et M. Alain Monnier parlent ainsi du « vieillissement des morts »[4], en constatant : « *qu'en un siècle, nous sommes passés d'une époque où la moitié des décès avait lieu avant 55 ans et un quart avant 15 ans, à une époque (à partir de 2000) où la moitié des décès a lieu après 80 ans et un quart à plus de 87 ans.* »

Mme Marie-Frédérique Bacqué en tire les conclusions suivantes : « *dans les années à venir, le mort sera donc de plus en plus*

---

1 *Population et sociétés*, n° 399, mars 2004.
2 « *Bilan démographique 2002* », *INSEE première*, n°882, janvier 2003.
3 Audition de Mme Danièle Hervieu-Léger du 19 novembre 2003.
4 Sylvie Pennec et Alain Fournier, *La mort est au centre de la vieillesse*, IUESP, XXXIVe Conférence générale de la population, Salvador, Brésil, 2001.

une [...] femme, très âgée. Elle aura perdu ses parents, son conjoint [...], ses frères et sœurs... » Le fait que l'endeuillé(e) soit aussi très isolé dans la mesure où il aura perdu une grande partie des proches de sa génération, « *amènera à s'interroger sur l'accompagnement du deuil futur* »[1].

Elle souligne les dangers et les dérives que peuvent faire naître une telle situation : « *Etant très âgé, (l'individu) sera plus fragile physiquement, moins adapté à un mode de vie dont on connaît bien la capacité quasi exponentielle de mutation technologique. Enfin, il sera jugé particulièrement apte à supporter la peine, puisqu'il aura eu le temps de s'y préparer. Le discours banalisant sur la mort et le grand âge* ("c'est normal de mourir quand on est très vieux") *risque, en effet, de ne pas être d'une grande aide et de le laisser démuni devant la "raison démographique" opposée à sa détresse.* »[2]

Louis-Vincent Thomas a également évoqué les paradoxes et les risques de dérives d'un tel allongement de la durée de la vie dans une société où les valeurs changent très vite : « *Au plan économique, les vieux improductifs et médiocres consommateurs coûtent cher à la société, surtout s'il faut leur apporter une longue assistance sanitaire. Au plan socio-culturel, à une époque où les valeurs changent si vite, les vieux s'avèrent incapables de suivre les novations et constituent un réel obstacle au changement [...] Au plan psychologique, la coexistence hier impensable de trois ou quatre générations induit des conflits ou pour le moins, des incompréhensions incontournables. Enfin, la mort du vieux, banalisée par le nombre, le plus souvent solitaire, vécue dans l'indifférence, perçue fréquemment comme un débarras (on parle avec euphémisme de délivrance), loin de couronner une existence , n'en est plus que le terme insignifiant.* »[3]

Ce bilan général ne peut cependant passer sous silence l'apparition de nouvelles causes de mortalité, et particulièrement le sida qui a frappé des couches jeunes de la population. Comme l'a fait remarquer M. Pascal Hintermeyer, avec le sida, la mort « *s'est annoncée là où on ne l'attendait pas. Elle s'est retrouvée plus au centre des préoccupations de nos concitoyens* »[4]. La dimension internationale de cette pendémie a eu également des conséquences non négligeables. Cette « *chronique de la mort annoncée [...] a considérablement frappé les imaginations* »[5]. L'apparition du sida a ainsi favorisé une « *prise de conscience quant à la difficulté de la*

---

1 *Apprivoiser la mort, opus* cité, p ; 214.
2 *Idem*, p. 214.
3 *La mort, opus* cité, p. 65.
4 Audition du 19 novembre 2003.
5 Louis-Vincent Thomas, *La mort, opus* cité, p. 45.

position de notre société par rapport à la mort »[1]. Cette prise de conscience a beaucoup contribué au développement des soins palliatifs qui se sont mis au service de ces malades en phase terminale, donnant ainsi un sens nouveau à la philosophie de ces soins. Cette population jeune qui se voit mourir, est en effet soucieuse de la dimension qualitative des jours qui lui restent à vivre. Le Père Daniel Duigou a ainsi fait part à la mission de son expérience de psychanalyste au sein d'un service d'infectiologie prenant en charge les malades atteints du sida[2].

1.3.2.2 La peur de la souffrance

S'interroger sur la peur de la souffrance, c'est s'interroger sur les réactions qu'elle suscite.

Du rappel historique de la requête longtemps adressée en Bretagne à Saint Diboan de mettre fin aux souffrances d'un agonisant, M. Jean Delumeau a tiré la conclusion que la peur de souffrir n'est pas vraiment nouvelle et que « *le souhait d'abréger les douleurs sans remède d'un agonisant s'est exprimé au cœur même de la civilisation chrétienne, par des prières dont on espérait qu'elle seraient efficaces – sinon on ne les aurait pas formulées – mais sur lesquelles l'Église tenait à faire le silence.* »[3]

Cette peur de la souffrance a conduit à la recherche de solutions pour la limiter, voire la supprimer. Une étape fondamentale a été franchie au début du XIXe siècle, quand les principes actifs de l'opium ont été isolés en 1804 par les scientifiques français Derosne et Seguin et par l'allemand Sertürner. C'est à celui-ci que reviendra la découverte de l'alcaloïde le plus puissant de l'opium, qu'il dénommera morphine pour rappeler le Dieu des songes de la Grèce antique. Premier médicament moderne, la morphine a inauguré l'ère moderne de la pharmacologie et de la médecine. Son usage s'est répandu par cercles concentriques, d'abord pour soigner les blessés de guerre, puis dans l'ensemble de la société, notamment sur la base de travaux du docteur John Bonica issus des interrogations face aux douleurs rebelles des soldats américains rapatriés du front du Pacifique. C'est lui qui a institué une prise en charge pluridisciplinaire de la douleur et a créé en 1953, la première « *pain clinic* » (clinique de la douleur).

1.3.2.2.1 La douleur n'a plus de valeur rédemptrice

Le principe de valeur rédemptrice de la douleur a été unanimement abandonné aujourd'hui. En effet, il s'inscrivait dans la perspective et la crainte d'un jugement après la mort qui, comme l'a rappelé Mme Danièle

---

1 Audition de M. Pascal Hintermeyer du 19 novembre 2003.
2 Audition du 27 janvier 2004.
3 Audition du 12 novembre 2003.

Hervieu-Léger est une préoccupation extérieure à nos sociétés, pour lesquelles l'accomplissement individuel est avant tout une affaire terrestre.

M. François Jullien formule ainsi ce thème de la douleur rédemptrice : *« Dieu provoque cette souffrance en vue d'une fin que nous n'apercevons pas toujours, cette souffrance provisoire nous promettant un plus grand bonheur. Soit qu'elle soit méritée par celui qui la subit, soit qu'elle appelle une compensation, en ce monde ou dans l'autre, accordée par Dieu ou, du moins garantie par lui, la souffrance se justifie en se rattachant à du devoir être, calculé ou promis. Reddition des comptes (au Jugement dernier) les feuillets à la main, pesée du «* doit *» et de l'«* avoir *», balance, rétribution : la grande mise en scène eschatologique s'est patiemment reconduite, depuis les Grecs et leurs anciens mythes ; voire, d'un monothéisme au suivant, elle s'est enrichie, variée, illustrée – aurait-elle pu foncièrement changer ? »*[1]

S'interrogeant sur le retard de la France en matière de lutte contre la douleur, M. Gilbert Schulsinger s'est demandé si *« dans une Europe catholique dont la France est un des grands représentants, nous n'avons pas pensé un peu trop longtemps que la douleur était rédemptrice. »*[2]

M. Jacques Ricot se montre très dubitatif devant *« la manière dont le discours théologique plus récent risque de réactiver les tentations doloristes dés lors que la souffrance est présentée comme une source possible de bien lorsqu'elle participe à l'œuvre rédemptrice du Christ »*[3]. Il rappelle que Paul Ricoeur a fermement dénoncé cette dérive doloriste, notamment quand il a eu à exposer les enjeux de l'entreprise thérapeutique engagée par la mise en œuvre des techniques de soins palliatifs : *« Sur les sentiers de l'exégèse, Paul Ricoeur critique les dérives spirituelles du dolorisme qui ont pu parfois encourager la résistance à l'emploi d'antalgiques. »*[4] Il rappelle à ce propos la position qu'il qualifie *« de sans ambiguïté »* de Pie XII en 1957, selon laquelle le christianisme n'enseigne ni la sacralisation de la vie biologique ni la valeur rédemptrice de la douleur.

Les représentants des religions ont unanimement rappelé devant la mission, le droit de ne pas souffrir. Le Cardinal Philippe Barbarin a ainsi rappelé que : « *respecter la vie de quelqu'un, [...] c'est soulager sa douleur physique* »[5]. Répondant à une observation de M. Jean Leonetti sur la contribution décisive de Pie XII au refus de l'acharnement thérapeutique en 1957, il a en outre fait valoir que cette position était défendue en réalité par

---

1 *L'ombre au tableau*, Seuil, 2004, p. 83.
2 Audition du 2 décembre 2003.
3 *Philosophie et fin de vie*, éditions ENSP 2003, p.76.
4 *Idem*.
5 Audition du 26 novembre 2003.

l'Eglise depuis le XVIe siècle[1]. Pour M. Joseph Sitruk, Grand Rabbin de France, « *le judaïsme est contre la souffrance. Si dans le Talmud, on interdit de faire souffrir un animal inutilement, a fortiori un homme ne doit pas souffrir* »[2].

Par ailleurs, le commentaire de l'article 37 du code de déontologie médicale confirme l'abandon, dans le corps médical, de l'idée de la souffrance rédemptrice : « *Etant donné les progrès de la médecine et de la science, la notion pervertie de douleur « rédemptrice » (dolorisme) a été remplacée par le refus légitime de la douleur, de toute douleur.* »

1.3.2.2.2 La douleur est inacceptable

M. Jean Delumeau a constaté que la demande de ne pas souffrir « *est formulée au grand jour et est devenue un problème de société.*[3] » par la publication régulière de sondages d'opinion[4].

C'est dans la mesure où elle ne trouve « *aucune justification, ni héroïque ni ascétique* », que, selon Mme Jacqueline Lagrée « *la douleur fait aujourd'hui l'objet d'un interdit social. Elle est insupportable, inacceptable, obscène [...]. Elle est tout simplement ce qui ne doit pas être, car elle n'apporte pas au médecin d'information fiable, ne sert à rien, n'est pas mesurable. Elle est un mal, et en tant que telle, elle doit être résolument combattue. Mais si la douleur ne peut être partagée, c'est qu'elle se vit toujours à la première personne et qu'elle comporte une dimension physique et une dimension psychique de souffrance, de scandale et de déréliction. La douleur, comme la souffrance, est subie. Elle m'affecte du dehors, entrave ma liberté, suspend l'ouverture du temps vers le futur et le projet, m'enferme en moi-même sans me permettre ni de me reposer en moi, ni de me fuir. Cette contradiction – être soi et ne pas pouvoir l'être – est irréductible. C'est la structure même de la souffrance. En un sens, c'est aussi la structure de la fin de vie.* »[5]

Elle est d'autant plus inacceptable que l'on dispose des moyens de soulager environ 90 % des souffrances a estimé M. Jean–Philippe Wagner, Président de la Fédération des associations « *Jusqu'à la vie accompagner la mort* » dont l'opinion est partagée par M. Jean–Marie Gomas, pour lequel la suppression de la douleur est le signe d'une « *bonne médecine* »[6]. Pour M. Michel Vovelle, la lutte contre la souffrance n'est pas « *qu'une utopie,*

---

1 Cf. Michel Maret. *L'euthanasie. Alternative sociale et enjeux pour l'éthique chrétienne*, éditions Saint-Augustin, 2000, p. 124 et 125. Patrick Verspieren S.J., *L'interruption de traitements, Revue trimestrielle du Centre Laennec 4/2003*, p. 30.

2 Audition du 26 novembre 2003.

3 Audition du 27 janvier 2004.

4 Cf. *Infra*, l'introduction de la deuxième partie.

5 Audition du 12 novembre 2003.

6 Audition du 6 janvier 2004.

puisqu'en plus des efforts de soutien psychologique et de présence, la lutte contre la douleur a été placée au centre du dispositif. Aujourd'hui, il est entendu chez les praticiens que la douleur a perdu toute valeur positive et doit être neutralisée autant que faire se peut. Ce rêve de Saint Christopher est d'ailleurs actuellement décliné dans le film à succès « Les invasions barbares » : le malade terminal quitte la vie « comme on le fait d'un banquet », entouré de sa famille et de ses amis, une piqûre finale mettant un terme à ses souffrances »[1].

La prise en charge de la douleur des personnes en fin de vie s'est faite, dans le cadre des soins palliatifs, au nom du respect de la dignité de la personne humaine. Elle comporte en effet une dimension éthique : l'autre est pris en compte, à travers sa parole et l'on considère tout à la fois, sa dimension corporelle, psychologique et spirituelle afin de lui restituer sa dignité. Lors de son audition, M. Philippe Letellier a exposé la façon dont il fallait entendre cette douleur. Rappelant le vers de Racine : « *La douleur qui se tait n'en est que plus funeste* »[2], il a insisté sur la nécessité d'observer le malade dans sa souffrance car « *plus le malade souffre, plus il se tait* » et sur celle d'ajuster en permanence le traitement[3].

M. Xavier Mirabel a cependant mis en garde la mission contre le danger constitué par le fantasme selon lequel on pourrait éradiquer toute souffrance : « *Nous risquons aujourd'hui, si nous n'y prenons pas garde, de passer d'une situation où la douleur, qui était un scandale, doit être combattue avec les antalgiques, à une situation où l'expression de la douleur devient proprement intolérable. En effet, nous sommes tellement convaincus d'avoir tous les moyens de la faire complètement disparaître que cette expression douloureuse devient quelque chose de profondément choquant.* » Le principal risque est, dans la mesure où l'on n'a plus le droit d'avoir mal de « *perdre nos capacités à nous engager solidairement aux côtés de celui qui souffre.* »[4]

1.3.2.3 La peur de la déchéance

Si la peur de la souffrance est traditionnelle, la peur de la perte de la dignité est une forme plus nouvelle de peur.

---

1 Audition du 29 octobre 2003.
2 *Andromaque,* Acte III, Scène III.
3 Audition du 9 décembre 2003.
4 Audition du 28 janvier 2004.

1.3.2.3.1 Une crainte généralisée : la perte de la dignité

– L'enfer sur terre ?

Le respect de l'être humain et de sa dignité a été le souci constant des travaux de la mission. La peur de perdre sa dignité lors de ses derniers instants est en effet une peur très généralement ressentie par la population. Mme Marie de Hennezel a dit l'évidence qu'« *aucun d'entre nous n'envisage de finir sa vie dans d'atroces souffrances, ni dans un état de déchéance insupportable* »[1] et parmi les critères d'une mort acceptable, M. Pascal Hintermeyer a évoqué la préoccupation de nos contemporains, qui cherchent à éviter une mort indéfiniment retardée et « *longtemps prolongée qui fait beaucoup plus peur que la mort prématurée* »[2].

Cette peur de la déchéance n'est certes pas nouvelle. Ronsard exprimait déjà cette angoisse dans ses « *Derniers vers* » : « *Je n'ay plus que les os, un squelette je semble, décharné, démusclé, dépoulpé, que le trait de la mort sans pardon a frappé [...] Mon corps s'en va descendre où tout se désassemble.* » Mais elle s'est généralisée et est liée au contexte démographique et à la médicalisation de la mort qui a pu faire naître certaines craintes notamment celles de l'acharnement thérapeutique. La déréliction et la grande dépendance seraient, en quelque sorte, la représentation de l'enfer sur terre : « *l'enfer est désormais ce qui précède la mort, mais pas ce qui vient après* ! »[3]

– Une peur qui renvoie à un vécu ou à des images douloureux

Cette peur s'enracine fortement dans le vécu souvent douloureux de chacun et dans l'image que nous renvoient certaines fins de vie ou certaines agonies. C'est ce qu'ont confirmé devant la mission, notamment :

– Mme Danièle Hervieu–Léger : « *Nous sommes terrorisés à l'idée de l'image que nous renvoient les personnes très âgées et grabataires.* »[4]

– M. Michel Hanus : « *La réflexion sur la fin de vie se situe bien en amont du moment de la mort [...] Nos conceptions personnelles de la mort et de la fin de vie sont certes influencées, pour partie, par le discours collectif, mais elles sont surtout forgées à partir des expériences de vécu personnel et familial de la maladie, de l'accident, de la mort et du deuil. Des personnes épouvantées par la vue de vieillards décatis et bientôt*

---

1 Table ronde du 17 décembre 2003.
2 Audition du 19 novembre 2003.
3 Audition de Mme Danièle Hervieu-Léger du 19 novembre 2003.
4 *Idem.*

obsédées par la peur de devenir comme eux, cherchent à se rassurer en demandant à d'autres de les tuer avant qu'ils ne soient ainsi. »[1]

– Deux modèles du bien mourir

En s'appuyant sur ce concept de dignité et en le sous-tendant, deux modèles du « bien–mourir » ont été élaborés. La dignité est revendiquée par les partisans d'un droit de mourir. Elle est aussi le concept auquel sont adossées la logique et la philosophie des soins palliatifs. Telle est l'analyse faite par M. Michel Castra qui voit, dans ces deux modèles, une manière de gérer le déni de la mort en la mettant à distance et en lui donnant un sens : « *On peut distinguer l'existence de deux modèles contemporains du " bien mourir " autour des soins palliatifs, d'une part, et de l'euthanasie volontaire, d'autre part. C'est toujours à partir de ces deux cadres sociaux, qui sont aussi des cadres normatifs, que notre modernité envisage le rapport à la fin de vie et à la mort. Si la construction et la représentation d'une " mort positive " prennent, de part et d'autre, des formes radicalement différentes, ces idéologies normatives du « bien mourir » concrétisent toutes deux une stratégie de distanciation par rapport à la mort et donnent en même temps un sens à celle-ci. Il y a là un invariant anthropologique. Il s'agit bien de neutraliser la mort afin de la rendre plus supportable pour la société mais aussi pour les professionnels qui la prennent en charge. »*[2]

Cette vision est partagée par M. Pascal Hintermeyer, pour qui « *se sont élaborés depuis le depuis le début des années 80, deux propositions qui se présentent à la manière de frères ennemis pour envisager la mort sans souffrances : d'une part, l'euthanasie volontaire, d'autre part, les soins palliatifs. Ces deux propositions sont, à bien des égards, divergentes, parce qu'elles envisagent de manière très différente la mort, le rapport à la mort, la dignité. La dignité est revendiquée dans les deux cas, mais dans une acception différente. Elles se retrouvent également sur l'idée que la personne – y compris la personne malade et le malade en fin de vie – doit être considérée comme un sujet à part entière et non pas comme un objet d'investigations et de soins. L'individu doit pouvoir donner du sens à son existence jusqu'au bout »*[3].

– Quelle dignité ? Dignité sociale ? Dignité personnelle ? Dignité humaine ?

Que recouvre cependant exactement ce concept de dignité ? Les quatre acceptions du terme, telles que formulées par M. Jacques Ricot peuvent être utilement rappelées pour appréhender la multiplicité de

---

1 Audition du 18 novembre 2003.
2 Audition du 10 février 2004.
3 Audition du 19 novembre 2003.

significations que revêt cette notion. Dans une première perspective qui est simplement sociale, la dignité désigne le rang éminent conféré à une personne en raison de ses fonctions ou de ses mérites personnels. Cette signification ne provoque pas « *d'ambiguïté particulière, contrairement à la deuxième qui désigne les qualités morales dont fait preuve une personne particulièrement brave, stoïque ou maîtresse d'elle-même* »[1]. Mais, dans le cadre de cette deuxième acception, M. Jacques Ricot souligne qu' « *être dépourvu de ces qualités, ne pas se montrer digne, c'est-à-dire à la hauteur d'une situation donnée, selon des normes d'ailleurs difficiles à établir, n'a rien à voir avec la dignité ontologique inaliénable. Cette dignité liée à des qualités morales que l'on pourrait qualifier de stoïcienne est inégalement répartie dans le genre humain* »[2]. La troisième signification de la dignité serait « *plus redoutable car plus ambivalente* »[3] ; il s'agit de la dignité qui désigne l'apparence de la personne, en référence à une norme implicite. Il adviendrait un moment où un être humain ne présenterait plus les caractéristiques d'un état normal et ne serait plus présentable. Il en aurait perdu sa dignité pour lui-même et pour les autres. Elle rejoindrait en fait une des définitions de la dignité données par le dictionnaire Littré : « *respect que l'on se doit à soi-même.* »[4] Enfin, le quatrième sens au mot « dignité », est un *« sens ontologique »,* qui « *est la qualité d'humanité inscrite en tout être humain quel que soit son état, quelle que soit sa déchéance, quels que soient ses crimes, quelle que soit l'image qu'il se fait de lui-même, quelle que soit, même son envie d'en finir avec la vie* »[5].

Il importe donc de bien distinguer les diverses significations de la dignité dans l'usage courant. Comme le résume M. Jacques Ricot : « *Il ne faut pas confondre la dignité (sens 1) comme synonyme de bravoure, de décence, d'image de soi normativement et socialement définie, ou encore maîtrise stoïque de soi, avec la dignité (sens 2) définie comme valeur inconditionnelle. Un tel brouillage conceptuel a des conséquences éthiques incalculables. »*[6]

Le Comité consultatif national d'éthique, dans son avis n° 63 du 27 janvier 2000, opère bien cette distinction entre ces deux acceptions et présente les positions opposées des défenseurs du « *respect de toute vie humaine* » pour qui « *la dignité reste un caractère intrinsèque de toute personne* » et les tenants du droit de mourir dans la dignité, définie comme « *convenance personnelle envers soi que nul ne peut interpréter parce qu'elle relève du regard libre que chacun porte sur soi* ». Ne portant pas de

---

1 *Philosophie et fin de vie, opus* cité, p. 21.
2 *Idem,* p. 21 et 22.
3 *Ibidem,* p.28.
4 *Emile Littré, Dictionnaire de la langue française, tome 2.*
5 *Philosophie et fin de vie, opus* cité, p. 28.
6 *Idem.*

jugement, le CCNE fait observer que les deux positions du débat sont « *porteuses de valeurs fortes et méritent attention et respect* »[1].

1.3.2.3.2 La dignité comme liberté individuelle

– *La dignité et la liberté*

La conception de la dignité comme convenance personnelle envers soi s'appuie sur la liberté individuelle. « *C'est à chacun de définir pour soi-même ce qu'il considère digne et indigne de vivre* » résume M. Jacques Pohier, ancien Président de l'Association pour le droit de mourir dans la dignité[2]. Laissée à la libre appréciation de la personne, la dignité est une façon pour l'individu d'exprimer sa liberté et d'exercer son autodétermination comme l'a fait valoir devant les députés M. Henri Caillavet, Président d'honneur de cette association, ancien ministre et membre honoraire du Parlement : « *Ce qui compte, c'est le regard que je porte sur moi, c'est une convenance personnelle. Il n'y a que moi qui puisse savoir si la vie que je vis est encore acceptable, si elle est encore digne et recevable. La vie m'a été imposée, je n'ai pas demandé à naître, mais ma mort m'appartient* [...] *Quand mon père nous a demandé à mourir, avions–nous le droit de dire non, alors que nous savions qu'il était libre et qu'il allait accomplir un geste irréversible ?* »[3] M. Gilbert Schulsinger a également revendiqué cette liberté : « *Or, cette dignité, qui peut en décider, sinon la personne elle-même ? Obliger quelqu'un à vivre, n'est–ce pas, d'une certaine façon, attenter à sa liberté ?* »[4]

Cette revendication de la liberté de choisir n'est pas celle de mourir, comme l'a admis M. André Comte–Sponville, philosophe : « *Ce n'est pas la mort que l'on choisit puisque nous mourrons de toute façon.* »[5] Il s'agit du choix des conditions et du moment de sa mort, se rapprochant de la vision de Lucrèce pour lequel, dans la mesure où la mort a toujours le dernier mot, il convient de la devancer dans un geste ultime de liberté. Cet acte serait une façon de se démarquer de notre condition humaine, marquée par la finitude et de refuser de ne savoir « *ni le jour, ni l'heure* ». C'est au nom de cette ultime liberté, que M. André Comte-Sponville s'interroge dans le livre de Mme Catherine Leguay : « *Pourquoi faudrait–il renoncer, face à (la mort), à la liberté que toute notre vie revendique ? Celui qui voulut vivre tout entier, pourquoi devrait–il mourir par morceaux ?* »[6] Au cours de la première table ronde organisée par la mission le 17 décembre 2003, à l'appui de sa démonstration, M. André Comte-Sponville a d'ailleurs fait

---

1 Avis n° 63 du 27 janvier 2000 « *Fin de vie, arrêt de vie, euthanasie* », *opus* cité.
2 *La mort opportune, les droits des vivants sur la fin de leur vie,* Seuil, 1998, p. 157-158.
3 Audition du 21 janvier 2004.
4 Audition du 2 décembre 2003.
5 Table ronde du 17 décembre 2003.
6 *Mourir dans la dignité. Quand un médecin dit oui* – Laffont, 2000, p. 172.

référence aux maîtres célèbres qui sont allés au devant de la mort : Freud, Bettelheim, Deleuze, Montherlant…

– Le droit de refuser une vie jugée indigne

La lutte contre la douleur ne pouvant résoudre tous les problèmes, il est des situations qu'un individu peut juger insupportables à vivre. Elles sont source de souffrances morales, comme l'explique M. André Comte-Sponville : « *Mais il n'y a pas que la souffrance physique. Il y a le handicap insurmontable, la dépendance, la déchéance, la perte progressive de ses capacités intellectuelles, l'immobilité obligée, l'asphyxie, l'isolement, le refus d'être à la charge de ses enfants ou de la société, l'ennui, l'angoisse, l'humiliation, la lassitude, le dégoût de soi et de tout… Vouloir quitter la vie, dans ces conditions, ce n'est pas la trahir ; c'est protéger une certaine idée que l'on s'en fait, qui ne va pas sans dignité et sans liberté [...] Respecter la vie humaine, c'est aussi de lui permettre de rester humaine jusqu'au bout.* »[1]

Vivre une vie digne implique de conserver de soi une image inaltérée et M. Henri Caillavet a décrit ce qui fait, pour lui, la valeur de la vie : « *la vie n'est pas que de la biologie, des cellules, des rapports métaboliques, c'est le sentiment, la pensée, la raison, la tendresse, l'amour – si tout cela a disparu de mon esprit et de ma conscience, au nom de quoi pourriez–vous me confisquer ma liberté* ? »[2] Ainsi, mourir dans la dignité signifierait mettre un terme à une vie qui ne vaudrait plus la peine d'être vécue.

– La dignité comme valeur sociale

La dignité est à la fois convenance subjective envers soi mais elle est aussi confiée au regard d'autrui. Mme Anita Hocquard a conduit une enquête auprès des membres de l'Association pour le droit de mourir dans la dignité[3], dont il ressort que ceux-ci semblent chercher avant tout à éviter la souillure des états intermédiaires entre la vie et la mort, la dégradation vécue sur le mode de la honte et de la violation de l'intimité et la préservation sociale du secret. Devant la mission, elle a présenté ces personnes comme des acteurs sociaux qui ne sont pas mus par « *le sentiment de mener une vie inutile et improductive* » mais elle constate que « *leur revendication d'une mort choisie est principalement motivée par le souci d'avoir une sortie digne* ».[4]

---

1 « *Euthanasie, la règle et l'exception* » – *Revue psychologies, avril 2000*, p. 39.
2 Audition du 21 janvier 2004.
3 *L'euthanasie volontaire* – Presses universitaires de France, 2000.
4 Audition du 18 novembre 2003.

A ce souci de dignité, s'ajoute la préoccupation de ne pas peser en termes de coût sur la société, exprimée par M. André Comte–Sponville : « *le plus bel alexandrin jamais écrit sur la mort dans un texte de prose, dont le mérite revient à Mallarmé :* "Ce peu profond ruisseau calomnié, la mort." *N'en faites pas un océan de six mois, à 10 000 euros la journée* ! »[1]

Mme Anita Hocquard a perçu dans ces revendications le reflet de l'évolution de nos sociétés. Les sociétés de la culpabilité qui, pendant longtemps ont été les nôtres, laisseraient désormais la place à des sociétés de la honte : « *Dans un petit article que j'ai écrit pour la Société française d'accompagnement et des soins palliatifs, j'évoque l'anthropologue Ruth Benedict, qui a distingué les sociétés de la honte et les sociétés de la culpabilité. Les sociétés de la honte sont celles où, comme au Japon, l'image de soi est essentielle et où les problèmes se règlent dans une logique de l'honneur. Les sociétés de la culpabilité, les nôtres, sont fondées sur la faute. Je me demande si, par retournement, nous ne sommes pas en train d'entrer dans un modèle de société de la honte.* »[2]

M. Henri Caillavet a insisté sur l'idée de dignité sociale qui fait que l'individu, pour être conforme à l'image qu'il se fait de soi-même émet le souhait très vif d'affronter la mort : *« Je ne changerai pas d'avis. J'en suis sûr, parce qu'on est d'une lignée où on ne change pas d'avis. Devant la mort, il faut faire face. »*[3]

Le souci de correspondre à une image définie par rapport à une norme est très prégnant et la dignité dépend aussi pour une large part de l'appréciation des autres ; Mme Anita Hocquard rappelait en effet la phrase de Jean–Paul Sartre : « *on n'a jamais honte tout seul.* »[4]

En résumé, la dignité est une convenance personnelle, une libre appréciation de l'état de la personne, de l'image qu'elle donne et qu'elle se donne. C'est une notion relative car il revient à chacun de définir pour soi-même ce qu'il considère comme digne ou indigne à vivre.

1.3.2.3.3 La dignité comme absolu

Cette conception individuelle et subjective de la dignité humaine n'est pas tout à fait celle qui ressort de l'avis n° 26 du Comité consultatif

1 Table ronde du 17 décembre 2003.
2 Audition du 18 novembre 2003.
3 Table ronde du 11 février 2004.
4 Audition du 18 novembre 2003.

national d'éthique du 24 juin 1991 selon lequel « *La dignité de l'homme tient à son humanité* »[1].

– *La dignité et la liberté*

Dans la mesure où la dignité personnelle est perçue par certains comme étant consubstantielle à la liberté et à l'autonomie de chaque individu, il est nécessaire de préciser la portée de ces termes.

L'autonomie est une des formes de la liberté : si l'on se réfère à l'étymologie grecque : *auto* (soi) et *nomos* (loi), l'autonomie est le fait de se donner sa propre loi. Est–ce au seul individu de déterminer s'il entend vivre et mourir ? Pour M. Jacques Ricot, la réponse est clairement non, dans la mesure où « *le concept de loi implique l'universalité, et donc aussi la limitation de nos désirs. Certes, chacun a la possibilité d'employer chaque mot dans un sens préalablement défini, mais si l'on réduit l'autonomie à la seule expression d'une volonté individuelle atomisée, il faut alors clairement admettre qu'elle n'a strictement rien à voir avec une loi morale universalisable, ainsi que nous l'enseigne le concept pris dans toute son épaisseur philosophique. Car la question de l'euthanasie renvoie à celle qui taraude notre modernité. Quelle vision de l'humain, de sa dignité ontologique, est–elle impliquée dans le déferlement d'une liberté qui ne connaît plus d'autres bornes que l'extension indéfinie de ses désirs et qui transforme autrui en instrument de sa volonté ?* »[2]

Il estime qu'il faut restaurer *« le principe d'autonomie dans sa rigueur native »*[3] et distinguer ainsi l'autonomie de la simple autodétermination, dans la mesure où *« la loi n'est pas relative à chacun mais est par essence universalisable. Et le contraire de l'autonomie, dans le registre moral, n'est pas la dépendance mais l'hétéronomie, c'est–à–dire la soumission à une autorité extérieure, le maintien dans un état de minorité et de servitude, la privation de liberté. Ces remarques, d'une rigoureuse orthodoxie kantienne, sont en consonance avec la définition rousseauiste proposée dans sa philosophie politique : « l'obéissance à la loi qu'on s'est prescrite en liberté »*[4].

M. Nicolas Aumonier lie aussi la liberté au contrat social : « *L'existence d'un droit de choisir sa mort me paraît contradictoire et dangereuse. Elle contredit, tout d'abord, la notion même de contrat social. Je rappelle la belle définition en forme de problème qu'en donne*

---

[1] Avis n° 26 du 24 juin 1991 du Comité consultatif national d'éthique pour les sciences de la vie et de la santé relatif à la proposition de résolution sur l'assistance aux mourants adoptée le 25 avril 1991 au Parlement européen par la Commission de l'environnement, de la santé publique et de la protection du consommateur.

[2] *Philosophie et fin de vie, opus* cité, p. 67.

[3] *Idem.*

[4] *Ibidem.*

Jean-Jacques Rousseau : « Trouver une forme d'association qui défende et protège de toute la force commune, la personne et les biens de chaque associé et par laquelle chacun, s'unissant à tous, n'obéisse pourtant qu'à lui-même et reste aussi libre qu'auparavant. Tel est le problème fondamental dont le contrat social donne la solution. »[1]

Ce faisant, M. Nicolas Aumonier marque les limites de l'autonomie : *« dois–je valoriser ma volonté ou le continuum de ma vie ? Il me semble que survaloriser sa propre volonté, c'est tomber dans l'illusion naturelle et politique de la théorie du gender. C'est croire que nous pourrions changer de sexe à condition de le vouloir et que le sexe désiré serait plus réel que le sexe réel. Il me semble que la véritable liberté consiste à ne pas interrompre le continuum de vie ou de réalité qui est le nôtre. Nous ne choisissons pas de naître homme ou femme. Telle est la réalité. De même, s'approprier sa mort ne résout en rien l'énigme qu'elle pose. Telle est aussi la réalité. »*[2]

– La dignité humaine : l'approche philosophique

Si l'on ne peut, en liberté, juger de la dignité, peut–on l'apprécier et comment ? M. Jean–Marie Gomas s'est élevé contre l'institution d'un quelconque « *dignitomètre* », ajoutant qu' *« il est essentiel d'expliquer le concept de dignité à nos concitoyens. Comment leur faire comprendre, quand la télévision exhibe quotidiennement des mises en scène de la transgression de la dignité et de l'intimité de l'autre, que l'intime de la vie de l'autre ne nous appartient pas et doit être respecté ? Que voulons–nous pour notre société ? Que la dignité de l'autre soit bafouée et mise en pâture ou que chacun d'entre nous soit digne et respectable jusqu'à la fin de sa vie ? Hegel nous a appris que c'est le regard de l'autre qui fait ce que nous sommes. Kant nous dit que notre dignité n'a pas de prix ni de mesure. C'est sur ces concepts que s'est bâtie la société occidentale. Je suis vivant, donc je suis digne, quel que soit l'état de mon corps. Faut–il utiliser un « dignitomètre » pour apprécier si chacun de nos concitoyens est digne de vivre ? Où mettre la barre ? Tétraplégique ? Paraplégique ? Vincent Humbert ? Non, la dignité n'a pas de prix ni de mesure. »*[3]

Devant la mission, il a été à plusieurs reprises fait état de la théorie kantienne de la dignité sur laquelle s'appuient le préambule et l'article 1er de la Déclaration Universelle des Droits de l'Homme adoptée par les Nations-Unies le 10 décembre 1948, et que l'ancien Secrétaire général de l'Organisation des Nations–Unis, Boutros Boutros Ghali, définissait comme *« l'irréductible humain »*. Kant demandait ainsi à chaque homme d'agir *« de*

1 Table ronde du 17 décembre 2003.
2 Audition du 5 novembre 2003.
3 Audition du 6 janvier 2004.

telle sorte que tu traites l'humanité aussi bien dans ta personne que dans la personne de tout autre toujours en même temps comme une fin, et jamais simplement comme un moyen »[1]. Il ajoutait que « *la vie de chaque agent rationnel autonome est une fin en soi douée d'une valeur objective et absolue* ». C'est ce statut de fin en soi que Kant nommait « *valeur inconditionnelle et incomparable »*[2] attribuée à l'humanité telle qu'elle se réalise dans chaque être humain.

M. Jacques Ricot la définit comme *« la valeur absolue accordée à chaque homme en sa singularité, quelle que soit l'idée qu'autrui ou soi-même se fait de sa dignité »*[3]. Dans cette conception, la dignité s'oppose au prix, selon une distinction que l'on retrouve déjà chez Sénèque (entre la *dignitas* et le *pretium*) : « *Le prix a une valeur susceptible de comparaison et de quantification ; ce qui a du prix peut être échangé, alors que la dignité n'admet pas d'équivalent.* »[4]

Par voie de conséquence, la dignité est indépendante non seulement d'un jugement quelconque mais de contingences extérieures. Ce point a été longuement développé par M. Nicolas Aumonier : « *nul ne peut être juge de sa dignité ou de celle d'autrui. Pourquoi ? La dignité est l'obligation universelle de respect qui s'attache au continuum de la vie humaine. Pourquoi insister ici sur la continuité, continuité temporelle – la vie continuée par rapport à une mort imposée ou une mort choisie de manière discontinue – et continuité qualitative – aucune hiérarchisation n'est imposée d'une manière aristocratique entre un corps et une volonté ? Parce que la continuité de la vie est le seul concept réel qui résiste à l'entrée en scène d'une évaluation fondée toujours sur des intérêts. Le concept de continuité réelle de la vie est ce qui s'oppose à la « chosification », à la marchandisation de la vie.*

De quel droit puis-je dire, de manière absurde, que je n'ai plus de valeur ? De quel droit un économiste de la santé pourrait-il m'inciter à mourir sous prétexte que je coûte trop cher à la société ?

En conséquence, la dignité d'une vie humaine ne dépend pas de conditions particulières : beauté, bonne santé, absence de handicap acquis ou inné, utilité ou productivité économique, capacité à éprouver la douleur et à nouer des relations. Du fait de ce continuum de vie réelle, la dignité d'une vie humaine est universelle.

---

1 *Fondements de la métaphysique des mœurs*, Delagrave, 1964, p. 150.
2 *Idem*, p. 162.
3 *Philosophie et fin de vie*, *opus* cité, p. 42.
4 *Idem*, p. 162.

Par suite également, nul ne peut prétendre être la mesure de sa propre dignité ou de la dignité d'autrui sans élever une protestation particulière contre l'universalité des droits de l'Homme. Les droits de l'Homme garantissent ce sur quoi ils sont fondés : le respect de tout être humain et du continuum de la vie de tout être humain. »[1]

– *La dignité humaine : l'approche juridique*

Ce concept de la dignité inhérente à toute personne humaine n'est pas resté une notion purement morale et a été reconnu par le droit en tant que principe dont le respect s'impose à toute norme juridique. Il a ainsi sous tendu la rédaction de textes fondamentaux et a été consacré par la jurisprudence.

Dans l'ordre juridique international, le concept de dignité humaine a été reconnu par la Déclaration Universelle des Droits de l'Homme précitée qui proclame *« la reconnaissance de la dignité inhérente à tous les membres de la famille humaine »* et affirme *« sa foi dans les droits fondamentaux de l'Homme, dans sa dignité et la valeur de la personne humaine »*. La Convention Européenne de sauvegarde des Droits de l'Homme et des Libertés Fondamentales du 4 novembre 1950 n'emploie pas le terme de dignité mais y fait une référence implicite en prohibant les traitements inhumains et dégradants. Enfin, selon l'article II-1 de la Charte des droits fondamentaux de l'Union européenne, « *La dignité humaine est inviolable. Elle doit être respectée et protégée »*. Comme le souligne l'explication de ce droit dans la Charte : *« La dignité de la personne humaine n'est pas seulement un droit fondamental en soi, mais constitue la base même des droits fondamentaux »*. On le retrouve solennellement affirmé également à l'article 1er de la loi Fondamentale allemande de 1949 pour des raisons historiques qui ne sont pas fortuites : « *La dignité de l'être humain est intangible. Tous les pouvoirs publics ont l'obligation de la respecter et de la protéger.* ». Dans sa jurisprudence, la Cour constitutionnelle fédérale allemande a fait valoir que la dignité de l'homme avait un caractère absolu et était attachée à l'individualité et à la valeur propre de chacun (*BVrfge, 30, 39 f.*)[2].

Le concept de dignité de la personne humaine a été intégré dans de nombreux textes de notre ordre juridique. Ainsi, le nouveau code pénal, entré en vigueur le 1er mars 1994, contient un chapitre intitulé « *Des atteintes à la dignité de la personne* ». L'article 16 du code civil dispose, quant à lui, que « *La loi assure la primauté de la personne, interdit toute atteint à la dignité de celle-ci et garantit le respect de l'être humain dés le*

---

1 Audition du 5 novembre 2003.
2 Schmidt-Bleibtreu-Klein, Kommentar zum Grundgesetz, 9. Auflage, 1999, Luchterhand, p. 136.

commencement de sa vie ». En matière médicale, la notion de dignité est reprise dans le code de déontologie médicale dont l'article 38, dans sa rédaction issue du décret n° 95-1000 du 6 septembre 1995, dispose : *« le médecin doit accompagner le mourant jusqu'à ces derniers moments, assurer par des soins et mesures appropriées la qualité d'une vie qui prend fin, sauvegarder la dignité du malade et réconforter son entourage. »* La même acception est retenue par la loi n° 99-477 du 9 juin 1999 visant à garantir le droit à l'accès aux soins palliatifs, l'objet de ces soins étant de *« sauvegarder la dignité de la personne malade ».*

Comme l'a rappelé M. Renaud Denoix de Saint Marc, Vice-président du Conseil d'Etat, ce principe figure désormais au sommet de la hiérarchie des normes nationales, puisque : « *Ce principe de dignité de la personne humaine est aujourd'hui reconnu comme un principe constitutionnel.* »[1]

Le Conseil Constitutionnel, dans sa décision n° 94-343/344 DC du 27 juillet 1994, est d'ailleurs la première instance à l'avoir consacré comme principe à valeur constitutionnelle, en énonçant qu'« *au lendemain de la victoire remportée par les peuples libres sur les régimes qui ont tenté d'asservir et de dégrader la personne humaine, le peuple français proclame à nouveau que tout être humain, sans distinction de race, de religion ni de croyance, possède des droits inaliénables et sacrés et que la sauvegarde de la dignité de la personne humaine contre toute forme d'asservissement et de dégradation est un principe à valeur constitutionnelle* »[2]. Dans le commentaire qu'elle a fait de cette décision, Mme Noëlle Lenoir, alors membre du Conseil Constitutionnel, a qualifié ce principe d'« indérogeable », ce qui emporte notamment comme conséquence qu'il n'a pas à être concilié avec les autres. Dans deux arrêts rendus d'Assemblée rendus le 27 octobre 1995 *Commune de Morsang sur Orge* et *Ville d'Aix-en-Provence*, sur la base de ce *« concept absolu s'il en est »*, selon l'expression du Commissaire du Gouvernement, le Conseil d'Etat a abandonné, à propos du lancer de nains, la conception strictement matérielle de l'ordre public, en y incluant le respect de la dignité de la personne humaine. Ce principe apparaît ainsi comme une limite à l'exercice de la liberté individuelle[3].

---

1 Audition du 3 février 2004.

2 http://www.conseil-constitutionnel.fr/. *Décision 94-343/344 DC* (Rec. 1994, p. 100). Loi relative au respect du corps humain et loi relative aux dons et à l'utilisation des produits du corps humain, à l'assistance médicale et à la procréation et au diagnostic prénatal ; Bioéthique : un juge constitutionnel réservé face aux défis de la science, R.F.D.A., 1994, p. 1019, Mathieu Bertrand ; La loi relative au respect du corps humain, J.C.P., 1994, I, 3788, Byk Christian ; Le crime contre l'humanité, les droits de l'homme et l'irréductible humain, Rev. Sc. Crim., 1994, p. 477, Delmas-Marty Mireille ; Le Conseil constitutionnel et l'assistance médicale à la procréation, R.D.P., 1994, p. 1647, Luchaire François.

3 Rec. 372, concl. Frydman. Grands arrêts 104, 14e édit. Dalloz, p. 748 (RFDA 1995.1204, concl. Frydman ; RFDD 1996, n° 3, concl. Frydman, obs. Vigouroux ; RTDH 1996.657, concl. Frydman, note Deffains ;

– La conciliation de la liberté et de la dignité dans la relation médicale en fin de vie

Comment dans ces conditions concilier liberté et dignité en fin de vie ? Cela ne pourra se faire que dans la mesure où sera instauré un pacte médical entre le soigné et le soignant. Comme le souligne M. Jacques Ricot : « *la dignité du soigné est une valeur absolue et c'est une valeur absolue pour le soignant lui-même qui ne peut abdiquer sa propre dignité et se transformer en un simple moyen de son activité médicale.* »[1] A cette fin, il préconise d'abandonner la dissymétrie qui a, pendant longtemps, structuré la relation entre le soignant et le soigné et dont le contenu– que M. Jacques Ricot qualifie de paternaliste – a été présenté par Louis Portes, ancien Président du Conseil de l'Ordre des médecins. Celui-ci déclarait dans une conférence célèbre prononcée en 1950 devant l'Académie des sciences morales et politiques : « *Face au patient inerte et passif, le médecin n'a en aucune manière le sentiment d'avoir à faire à un être libre, à un égal, à un pair ; tout patient est et doit être pour lui comme un enfant à apprivoiser, non certes à tromper, un enfant à consoler, non pas à abuser, un enfant à sauver, ou simplement à guérir [...] Tout acte médical n'est, ne peut être qu'une confiance qui rejoint librement une conscience.* »

Si la volonté du malade doit être mieux respectée et davantage prise en compte, comme certains textes – notamment la loi n° 2002-303 du 4 mars 2002 relative aux droits du malade et à la qualité du système de santé – en montrent le chemin, ce choix ne doit pas aller, pour M. Jacques Ricot, jusqu'à *« transformer le soignant en prestataire de service »* Mais *« grâce à une appréciation rigoureuse des notions d'autonomie et de dignité, la rencontre humaine dont la relation médicale est une modalité, redevient possible ; le pacte de confiance peut, à nouveau, s'installer. Car l'autonomie correctement définie n'est plus l'indépendance autarcique, mais une manière de tisser une relation entre individus authentiquement libres, c'est à dire soumis à la même loi rationnelle* ».[2]

Cette vision correspond-elle cependant aux souhaits et aux espoirs de la société ? Pour répondre à cette question et plus fondamentalement pour tenter d'appréhender les ressorts de son regard sur la mort, il convient d'identifier plus précisément les attentes de nos concitoyens.

Leur perception aide en effet à mieux comprendre ce refoulement de la mort. Le rapport au temps de la société moderne et les difficultés auxquelles nos contemporains sont confrontés pour entourer leurs proches

---

AJ 1995.878, chr. Stahl et Chauvaux ; D. 1996.177, note G. Lebreton. JCP 1996.II.22630, note F. Hamon ; RDP 1996.536, notes Gros et Froment).

1 *Philosophie et fin de vie, opus* cité, p. 23.

2 *Idem*

en fin de vie peuvent peut-être l'expliquer. De fait, alors que ce temps de la fin de vie s'étire de plus en plus, celui de la mort devient plus court. C'est aussi sans doute parce que l'entourage du malade en fin de vie est très sollicité, parce que l'offre de soins palliatifs est insuffisante pour répondre à la demande, que nos concitoyens sont très tentés de raccourcir et d'oublier le temps de la mort.

Face à cette mort désocialisée et « déritualisée », face à cette angoisse d'une agonie longue, douloureuse et dégradante, face également à la médicalisation de la fin de vie qui fait peser de nouvelles obligations sur les personnels soignants, notre société s'interroge depuis de longues années sur les choix qu'elle doit proposer aux personnes en fin de vie, à leurs familles et à ceux qui les soignent.

2. DEUXIÈME PARTIE : QUELLES SONT LES ATTENTES DE NOTRE SOCIÉTÉ ?

Depuis une vingtaine d'années, les instituts de sondages sollicitent régulièrement nos concitoyens, afin de déterminer dans quelles conditions ils souhaiteraient finir leur vie, dans le cas où ils seraient atteints d'une maladie incurable. Les réponses exprimées font apparaître que la majorité des Français (84 % en 1987 – sondage Sofres/*Association pour le droit de mourir dans la dignité* (ADMD) ; 73 % en janvier 2004 – sondage TNS-Sofres/*Le Figaro-Magazine* –) souhaiteraient, dans cette hypothèse, être aidés à mourir. Ce « mouvement de fond », selon Mme Anita Hocquard[1], socio-anthropologue et enseignante-chercheur à l'Université de Paris I, concerne aussi les médecins qui, dans leur ensemble, se déclarent favorables à l'exception d'euthanasie telle qu'elle a été définie par le Comité consultatif national d'éthique[2] (70 % des médecins en mars 2000[3] – revue *Impact médecins* – ; 78 % des médecins généralistes en octobre 2003 – *même revue*–).

Les résultats de ces sondages doivent toutefois être nuancés.

D'une part, l'énoncé des questions induit leurs réponses : qui ne souhaiterait pas être aidé à mourir en cas de « *maladie grave et incurable s'accompagnant d'une souffrance insurmontable* » (Sofres/ADMD – 1987, septembre 1997 et mars 2001 –) ou en cas de maladie incurable s'accompagnant « *d'extrêmes souffrances* » (Ipsos/*Le Figaro*/La marche du siècle – septembre 1998) ? Par ailleurs, que recouvre l'expression « être aidé à mourir » ? S'agit-il de recevoir une substance mortelle ou s'agit-il d'être seulement assuré de ne pas souffrir ? Qu'entendent les médecins par « exception d'euthanasie » ?

D'autre part, il convient de s'interroger sur les raisons pour lesquelles les instituts de sondages utilisent des expressions qui paraissent moralement favorables à l'euthanasie telle qu' « être aidé à mourir » et n'utilisent jamais d'autres expressions plus connotées, telles qu'« être euthanasié » ou « recevoir une aide au suicide. » On peut en outre regretter

---

1 Audition du 18 novembre 2003.

2 Avis n° 63 sur la fin de vie, l'arrêt de vie et l'euthanasie du 27 janvier 2000. Ce document peut être consulté sur le site Internet : www.ccne.ethique.fr

3 Soit 69 % des généralistes interrogés, 75 % des spécialistes et 64 % des hospitaliers.

qu'ils n'évoquent jamais la possibilité de soins palliatifs, comme si « *le choix ne pouvait se faire qu'entre l'acharnement thérapeutique et l'euthanasie ou entre l'abandon du malade et l'euthanasie* », ainsi que le déplore M. Philippe Letellier, professeur au Centre hospitalier universitaire (CHU) de Caen et Responsable de l'unité de soins palliatifs[1].

De fait, une enquête qualitative menée par le Centre de recherche pour l'étude et l'observation des conditions de vie (CREDOC) pour le compte de l'Institut national de prévention et d'éducation pour la santé (INPES)[2], fait apparaître une grande angoisse de nos concitoyens, face à la maladie grave et à la fin de vie ainsi qu'un certain malaise des personnels soignants à l'égard de la fin de vie. Cette étude constate notamment que les demandes principales de l'opinion publique concernent le soulagement des douleurs physiques et l'accompagnement des personnes, tandis que les professionnels de santé, qui réclament par ailleurs que soient plus clairement précisées leurs conditions d'exercice auprès des personnes en fin de vie, aimeraient obtenir une meilleure information sur les soins palliatifs et de meilleures conditions de travail.

2.1 LES ATTENTES DES PERSONNES EN FIN DE VIE ET DE LEURS PROCHES

Toute personne souhaite pour elle-même et pour ses proches, une fin de vie sans douleur, espère ne pas souffrir d'une éventuelle dégradation physique, mentale ou morale, ni être maintenue en vie de façon artificielle, en dépendant de machines et aspire à une vieillesse paisible.

Dès lors, il n'est pas étonnant que nos concitoyens refusent la douleur et la déchéance et qu'ils souhaitent voir les droits des malades plus affirmés et les soins aux personnes âgées mieux garantis.

2.1.1 REFUSER LA DOULEUR ET LA DECHEANCE

Afin de prévenir le risque de devoir un jour éprouver des douleurs insupportables, de finir comme « un légume » ou d'assister à la perte progressive de leurs facultés mentales, certaines personnes prônent la mort volontaire, tandis que d'autres préconisent l'emploi des actuels moyens de lutte contre la douleur.

2.1.1.1 Par une mort volontaire

En 1980, les partisans de la mort volontaire se sont regroupés au sein de l'*Association pour le droit de mourir dans la dignité* (ADMD) dont

---

[1] Audition du 9 décembre 2003.

[2] « *Etude exploratoire sur les connaissances, représentations et perceptions de la population générale et des professionnels de santé à l'égard des soins palliatifs et de l'accompagnement* » (octobre 2003).

l'article 1er des statuts dispose : « *L'association a pour but de promouvoir le droit légal et social de disposer de façon libre et réfléchie de sa personne, de son corps et de sa vie ; de choisir librement la façon de terminer sa vie de manière à la vivre jusqu'au bout dans les conditions les meilleures.* »

Pour exercer cette liberté de choix, les adhérents de l'ADMD revendiquent qu'à l'instar du droit au suicide, chacun doit se voir reconnaître le droit de demander une euthanasie ou une aide au suicide.

2.1.1.1.1 Le suicide

Après avoir longtemps interdit et condamné le suicide parce qu'il attente au principe du caractère sacré de la vie, affirmé par la religion chrétienne, notre société ne le poursuit plus pénalement depuis l'adoption du code pénal de 1791 ; elle ne s'interroge plus sur sa nature morale ou immorale et les églises elles-mêmes adoptent à son égard une attitude plus compassionnelle que réprobatrice. Notre société se partage toutefois entre deux attitudes contradictoires que M. Jean-Marie Gomas, médecin généraliste, co-fondateur de la *Société française d'accompagnement et de soins palliatifs* (SFAP) présente ainsi : d'un côté, la nécessité d'une « *prévention jusqu'au passage à l'acte, puis le secours au désespéré pour lui éviter la mort et sauvegarder sa vie* » ; de l'autre, la reconnaissance « *d'un droit au suicide [...], d'une volonté ferme et réitérée [...], de l'acceptation de cette volonté lorsqu'elle s'exprime dans un contexte objectivement et indéniablement dramatique pour l'intéressé* »[1].

La liberté de se suicider est effectivement exercée par près de 160 000 personnes chaque année ; 11 000 en meurent, soit 2 % des 540 000 décès survenant chaque année[2]. Ce taux de mortalité situe la France parmi les pays européens où l'on meurt le plus par suicide (après les Etats baltes, la Finlande, la Belgique, la Suisse et l'Autriche et devant le Danemark, la Pologne, l'Allemagne, la Suède, la Norvège, les Pays-Bas, l'Espagne, l'Italie, le Royaume-Uni et la Grèce)[3].

Les personnes âgées de plus de 65 ans[4] représentent un tiers des personnes qui décèdent à la suite d'un acte suicidaire, soit 3 000 personnes qui sont en majorité des hommes. Chez ces derniers, à partir de 65 ans, le nombre de morts par suicide augmente au fur et à mesure de l'avancée en âge : il est, à partir de 65 ans, cinq fois plus important que chez les hommes de 15 à 20 ans et dix fois plus important à partir de 85 ans. Il convient en

1 Audition du 6 janvier 2004.

2 Statistiques de l'Inserm pour 1999 – Cf. *Actualité et dossier en santé publique* (Adsp – Revue du Haut Comité de la santé publique) – n° 45 – Décembre 2003.

3 Cf. *Population et sociétés* – n° 395 – Novembre 2003.

4 Cf. *Adsp*, n° 45 précité ; *« Le concours médical »* Tome 123-39 du 8 décembre 2001 ; *Etudes et Résultats* – n° 109 – Avril 2001 (DREES – Ministère de l'emploi).

outre de relever que ces taux de suicides n'englobent pas les décès consécutifs au « syndrome de glissement », qui se caractérise par une perte de l'élan vital avec un refus d'alimentation et une dégradation très rapide de l'état général de la personne.

Les modes de suicide les plus fréquents chez les personnes âgées de plus de 65 ans sont pour les hommes d'abord la pendaison, puis l'utilisation d'une arme à feu, la noyade, la chute et l'intoxication. Les femmes ont recours à la pendaison, la noyade, l'intoxication, la chute et enfin à l'utilisation d'une arme à feu.

Les causes du suicide restent, quant à elles, quasi impossibles à déterminer avec certitude, même si peuvent être incriminées dans bon nombre de cas, une crise identitaire de la personne liée à l'isolement, à l'indifférence ou parfois à la grande dépendance, lorsque cette dernière aboutit à « *la non-reconnaissance du sujet et qu'elle l'assigne à une place d'objet* »[1]. Elles peuvent aussi être liées au caractère insupportable d'une maladie, comme le rapporte Mme Jacqueline Lagrée, philosophe : « *A la lecture du rapport d'un colloque sur les soins palliatifs qui s'est tenu à Nice en juin dernier, j'ai appris qu'un nombre important de cancéreux se sachant en fin de vie se suicidaient dans les hôpitaux, par défenestration. Une cinquantaine de tels suicides interviennent chaque année.* »[2]

Face à ces morts violentes, les pouvoirs publics ont décidé d'inscrire la prévention du suicide comme l'une des dix priorités nationales de santé publique, lors de la première Conférence de santé (1996). Cette politique a été depuis lors renforcée, par la mise en place d'un Programme national de prévention et d'une stratégie nationale d'actions (2000-2005) qui concernent tous les âges de la vie et par diverses actions régionales. L'ensemble de ces actions permettra peut-être de répondre à la question posée à la fin d'un article par la journaliste Delphine Saubader : « *Le suicide de la personne âgée est-il une sorte d'euthanasie appliquée à soi-même, un choix légitime de finir dans la dignité ou l'expression d'un non-choix, de l'enfermement dans une souffrance, d'une impasse dont on ne peut sortir* ? »[3]

2.1.1.1.2 Le suicide assisté et l'euthanasie

Les partisans d'une mort volontaire réclament la reconnaissance, dans certains cas de fin de vie, d'un droit au suicide assisté (à l'exemple des

---

1 Rapport de Mme Christine Boutin « *Pour sortir de l'isolement : un nouveau projet de société* », La Documentation française – 2000, p. 50.

2 Audition du 12 novembre 2003.

3 « Plus de 3 000 personnes âgées se suicident chaque année en silence », *Le Monde*, 7 février 2004.

Pays-Bas, de la Suisse[1], de l'Estonie et de l'Etat de l'Oregon) et d'un droit à l'euthanasie (à l'exemple de la Belgique et des Pays-Bas). Ces deux pratiques ont en commun de requérir la médiation d'un tiers, médecin ou proche mais se différencient par le rôle confié à ce dernier : le suicide assisté est ainsi l'acte par lequel une personne se donne elle-même la mort à l'aide de moyens fournis par le tiers ; l'euthanasie est l'acte délibéré par lequel le tiers entraîne directement la mort d'une personne pour mettre fin à la maladie incurable et insupportable dont souffre cette dernière[2].

Cette demande de pouvoir se donner ou se faire donner la mort est l'expression de choix exclusivement personnels : elle émane en effet de personnes qui, selon Mme Anita Hocquard, « *ne veulent pas une norme qui serait imposée à d'autres, revendiquent simplement que ceux qui le demandent, puissent choisir leur mort* [...] *(et semblent) réinventer aujourd'hui de nouveaux* artes moriendi »[3] lesquels ont été récemment illustrés et en quelque sorte justifiés par le film *Les invasions barbares*. Dans cette oeuvre est représenté un idéal de la bonne mort aujourd'hui ; même si elle est utopique, comme le remarque M. Didier Sicard, Président du Comité consultatif national d'éthique, « *la fin de vie se passe apparemment de manière merveilleuse, devant un grand lac canadien, la personne étant accompagnée de tous ses proches. On a presque, dans ce cas, une perfusion de bonheur* »[4].

Par ailleurs, cette demande doit également être exceptionnelle. Ainsi M. Henri Caillavet, Président d'honneur de l'ADMD, précise qu'il s'est battu non pas pour une loi sur la mort mais pour la dépénalisation de l'euthanasie, afin de permettre parfois « *de transgresser l'intransgressable. Ces exceptions seraient de la même nature que celles que nous avions déjà votées avec la loi sur l'interruption volontaire de grossesse. Partant de là, je dis que l'euthanasie doit rester un crime pour éviter les risques de déviance. Nous ne savons pas ce que l'homme pourrait être amené à faire. Je rappelle le cas où l'on a fait survivre une personne afin d'alléger les droits de succession ; on pourrait aussi, sur le même modèle, provoquer la mort pour recevoir un héritage* »[5]. De telles exceptions au respect et à la protection de la vie humaine ne pourraient être mises en œuvre que sur la demande consciente et réitérée d'une personne incurable dont la souffrance serait ou risquerait de devenir insupportable.

---

1 L'article 115 du code pénal suisse est ainsi libellé : « *Celui qui, poussé par un mobile égoïste, aura incité une personne au suicide ou lui aura prêté assistance en vue du suicide (...) sera puni (...)* », ce qui autorise *a contrario* l'aide au suicide lorsque le mobile égoïste de l'assistant n'est pas établi.

2 Audition de M. Jean-Marie Gomas du 6 janvier 2004.

3 Audition du 18 novembre 2003.

4 Audition du 21 octobre 2003.

5 Audition du 21 janvier 2004

S'il n'existe pas de réponse univoque à ces cas extrêmement douloureux, divers obstacles paraissent toutefois entraver la reconnaissance d'un droit à une euthanasie ou à un suicide assisté :

– L'opposition du Comité consultatif national d'éthique qui, considérant que demeurent fondateurs « la valeur de l'interdit du meurtre » et « l'appel à tout mettre en oeuvre pour améliorer la qualité de vie des individus », a par conséquent renoncé *« à considérer comme un droit dont on pourrait se prévaloir la possibilité d'exiger d'un tiers qu'il mette fin à une vie »*[1].

– Le refus de la Cour européenne des droits de l'homme (CEDH) de reconnaître comme contraire à la Convention européenne des droits de l'homme, toute législation interdisant l'euthanasie nommée ici « suicide assisté »[2]. La CEDH s'est prononcée pour la première fois sur le droit à une mort volontaire des personnes à la suite d'une requête de Mme Diane Pretty, dirigée contre le Royaume-Uni. L'intéressée, atteinte d'une sclérose latérale amyotrophique, était paralysée, alimentée par sonde gastrique et ne pouvait communiquer que par ordinateur. Elle souhaitait obtenir l'aide de son mari pour mettre fin à ses jours, à condition d'obtenir l'assurance de l'Etat britannique que son conjoint ne ferait pas l'objet de poursuites pénales. Sa demande ayant été refusée, Mme Pretty demandait la condamnation de l'Etat pour violation des articles 2 (droit à la vie), 3 (interdiction des traitements inhumains ou dégradants), 8 (droit à la vie privée) et 14 (interdiction de la discrimination dans la jouissance de ses droits) de la Convention.

En réponse à ce recours, la CEDH a décidé :

1) qu'ayant mis l'accent, dans toutes les affaires dont elle a eu à connaître au titre de l'article 2, sur l'obligation pour l'Etat de protéger la vie, elle ne saurait « *sans distorsion de langage* », considérer que ledit article confère *« un droit diamétralement opposé, à savoir un droit à mourir »* ou *« un droit à l'autodétermination en ce sens qu'il donnerait à tout individu le droit de choisir la mort plutôt que la vie »* ;

2) qu'un Etat n'est pas coupable de traitements inhumains ou dégradants, lorsqu'il refuse de garantir une absence de poursuites judiciaires à l'encontre de celui qui aiderait une personne à se suicider ou lorsqu'il refuse de créer un cadre légal pour toute autre forme de suicide assisté ;

---

[1] Avis n° 63 précité, p. 9.

[2] Arrêt du 29 avril 2002, « *Affaire Pretty contre Royaume-Uni* » qui peut être consulté sur le site internet www.echr.coe.int.

3) que si l'interdiction faite à une personne d'exercer un choix afin d'éviter ce qui, à ses yeux, constituera une fin de vie indigne et pénible « *représente une atteinte au droit de l'intéressée au respect de sa vie privée, [...] il n'est pas arbitraire que le droit reflète l'importance du droit à la vie en interdisant le suicide assisté tout en prévoyant un régime d'application et d'appréciation par la justice qui permet de prendre en compte dans chaque cas concret tant l'intérêt public à entamer des poursuites que les exigences justes et adéquates de la rétribution et de la dissuasion* » ;

4) qu'il n'y a aucune raison de distinguer juridiquement les personnes qui sont physiquement capables de se suicider et celles qui ne le sont pas car « *la frontière entre les deux catégories est souvent très étroite, et tenter d'inscrire dans la loi une exception pour les personnes jugées ne pas être à même de se suicider ébranlerait sérieusement la protection de la vie que la loi de 1961 a entendu consacrer et augmenterait de manière significative le risque d'abus* ».

Cela étant, si la Cour, dans sa décision, n'admet pas un droit à la mort, elle ne s'est pas prononcée sur la question de savoir si une loi peut autoriser l'euthanasie active ou le suicide assisté, sous certaines conditions. Cette question n'ayant jamais été posée à la juridiction, on ne peut pas déduire de l'arrêt précité que, dans un autre pays ou dans le même pays à un moment différent, une solution opposée à celle apportée au cas Pretty, serait contraire à la Convention européenne des droits de l'homme.

– Un dernier obstacle tient au caractère irréductible et marginal des demandes de mort volontaire exprimées et réitérées par les personnes en fin de vie.

Les demandes de mort sous forme d'euthanasie ou de suicide assisté sont majoritairement formulées par des gens bien portants, envisageant à l'avance la fin de vie qu'ils souhaiteraient connaître en cas de maladies graves ou de dégénérescences séniles dont ils craignent les conséquences douloureuses ou une perte de dignité[1] (liée à une dégradation physique ou mentale). Sont le plus visées quelques maladies symboliques (sida, cancer, démences), alors que, remarque Mme Isabelle Marin[2], pneumologue : « *D'autres tout aussi mortelles et parfois accompagnées de grandes souffrances ne donnent pas lieu à ce type de revendication, bien au contraire. La France s'émeut du sort des enfants atteints de mucoviscidose condamnés à terme, cependant nul ne leur propose l'euthanasie.* »[3]

---

1 Cf. *supra*, le paragraphe 1.3.2.3. – La peur de la déchéance.

2 Mme Isabelle Marin anime l'équipe mobile de soins palliatifs de l'hôpital Delafontaine à Saint-Denis et coordonne un réseau francilien de cancérologie.

3 *Allez donc mourir ailleurs*, Buchet-Chastel, 2004, p. 92.

Par ailleurs, comme l'ont rappelé Mme Marie-Thérèse Garnier[1], infirmière au sein d'une unité mobile de soins palliatifs et le docteur Jean-Philippe Wagner[2], Président de la Fédération des associations *« Jusqu'à la mort, accompagner la vie »* (JALMAV), ces mêmes personnes bien portantes, lorsqu'elles sont confrontées à la réalité de la maladie ne réitèrent plus forcément cette demande. En outre, les patients atteints de maladies très douloureuses ou à évolution mortelle n'expriment pas clairement des demandes de mort mais utilisent plutôt des affirmations qui n'appellent pas véritablement de réponses, telles que celles qu'a décrites le docteur Michèle Salamagne, Responsable de l'unité de soins palliatifs de l'Hôpital Paul Brousse de Villejuif : « Je n'en peux plus ! ... Si je pouvais m'endormir et ne pas me réveiller !... J'aimerais que cela finisse ! ... C'est trop dur ! Je voudrais partir !... Vous savez, je n'ai pas peur de la mort... J'attends la fin !... »[3].

Lorsque toutefois, des demandes d'euthanasie ou de suicide assisté sont expressément formulées par des personnes confrontées à une perte de l'estime d'elles-mêmes – due aux conséquences d'une maladie, de traitements invalidants ou du grand âge –, il ressort clairement des auditions menées par la mission que ces demandes peuvent disparaître, lorsque l'intéressé peut, grâce au dialogue et à la relation, *« à nouveau se sentir considéré comme un interlocuteur, puis ultérieurement comme un sujet »*[4] ou *« sentir qu'il compte encore pour quelques personnes lorsqu'on le soigne avec tendresse »*[5]. Et, en effet, lorsque la peur de la déchéance, du regard des autres, de l'humiliation ressentie fait penser à certains qu'ils pourraient perdre ou qu'ils ont perdu leur dignité, *« c'est aux soignants de savoir le déceler, puis de trouver des mots et des gestes qui affirment ce respect qui est dû au malade, qui lui démontrent la place qu'il a tenue parmi nous. Il faut continuer, pour la fin de vie, ce qui a été fait pour le cancer et le Sida : rappeler qu'il faut éviter le rejet de ces personnes, même si elles sont en fin de vie et même si le regard que l'on pose sur elles, peine parfois à les accepter telles qu'elles sont... Il faut témoigner à chaque patient, quel que soit son état, qu'il est digne d'être regardé, aimé »*[6].

Les demandes de mort peuvent également disparaître lorsque sont rétablies ou réaffirmées les relations avec la famille ou les proches. Le patient peut avoir l'impression qu'à la suite de séquelles de sa maladie ou de sa sénescence, sa famille ou ses proches viennent moins lui rendre visite,

---

1 Audition du 7 janvier 2004.
2 Audition du 20 janvier 2004.
3 Table ronde du 11 février 2004.
4 Audition du docteur Marie Sylvie Richard, Chef de service de la Maison médicale Jeanne Garnier, membre du Conseil de Direction, enseignante en éthique médicale du 21 janvier 2004.
5 Mme Marie de Hennezel, Rapport Mission *« Fin de vie et accompagnement »* – Octobre 2003, p.43.
6 Audition du docteur Xavier Mirabel, Président de l'Association *« Alliance pour les droits de la vie »* du 28 janvier 2004.

prennent leurs distances et que leur affection s'émousse. Par le maintien de ces relations familiales et affectives *« on peut faire naître un désir de vie ou en tout cas, un désir de continuer à vivre le temps qui reste »*[1]. Ce désir s'exprime aussi chez les enfants atteints d'une maladie grave. A leur propos, le professeur Jean-Michel Zucker, ancien Chef du département pédiatrique de l'Institut Curie, souligne que si les enfants n'émettent pas *« de voeux de demande de mort [...] ils demandent le maintien de leur relation avec leurs parents dont ils sentent parfois qu'elle risque de leur être retirée, parce que les parents se détachent d'eux ou parce qu'ils manifestent par leur attitude, consciemment ou inconsciemment, des voeux de mort »*[2].

Il convient toutefois de reconnaître que dans certains cas, malgré les soins prodigués ou l'accompagnement effectué, un petit nombre de malades persistent dans leur demande d'euthanasie.

Aux termes d'une enquête menée en 2001 dans son équipe de soins palliatifs, M. Patrick Thominet avait suivi 600 patients pendant un an, parmi lesquels douze avaient exprimé *« une demande de mort dont la moitié la formulait dans un contexte soit de douleurs, soit d'une prise en charge non satisfaisante de leurs symptômes. Après avoir résolu ces problèmes de douleurs ou de symptômes, seulement six patients sur 600 ont persisté dans une vraie demande de mort, soit 1 % des patients. Je voudrais comparer ce pourcentage à celui recueilli au travers des sondages d'opinion publique, c'est-à-dire aux 70 % de personnes qui se déclarent favorables à une modification de la législation ou à ce que l'on accède à une demande de mort »*[3].

Il peut être précisé que dans ces cas de demandes réitérées de mort volontaire, les équipes médicales décident d'aider ces malades non pas en leur administrant des substances létales, mais en leur proposant différents traitements de fin de vie qui les aideront à surmonter leur souffrance réfractaire[4].

Si pouvoir avancer l'heure de sa mort n'est revendiqué que par un faible nombre de personnes en fin de vie, toutes en revanche se retrouvent pour exprimer la même demande : « ne pas souffrir. » A cette requête légitime, diverses réponses peuvent être apportées, sans toutefois pouvoir résoudre tous les problèmes que rencontre la lutte contre la douleur.

---

1 Audition de M. Patrick Thominet, cadre de soins au sein de l'équipe mobile de soins palliatifs du Groupe hospitalier La Pitié-Salpêtrière du 28 janvier 2004.
2 Audition du 16 décembre 2003.
3 Audition du 28 janvier 2004.
4 Cf. *infra*, le paragraphe 2.1.1.2.3 - La lutte contre les douleurs réfractaires.

2.1.1.2 Par une lutte contre la douleur

Chaque personne ressentant la douleur en fonction de sa propre vie, des diverses expériences vécues au sein de sa famille, de ses projections sur sa maladie, il convient dans chaque cas, de mettre en place une stratégie complexe de prise en charge du malade en fonction de ses déclarations ou des constatations de l'équipe médicale et sans que la qualité et l'intensité de sa douleur ne fassent l'objet du moindre jugement de valeur.

Il appartient essentiellement à ces professionnels de soins de lutter et si possible d'abolir les douleurs, les souffrances morales et psychologiques et les douleurs réfractaires.

2.1.1.2.1 La lutte contre la douleur physique

Longtemps indifférents au traitement de la douleur et hostiles à la prescription de la morphine, les médecins, mieux formés aujourd'hui en ce domaine, parviennent à contrôler la douleur physique dans 80 à 90 % des cas.

L'utilisation d'antalgiques puissants progresse. Première productrice mondiale de morphine médicale, la France est passée en dix ans du quarantième au septième rang mondial des prescriptions de cet analgésique[1]. De 750 en 1996, le nombre annuel de nouvelles pompes d'analgésie auto-contrôlée (PCA) – qui permettent aux patients de s'administrer eux-mêmes et de façon adaptée les doses de morphine nécessaires pour soulager leur douleur – s'élevait à 831 en 1997, à 851 en 1998, à 1419 en 1999 et à 1138 en 2000. *« Si l'on considère que la durée de vie d'une PCA est d'environ cinq années, on peut estimer que les pompes achetées en 1996 sont encore en service et que le parc de pompes disponibles dans l'ensemble des établissements de santé est d'environ 5 000. Toutefois, l'acquisition de ce type de matériel ne constitue pas un indicateur précis de qualité des soins. L'achat de pompes doit s'intégrer dans un projet institutionnel d'amélioration de la qualité de la prise en charge de la douleur et être accompagné d'une formation des équipes sur leur utilisation. »*[2]

L'accès aux antalgiques a été facilité depuis l'adoption du décret n° 99-249 du 31 mars 1999 relatif aux substances vénéneuses et à l'organisation de l'évaluation de la pharmacodépendance, codifié au livre V « Pharmacie » du code de la santé publique (partie réglementaire) ; le carnet à souche a été remplacé par des ordonnances sécurisées, la durée maximale

---

1 Audition de M. Jean-Philippe Wagner du 20 janvier 2004.

2 Programme de lutte contre la douleur 2002-2005. Depuis 1999, des programmes triennaux de lutte contre la douleur définissent les priorités de la politique à mener en ce domaine.

de prescription des stupéfiants les plus utilisés à été portée de 7 à 28 jours, les ventes des antalgiques de niveau 3 ont dès lors augmenté de 16 % en 1999 et de 20 % en 2000[1].

Les recherches sur la douleur ont permis, par ailleurs, l'apparition de nouvelles molécules qui, proches de la morphine, en ont tous les avantages mais présentent moins d'inconvénients secondaires ou qui peuvent être utilisés sous forme de patchs[2]. Si l'administration à hautes doses d'analgésiques, destinée à soulager les douleurs de la personne en fin de vie, peut apporter à cette dernière une nette amélioration de la qualité de cette vie, elle aura néanmoins pour effet second de la raccourcir[3].

Subsistent en outre un certain nombre de problèmes recensés dans le programme de lutte contre la douleur 2002-2005 :

– l'insuffisance de la formation pratique des médecins dans le domaine de la douleur représente un obstacle à l'amélioration de la prise en charge antalgique ;

– la prescription d'antalgiques de niveau 3 est freinée par le manque de connaissance des produits (peur de la dépendance, du surdosage, des effets secondaires…), les représentations qui leur sont associées, une mauvaise information sur les modalités de prescription et par des procédures encore trop complexes (prescription, recherche clinique) ;

– la rareté des mises en oeuvre des protocoles de prise en charge de la douleur, qui doivent permettre à l'infirmier dans certaines conditions, de recourir à un traitement antalgique. Ces protocoles soulèvent la question de la responsabilité respective de l'infirmier et du médecin, de la capacité des infirmiers à les appliquer et de l'organisation du travail. Ils ont le mérite de codifier la prise en charge de la douleur mais ils suscitent cependant l'appréhension qui n'est pas toujours fondée, d'uniformiser les pratiques ;

– l'absence de prise en compte de la dimension psychosociale de la douleur et des moyens et méthodes non pharmacologiques qui constituent souvent des réponses utiles et permettent, en outre, de limiter certains facteurs aggravants comme, par exemple, l'anxiété ou le manque de compréhension ;

– l'insuffisance de la prise en charge de la douleur de la personne âgée[4] et de celle de l'enfant – cette dernière a longtemps été méconnue,

---

1 Evaluation du plan triennal de lutte contre la douleur – Société française de santé publique – Octobre 2001.

2 Auditions du docteur Christophe Trivalle, Chef du service de gérontologie et de soins palliatifs de l'Hôpital Paul Brousse du 16 décembre 2003 et de M. Patrick Thominet du 28 janvier 2004.

3 Cf. *infra*, le paragraphe 2.2.1.2. – Différencier l'euthanasie des traitements médicaux de fin de vie.

4 Cf. *infra*, le paragraphe 2.1.3.1. - Les particularités des soins aux personnes âgées.

voire niée par le monde médical – due à la crainte exagérée d'utiliser des médicaments efficaces, tels les opioïdes et à l'insuffisance de l'utilisation d'outils d'évaluation ;

– les inégalités régionales. En 2002, 49 départements ne disposaient d'aucune consultation pluridisciplinaire de prise en charge des douleurs rebelles et dans 8 régions, aucun centre anti-douleurs – qui a pour mission l'enseignement et la recherche sur ces types de douleurs – n'était recensé. En outre, si dans un grand nombre de services hospitaliers, la douleur est très bien contrôlée, M. Xavier Mirabel rappelle que *« dans d'autres, il reste beaucoup à faire »*[1].

2.1.1.2.2 La lutte contre la souffrance psychologique

La douleur physique des grands malades s'accompagne souvent d'une souffrance psychologique et parfois même spirituelle[2], lorsqu'approche l'heure de la mort.

Des thérapeutiques efficaces à base de neuroleptiques ou d'anxiolytiques puissants parviennent à calmer certaines de ces angoisses. Cependant, il ne s'agit pas de faire taire la souffrance à tout prix pour ne plus l'entendre et pour la fuir. Aucun médicament ne peut remplacer une parole ou une présence, qui permettent au malade en fin de vie ou à la personne très âgée d'exprimer ses angoisses sur la mort qui vient, ses peurs et ses fantasmes sur les conditions de son agonie.

Il est donc nécessaire de *« repérer les besoins fondamentaux de la personne en fin de vie »*[3], à savoir ses besoins d'information et ses besoins spirituels. Il est également indispensable de l'accompagner. Ce devoir de non-abandon consiste, selon Mme Marie-Sylvie Richard, à s'approcher d'autrui et à nouer une relation avec lui, afin de l'écouter, de lui permettre de s'exprimer sur son état moral et physique, sur le sens de sa vie, sur l'avenir de son entourage, sur la réalisation de ses projets…[4]

A cette fin, les personnels soignants doivent être formés[5] et être en nombre suffisant pour pouvoir écouter le malade ou la personne âgée ; une politique associant la famille, les proches, les psychologues, les accompagnants et les religieux doit être mise en oeuvre pour faire échec à

---

1 Audition du 28 janvier 2004.

2 Cf. *supra*, le paragraphe 1.3.1.1. - L'inquiétude ontologique face à une expérience impossible

3 Intervention de Mme Hedwige Marchand, infirmière coordinatrice de la Fondation Croix Saint-Simon, Unité François-Xavier Bagnoud, au cours de la Conférence de Consensus sur *« L'accompagnement des personnes en fin de vie et de leurs proches »* des 14 et 15 janvier 2004. Textes des experts, p.66 et s.

4 *« Qu'est-ce qu'accompagner une personne en fin de vie ? »*, intervention au cours de la Conférence de Consensus précitée. Textes des experts, p. 48 et s

5 Cf. *Infra*, le paragraphe 3.3.3.2.3. – Former les professions de santé aux situations de fin de vie.

toute impression de solitude et d'abandon, à toute pression et toute angoisse existentielle.

Il doit toutefois être constaté que malgré tous les efforts qui peuvent être accomplis, il existe des situations cliniques pour lesquelles il n'existe pas de solution thérapeutique.

2.1.1.2.3 La lutte contre les douleurs réfractaires

Est un symptôme réfractaire, celui « *dont la perception est vécue comme insupportable par le patient et qui ne peut être soulagé en dépit des efforts obstinés pour trouver un protocole thérapeutique adapté sans compromettre la conscience du patient* »[1].

Dans ces situations très difficiles, Mme Marie-Sylvie Richard[2] a été un des premiers médecins à proposer une sédation, c'est-à-dire, un sommeil artificiel permettant de calmer le patient et de lui faire parfois passer un cap trop douloureux. La sédation est vigile ou consciente quand elle altère peu le niveau de conscience ; elle est profonde lorsqu'elle provoque une altération de la conscience et une incapacité de répondre de façon adaptée à la commande verbale.

Après avoir collégialement discuté du cas de l'intéressé et s'être accordé sur la nécessité de recourir à ce traitement, toute sédation doit être proposée au malade selon un protocole comprenant son information et son accord. La famille et les proches doivent en être également informés. En fonction de son état de souffrance, le patient est endormi pendant un laps de temps plus ou moins long et si à son réveil sa souffrance n'est pas apaisée, il est, toujours avec son accord, endormi à nouveau.

Dans les cas les plus graves, le malade peut être sédaté jusqu'à 23 heures par jour. A l'heure de son réveil, grâce au repos procuré par le sommeil, les soins nécessaires, d'hygiène notamment, pourront lui être prodigués[3] et il pourra recevoir sa famille plus sereinement. Au cours de ces sédations définitives et irréversibles, le médecin accompagne la progression de la maladie incurable jusqu'à la mort. Les doses des médicaments employés peuvent éventuellement, et le plus souvent, avoir un double effet[4] : soulager la douleur du patient mais accélérer la survenue de son décès. Comme dans la plupart des décisions médicales, la sédation a un effet premier et un effet second mais ce risque thérapeutique est pris dans le cadre

1 Recommandations sur la sédation – *Société française d'accompagnement et de soins palliatifs.*
2 Audition du 21 janvier 2004.
3 Audition de M. Xavier Mirabel du 28 janvier 2004.
4 Cf. *infra*, le paragraphe 2.2.1.2. – Différencier l'euthanasie des traitements médicaux de fin de vie.

du contrat passé par le médecin avec son patient qui lui demande de calmer sa douleur[1].

Toutefois, comme le rappellent M. Xavier Mirabel[2] et Mme Marie-Sylvie Richard[3], il existe une autre sédation, celle qui consiste à faire taire une plainte du malade, devenue insupportable pour sa famille ou pour le soignant. Pour ne pas céder à cette tentation, il convient donc que l'équipe médicale reste exigeante dans ses pratiques, en se donnant un temps de réflexion et de questionnement avant de prendre, de façon collégiale, une décision de sédation.

Parallèlement à la prise de conscience progressive de la nécessité d'une lutte contre toutes les douleurs et d'une recherche des moyens les plus efficaces pour le faire, s'est affirmé le caractère primordial d'une reconnaissance des droits des malades.

2.1.2 AFFIRMER LES DROITS DES MALADES

Reconnus par la loi n° 2002-303 du 4 mars 2002 relative aux droits des malades et à la qualité du système de santé, ces droits désormais codifiés dans le code de la santé publique[4] pourraient être précisés afin d'être mieux appliqués.

2.1.2.1 Le droit à l'information

Affirmé par la loi précitée du 4 mars 2002, le droit du malade d'être informé « *concerne tous les actes quotidiens et pas seulement les grandes décisions* »[5] mais les équipes et les proches sont parfois divisés sur ce qu'il convient de dévoiler.

Il est aujourd'hui acquis qu'il ne faut pas enfermer le malade dans une conspiration mensongère[6] du médecin, de l'équipe soignante ou de la famille, « *sous peine de construire le contraire de ce que le mourant ou sa famille souhaitent : pouvoir parler, se dire les choses* »[7]. De plus, le décalage entre le discours parfois mensonger tenu au patient et la perception qu'il a de l'aggravation de sa situation est un « *facteur d'angoisse majeur. Nous avons constaté qu'en maintenant les personnes en fin de vie dans*

---

1 Audition de M. Jean-Marie Gomas du 6 janvier 2004.
2 Audition du 28 janvier 2004.
3 « La sédation en fin de vie » - *Revue trimestrielle du Centre Laennec* – n° 2 – juin 2001 –p. 12 et s.
4 Articles L.1110-1 et suivants.
5 Intervention du docteur Marie-Sylvie Richard, au cours de la Conférence de Consensus précitée des 14 et 15 janvier 2004. Textes des experts, p.51.
6 Cf. *supra*, au paragraphe 1.1.1.1. – Le sentiment général de la perte de la mort sociale, « La mort interdite ».
7 Audition de M. Xavier Mirabel du 28 janvier 2004.

l'ignorance de leur situation, on les enfermait dans une bulle d'isolement »[1].

L'information doit dépendre du malade qui reste le seul guide du médecin. Elle doit être distillée en tenant compte du rythme propre de chacun, de sa volonté de savoir, de son droit de ne pas savoir, de sa capacité à entendre ce qui lui arrive, de sa faculté à réagir et à ne pas s'interdire tout espoir ou tout projet.

Une telle obligation d'informer inquiète toutefois M. Philippe Letellier, parce qu'elle risque d'aboutir à de véritables catastrophes, *« lorsque cette information sera faite par des personnels jeunes, non formés et n'ayant aucune connaissance de la littérature, de la souffrance et de l'être humain. Ces jeunes médecins vont délivrer ce qu'ils appellent la vérité, c'est-à-dire asséner un verdict définitif tel que "vous avez un cancer, vous n'en avez plus que pour trois mois". C'est ce que l'on voit maintenant de plus en plus souvent et c'est absolument inadmissible »*[2]. Pour ces raisons, les jeunes médecins devraient recevoir, dès le début, une formation en soins palliatifs car, ajoute-t-il, *«pour ma part, cela fait des années que je forme les étudiants, de la première à la quatrième année, à l'annonce d'une mauvaise nouvelle mais je m'aperçois que le message est difficile à faire passer. On parle souvent du cancer mais en soins palliatifs, nous avons quantité de maladies, autres que les cancers mais qui tuent aussi, telles que les maladies neurodégénératives »*.

Cette nécessité d'une formation au dialogue avec les patients en fin de vie est également reconnue par Mme Marie de Hennezel, qui souhaite qu'elle ne soit pas seulement technique *« car le dialogue entre un médecin et son patient qui va mourir engage deux personnes également concernées par l'inéluctabilité de la mort. Cette formation doit donc inclure une réflexion personnelle sur la place de la mort dans la vie, sur la manière dont chacun compose avec cette réalité ultime. Parler de la mort, dans les formations destinées aux médecins, serait les aider à dépasser leur crainte d'employer certains mots, ou d'exprimer leurs sentiments. Les médecins les plus à l'aise sont ceux qui ne craignent pas de nommer les choses douloureuses mais qui le font avec douceur et tact. Ils se montrent alors humains, et c'est ce que leurs patients attendent d'eux »*[3].

Si le malade ne souhaite pas toujours être informé de son état, il réclame dans la plupart des cas de participer aux décisions qui le concernent et parfois même il prend et impose sa propre décision.

---

1 Mme Marie de Hennezel, Rapport Mission « *Fin de vie et accompagnement* », p.116.
2 Audition du 9 décembre 2003.
3 Intervention sur ce point à la Conférence de Consensus des 14 et 15 janvier 2004. Textes des experts, p.75.

2.1.2.2 Le droit au refus d'un traitement

Alors que le respect de l'autonomie du patient est un des principes fondamentaux de la relation de ce dernier avec son médecin, Mme Isabelle Marin, rappelle que la recherche du désir du malade est une question assez récente : *« Les médecins n'avaient l'habitude de respecter ni la volonté exprimée du malade, ni son désir, pensant que le malade ne pouvait vouloir que le mieux, que seul le médecin était à même de définir en matière de santé. »*[1]

La loi n° 2002-303 du 4 mars 2002 relative aux droits des malades et à la qualité du système de santé reconnaissant à tout patient la faculté de participer à une décision médicale le concernant, lui octroie des droits différents, selon qu'il est ou non conscient.

2.1.2.2.1 Le refus du patient conscient

– Une autonomie de décision soumise à conditions

« *Le médecin doit respecter la volonté de la personne après l'avoir informée des conséquences de ses choix. Si la volonté de la personne de refuser ou d'interrompre un traitement met sa vie en danger, le médecin doit tout mettre en oeuvre pour la convaincre d'accepter les soins indispensables.* »[2]

Si le principe de l'autonomie du patient est consacré dans la première phrase, il est ensuite atténué si la décision du patient met sa propre vie en danger ; dans cette hypothèse, le médecin ne doit plus alors seulement « informer des conséquences » de la décision mais doit « tout mettre en oeuvre » pour le faire changer d'avis. Mais il convient d'observer que de telles dispositions s'appliquent mal à une personne atteinte d'un mal incurable et dont la vie, par définition, est déjà « en danger » ; elles s'appliquent mal également à une personne très âgée qui, arrivée au terme de sa vie et ne voulant pas être maintenue artificiellement en vie par les puissants traitements existant aujourd'hui, souhaite laisser agir la nature.

Les intéressés souhaiteraient donc avoir toute latitude pour prendre eux-mêmes une décision de prolongement ou non de leur vie, en fonction des avantages ou des inconvénients qu'ils y trouvent. Comme le reconnaît M. Xavier Mirabel, « *la liberté du malade est de faire savoir à son médecin s'il considère que les soins sont proportionnés ou pas [...] Mille raisons*

---

1 *« Allez donc mourir ailleurs », opus* cité, p.39.
2 Article L. 1111-4 du code de la santé publique.

font que le poids d'un traitement peut être trop lourd et c'est le malade qui va nous guider dans ce qui est raisonnable pour lui et ce qui ne l'est pas »[1].

– Le refus ou l'arrêt de tout traitement, y compris l'alimentation artificielle

L'article L. 1111–4 du code de la santé publique précité, parlant de traitement sans autre précision, le patient peut donc remettre en cause tout aussi bien une thérapeutique légère (prescription d'antibiotiques par exemple) que des traitements de suppléance de fonctions vitales : dialyse, soutien du cœur, respiration artificielle…

Il convient à ce propos de préciser que doit être considérée comme un traitement de suppléance vitale, l'alimentation assistée laquelle est administrée par des sondes. Or, cette dernière est souvent mise en place sans que – regrette M. Bruno Pollez, médecin praticien, mis à la disposition de la Direction générale de la Santé – *« ne soit bien pesé le caractère éthique de cette décision »*[2]. A l'exemple d'autres pays européens, l'alimentation artificielle, dont M. Carlos de Sola[3], Chef du service de la Bioéthique au Conseil de l'Europe, souligne combien elle est, à long terme, invasive et douloureuse, devrait être considérée comme un traitement médical et pouvoir être refusée au même titre qu'une ventilation artificielle supplétive ou qu'un rein artificiel[4].

Dans l'hypothèse où un malade décide de renoncer à ses traitements, sa demande ne devrait pouvoir être acceptée *« qu'après avoir pris le temps de comprendre pourquoi il souhaiterait les interrompre, après des heures de dialogue (éventuellement par l'intermédiaire d'un ordinateur). Pourquoi faire violence à quelqu'un de paralysé refusant son traitement en lui en infligeant un s'il n'en veut pas ? [...] Il faut respecter ce refus mais il faut un long temps de dialogue et de réflexion avant l'acceptation de la limitation ou de l'arrêt de certains traitements et parfois de techniques »*[5]. Il faut également que le médecin présente au patient *« les différentes stratégies possibles en matière de soins palliatifs et de soins en phase terminale »* afin de lui permettre *« d'organiser la dernière étape de sa vie conformément à ses préférences »* et lui laisser *« suffisamment de temps*

---

1 Audition du 28 janvier 2004.
2 Audition du 21 janvier 2004.
3 Audition du 25 février 2004.
4 Cf. *Infra* le paragraphe 3.3.5.2.1. - Consacrer un droit au refus de traitement.
5 Audition de Mme Marie-Sylvie Richard du 21 janvier 2004.

pour réfléchir aux éventuelles options de traitement et poser des questions à leur sujet »[1].

L'arrêt des traitements actifs ne doit bien évidemment pas entraîner l'arrêt des soins. L'orientation change : de curatif, le soin devient palliatif et accompagne la fin de vie.

La décision de respecter un refus de soin doit-elle faire l'objet d'une discussion collégiale ?

Contrairement à Mme Marie de Hennezel, qui estime que la décision de respecter les volontés d'un patient devrait être collégiale en raison de la difficulté à les appréhender et de la nécessité d'une transparence[2], M. Xavier Mirabel rappelle que *« la relation entre le médecin et le malade reste une relation humaine qu'il faut privilégier. La collégialité va aider le médecin à poser des choix plus justes, plus solides mais l'avis du malade, son refus, devra être pris en compte »*[3].

2.1.2.2.2 Le refus anticipé de la personne devenue inconsciente

S'il existe un consensus pour admettre que lorsqu'une personne en fin de vie consciente prend une décision relative aux traitements qu'elle entend ou non suivre, sa volonté prévaut sur toute autre, de vifs débats sont engagés sur la validité de ses directives anticipées et sur le rôle de la personne de confiance qu'elle aura désignée.

– Les directives anticipées

Les directives anticipées représentent les instructions que donnent par avance, des personnes en bonne santé ou se sentant atteintes par l'âge ou par une maladie incurable, sur la conduite à observer au cas où elles seraient dans l'incapacité d'exprimer leurs volontés. Cette pratique s'est développée dans de nombreux pays occidentaux (Canada, région Catalogne en Espagne, Danemark, Pays-Bas, Royaume-Uni…[4]) ; elle a été consacrée par la Convention sur les droits de l'homme et la biomédecine (Convention d'Oviedo du 4 avril 1997) du Conseil de l'Europe[5] dont l'article 9 dispose :

---

1 *« Interrompre ou prolonger un traitement : éthique de la décision »* – Georg Marckmann, maître de conférences à l'Institut d'éthique et d'histoire de la médecine à l'Université de Tübingen (In *« L'Euthanasie »* – volume I – *aspects éthiques et humains* – Editions du Conseil de l'Europe – septembre 2003, p.93).

2 Rapport précité, p.110.

3 Audition du 28 janvier 2004.

4 Rapport du Comité directeur pour la Bioéthique (23e réunion – Strasbourg, 3-6 décembre 2002 – Addemdun II, p.50-53).

5 Convention signée par la France, mais non ratifiée.

« Les souhaits précédemment exprimés au sujet d'une intervention médicale par un patient qui, au moment de l'intervention, n'est pas en état d'exprimer sa volonté, seront pris en compte. »

Cette « prise en compte » permet au médecin de posséder une information jugée par le professeur François Lemaire, adjoint au Chef de service de réanimation de l'Hôpital Henri Mondor et Secrétaire de la Commission d'éthique de la *Société de réanimation de langue française*, *« utile et importante* [et] *qui doit être prise en compte sans toutefois être comminatoire car il est souvent arrivé que des gens changent d'avis »*[1].

Confirmant ces propos, le professeur Emmanuel Hirsch, Directeur de l'Espace éthique de l'Assistance publique-Hôpitaux de Paris précise en outre : *« Tout ce qui est de l'ordre de l'anticipation et de la prise en compte d'une formulation d'un choix doit être respecté et éventuellement nuancé dans l'application stricte de ce que la personne a exprimé.* In fine, *dès lors que la personne a exprimé d'une manière volontaire, délibérée et souvent réitérée un refus ou un renoncement à des soins qu'elle estimerait obstinés ou contraires à ses souhaits, sa volonté doit être respectée. Mais cela ne comprend pas le cas de personnes dans l'incapacité de pouvoir formuler véritablement, d'une manière autonome, ses choix. C'est toute la question du jugement critique et c'est fondamental au niveau éthique. Comment considérer la personne atteinte dans ses facultés cognitives, comme les personnes en psychiatrie ? »*[2]

Les avantages des directives anticipées sont essentiellement de permettre au malade *« de préparer sa fin de vie, de s'exprimer de façon plus approfondie et de garder un contrôle sur son histoire (ce qui) est probablement une bonne alternative à la demande de suicide assisté de certains malades »*[3]. Elles constituent aussi un moyen pour le médecin de justifier un arrêt de traitement ou un refus de réanimation, lorsqu'il se trouve confronté à un entourage qui ne comprend pas l'absence de réanimation. Les directives anticipées pourraient également aider le médecin à départager les avis opposés des membres d'une famille, divisés sur la conduite à tenir pour leur parent inconscient.

Les directives anticipées permettraient enfin, lorsque leur rédacteur est en état d'inconscience, d'éviter l'acharnement thérapeutique dont fait état le docteur Susan Mitchell de l'Université de Harvard dans une étude menée aux Etats-Unis auprès des *« nursing homes »*[4]. Cette dernière fait

---

1 Audition du 3 décembre 2003.

2 Audition du 20 janvier 2004.

3 Interventions de Mme Gisèle Chvetzoff et de M. Ivan Kraleowski à la Conférence de Consensus des 14 et 15 janvier 2004 précitée. Textes des experts, p. 209.

4 Etablissements de soins ou de retraite.

apparaître[1] que 34 % des patients, parvenus au stade ultime d'une maladie d'Alzheimer (ou d'autres démences), sont systématiquement placés sous alimentation artificielle parce que la pose d'une sonde est moins onéreuse et occupe moins de personnel qu'une alimentation manuelle à la petite cuillère ; or ce traitement invasif est essentiellement mis en place pour des personnes n'ayant laissé aucune directive anticipée.

En toute hypothèse, dans l'attente d'une reconnaissance légale des directives anticipées en France, un patient désireux de faire connaître ses dernières volontés, peut choisir une personne de confiance.

– La personne de confiance

Aux termes des articles L. 1111-4 et L. 1111-6 du code de la santé publique, toute personne majeure qui dispose de toutes ses facultés mentales peut désigner, par avance et par écrit, une personne de confiance chargée de présenter en son nom, ses refus de certains traitements et ses préférences thérapeutiques, au cas où elle sombrerait dans un état d'inconscience. Cette désignation, qui peut avoir lieu à tout moment, doit être proposée à tout patient lors d'une hospitalisation. Le fait qu'une personne de confiance ait été désignée oblige l'équipe médicale à la consulter pour toute intervention ou investigation mais cette personne n'a pas vocation à décider. La responsabilité du médecin demeure pleine et entière.

L'existence et le rôle de la personne de confiance sont toutefois des notions qui ne sont pas encore entrées dans les moeurs. A ce propos, M. François Lemaire rappelle qu'il ne faut pas *« se faire d'illusions : aux Etats-Unis, terre d'excellence de l'autonomie, les gens sont sommés de désigner un mandataire mais ils ne le font que dans 10 à 15 % des cas. Chez nous, alors que des recommandations nous ont été diffusées à ce sujet par l'Assistance publique depuis un an, aucune personne de confiance ne s'est présentée »*[2].

Pour M. Marc Dupont, membre de la Mission interministérielle de lutte contre le cancer, ancien Chef du Département des droits du malade à la Direction générale de l'Assistance publique-Hôpitaux de Paris, l'avantage que présente la personne de confiance est incontestable : il *« concerne les multiples litiges dans les hôpitaux dus à des situations familiales difficiles. De nombreuses réclamations émanent de familles recomposées au moment de la fin de vie. Qui est l'interlocuteur normal : le concubin, le conjoint, quelle fille ou quel fils ? La désignation d'une personne de confiance est une clarification importante pour l'équipe hospitalière. Une fille peut*

---

1 *Le Monde* des 30 et 31 mai 2004 (supplément *New-York Times*) et site Internet de CBS news www.cbsnews.com.

2 Audition du 3 décembre 2003.

habiter, par exemple, très près de sa mère et être très présente, la mère ayant en revanche une confiance plus grande dans un autre de ses enfants qui habiterait beaucoup plus loin. Le fait de désigner très clairement la personne en qui l'on a confiance est important. On fait confiance à cette personne pour exprimer son sentiment. »[1]

Compte tenu du caractère extrêmement perturbant des avis contraires exprimés parfois violemment par les proches, il serait souhaitable que le rôle de la personne de confiance soit affirmé avec une plus grande force dans les cas où la personne est en fin de vie. Par ailleurs, l'institution d'un tel interlocuteur permettrait de combattre un sentiment répandu chez un certain nombre de soignants, notamment dans les services de réanimation, que la famille n'a pas forcément une légitimité pour représenter le patient ou pour discuter en son nom. Au cours de son intervention devant la Conférence de consensus des 14 et 15 janvier 2004, précitée, le docteur Elie Azoulay indiquait que cette méfiance des équipes médicales à l'égard des familles se retrouvait dans des pays culturellement très différents – Espagne, Amérique du Nord, France – et rappelait qu'aux termes de la dernière étude FAMIREA, *« la moitié des soignants réticents à impliquer les familles des patients dans les décisions médicales le justifiait par le fait que la famille témoignait plus volontiers de ses propres volontés que des volontés du patient »*[2].

Le rôle de la famille, même divisée, est toutefois très important en raison du soutien affectif qu'elle apporte au malade et en raison du lien qu'elle lui permet de maintenir avec la société des bien-portants. Ce rôle devient essentiel lorsque la fin de vie se passe au domicile de la personne.

2.1.2.3 Le droit aux traitements à domicile

Lorsqu'une personne en fin de vie le souhaite et lorsque sa famille est d'accord, le maintien ou le retour à domicile permet de mieux supporter l'évolution de la maladie et d'approcher la mort avec moins d'angoisse. Toutefois, la réalisation d'un tel souhait se heurte à différents obstacles.

2.1.2.3.1 Être soigné à domicile

Plusieurs conditions doivent être réunies pour permettre les soins à domicile d'une personne atteinte d'une maladie incurable. Il convient notamment de s'assurer :

– de l'accord et du libre consentement de la personne concernée et de sa famille, en toute connaissance de cause ; il convient notamment d'être

---

[1] Audition du 4 février 2004.

[2] *L'information apportée aux familles des patients en fin de vie en réanimation* – Textes des experts, p. 127.

certain de l'absence de pression de la famille sur la personne ou de cette personne sur sa famille ;

– de l'absence de symptômes incontrôlables dans une maladie ;

– de l'aptitude de l'entourage à s'occuper de la personne malade dont l'accompagnement « *exige un engagement total qui ne peut pas être souscrit à la légère. Cela requiert du temps, de l'argent et surtout beaucoup d'énergie et de force* »[1] ;

– de l'adaptation du logement : l'exiguïté d'un appartement ne permet pas l'installation d'un minimum d'équipements de confort et n'offre aux intéressés aucune possibilité de s'isoler par instants, ce qui peut rendre pénible la cohabitation. Par ailleurs, l'isolement ou l'accès malaisé d'un habitat rendent difficile l'intervention de personnes pouvant venir aider la famille ou soigner la personne ;

– des capacités financières des familles : ces dernières doivent en effet assurer des dépenses importantes de fournitures spécifiques de confort et d'hygiène et des frais relatifs à la garde de la personne et à l'aide quotidienne à domicile ;

– de l'intervention des services de soins infirmiers à domicile, d'une équipe d'hospitalisation à domicile ou d'infirmières libérales ;

– de la collaboration des différents professionnels (médecin, infirmières, aides à domicile, accompagnants…) ;

– de la présence d'un médecin généraliste qui puisse assurer la coordination des soins et qui soit formé à l'accompagnement. Ce médecin doit pouvoir expliquer à la famille, les symptômes qu'elle rencontrera chez le patient, lui décrire les raisons et les objectifs des traitements mis en place et lui laisser des prescriptions anticipées, afin qu'elle ait, sur place, les médicaments nécessaires en cas de complication.

L'importance du lien de confiance qui unit les médecins généralistes aux malades et aux familles, doit ici être soulignée. Dispensant des soins économiquement accessibles, ces derniers ont un rôle irremplaçable d'accueil et d'écoute de leurs patients, de prévention, d'évaluation des problèmes de santé et d'orientation vers le spécialiste compétent, le cas échéant.

Leur proximité, leur accès aisé et leur suivi personnalisé des malades sont plébiscités par les Français. Ces derniers sont 88 % à avoir élu

---

1 Audition de Mme Hedwige Marchand du 27 janvier 2004.

pour médecin de famille, un médecin généraliste qu'ils consultent régulièrement (7 personnes sur 10 ont le même médecin depuis plus de cinq ans)[1] ; ils leur reconnaissent pour qualités principales une grande capacité d'écoute et une bonne expertise thérapeutique[2].

La politique actuelle est de favoriser le maintien à domicile des personnes en fin de vie pour répondre à une demande de ces dernières mais aussi pour des raisons économiques. Dans son rapport *« L'accompagnement des personnes en fin de vie »*[3], le Conseil économique et social indique que *« le maintien d'un malade en service hospitalier revient de 3 000 à 5 000 F par jour, son transfert en unité de soins palliatifs ramène ce coût aux environ de 2 200 F par jour, son retour à domicile, avec une prise en charge de qualité fait descendre le coût journalier aux alentours de 1 200 F (y compris la rémunération des libéraux intervenants et des prestations d'aide non sanitaire) »*[4].

Cette politique rencontre toutefois de nombreux obstacles :

– Mme Marie de Hennezel relève que la plupart des médecins généralistes ne sont pas formés aux soins palliatifs et à l'accompagnement des personnes en fin de vie et *« qu'ils ne sont pas au clair dans leurs pratiques »,* craignant de perpétrer une euthanasie, lorsqu'ils utilisent des antalgiques à base de morphine ou lorsqu'ils prescrivent une sédation[5] ;

– la pénurie actuelle d'infirmiers conduit à une surcharge importante de travail pour les infirmiers libéraux en activité qui, comme en témoigne Mme Nadine Hesnart, Présidente de la Fédération nationale des infirmiers (FNI)[6], sont amenés de plus en plus souvent à refuser des prises en charge de soins ;

– l'inexistence d'une prescription infirmière dans le cadre des actes relevant de leurs compétences propres génère une perte d'argent et de temps. Cette absence de reconnaissance d'un droit de prescription infirmier a ainsi été dénoncée devant la mission par Mme Annick Touba, Présidente du Syndicat national des infirmières et infirmiers libéraux (SNIIL), qui a par ailleurs indiqué : *« Il serait vraiment dans l'air du temps de donner plus d'autonomie aux infirmières et ne pas toujours passer par la prescription médicale. Cela ne veut pas dire qu'il ne faut pas travailler en coordination avec le médecin, mais je pense que l'on gagnerait du temps et de l'argent, si*

---

1 Enquête Sofres/*Impact Médecin Hebdo* de mars 2001.
2 Enquête Sofres sur *« La place du médecin généraliste et de la médecine générale en France »*, menée en mars 2002 à l'occasion du salon du MEDEC, le salon de la médecine.
3 Adopté le 24 février 1999.
4 Soit des coûts respectifs d'environ 760 à 455 €, 335 € et 180 € – p.30.
5 Rapport précité, p.83.
6 Audition du 10 décembre 2003.

l'infirmière pouvait prescrire des pansements ou des compresses. [...] Nous n'avons rien obtenu qui pourrait développer notre autonomie, alors que nous en aurions bien besoin. Dans le domaine des soins palliatifs, où il faut soulager la douleur dans le cadre de protocoles anti-douleur très réglementés, nous sommes très loin de cette autonomie. Nous ne pouvons même pas prescrire une compresse, du sparadrap ou un antiseptique. C'est donc une revendication très actuelle de notre profession, particulièrement pour les soins à domicile. [...] En fait, nous ne prescrivons pas, mais nous dressons quand même une liste pour le médecin, qui la recopie ensuite. C'est comme cela que ça se passe depuis des années. Il faut être réaliste : c'est le médecin qui fait l'ordonnance, mais il nous demande ce dont nous avons besoin. Il serait peut–être mieux que nous prescrivions nous–mêmes. Médecins et infirmières s'entendent souvent assez bien » ;

– la mauvaise répartition des services de soins infirmiers, la pénurie des auxiliaires de vie, la diminution du nombre des médecins généralistes et leur mauvaise répartition sur le territoire[1] interdisent le plus souvent des maintiens ou des retours des personnes à domicile ;

– les moyens matériels et financiers exigés ne peuvent pas être fournis par de nombreuses franges de la population. Comment, s'interroge Mme Isabelle Marin, *« faire rentrer à la maison celui qui n'a plus de domicile ? Comment imposer au conjoint de perdre son travail pour rester au chevet du malade alors que le chômage le guette déjà ? Comment les familles modestes peuvent-elles faire face à toute l'intendance que suppose le séjour d'un mourant à domicile et qui n'est jamais pris en charge par le système des soins ambulatoires : la présence, mais aussi la blanchisserie, le linge, les couches, les alèses ? »*[2]

Tous ces obstacles vont se retrouver démultipliés au cours des derniers instants de vie à domicile.

2.1.2.3.2 Mourir à domicile

Plusieurs enquêtes ont révélé le souhait de nos concitoyens de mourir chez eux. Or, si 80 % d'entre eux expriment ce désir, 70 à 75 % finiront leurs jours dans une institution[3].

Dans son rapport, Mme Marie de Hennezel énumère plusieurs facteurs faisant échec à la mort à domicile des patients qui le souhaiteraient : l'aggravation de l'état du malade, l'apparition de nouveaux symptômes,

---

1 Cf. *Infra*, le paragraphe 3.3.3.2.1. – Garantir un égal accès de nos concitoyens aux soins.
2 *« Allez donc mourir ailleurs ! » – opus* cité p. 223.
3 Cf. *supra* le paragraphe 1.2.1. – La mort médicalisée.

l'inquiétude et l'essoufflement de l'entourage, les manques de disponibilité et de formation des professionnels…[1]

L'importance de la communication et des transmissions de consignes entre les équipes intervenant au domicile et les proches doit être soulignée car, selon le docteur Daniel d'Hérouville, elle « *fait encore cruellement défaut aujourd'hui* ». Ce dernier insiste ainsi sur « *la nécessité d'expliquer les raisons et les objectifs des traitements, d'évoquer par anticipation les symptômes et notamment ceux du râle agonique ou les dérèglements respiratoires ultimes […] L'apparition de tels signes est moins paniquante quand elle a été préparée* ».[2]

De même, Mme Nadine Hesnart regrette l'absence de prise en charge psychologique des familles qui, n'arrivant pas à surmonter l'épreuve de la mort d'un des leurs à domicile, demandent une hospitalisation au dernier moment, ce qui fait que la personne *« meurt parfois dans l'ambulance qui l'emmène aux urgences de l'hôpital »*[3]. Ce désarroi des familles[4] se retrouve chez les personnels des maisons de retraite qui, lorsqu'un de leurs pensionnaires a un accident cardiaque ou vasculaire cérébral, le font transporter aux urgences, alors que s'ils avaient été mieux formés, ils auraient pu veiller eux-mêmes à l'agonie de la personne. L'encombrement des urgences tant de fois dénoncé, conduisant à des morts anonymes sur des brancards, pourrait de fait être réduit par un meilleur soutien aux familles et une meilleure formation des personnels des maisons de retraite.

Le droit de mourir à domicile, tout comme le droit d'être soigné à domicile, devraient être garantis à toute personne dans des conditions de solidarité collective identiques. La question est alors de savoir comment éviter *« une mort à deux vitesses, avec, d'un côté, ceux qui auront les moyens de mourir à domicile ou la chance d'être acceptés dans les quelques 700 lits français de soins palliatifs et seront accompagnés dans la tendresse et, de l'autre, tous les malades qui ne pourront pas rentrer chez eux, ne trouveront pas de place dans un établissement de suite et ne devraient, en principe, pas rester à l'hôpital ? »*[5]

Pour tenter d'humaniser cette fin de vie hors domicile, tout établissement recevant des personnes en fin de vie devrait pouvoir proposer à leurs proches un accompagnement à la fin de vie.

---

1 Rapport précité, p.27.
2 Intervention à la Conférence de Consensus précitée « *Accompagner la famille d'une personne en institution ou à domicile* », - Textes des experts p. 143.
3 Audition du 10 décembre 2003.
4 Cf. *supra* le paragraphe 1.2.1.1.3. – L'incapacité de l'entourage à assumer la mort à domicile.
5 Mme Isabelle Marin – *Opus* cité p. 225.

2.1.2.4 Le droit de la famille à l'accompagnement

Aux termes de l'étude exploratoire sur les connaissances, représentations et perceptions à l'égard des soins palliatifs et de l'accompagnement, précitée, l'accompagnement d'une personne en fin de vie doit se faire prioritairement par les proches. Pour leur permettre de jouer ce rôle, la circulaire du 26 août 1986 relative à l'organisation des soins et à l'accompagnement des malades en phase terminale, indique que *« l'équipe soignante doit apporter un soutien à la famille afin de l'aider dans la phase difficile qu'elle traverse et de lui permettre de jouer son rôle auprès du mourant [...] Le rôle de l'équipe se poursuit après le décès du malade dans le but d'assurer le suivi du deuil »*.

2.1.2.4.1 L'accompagnement au long de la maladie

Dans son intervention précitée à la Conférence de consensus, M. Daniel d'Hérouville a énoncé les différentes modalités de l'accompagnement d'une famille : l'accueillir ; l'écouter en étant disponible pour répondre à son besoin de parler, de raconter, de dire ; l'informer en lui donnant les éléments qui lui permettront d'avancer, de comprendre, de réagir ; l'aider à comprendre ce qu'elle voit et entend ; la conseiller, la guider et oser la questionner ; enfin l'impliquer en l'aidant à tenir son rôle, à trouver, prendre ou retrouver sa place. [1]

Mais l'accompagnement des familles, c'est aussi rappelle Mme Catherine Le Grand-Sebille, au cours de cette même conférence, accueillir les personnes en grande fragilité sociale, sans leur reprocher de ne pas avoir *« les sensibilités raffinées des groupes dominants »*, sans que *« le ton de la voix, le regard, les soupirs »* des soignants soient *« autant de chemins obliques qui mènent ces personnes en grandes difficultés à l'humiliation »*, sans que les interrogations du monde médical puissent être *« interprétées comme des signes de renforcement de l'inégalité sociale qui les assignent à une place inférieure, celle qui révèle leur ignorance face au savoir médical ou social institué »*[2].

Comme le relèvent Mme Marie-Sylvie Richard[3] et le professeur Michel Dehan[4], néonatalogiste à l'Hôpital Antoine Béclère de Clamart, cet accompagnement est très lourd et nécessite du temps (près de 50 %), des moyens et une formation des professionnels de santé sur les plans psychologique et relationnel. Or, constate M. Patrick Thominet *« très souvent, il est difficile d'inclure cet élément dans l'activité des équipes*

---

1 Textes des experts, p. 134 et s.
2 Textes des experts, p. 152 et s.
3 Audition du 21 janvier 2004.
4 Audition du 7 janvier 2004.

mobiles, de faire comprendre, qu'au-delà des malades dont nous avons la charge, nous devons prendre du temps pour échanger avec une épouse ou des enfants [...]. Il est impossible de faire l'accompagnement d'un malade sans aussi s'occuper de sa famille »[1].

De ce fait, les recommandations du Jury de la Conférence de consensus des 14 et 15 janvier 2004, précitée, tendent sur ce point à :

« – contribuer par des mesures concrètes au meilleur accueil, soutien et suivi possible de la famille au sein des services, en tenant compte, bien évidemment, de toute la faculté d'appréciation et de choix des personnes. Les professionnels n'ont pas à être dans un esprit de jugement et de critique des personnes mais doivent respecter la famille dans son environnement ;

« – instaurer dans chaque service une mission de soignants référents, disponibles de manière continue pour la famille et coordonnant l'intervention des bénévoles ;

« – solliciter de la part de la famille une personne référente qui assure la coordination avec l'équipe soignante et puisse être facilement contactée en cas de besoin ;

« – prendre en compte les attentes et besoins des membres de la famille, qu'il s'agisse de conseils pratiques ou d'accès à des soutiens socio-économiques. Les tenir informés de leurs droits tout comme de leurs obligations, à l'égard des autres personnes hospitalisées, voire des professionnels de santé ;

« – intégrer la famille qui le souhaite à la démarche de soins. La formation de ces familles aux soins de « nursing » et aux symptômes de l'agonie, s'impose ;

« – mettre en oeuvre des mesures adaptées afin, notamment, de permettre aux parents d'apporter à l'enfant leur présence et l'assister. A cet égard, le congé parental, inscrit dans la loi n° 99-477 du 9 juin 1999 visant à garantir le droit à l'accès aux soins palliatifs, devrait, en tenant compte des situations sociales, bénéficier d'un soutien financier. »[2]

---

1 Audition du 28 janvier 2004.
2 Audition de M. Emmanuel Hirsch du 20 janvier 2004.

2.1.2.4.2 L'accompagnement au moment du décès

Dans sa thèse d'éthique médicale *« Soigner la relation malade – famille – soignants »*[1], Mme Marie-Sylvie Richard formule diverses propositions pour prendre en compte le deuil des familles[2] : prévenir lorsque c'est possible la famille que les derniers moments avant la mort sont là pour que chacun décide de ce qu'il veut faire pendant ce temps ; pouvoir parler du décès avec les soignants, permettre des rituels autour du mort (toilette du défunt, accueil de la famille dans la chambre du défunt par un soignant, transfert du défunt dans la chambre mortuaire et veillée funèbre) ; soutenir les familles en période de deuil : suivi psychologique ou rencontres avec des associations, célébrations de commémoration.

Dans son rapport précité, Mme Marie de Hennezel émet plusieurs autres suggestions. Elle conseille : de prévoir un espace permettant aux familles de s'isoler ; d'assouplir les règles d'accès au service ; de respecter un délai entre la décision qui va entraîner la mort et son application ; de préserver l'intimité de la personne qui va mourir ; de proposer aux personnes la présence d'un représentant du culte de leur choix[3].

Dans le cas de la mort d'un enfant, d'autres formes d'accompagnement peuvent être offertes aux parents :

– Mme Maryse Dumoulin, maître de conférences en éthique et santé publique à l'Université de Lille II, médecin à l'hôpital Jeanne de Flandre, Présidente de l'association « *Vivre son deuil Nord-Pas-de-Calais* » et M. Michel Dehan demandent ainsi aux parents s'ils souhaitent participer aux rituels d'adieu (bain et toilette de l'enfant mourant sédaté), prendre leur enfant dans leurs bras au moment de son décès, organiser des funérailles au sein du service.[4]

– Mme Marie de Hennezel suggère par ailleurs qu'une attention particulière soit portée à la fratrie de l'enfant mourant et qu'un accompagnement spécifique soit organisé à son intention. Elle souhaite également qu'un signe du service où l'enfant est décédé soit adressé aux parents dans les jours qui suivent la mort de l'enfant et un an après, afin qu'ils soient conscients que leur enfant n'était pas un numéro mais une personne qui a laissé une trace dans l'équipe[5].

---

1 Soutenue le 9 mars 2001 à l'Université Paris-Descartes et éditée par le Centre de recherche et de formation sur l'accompagnement de la fin de vie.
2 Cf. *supra*, le paragraphe 1.2.2 – Les inflexions du rituel.
3 Proposition n° 37, p.114 et cf. *supra* le paragraphe 1.2.1.1.4 – La mort gérée par l'Etat.
4 Auditions des 10 décembre 2003 et 7 janvier 2004.
5 Rapport précité, p 99 et s..

Dans ces moments précédant et suivant la mort, toutes ces propositions permettent à ceux qui entourent la personne en fin de vie, qu'il s'agisse de la famille, des proches, des soignants ou des bénévoles, d'apprivoiser la mort[1] ;

2.1.2.4.3 Le rôle des bénévoles

La loi n° 99-477 du 9 juin 1999 visant à garantir le droit à l'accès aux soins palliatifs et à l'accompagnement a défini la place et le statut des bénévoles qui *via* 180 associations les regroupant[2] et des conventions avec les établissements intéressés, permettent d'assurer cet accompagnement.

Les bénévoles ont un rôle et une place spécifique dans les services hospitaliers :

– Ils ne doivent pas s'imposer auprès des malades – qu'ils ne choisissent pas car ce sont les soignants qui les orientent auprès de tel ou tel patient – et doivent leur apporter une présence gratuite et une écoute neutre : ils écoutent une parole mais ne prennent pas parti ni n'influencent le malade.

– Ils ne doivent *« en aucun cas se substituer à la famille »* dont ils sont un relais auprès du malade ou qu'ils peuvent aider à se situer dans le milieu hospitalier, à s'exprimer[3].

– Ils doivent savoir se faire accepter *« par les soignants au sein des équipes pluridisciplinaires à l'hôpital »* et participer *« par leur présence et leur disponibilité »*, à l'atténuation de la douleur spirituelle des malades[4].

Soulignant l'importance et le rôle du bénévolat, Mme Marie de Hennezel souhaite que ce dernier continue d'être encouragé et promu[5].

Le Jury de la Conférence de consensus des 14 et 15 janvier 2004, précitée, a quant à lui, souligné que :

« – les projets d'accompagnement en institution et à domicile doivent pouvoir intégrer les membres des associations de bénévoles ;

---

1 Cf. *supra*, le paragraphe 1.2.2.2.2. - Le rituel et l'individu.

2 En 2003, ces bénévoles sélectionnés et formés par les associations sont au nombre de 5 000 mais ce chiffre ne comprend pas les bénévoles des associations *« La ligue contre le cancer »* ou *« Fondation Claude Pompidou »*.

3 Cf. l'intervention de M. Maurice Chausson, sur *« la place et le rôle des bénévoles en institution et à domicile »* - Conférence du Consensus des 14 et 15 janvier 2003, précitée – Textes des experts p. 157 et s.)

4 Audition de M. Claude Reinhart, Président de l'*Association pour le développement des soins palliatifs*.

5 Rapport précité, p. 127 et s.

« – un bénévolat de proximité, de cellules de solidarité doit être mis en place dans les communes rurales afin de soutenir les personnes isolées »[1].

Ces droits des malades en fin de vie et de leurs familles doivent également être affirmés pour les personnes très âgées.

2.1.3 VEILLER AU BIEN-ÊTRE DES PERSONNES ÂGÉES

Dans son rapport remis à M. le Premier ministre, en sa qualité de parlementaire en mission, *« Vieillir en France : enjeux et besoins d'une nouvelle orientation de la politique en direction des personnes âgées en perte d'autonomie »*[2], Mme Paulette Guinchard-Kunstler observe que si en 1995, 20 % de la population avait dépassé le seuil de 60 ans, 7 % celui de 75 ans et 1,8 % celui de 85 ans, ces personnes représenteront respectivement 22,8 %, 8,9 % et 2,5 % en 2010 et 33,7 %, 15,2 % et 6,2 % en 2050. Toute politique en direction des personnes âgées doit donc intégrer cette évolution démographique[3] et affirmer les droits de ces personnes.

2.1.3.1 Les particularités des soins aux personnes âgées

Tout accompagnement d'une personne âgée doit éventuellement prendre en compte sa solitude, son métabolisme et sa vulnérabilité.

– Rompre l'isolement

Si le premier souci des personnes âgées est leur santé, celles-ci ont également pour préoccupation de voir leurs proches, d'être accompagnées et entourées. Or, une enquête menée par l'association *« Alliance pour les droits de la vie »*[4] auprès de 600 personnes très âgées fait apparaître que :

• quatre personnes sur dix souffrent d'isolement ;

• 23 % ne reçoivent pas au moins un appel téléphonique de leur famille, une fois par semaine ;

• 25 % n'ont pas l'occasion de rencontrer un ami, au moins une fois par mois ;

• 28 % n'ont pas l'occasion de parler à un enfant, au moins une fois par trimestre.

---

1 Audition de M. Emmanuel Hirsch du 20 janvier 2004.
2 Juin 1999 – p.10.
3 Cf. *supra*, le paragraphe 1.3.2.1. – Les données démographiques : le vieillissement de la population.
4 Audition de M. Xavier Mirabel du 28 janvier 2004.

A la question « Suis-je important pour quelqu'un ? » si primordiale, nous l'avons vu, pour lutter contre tout sentiment de déchéance et d'indignité, un quart des intéressés répond négativement. Cet isolement[1], ce sentiment de ne plus avoir d'échanges avec les autres, de ne plus mener de vie sociale et de ne plus se sentir utile, peut expliquer en partie le nombre important des vieillards qui se suicident ou qui se laissent glisser vers la mort.

Dans son rapport précité[2], Mme Paulette Guinchard-Kunstler rappelle combien sont nécessaires, dans les institutions de gériatrie, les initiatives permettant une vie sociale, afin d'éviter le désinvestissement, la somatisation ou la dégradation des personnes. Dans une même approche, Mme Marie de Hennezel observe que *« si la démarche palliative et éthique était inscrite dans le projet de soins des établissements s'occupant de personnes âgées, si elle était davantage enseignée aux professionnels du domicile, une grande partie des suicides de personnes âgées (la France détient le record mondial des suicides de personnes âgées) pourrait sans doute être évitée »*[3].

– Offrir des soins adaptés et nécessaires

– La personne âgée malade doit recevoir des traitements thérapeutiques adaptés à son métabolisme. M. Christophe Trivalle indique à ce propos : *« Avec les personnes âgées, si nous utilisons de la morphine ou des médicaments de cette nature [...] nous savons très bien qu'il ne faut pas utiliser les mêmes doses chez quelqu'un de 90 ans que chez quelqu'un de 20 ans et qu'il faut également tenir compte de la fonction rénale, du métabolisme, de la pharmacocinétique, etc. Nous utilisons donc des protocoles qui commencent à des doses très basses [...] avec lesquelles nous ne pouvons pas avoir de sédation ou du moins assez rarement, et nous n'avons jamais de détresse respiratoire. En fait, tout dépend de la façon dont nous utilisons les médicaments. »*[4]

Dans leur livre *« Le vieux, ennemi public n° 1 »*, les auteurs[5] appellent l'attention sur les accidents qui, liés aux médicaments pris par la personne âgée, représentent entre 5 et 10 % des motifs d'hospitalisation pour les plus de 65 ans et plus de 20 % chez les octogénaires. Ils dénoncent notamment l'implication de certaines associations médicamenteuses dans les chutes que deux millions de personnes âgées de plus de 65 ans font chaque année et à la suite desquelles neuf mille d'entre elles décèderont.

---

1 Cf. Rapport précité de Mme Christine Boutin, p.36 et s.
2 p. 14.
3 Rapport précité, p.109.
4 Audition du 16 décembre 2003.
5 Georges Golberine, Anne-Marie Raphael et Stephen Raphael – Editions Hachette-Littératures, Janvier 2004.

– S'il convient de faire preuve de mesure dans la prescription des médicaments, M. Christophe Trivalle remarque également qu'il faut éviter *« l'abandon thérapeutique, [c'est-à-dire] le fait, en gériatrie, de ne pas utiliser certaines thérapeutiques ou certains médicaments, en considérant que la personne est trop âgée pour en tirer bénéfice, alors qu'elle pourrait y trouver avantage »* [1].

Notant que *« l'expression et l'évaluation de la douleur chez les personnes âgées sont souvent négligées, d'autant plus que les soignants (et les médecins en particulier) ne sont que rarement formés tant à son dépistage qu'à son traitement »*, l'Agence nationale d'accréditation et d'évaluation en santé (ANAES) a publié des recommandations sur *«L'évaluation et la prise en charge de la douleur chez les personnes âgées ayant des troubles de la communication verbale. »*[2] Précisant que plus l'âge augmente, plus la prévalence de la douleur augmente, l'ANAES dénonce les préjugés qui entourent encore la réalité douloureuse des personnes âgées (la douleur fait partie du vieillissement, elle est rédemptrice, elle est signe de faiblesse chez un homme) et rappelle que l'absence de soins en ce domaine conduit les vieillards *« à des souffrances inutiles, à une perte d'autonomie, à des syndromes de glissement, voire à une demande d'euthanasie »*.

– La personne âgée doit recevoir tous les soins utiles de confort et d'hygiène, sous peine de se sentir réduite à l'indignité et à la déchéance. Dans ce sens, le docteur Grégoire Moutel, Chef du Laboratoire d'éthique médicale de la Faculté Necker (Paris), observe que les travaux menés par le Laboratoire d'éthique démontrent qu'en gériatrie : *« Le taux de demandes d'arrêts des soins est inférieur à 5 % dans les services où il y a cinq aides-soignantes pour quarante résidents, alors qu'il est de 25 à 30 % pour les services dans lesquels on ne trouve que deux ou trois aides-soignantes. Dans ce dernier cas, est alors invoqué le principe de la dignité des personnes, puisqu'on ne porte pas le même regard, pour être pragmatique, sur une personne ne marchant plus, stagnant dans ses urines et se dégradant à longueur de journée. »*[3]

– Protéger la personne âgée et son entourage

– La personne âgée doit être protégée de toute maltraitance, à son domicile ou en institution. Le nombre des personnes âgées maltraitées n'est connu que par les données qui, fournies par l'association ALMA (Allo Maltraitance)[1], indiquent qu'à domicile, les causes principales de la maltraitance sont dues à des relations familiales difficiles (32,1 %) ou à des problèmes financiers (20,6 %), tandis qu'en institution, les éléments la

---

[1] Audition du 16 décembre 2003.
[2] Octobre 2000.
[3] Audition du 10 décembre 2003.

favorisant sont le manque de personnel (15,8 %), l'épuisement et l'usure de ce dernier (14,9 %) ainsi que le manque de moyens financiers (13,6 %)[2].

– Plus elle vieillit, plus une personne âgée va dépendre des autres pour accomplir des gestes de la vie courante ou pour recevoir des soins ou des traitements. Ainsi, fin 1998, parmi les 480 000 personnes âgées de plus de 60 ans vivant en maisons de retraite ou en unités de soins de longue durée, 71 % étaient considérées comme dépendantes[3]. Par ailleurs, aujourd'hui parmi les 11,9 millions de personnes de plus de 60 ans vivant à domicile, 3 millions sont aidées par 6 millions de soignants, d'aides ménagères et de proches. Ces derniers, qui représentent 90 % des aides, reconnaissent que ces activités auprès de leurs aînés ont une incidence sur leur vie professionnelle et sur leurs loisirs et que, par conséquent, leur bien-être physique ou moral[4] en pâtit le plus souvent.

Dès lors, les aides aux personnes âgées et à leurs familles doivent faire l'objet d'une politique volontariste dont la mise en oeuvre doit être d'autant plus rapide que le vieillissement de la population française s'accélère et qu'il concerne également les proches des personnes âgées nécessitant une aide. Tout accompagnement des familles des personnes âgées doit par conséquent prendre en compte ce vieillissement de l'entourage. Les octogénaires et les nonagénaires, notamment, sont le plus souvent entourés de personnes elles-mêmes confrontées à leur propre vieillissement et qui, lorsqu'elles ne peuvent plus aider leurs parents à rester à leur domicile, se sentent coupables de les abandonner et de ne pas leur permettre de mourir dans leur cadre familier.

De fait, actuellement en France, 60 % des décès concernent des personnes de plus de 75 ans et plus de 70 % d'entre eux ont lieu à l'hôpital ou en institution.[5]

2.1.3.2 Les structures d'accueil des personnes âgées[6]

– Dix mille maisons de retraite offrent aujourd'hui 600 000 lits aux personnes âgées dans des conditions qui ne sont pas toujours satisfaisantes qui sont même parfois indignes[7]. Dans un dossier consacré par *l'Express*

---

1 Réseau d'appel téléphonique localisé de façon départementale (mais seule la moitié des départements en sont dotés).

2 Cf. sur le site internet de l'INSERM (www.inserm.fr), le résumé du cours donné par le professeur Debout sur ce sujet (29 janvier 2003).

3 Cf. *Insee première*, n° 669, août 1999.

4 Rapport précité de Mme Christine Boutin, p. 39-40 et 59-60.

5 Audition de M. Christophe Trivalle du 16 décembre 2003.

6 Intervention de Mme Véronique Morize sur *« Les réponses offertes en termes de lieux et de structures de soins et en termes de compétence et de formation des personnels en place »* – Conférence de consensus des 14 et 15 janvier 2004 – Textes des experts, p. 223 et s.

7 M. Hubert Falco, Secrétaire d'Etat aux personnes âgées : Entretien du 28 octobre 2002, *Le Parisien*.

aux maisons de retraite[1], M. Luc Broussy, Délégué général du Syndicat national des établissements et des résidences privées pour personnes âgées (SYNERPA), constate que « l'indignité » des établissements de retraite dépend de savoir *« où on met la barre. S'il s'agit des établissements où on bat les personnes âgées, il y en a 1 %. S'il s'agit de ceux où l'on ne les respecte pas et où il n'y a pas de personnel, c'est 5 % – si l'on considère comme indignes les établissements où il faut gravir une marche pour aller de la chambre à la douche, alors c'est 20 % ».*

Constatant lui-même que *« sur les six cent mille lits que comptent les dix mille maisons de retraite, deux cent mille, soit un tiers, sont indignes de nos aînés qui se retrouvent parfois à quatre ou cinq dans la même chambre »,* M. Hubert Falco annonçait un renforcement du contrôle et de l'inspection des établissements pour personnes âgées, déplorant que certaines institutions puissent fonctionner cinq ans sans être contrôlées[2].

– Les unités de soins de longue durée (USLD), structures de long séjour hospitalier, permettent le plus souvent à leurs patients âgés de finir leurs jours au sein de leur service mais dans des conditions parfois discutables. *« La dotation en personnel médical et paramédical de ces structures ne permet que rarement de répondre aux besoins physiques et relationnels des patients âgés en phase terminale, si ce n'est grâce à l'investissement remarquable de certaines équipes et souvent au détriment des autres patients accueillis. La pauvreté en personnel de ces structures met à l'épreuve les équipes de soins, ce qui peut entraîner de réelles souffrances institutionnelles et personnelles, voire une démotivation. »*[3]

– Certaines unités gériatriques de services de soins de suite et de rééducation (SSR) accueillent des patients âgés, nécessitant des soins palliatifs. *« Ces structures intègrent alors les soins palliatifs à leur projet de service et déploient des efforts en terme de formation de personnel. Les équipes sont alors amenées à changer en permanence de registre de soins entre rééducation/réadaptation et accompagnement. Certains sites bénéficient à cet effet du soutien d'une équipe mobile de soins palliatifs. Les unités de soins palliatifs gériatriques sont rares. Elles permettent d'accueillir les patients âgés nécessitant un niveau de soins techniques élevé, dont le décès est prévisible à plus ou moins court terme, ou lors d'une situation de crise symptomatique ou familiale. Ces patients sont admis le plus souvent directement de leur domicile, ou d'un service de spécialité non gériatrique. »*[4]

---

1 *« Ce qu'on ne veut plus voir »* – N. Czerwinski, J. Remy et D. Saubaber – 25 septembre 2003.
2 Entretien du 28 octobre 2002, *Le Parisien.*
3 Intervention précitée de Mme Véronique Morize.
4 *Idem.*

Dans son rapport, Mme Marie de Hennezel appelle l'attention sur la nécessité de développer les soins palliatifs pour les personnes âgées au sein des hôpitaux locaux et *« dans les structures gériatriques, où le personnel soignant accompagne des fins de vie dans une absence notoire de reconnaissance et de valorisation, et souvent avec des moyens en personnels très réduits. Ces soignants dont le dévouement est une force doivent absolument être reconnus et valorisés. L'attribution de "lits identifiés" permettrait cette reconnaissance, notamment en donnant plus de moyens, et en permettant aux soignants de recevoir une formation et un soutien, ce qui représente un facteur de valorisation important »*[1].

– Enfin, un grand nombre de patients âgés décèdent aujourd'hui dans des services qui ne sont pas faits pour eux, et où les niveaux de compétences et de formation ne sont pas toujours réunies pour leur offrir une fin de vie de qualité.

*

* *

A ces demandes des personnes en fin de vie et de leurs proches, les professionnels de santé prêtent une oreille attentive, depuis une vingtaine d'années. Ils y ont souvent répondu, recherchant par exemple les meilleurs moyens pour lutter contre la douleur, pour dialoguer avec le malade ou pour l'accompagner avec sa famille.

Acteurs principaux de la fin de vie des personnes, en raison des progrès techniques qui permettent d'en allonger la durée, en raison du caractère de plus en plus spécialisé des soins et du fait que l'on ne meurt plus guère aujourd'hui à domicile, ils expriment eux aussi certaines attentes fortes.

*

* *

2.2 LES ATTENTES DES PROFESSIONNELS DE SANTÉ

Les fins de vie des personnes se déroulent aujourd'hui principalement dans les maisons de retraite et dans les hôpitaux. Dans ces lieux, les équipes médicales sont particulièrement sollicitées pour réduire les souffrances et adoucir la mort, ce qu'elles peuvent de mieux en mieux faire. Mais on leur demande aussi de ne pas prolonger inutilement des souffrances

---

[1] Rapport précité, p. 53.

ou une agonie par la mise en place de traitements trop efficaces et on les incite parfois à provoquer la mort.

Dès lors, les professionnels de santé souhaitent que soient mieux comprises et reconnues certaines des pratiques qu'ils estiment légitimes, que des définitions et des recommandations précises encadrent certaines de leurs prescriptions et que diverses améliorations soient apportées au sein du système de santé.

2.2.1 CLARIFIER LES TERMES EMPLOYÉS

L'examen des commentaires des spécialistes nationaux ou internationaux, la lecture des articles de presse[1] et la consultation de différents sondages témoignent à l'envie, du flou et de l'ambiguïté des termes utilisés pour décrire les techniques médicales accompagnant la fin de vie. La plupart des gens confondent et *« mettent dans un même paquet : abstention thérapeutique, respect du refus de traitement d'un malade, limitation et arrêt de traitement, sédation... »*[2], traitement à double effet, suicide assisté et euthanasie.

Les médecins eux–mêmes ne distinguent pas toujours très bien ces différents actes. En 2002, l'Observatoire régional de santé Provence–Alpes Côte d'Azur (ORS–PACA) a réalisé une enquête sur les *« connaissances, attitudes et pratiques des médecins face aux soins palliatifs »*[3], qui a révélé qu'un grand nombre de généralistes assimilent à une euthanasie, le fait de prescrire : de hautes doses de morphine (17 %), une sédation active (27 %) ou l'arrêt des techniques de réanimation (38 %). Ces taux sont respectivement de : 6 %, 19 % et 21 % parmi les oncologues ; 17 %, 29 % et 35 % parmi les neurologues ; 17 %, 12 % et 23 % parmi les sidénologues. Ces taux diminuent considérablement parmi les médecins qui ont reçu une formation universitaire et passent à 3 %, 7 % et 19 %.

Ce flou dans les notions doit absolument être éliminé car « *les mots cachent des personnes dont la détresse particulière semble échapper à toute mise en mots. Autrement dit, essayer de trouver les mots justes, de peser les arguments est peut-être la première forme de respect que nous leur devons* »[4].

Par ailleurs, la confusion des actes nourrit le débat entre les adversaires et partisans de l'euthanasie et crée un malaise chez les

---

[1] Cf. la couverture de la mort de 14 patients au CHU de Besançon par les journaux *« La Croix »* et *« L'Express »* du 10 mai 2004.

[2] Audition de Mme Marie–Sylvie Richard du 21 janvier 2004.

[3] *Regards Santé* – La Lettre de l'ORS–PACA – juin 2003 (cf. site internet www.orspaca.org.).

[4] Audition de M. Nicolas Aumonier, maître de conférences en histoire et philosophie des sciences à l'Université Joseph Fourier (Grenoble I) du 5 novembre 2003.

professionnels de santé. Il convient dès lors de définir l'euthanasie et de la différencier des autres traitements médicaux de fin de vie.

2.2.1.1 Définir l'euthanasie

– L'histoire d'un mot

Le terme « euthanasie » a été entendu de diverses manières au cours des siècles. M. Nicolas Aumonier a recensé tous les sens qui avaient été ainsi prêtés à ce mot :

« De l'Antiquité au Chancelier Bacon, l'euthanasie signifie « mort douce ». Cela signifie aussi, parfois, préférer une mort violente par le fait d'être égorgé plutôt que de mourir d'inanition quand on est lépreux et que des ennemis viennent prendre la ville qui vous ravitaillait. Ce sens n'est donc pas si clair.

« Le deuxième sens du terme provient de l'école de pensée illustrée notamment par Bentham, Mill ou Sidgwick [...]. Pour l'utilitariste, ce qui justifie la vie, ce qui fait qu'elle mérite d'être vécue est son utilité. Celle-ci est non seulement marchande mais renvoie également aux plaisirs. Lorsque la somme des plaisirs l'emporte sur la somme des déplaisirs, [...] la vie mérite alors d'être vécue. Lorsque cette somme est défavorable aux plaisirs, la décision peut être prise d'interrompre cette vie.

« Le troisième sens du mot « euthanasie » est, historiquement, l'euthanasie eugéniste. L'un des exemples historiques les plus attestés est l'ordre donné par le Chancelier Hitler du 1er septembre 1939 au mois d'août 1941. Durant cette période, environ 100 000 personnes sont mortes dans ce qu'on appelait « des fondations charitables pour des soins hospitaliers ». Ces personnes, du fait de leur handicap, de leur maladie ou de leur âge, étaient improductives. Les médecins, qui n'étaient pas dupes, affirmaient qu'elles devaient être envoyées dans ces fondations pour éviter les travaux forcés et la mort. Ces fondations se sont révélées n'être rien moins que des endroits où on les a fait mourir.

« Enfin, le dernier sens du terme est l'euthanasie compassionnelle qui se rencontre lorsque rien n'existe pour calmer une douleur insoutenable [...]. L'un des plus beaux exemples de la littérature est raconté par Léon Daudet[1]. Six Russes avaient été envoyés à l'Hôtel-Dieu par le tsar, pour être soignés de la rage. Après la mort d'un premier Russe (dans d'atroces douleurs), les cinq autres ont supplié qu'on les achève. Pasteur, le pharmacien en chef et le directeur en chef de l'Hôtel-Dieu, n'ayant rien pu

---

1 *Souvenirs des milieux littéraires, politiques, artistiques et médicaux, chapitre « Devant la douleur ».*

faire, ont pris la décision de les faire mourir. Après une discussion, expression de la collégialité, le pharmacien en chef leur a administré un produit létal. »[1]

– La définition de l'euthanasie

Désignée, jusqu'au début du XXe siècle, comme *« bonne mort, mort douce et sans souffrance »*[2], l'euthanasie est aujourd'hui définie par le dictionnaire « Le Petit Robert » non seulement comme *« une mort douce et sans souffrance, survenant naturellement ou grâce à l'emploi de substances calmantes ou stupéfiantes »* mais aussi comme *« l'usage de procédés qui permettent de hâter ou de provoquer la mort pour délivrer un malade incurable de souffrances extrêmes ou pour tout motif d'ordre éthique »*.

L'association « *Jusqu'à la mort, accompagner la vie* » précise, dans la définition qu'elle a adoptée lors d'un de ses congrès, que l'euthanasie *« est une administration volontaire d'une drogue ou d'un produit toxique »*[3]. Cette définition, écartant certains gestes euthanasiques plus violents de familles désespérées[4], nous semble devoir être écartée, même si elle recouvre la majorité des cas.

De fait, comme nous l'avons vu[5], l'euthanasie est un acte délibéré par lequel un tiers entraîne directement la mort d'une personne malade. Cette définition implique[6] que pour constater une euthanasie, il faut que soient réunis les différents éléments suivants :

– un acte, c'est–à–dire une activité, ce qui exclut les situations de non–intervention telle s'abstenir de commencer un traitement ;

– un caractère délibéré de l'acte. L'intention première du tiers étant de causer la mort de l'intéressé, elle fonde sa responsabilité ;

– une relation directe de cause à effet entre l'acte et la survenue de la mort. L'acte a pour unique objet de causer la mort ; cette dernière survient en conséquence directe de cet acte (injecter une substance létale) et non pas comme conséquence secondaire et ultérieure dudit acte (prescrire un traitement analgésique à hautes doses) ;

– un malade ; le « bénéficiaire » de l'acte doit être malade, sinon c'est un meurtre ;

---

1 Audition du 5 novembre 2003.
2 Littré (XIXe siècle).
3 Audition de M. Jean-Philippe Wagner du 20 janvier 2004.
4 Cf. *« L'euthanasie, la fin d'un tabou »* de Mme Sophie Aurenche (ESF éditions – Collection Droit de regard), 1999 p. 40-41.
5 Cf. *supra*, le paragraphe 2.1.1.1.2. - Le suicide assisté et l'euthanasie.
6 Audition de M. Jean–Marie Gomas du 6 janvier 2004.

– un tiers ; l'auteur de l'euthanasie peut être toute personne : médecin, soignant, membre de la famille ou proche.

Certains ont cru pouvoir préciser l'euthanasie par divers adjectifs, soit pour rendre compte des conditions dans lesquelles elle s'est déroulée, soit pour qualifier certains actes pratiqués sur une personne qui souffre terriblement. Ils font ainsi appel aux qualificatifs de :

– volontaire : l'euthanasie est demandée par le malade ;

– involontaire : un tiers impose sa décision au malade ;

– intéressée : l'euthanasie permet par exemple de libérer les lits d'un service pour accueillir de nouveaux malades ;

– non-égoïste : elle permet de mettre fin à une situation insupportable pour le malade ;

– active ou directe : un acte, tel un suicide assisté ou l'injection d'une substance mortelle, provoque délibérément la mort du malade ;

– passive ou indirecte : une administration d'analgésiques à hautes doses, un arrêt ou une limitation de traitement, entraînent la mort du malade.

Tous ces adjectifs ne font qu'ajouter de l'ambiguïté dans un domaine où chaque terme doit être pesé avec précaution. Il convient dès lors d'affirmer et de répéter la définition précitée : seul doit être qualifié d'euthanasie, l'acte délibéré par lequel un tiers entraîne directement la mort d'une personne malade. Par ces termes, l'euthanasie est caractérisée par l'intention première de son auteur dont il importe peu qu'il l'ait faite à la demande du malade ou de sa propre initiative. Elle peut ainsi être ainsi distinguée de certains traitements médicaux de fin de vie qui ne sauraient être qualifiés d'euthanasies ni même d'euthanasies passives.

2.2.1.2 Différencier l'euthanasie des traitements médicaux de fin de vie

Les partisans d'une dépénalisation de l'euthanasie affirment que lorsqu'ils administrent des analgésiques à des doses capables d'entraîner la mort, lorsqu'ils limitent ou arrêtent des traitements ou lorsqu'ils arrêtent des instruments de survie artificielle ou des réanimations, les médecins savent très bien que ces comportements auront pour conséquence finale le décès du patient et que de ce fait, ils pratiquent des euthanasies.

Les défenseurs des soins palliatifs estiment au contraire qu'aucune comparaison n'est possible entre la volonté de lutter contre la douleur ou contre un acharnement thérapeutique et le geste d'injecter une substance létale ou d'arrêter une machine dans le but de faire mourir la personne. Toutefois, comme le reconnaît M. Patrick Thominet, « *la médecine palliative n'offre pas une lisibilité suffisante pour éviter la confusion [...] ni une pédagogie efficace sur cette question.* »[1]

Il convient donc de replacer chacune des décisions précitées dans son contexte pour la différencier de l'euthanasie :

– **Le traitement morphinique** est administré à un malade dans le but de supprimer sa douleur, même si le médecin sait qu'en agissant ainsi « *il n'améliorera pas sa respiration et que cela risque de le faire vivre moins longtemps* ; *mais si le malade souffre moins, il pourra communiquer jusqu'à la fin*[2] » ;

– **La sédation**[3] consiste à n'endormir le malade qu'avec son accord, pour le soulager de ses douleurs et en lui ayant précisé « *que la mort naturelle à laquelle il ne peut malheureusement pas échapper surviendra pendant son sommeil* » mais qu'il pourra être réveillé « *dans tant d'heures ou de jours s'il le souhaite* »[4].

Le traitement morphinique et la sédation sont ainsi des traitements à double effet. A l'effet premier recherché – calmer la douleur – se rattache un effet second connu mais non voulu – le décès du malade – qui n'intervient que parce que le malade est en fin de vie. Or, comme le souligne M. Carlos de Sola : « *En médecine, chaque acte entraîne des effets secondaires (et) il ne viendrait à l'idée de personne de poursuivre un médecin qui se conforme à une procédure médicale et qui doit amputer une personne pour éviter la gangrène* » ou qui pour arrêter un cancer des ovaires « *provoque des lésions de l'appareil reproducteur qui pourraient entraîner une stérilité* »[5]. Dans ces deux cas, comme ceux d'une sédation ou d'un traitement analgésique, un effet premier est délibérément recherché – éliminer la maladie ou la souffrance – et l'effet second – l'amputation, la stérilité, la survenue de la mort – est accepté comme une conséquence ou un risque mais il n'est pas souhaité.

– **La limitation ou l'arrêt des traitements**, décidés de manière collégiale, consistent à refuser de commencer ou de continuer des traitements totalement inutiles ou « futiles[6] » et « devenus inhumains[7] ». La

---

1 Audition du 28 janvier 2004.
2 Audition de M. Jean–Marie Gomas du 6 janvier 2004.
3 Cf. *supra*, le paragraphe 2.1.1.2.3 - La lutte contre les douleurs réfractaires.
4 Audition de M. Philippe Letellier du 9 décembre 2003.
5 Audition du 25 février 2004.
6 Audition de M. Jean–Philippe Wagner du 20 janvier 2004.
7 Audition de M. Jean–Marie Gomas du 6 janvier 2004.

frontière avec l'euthanasie est alors des plus ténues. Comment distinguer l'arrêt d'un traitement inutile de l'arrêt de traitement euthanasique ?

Est inutile et doit donc être arrêté le traitement qui n'apporte aucun bénéfice au malade, surtout quand il crée douleur et inconfort ; celui dont le bénéfice est disproportionné par rapport aux effets nocifs qu'il va entraîner ou celui qui n'a pour but que de contrecarrer la mort en entraînant des conditions très difficiles de survie[1]. Dans ces hypothèses, l'arrêt du traitement est consécutif au constat par le médecin de son impuissance et de la nécessité de laisser la mort accomplir son oeuvre, au contraire de l'euthanasie qui précipite la mort sans que, le plus souvent, d'autres solutions aient été recherchées.

Les traitements de fin de vie sont essentiellement différents du suicide assisté et de l'euthanasie car ils peuvent être définis selon M. Nicolas Aumonier, comme « *des situations de soins* »[2] : l'équipe médicale décide collégialement d'une sédation, d'un traitement analgésique ou d'une limitation ou d'un arrêt de traitement, non pas pour faire mourir la personne malade mais parce qu'elle reconnaît qu'aucune solution thérapeutique ne pouvant plus être trouvée, il faut mettre en oeuvre « *une technique de soins pour assumer la douleur, fût-ce bientôt – mais [elle] ne sait pas quand – au prix de la vie* »[3] ou accepter une mort qui doit survenir ou qui n'était tenue à l'écart que par le fonctionnement d'appareils de survie artificielle.

L'euthanasie et le suicide assisté, au contraire, peuvent se définir par leur intention première : les deux actes visent « *la mort d'un malade pour supprimer sa douleur. C'est une chose de supprimer la douleur, fût-ce en entraînant la mort ; c'en est une autre de supprimer la vie, en estimant que le problème n'existera plus. Il y a donc un consensus sur ce point et le rapport de Madame de Hennezel en témoigne : pour aller vite, l'euthanasie est une mort imposée que nous pouvons opposer à une mort « naturelle ». J'emploie évidemment « naturelle » avec toutes les précautions que ce mot implique dans ce contexte. Cette distinction seule permet de maintenir les notions d'intention, d'acte et de liberté* »[4].

Porteurs de solutions humaines, adaptées au cas de chaque patient, ces traitements confortent par leur existence, la grande majorité des médecins dans leur refus tant de l'euthanasie que de l'acharnement thérapeutique.

---

1 Cf. « *L'interruption de traitements : réflexion éthique* » - Patrick Verspieren – *Revue trimestrielle du Centre Laennec* n° 4 – 2003 et *infra*, le paragraphe 3.3.5.2. – Reconnaître des droits au malade en fin de vie.

2 Audition du 5 novembre 2003.

3 *Idem.*

4 *Ibidem.*

2.2.2 REFUSER L'EUTHANASIE

2.2.2.1 Un refus nettement affirmé

Qu'ils soient Président du Conseil de l'Ordre des médecins[1], Président de la *Société française d'accompagnement et de soins palliatifs*[2], président sortant de la *Société de réanimation de langue française*[3], médecins ou infirmiers, les différents professionnels de santé qui, impliqués dans la fin de vie à des titres divers ont été entendus par la mission, n'acceptent pas de franchir le pas de l'acte délibéré de donner ou d'aider à donner la mort et refusent, de façon parfois viscérale, de ne pas laisser survenir une mort naturelle.

Pourtant, qu'elles soient clandestines, liées à des cas de force majeure ou exceptionnellement encadrées par les sociétés professionnelles, des pratiques d'euthanasie existent.

2.2.2.2 Les pratiques clandestines

Les pratiques euthanasiques clandestines ont cours depuis toujours mais il est très difficile de quantifier leur ampleur car il n'existe aucun chiffre officiel.

Lorsque M. Henri Caillavet estime que « *2 000 à 2 200 euthanasies clandestines* »[4] sont effectuées par an, M. Régis Aubry s'étonne que l'on puisse « *évaluer le nombre d'euthanasies faites dans la clandestinité sans outil de mesure* »[5] mais reconnaît que cette pratique existe et que pour s'en convaincre, il suffit d'aller dans les hôpitaux.

Les services qui accomplissent des euthanasies sont essentiellement, selon Mme Marie–Thérèse Garnier, ceux *« où les soignants sont les moins bien formés. Ils ne savent pas gérer les situations de fin de vie. Par exemple, devant un malade en fin de vie qui va probablement décéder dans les quinze jours qui viennent, comme l'équipe soignante ne saura pas comment gérer la grande angoisse de la famille, comme il n'y a pas de psychologues pour l'aider, que l'équipe n'a pas suffisamment de disponibilité pour prendre cette famille à part, pour parler avec elle et l'aider à déposer cette angoisse, on va gérer l'angoisse de la famille en supprimant le malade »*[6]. Ces actes sont pour la plupart commis sans le consentement du malade ni celui des familles selon M. Jean-Marie Gomas,

---

1 Audition de M. Michel Ducloux du 3 décembre 2003.
2 Audition de M. Régis Aubry du 20 janvier 2004.
3 Audition de M. Jean-Michel Boles du 3 décembre 2003.
4 Audition du 21 janvier 2004.
5 Audition du 20 janvier 2004.
6 Audition du 7 janvier 2004.

qui dénonce par ailleurs le fait qu'*« actuellement toutes les semaines dans les hôpitaux de la région parisienne, des patients se font euthanasier sans l'avoir demandé »*[1], sans qu'il soit possible de protéger ces victimes.

Les cas d'euthanasie clandestine semblent toutefois diminuer d'année en année en raison de la meilleure formation des médecins à la prise en charge de la douleur et à la gestion des symptômes et en raison de l'apprentissage progressif des soignants à accompagner un malade ou sa famille. Cette diminution peut notamment être constatée grâce à des indicateurs thérapeutiques dont M. Jean-Marie Gomas donne les deux exemples suivants : *« Un an après l'installation de l'équipe de soins palliatifs de Gilbert Desfosses à l'hôpital de la Pitié, on a pu constater un effondrement de la consommation de Phénergan, médicament utilisé pour les euthanasies alors que celle de l'Hypnovel, médicament utilisé pour la sédation des malades, a été multipliée par vingt.*

« Dans mon hôpital, qui est le plus gros hôpital de gériatrie de Paris (nous disposons de 650 lits, dont 450 sont attribués à des patients déments), la consommation de morphine a été multipliée par dix en huit ans. C'est une augmentation colossale, mais nous sommes encore en dessous des doses nécessaires pour bien calmer les malades. »

Si les pratiques d'euthanasie clandestine font l'objet d'un rejet des professionnels de santé, certaines pratiques leur paraissent toutefois pouvoir être acceptées à titre exceptionnel.

2.2.2.3 Le meurtre compassionnel

Dans son avis n° 63 précité, le Comité consultatif national d'éthique admet que *« ce qui ne saurait être accepté au plan des principes et de la raison discursive, la solidarité humaine et la compassion peuvent le faire leur. Face à certaines détresses, lorsque tout espoir thérapeutique est vain et que la souffrance se révèle insupportable, on peut se trouver conduit à prendre en considération le fait que l'être humain surpasse la règle et que la simple sollicitude se révèle parfois comme le dernier moyen de faire face ensemble à l'inéluctable »*[2].

Il existe effectivement des cas où la transgression de l'interdit de l'euthanasie est la seule solution (Louis Pasteur et les Russes atteints de la rage[3], un médecin ne pouvant ni soigner ni transporter un mourant souffrant à l'extrême…). Dans ces hypothèses, M. Jean-Marie Gomas précise que *« le mouvement des soins palliatifs n'a jamais condamné de tels gestes. J'ai*

---

1 Audition du 6 janvier 2004.
2 Avis n° 63 précité, p. 9.
3 Audition de M. Nicolas Aumonier du 5 novembre 2003.

publié, avec mon équipe, après quinze ans de travail, une des seules grilles d'aide à la prise de décision, en cas de conflit de valeurs, publiée en langue française. Il n'y a parfois pas d'autres choix que de transgresser mais l'idée que notre acte est une transgression ne doit jamais quitter notre esprit »[1].

Pour tenter de répondre à ces cas exceptionnels mais en soulignant que la décision d'arrêter la vie « *ne peut et ne pourra jamais devenir une pratique comme une autre* »[2], le CCNE a proposé une procédure d'exception d'euthanasie[3]. En toute hypothèse, cette procédure n'a pas toutefois pour but d'empêcher l'ouverture d'une procédure judiciaire dans un cas de transgression exceptionnelle de l'interdit de l'euthanasie.

Il paraîtrait cependant justifié, comme le souhaite Mme Marie-Sylvie Richard qu'une distinction puisse dès à présent être établie entre « *le meurtrier pervers et le médecin ou le soignant qui, en toute conscience, n'a pas pu faire autrement qu'accomplir ce geste euthanasique ou qui l'a fait comme la moins mauvaise solution qu'il a pu trouver en conscience.* »[4] Dans de tels cas, il serait nécessaire que l'action publique soit diligentée avec circonspection.

Proches de l'euthanasie compassionnelle, mais enserrées dans des règles de procédure édictées par les sociétés savantes concernées, d'autres pratiques euthanasiques sont reconnues par les professionnels de santé.

2.2.2.4 Des exceptions professionnellement encadrées

Les graves malformations des foetus et des nouveau-nés, l'extrême prématurité confrontent les obstétriciens et les néonatologues aux limites de leurs choix professionnels et à la légitimité de leurs actes.

2.2.2.4.1 La médecine foetale

Avant la naissance, le foetus forme un ensemble indissociable avec sa mère. Toute décision d'intervention le concernant, nécessite de passer à travers le corps de cette dernière, ce qui implique son information complète sur les techniques et les risques de l'acte envisagé, afin qu'elle seule puisse décider de la conduite à tenir.

Lorsqu'une grossesse met en péril grave la santé de la mère ou lorsqu'il existe une forte probabilité pour que l'enfant à naître soit atteint

---

1 Audition du 6 janvier 2004.
2 Avis n°63, précité, p. 10.
3 Cf. *infra*, le paragraphe 3.3.2.3. – L'exception d'euthanasie présentée par le Comité consultatif national d'éthique.
4 Audition du 21 janvier 2004.

d'une pathologie grave et incurable, la mère et elle seule[1] peut demander à tout moment de sa grossesse, qu'il y soit médicalement mis fin[2]. Un centre pluridisciplinaire de diagnostic médical vérifie que les critères légaux permettant d'autoriser l'interruption médicale de grossesse (IMG) sont réunis.

Or, si la loi autorise les IMG, elle ne prévoit pas, constate Mme Maryse Dumoulin[3] ce qu'il advient de la vie de l'enfant à naître. De fait, selon que l'IMG intervient plus ou moins tard au cours de la grossesse et selon le caractère létal ou non de la malformation du foetus, les équipes obstétricales devront déterminer de quelle façon mettre fin à cette grossesse.

– Deux situations ne posent pas de problème d'application au regard de la loi :

• l'IMG effectuée à moins de cinq ou de douze semaines. Médicamenteuse ou instrumentale, cette interruption de grossesse ne nécessite pas d'accouchement et ne pose donc pas la question de la survie du foetus ;

• l'IMG décidée en raison d'une malformation létale du foetus. Dans cette hypothèse, si un accouchement, quel qu'en soit son terme, doit être déclenché, l'enfant, soit naîtra vivant et décédera par la suite, soit naîtra mort.

– Au contraire, les cas où il doit être mis fin à l'existence d'un foetus ou à celle d'un enfant né vivant, font l'objet de décisions qui ne sont pas prévues par la loi :

• Lorsqu'un foetus est atteint d'une pathologie très grave mais non létale et, lors qu'en raison du terme de la grossesse, un accouchement doit être provoqué, il naîtra un enfant vivant qui aura toutes les chances de survivre, ce qui ne répond pas à la demande de l'IMG. Dès lors, les obstétriciens décident systématiquement d'interrompre la vie *in utero* : « *Sous couvert d'une image échographique, ils doivent atteindre le cordon ombilical et injecter un produit létal.* »[4]

Certains services pensent qu'il vaut mieux ne pas le dire aux parents, avec l'idée de les protéger d'une trop grande souffrance. Il semble pourtant que l'exigence de transparence doit être respectée : une information

---

1 Puisqu'il s'agit de son seul corps, le père n'a pas de consentement à donner.
2 Articles L. 2213-1 et L. 2213-2 du code de la santé publique.
3 Audition du 10 décembre 2003.
4 Audition du 10 décembre 2003.

doit leur être clairement donnée au moment de l'annonce de la constatation de la malformation ou de la mise en danger de la vie de la mère et un accompagnement doit leur être offert[1].

Il doit être observé que certains services d'obstétrique décident systématiquement d'arrêter la vie *in utero* à 23 semaines de grossesse, que la pathologie du foetus soit létale ou non.

• Lorsqu'un foetus est atteint d'une malformation grave justifiant une IMG mais que la grossesse est gémellaire, il est difficile d'interrompre la vie de ce foetus par une injection létale dans son cordon car le risque est grand de se tromper de cordon et de faire disparaître l'autre foetus, qui lui n'est pas porteur de la malformation[2].

Pour laisser à ce dernier *« toutes ses capacités et potentialités à aborder la vie dans les meilleures conditions possibles... nous sommes donc obligés d'attendre le terme de la grossesse pour que l'accouchement se fasse »*[3]. Après l'accouchement, l'enfant, en fonction du caractère létal ou non de sa malformation, naîtra soit mort, soit vivant avec une espérance de vie inexistante, soit vivant et viable auquel cas, il sera endormi et tué.

Le problème de ces décisions de morts d'enfants qui n'auraient jamais dû naître, rejoint celui des décisions de fin de vie chez les nouveau-nés.

2.2.2.4.2 La néonatalogie

– Sur les (environ) 800 000 naissances enregistrées annuellement, *« 3 à 5 % des enfants vont présenter des maladies graves ou des détresses vitales qui vont les orienter vers des services de réanimation et de soins intensifs ou vers des services très spécialisés de neurochirurgie ou de cardiologie par exemple [...] et 7 % vont naître prématurément. »*[4]. Or, plus un enfant est prématuré, plus il aura besoin de ces soins de réanimation. La mortalité des enfants nés vivants est très faible en France[5] mais résulte dans la moitié des cas d'une décision médicale[6].

– Les équipes médicales en charge de la néonatalité sont taraudées par différentes questions que M. Michel Dehan a recensées devant la mission :

---

[1] Dans les mêmes conditions que celles décrites *supra*, au paragraphe 2.1.2.3. - Le droit de la famille d'être accompagnée.

[2] Audition de Mme Maryse Dumoulin du 10 décembre 2003.

[3] *Idem.*

[4] Audition de M. Michel Dehan du 7 janvier 2004.

[5] Elle est de 2 pour 1 000, moins d'une semaine après la naissance et de 1 pour 1 000, entre 1 semaine et un mois.

[6] Audition du 7 janvier 2004 précitée.

« • *A-t-on le droit de fixer des limites à nos interventions thérapeutiques ? Et quelles limites : l'âge gestationnel, le poids de naissance, la gravité, [...] voire les coûts si la société n'est plus en mesure de prendre en charge la totalité des patients ?*

• *A-t-on le droit de limiter les soins curatifs ? Devons-nous accueillir des enfants en précisant que les soins prodigués seront uniquement palliatifs et n'iront pas au-delà ? Ou bien, si des traitements curatifs, de réanimation en particulier, ont déjà été commencés, sommes-nous autorisés et dans quelles conditions, à les arrêter ? Que faire s'il s'avère que, compte tenu de la situation ultérieure de l'enfant, ces soins s'apparenteraient à de l'acharnement thérapeutique ?*

• *Qui doit décider ? Les parents ? L'équipe médicale ? Des comités d'éthique ? Eventuellement la société, par des règles et des lois ? Et sur quels critères ? Doivent-ils être des critères médicaux, alors qu'il reste toujours une incertitude dans les pronostics des médecins, malgré les progrès réalisés notamment dans l'imagerie cérébrale ?* »

– Pour tenter de répondre à ces questions, les néonatalogistes ont interrogé le Comité consultatif national d'éthique qui, dans son avis n° 65 du 14 septembre 2000 « *Réflexions éthiques autour de la réanimation néonatale* », a tenté de « *clarifier les termes de ces interrogations et leurs enjeux éthiques en proposant des manières de penser et d'assumer les situations et d'agir [...] Ces réflexions (qui) ne sont pas des règles ou des recommandations [...] visent à aider les équipes médicales dans la recherche d'une solution* »[1] qui prenne en compte la nécessité d'une politique de prévention, qui permette de faire face à l'évènement en respectant le principe « *de ne pas nuire* » et qui associe les parents.

Le 23 novembre 2000, la *Fédération nationale des pédiatres néonatologistes* adoptait des « *Recommandations pour les décisions de fin de vie : abstention, limitation, arrêt des traitements et arrêt de vie* » en périnatalité[2].

En avril 2002, le *Groupe francophone de réanimation et urgences pédiatriques* (GFRUP) publiait des « *Repères pour la pratique : limitation et arrêt des traitements en réanimation pédiatrique* ».

– Dès lors, la majorité des néonatologistes suivent les principes suivants, ainsi définis par M. Michel Dehan :

« • *Lorsqu'un enfant est en détresse vitale, quels que soient sa taille ou son pronostic vital, il est mis en réanimation d'attente quitte à*

---

1 Avis n° 65 précité, p 6.

2 Edité par la Fondation de France – Texte qui peut être consulté sur le site internet www.fdf.org.

décider ensuite d'interrompre cette dernière s'il n'y a pas assez d'espoir de survie ou s'il existe des lésions entraînant de trop sévères séquelles ;

• Pour chaque cas, nous allons poser le problème de la décision médicale individualisée, réfléchie et assumée, en donnant l'information la plus transparente possible aux parents et en privilégiant la relation humaine (éthique de la responsabilité). Je précise que nous estimons, pour diverses raisons, que les décisions de vie ou de mort doivent rester dans le cadre d'une responsabilité médicale. Dans ce cadre, nous nous engageons à organiser, à titre individuel, un suivi médico-psychologique... Par conséquent, pour savoir comment évoluent ces enfants, nous nous engageons dans un suivi à moyen terme ;

• Nous donnons la priorité à l'intérêt des enfants dont nous devenons l'avocat. Notre objectif sera de les protéger contre toutes les pressions qui risqueraient d'être dommageables, qu'elles proviennent des parents, de professionnels ou de la société (principe de bienfaisance)... Comme l'intérêt de l'enfant est notre priorité, démarrer une réanimation ne va pas forcément impliquer sa poursuite si nous jugeons qu'elle est ultérieurement préjudiciable pour la vie de cet enfant (principe de non malfaisance). En cas de risque de handicaps très sévères, nous pouvons considérer que cette réanimation d'attente n'a plus lieu d'être et qu'il vaut mieux l'arrêter ;

• Diverses règles de procédure doivent dans tous les cas être respectées : discussion du dossier, prise de décision collégiale, information et accompagnement des parents. »[1]

On relèvera au passage que l'exigence d'un examen individuel offre plus de garanties qu'un principe général, tel que celui qu'a posé l'Académie suisse des sciences médicales : « *En cas de malformations graves ou de lésions périnatales du système nerveux central conduisant à des troubles de développement irréparables, ou si le nouveau-né ou le nourrisson ne survit que grâce à la mise en oeuvre de mesures techniques exceptionnelles et permanentes, le médecin pourra, après concertation des parents, renoncer à introduire ou à poursuivre de telles mesures* ».

– Les réanimateurs s'opposent sur le traitement des nouveau-nés qui ont acquis une autonomie respiratoire et qui pourraient être atteints de lésions cérébrales. Ces dernières ne pouvant pas être repérées avant trois semaines de vie, l'enfant peut vivre durant ce laps de temps sans l'aide d'aucune machine. « *Confrontées à de tels cas, les équipes peuvent opter pour deux solutions : elles peuvent maintenir artificiellement le tube alors que l'enfant n'en a pas besoin, jusqu'à ce que les lésions soient*

---

1 Audition du 7 janvier 2004.

suffisamment importantes pour qu'elles puissent décider, symboliquement, de l'arrêt de la machine ; ou bien elles peuvent considérer qu'il n'est pas éthique de continuer à faire souffrir un enfant avec un tube dans la trachée, des mouvements de kinésithérapie respiratoire, des aspirations, etc... alors qu'il n'en a pas besoin. »[1]

Dans cette hypothèse, si une décision d'arrêt de vie doit être prise, elle ne consiste plus en un arrêt du traitement mais en une administration de produits anesthésiques puissants conduisant l'enfant vers une mort douce, dans les bras éventuellement de l'un de ses parents.

Ces cas exceptionnels d'euthanasie doivent être encadrés par des procédures spécifiques ; les recommandations professionnelles précitées les définissant apparaissent être l'outil le plus adapté pour régir ces situations.

Ces mêmes procédures vont être mises en place dans les cas où une équipe médicale, reconnaissant que la poursuite d'un traitement constitue une obstination déraisonnable, décide de limiter ou d'arrêter ce traitement.

2.2.3 REFUSER L'ACHARNEMENT THÉRAPEUTIQUE

L'acharnement thérapeutique naît du refus d'un médecin ou d'une équipe de reconnaître que la situation est médicalement dépassée et qu'il n'existe plus de thérapeutiques possibles. Il ne fait l'objet d'aucune définition légale ou réglementaire, à part sa dénomination « d'obstination déraisonnable » à l'article 37 du code de déontologie médicale ; dans les textes internationaux de bioéthique, sont utilisés les notions de proportionnalité et de justification du traitement.

L'association « *Jusqu'à la mort accompagner la vie* » (JALMAV) jugeant important de définir ce type de comportement médical, le qualifie d' « *attitude qui consiste à poursuivre une thérapeutique lourde à visée curative, alors qu'il n'existe aucun espoir réel d'obtenir une amélioration de l'état du malade et qui entraîne parfois une prolongation de la vie du malade dans la souffrance* »[2].

L'acharnement thérapeutique peut également se définir comme la poursuite de traitements inutiles[3].

Un temps justifié par le caractère sacré de la vie, qui donnée par Dieu devait être préservée, par le respect absolu de la personne humaine ou par la valeur rédemptrice longtemps reconnue par la religion catholique à la

---

1 Audition du 7 janvier 2004.
2 Audition de M. Jean-Philippe Wagner du 20 janvier 2004.
3 Cf. *supra*, le paragraphe 2.2.1.2. – Différencier l'euthanasie des traitements de fin de vie.

souffrance, l'acharnement thérapeutique n'est plus défendu par aucune des quatre principales religions monothéistes françaises.

• Qualifiée de « *bêtise* » par le Cardinal Philippe Barbarin, Archevêque de Lyon, l'obstination déraisonnable, déjà mise en doute par les moralistes du XVIe siècle, a été condamnée par le Pape Pie XII dès 1957[1]. Les médecins sont donc appelés à ne plus considérer la mort comme un échec[2] personnel et comme pouvant être un jour définitivement vaincue par la technique. Aucun patient ne doit être plongé dans « *une agonie prolongée artificiellement (qui) est contraire à la dignité du mourant et au devoir moral de l'acceptation de la mort et de la poursuite de son cours.* »[3]

• Pour les musulmans, Dieu donnant la vie et la retirant, le moment de la mort dépend d'un décret divin. De ce fait, conclut M. Dalil Boubakeur, Président du Conseil français du culte musulman, le médecin n'est qu'un vecteur de la volonté divine et il doit « *lever la main de la poursuite des soins, des perfusions et même des examens lorsqu'aucune action thérapeutique ne serait utile.* »[4]

• Le judaïsme est contre la souffrance. Comme le rappelle M. Joseph Sitruk, Grand Rabbin de France, « *si dans le Talmud, on interdit de faire souffrir un animal inutilement,* a fortiori *un homme ne doit pas souffrir.* »[5] Mais le judaïsme prône aussi le caractère sacré de la vie. Dès lors, s'il autorise chacun à refuser toute nouvelle installation de machine, il invite à ne jamais débrancher celles qui, déjà en place, permettent au malade de vivre.

• Les protestants quant à eux se méfient de l'acharnement thérapeutique *« qu'il soit justifié par une sacralisation de la vie ou par la volonté d'en être le maître jusqu'au bout. »*[6]

Cette condamnation unanime de l'acharnement thérapeutique, partagée par les équipes médicales, va parfois conduire ces dernières à décider d'un arrêt ou d'une limitation des thérapeutiques prescrites à la personne dont la vie s'achève ou dont la vie est artificiellement maintenue à l'aide d'une machine[7].

---

1 Cf. *supra*, le paragraphe 1.3.2.2. – La douleur n'a plus de valeur rédemptrice.
2 Cf. *supra*, le paragraphe 1.2.1..2.1- La mort est perçue comme un échec.
3 Audition du 26 novembre 2003.
4 Audition du 25 novembre 2003.
5 Audition du 26 novembre 2003.
6 Audition de M. Olivier Abel, membre de la Commission « Eglise et société » de la Fédération protestante de France du 25 novembre 2003.
7 Cf. *supra*, le paragraphe 1.2.1.3.2 – L'importance de la décision médicale en fin de vie.

2.2.3.1 Les statistiques

Selon Mme Marie de Hennezel, « *5 % des 531 000 décès annuels en France sont des personnes qui arrivent en état de mort apparente dans les services d'urgence et pour lesquelles une décision d'abstention ou de limitation de soins actifs est prise. 35 % des décès, survenus aux urgences, sont dus à une abstention thérapeutique et 57 % à une décision de limitation ou d'arrêt de soins actifs* »[1].

M. François Lemaire cite, quant à lui, les chiffres suivants : « *La mortalité dans les services de réanimation ou d'urgence correspond, selon de nombreuses études ponctuelles, à la moitié des 70 % de personnes qui meurent à l'hôpital. Dès lors, sur environ 500 000 décès par an, 350 000 ont lieu à l'hôpital (70 %) dont 150 000 à 200 000 en réanimation ou aux urgences. D'après l'étude LATAREA qui a suivi des malades dans 120 services de réanimation français, pendant trois mois... 50 % des décès en réanimation (sont) précédés d'une décision d'arrêt ou de limitation des soins.* »[2] Ces décès concernent donc 75 000 à 100 000 personnes qui, dans 95 % des cas, sont inconscientes[3].

Tous deux se rejoignent pour constater qu'en l'état actuel de la science, les patients en réanimation pourraient être maintenus en vie quasi indéfiniment dans des conditions souvent insupportables, caractéristiques d'un acharnement thérapeutique. Les décisions de limitation ou d'arrêt de traitements sont donc souhaitables, à condition toutefois d'être prises selon une procédure précise.

2.2.3.2 La procédure de l'arrêt de traitement

– En juillet 2002, la *Société de réanimation de langue française* adoptait des recommandations pour « *Les limitations et arrêts thérapeutique(s) active(s) en réanimation adulte* »[4]. En juin 2003, la *Société francophone de médecine d'urgence* (SFMU) adoptait à son tour une recommandation professionnelle « *Ethique et urgence* »[5].

Dans les deux cas, diverses conditions essentielles encadrent les décisions médicales[6] de limitation ou d'arrêt de traitement :

• Le respect de la collégialité : le médecin doit se concerter avec l'équipe soignante (ses collègues, les infirmiers et aides-soignants) quelle

---

1 Rapport précité, p. 102.
2 Audition du 3 décembre 2003.
3 *Idem.*
4 Document qui peut être consulté sur le site internet www.srlf.org
5 Disponible sur le site internet http://www.sfmu.org/documents/consensus/rbpc_ethique.pdf
6 Lorsque la demande d'arrêt de traitement émane d'un patient conscient, la décision lui appartient. Cf. *supra*, le paragraphe 2.1.2.2.1. – Le refus du patient conscient.

que soit l'urgence de la décision à prendre dont la SFMU rappelle que « *susceptible de rapprocher l'échéance de la mort, elle ne peut pas être prise en urgence.* »

• La participation du patient lorsqu'il est conscient, d'une personne de confiance ou de la famille à la décision. Cette condition suppose qu'une information claire leur soit délivrée et éventuellement qu'un dialogue soit engagé. La participation de la personne de confiance et des proches à la décision doit être entendue comme une information et un dialogue, même lorsque le patient est inconscient. Dans ce cas, la décision est assumée par le seul médecin.

• La transparence : toutes les discussions et la décision elle-même doivent être inscrites dans le dossier médical du patient.

– Si la procédure de l'arrêt des thérapeutiques inutiles ou de leur limitation a été définie par les sociétés savantes des urgentistes ou des réanimateurs, ces règles sont désormais de plus en plus observées par les autres professionnels, afin d'éviter les acharnements thérapeutiques que tous dénoncent.

M. Xavier Mirabel observe que la pratique de l'acharnement thérapeutique est une difficulté réelle, majeure, quotidienne, contemporaine et peut-être une spécificité française et dénonce « *cette pratique constatée par certaines familles, notamment en réanimation et en néonatalogie. Dans mon expérience professionnelle, j'ai ainsi observé que des chimiothérapies étaient prescrites à un stade extrêmement avancé d'une maladie cancéreuse ou dans des situations dans lesquelles ce traitement n'apportait manifestement aucun bénéfice raisonnable* »[1].

De même, le docteur Jean-Philippe Wagner reconnaît : « *En tant que cancérologue, je suis censé mettre tout en oeuvre pour guérir le patient, en tout cas pour prolonger sa vie. Or, je sais pertinemment que beaucoup de gestes que je fais chaque jour ne servent à rien. Pourtant je continue à les faire, au prix parfois de souffrances pour le patient, car une chimiothérapie n'est jamais dénuée d'effets secondaires. Il ne faut pas oublier le prix de revient car les soins en chimiothérapie coûtent cher. Les soins palliatifs coûtent beaucoup moins cher quand ils sont bien faits. Avec une loi sur la limitation de soins, je pourrais me sentir plus libre de dire au patient qu'à partir d'un certain moment, la chimiothérapie n'a plus aucune utilité, que je vais faire mon possible pour traiter sa douleur et l'accompagner jusqu'au*

1 Audition du 28 janvier 2004.

bout, sans hâter sa mort ni lui faire subir un acharnement thérapeutique pour gagner un ou deux mois de vie, dans des souffrances inutiles. »[1]

– Comme dans les services d'urgence et de réanimation, l'arrêt des soins doit être décidé de façon collégiale car, comme le remarque Mme Marie-Sylvie Richard, « *il s'agit d'une décision difficile* », qui doit être prise avec « *l'accord du patient quand il peut le donner, ou l'accord de son tuteur* »[2] ou de la famille.

Il ne pourra toutefois être régulièrement décidé par les équipes médicales concernées que *« s'il s'opère un changement dans les mentalités. [...] un travail de fond autour d'un changement des mentalités et une réflexion sur la mort. Il faut déjà que les médecins eux-mêmes aient les idées claires, c'est-à-dire que tous les cancérologues ou les autres médecins aient une pratique du soin palliatif ou au moins, une formation en soins palliatifs pour pouvoir aborder la question de l'arrêt de soin et anticiper la réaction du patient »*[3].

Cette formation apprendrait également aux médecins et aux équipes soignantes, à s'interroger sur les motifs de leur décision d'arrêt du traitement et à définir les critères propres à leur démarche, laquelle peut parfois être quelque peu opaque. Le docteur Grégoire Moutel fait ainsi état d'études *« réalisées sur l'arrêt des soins en dialyse (chez le sujet âgé, en pédiatrie ou en réanimation) qui mettent en évidence un taux de 25 à 30 % de décisions prises sur des critères dont on ne sait pas sur quoi ils reposent : souffrance de l'équipe soignante, contrainte économique ou pression de la famille ? »*[4]

Les décisions de refus de l'acharnement thérapeutique et des soins disproportionnés, la formation à une acceptation que la maladie mortelle puisse l'emporter et que les seules thérapeutiques à mettre en oeuvre sont alors le traitement de la douleur et les soins de confort, doivent être encouragées.

Un tel encouragement permettra tout d'abord de dissiper la crainte de toute personne de subir un jour cet acharnement thérapeutique et de se voir intubée, attachée, opérée, soumise à des traitements douloureux et inutiles, crainte qui constitue un des fondements de la revendication euthanasique. Cet encouragement rassurera en second lieu nombre de médecins qui, croyant agir dans l'illégalité, soit s'obstinent à poursuivre des traitements inutiles, soit agissent clandestinement.

---

1 Audition du 20 janvier 2004.
2 Audition du 21 janvier 2004.
3 Audition de M. Jean-Philippe Wagner du 20 janvier 2004.
4 Audition du 10 décembre 2003.

2.2.4 GARANTIR UNE SÉCURITÉ JURIDIQUE AUX MÉDECINS

Lorsqu'ils prescrivent une analgésie morphinique, une sédation ou un arrêt de traitement, les médecins redoutent d'agir dans l'illégalité et d'être à la merci de poursuites pénales, engagées à la suite d'une plainte des proches de la personne décédée, d'une dénonciation ou d'une auto-saisine du Parquet.

Rapportant les résultats d'une enquête[1] réalisée par M. Edouard Ferrand, anesthésiste-réanimateur auprès des personnels de services de réanimation, Mme Marie de Hennezel note qu'un quart des réanimateurs craignant que des poursuites judiciaires ne soient engagées à leur encontre, agissent dès lors sans informer les familles (15 %), en dissimulant leurs actes (17 %) ou en mentant à leur équipe (5 %). Elle déplore par conséquent cette situation de malaise et cette absence de clarté qui sont « *à l'origine de conflits au sein des équipes soignantes, notamment entre médecins et infirmières et sont alors responsables d'une moindre qualité des soins, dont pâtissent en retour les patients et leur famille. En outre, de tels conflits sont très fréquemment retrouvés à l'origine des plaintes.* »[2]

Ce sentiment des médecins d'agir dans l'illégalité, lorsqu'ils prescrivent un traitement à double effet ou un arrêt de traitement, n'est pas à l'heure actuelle dénué de tout fondement. Même si les poursuites judiciaires sont exceptionnelles, le fait de causer la mort d'autrui ou de ne pas lui porter secours et assistance est puni par la loi pénale.

Tout médecin, y compris celui qui exerce sa profession selon des règles de bonne conduite et dans le cadre d'une collégialité, peut non seulement se voir poursuivi pour avoir refusé une obstination thérapeutique, mais peut aussi devoir affronter, éventuellement en Cour d'assises, un procès.

S'il est certain qu'aucun texte légal ou réglementaire ne saurait empêcher qu'une enquête soit ouverte à la demande d'une famille ou en cas de suspicion d'un acte douteux, il conviendrait toutefois :

– que le premier acte de l'instruction judiciaire ne corresponde pas à ce que M. Jean-Michel Boles qualifie de « coup de tonnerre » qu'il décrit ainsi : « *Personnellement, je ne peux pas imaginer, dans le cas de figure que nous évoquons, être convoqué, voire être arrêté dans mon service, menotté et emmené entre deux policiers. C'est totalement insupportable ! Je caricature volontairement parce qu'un certain nombre de nos collègues*

---

1 Portant sur 7 309 malades, répartis dans 113 services. Cf. *« L'euthanasie, la fin d'un tabou » opus* cité, p. 74-75.

2 Rapport précité, p. 106.

nous disent, voire nous écrivent, qu'ils craignent un tel scénario et qu'ils l'ont toujours en tête. Notre inquiétude est alors de les voir se protéger en disant : " rassurez-vous, nous ne pratiquerons plus la limitation ou l'arrêt de soins " ; ce serait alors un retour à l'acharnement thérapeutique et ce serait une catastrophe : oui et, sur notre forum, nombre de gens disent " ça suffit ". »[1] *;*

– que l'obstination déraisonnable soit mieux définie et condamnée ;

– que, sous réserve du respect d'une procédure collégiale et transparente et d'une information de la personne en fin de vie, de la personne de confiance ou de sa famille, soit consacré le droit du médecin de refuser toute obstination déraisonnable et de prescrire des traitements ou des arrêts de traitements pouvant mettre en jeu le risque vital de cette personne ;

– qu'une information réciproque des professionnels de santé et des magistrats sur les droits et les obligations de chacun soit mise en place.

Ainsi dégagés de la crainte des risques que leur pratique pourrait leur faire courir, les professionnels de santé se consacreraient plus aisément à l'accompagnement des personnes en fin de vie et à une démarche palliative.

2.2.5 POURSUIVRE LA DÉMARCHE PALLIATIVE

Pionnière des soins palliatifs, Dame Cicely Saunders[2] les définissait comme *« tout ce qui reste à faire quand il n'y a plus rien à faire »* et souhaitait qu'ils traitent non seulement les douleurs physiques, mais aussi la « *total pain* », la souffrance totale[3].

Les soins palliatifs, considérant la personne comme un être vivant et la mort comme un processus naturel, ont dès l'origine été pensés comme une réponse aux demandes d'euthanasie et leurs défenseurs sont parfois violemment critiqués par les tenants d'un droit à l'euthanasie. Néanmoins, fort des succès qu'il enregistre dans la lutte contre les douleurs et les souffrances et dans l'accompagnement des personnes et des familles, le mouvement palliatif est désormais reconnu et répandu dans de nombreux pays.

---

1 Audition du 3 décembre 2003.

2 Fondatrice de la première unité de soins palliatifs au Saint Christopher's Hospice de Londres.

3 Audition du docteur Henri Delbecque, Responsable du Comité de suivi du programme national de développement des soins palliatifs du 16 décembre 2003.

2.2.5.1 Les soins palliatifs

– En 1990, l'Organisation mondiale de la santé définissait les soins palliatifs comme des *« soins actifs, complets, donnés aux malades dont l'affection ne répond plus au traitement curatif. La lutte contre la douleur et les autres symptômes ainsi que la prise en considération des problèmes psychologiques, sociaux et spirituels, sont primordiaux. Ils ne hâtent ni ne retardent le décès. Leur but est de préserver la meilleure qualité de vie possible jusqu'à la mort ».*

– L'article 9 de la loi n° 2002-303 du 4 mars 2002 relative aux droits des malades et à la qualité du système de santé dispose que : *« Les soins palliatifs sont des soins actifs et continus pratiqués par une équipe interdisciplinaire en institution ou à domicile. Ils visent à soulager la douleur, à apaiser la souffrance psychique, à sauvegarder la dignité de la personne malade et à soutenir son entourage. »*[1]

– A la fin 2002, l'Agence nationale d'accréditation et d'évaluation en santé (ANAES) a édicté des recommandations sur « Les modalités de prise en charge de l'adulte nécessitant des soins palliatifs » soit *« des soins actifs, continus, évolutifs, coordonnés et pratiqués par une équipe pluriprofessionnelle. Ils ont pour objectif, dans une approche globale et individualisée, de prévenir ou de soulager les symptômes physiques, dont la douleur, mais aussi les autres symptômes, d'anticiper les risques de complications et de prendre en compte les besoins psychologiques, sociaux et spirituels, dans le respect de la dignité de la personne soignée. Les soins palliatifs cherchent à éviter les investigations et les traitements déraisonnables et se refusent à provoquer intentionnellement la mort. Selon cette approche, le patient est considéré comme un être vivant et la mort comme un processus naturel. Les soins palliatifs s'adressent aux personnes atteintes de maladies graves évolutives ou mettant en jeu le pronostic vital ou en phase avancée et terminale, ainsi qu'à leur famille et à leurs proches. Des bénévoles, formés à l'accompagnement et appartenant à des associations qui les sélectionnent peuvent compléter, avec l'accord du malade ou de ses proches, l'action des équipes soignantes ».*

L'ANAES définit ensuite les principes de prise en charge de ces personnes atteintes des maladies précitées ou dont la vie prend fin dans le grand âge. Ces principes sont les suivants : le respect de leur confort, de leur libre arbitre et de leur dignité ; la prise en compte de leur souffrance globale ; l'évaluation et le suivi de leur état psychique ; la qualité de l'accompagnement et de l'abord relationnel ; l'information et la

[1] Article L. 1110-10 du code de la santé publique.

communication ; la coordination et la continuité des soins ; la prise en charge de la phase terminale et de l'agonie ; la préparation au deuil.

Elle précise enfin les modalités de prise en charge des principaux symptômes (douleur, asthénie, immobilité, anxiété, dépression, troubles du sommeil, syndromes confusionnels, ulcérations, escarres, prurit...), ainsi que les modalités de prise en charge des problèmes sociaux, familiaux et spirituels.

2.2.5.2 Les structures palliatives

– Les textes fondateurs

– La première reconnaissance du caractère nécessaire des soins palliatifs date, en France, de la publication de la circulaire du 26 août 1986 relative à l'organisation des soins et à l'accompagnement des malades en phase terminale[1]. Elle définit les soins d'accompagnement, les modalités de leur organisation selon la diversité des situations (domicile ou établissement...) et crée des unités appropriées.

– La loi n° 91-748 du 31 juillet 1991 portant réforme hospitalière dispose que les soins palliatifs font partie des missions des hôpitaux[2].

– A la suite de deux rapports déposés par le sénateur Lucien Neuwirth[3] relatifs, l'un à la prise en charge de la douleur[4], l'autre à l'état du développement des soins palliatifs[5], ont été adoptées :

• la loi n° 99-477 du 9 juin 1999 visant à garantir le droit à l'accès aux soins palliatifs et à un accompagnement qui précise les obligations qui incombent aux établissements de santé en matière de prise en charge de la douleur et de développement d'une politique palliative, la place et le statut des bénévoles, les conditions du congé d'accompagnement ;

• la loi n° 2002-303 du 4 mars 2002 relative aux droits des malades et à la qualité du système de santé qui parmi les droits fondamentaux des malades, inscrit le droit de tout patient de bénéficier de soins palliatifs.

– Les structures

L'organisation des soins palliatifs et de l'accompagnement a été détaillée par une circulaire du 19 février 2002. Elle décompose les offres de

---

1 Circulaire dite « Laroque ».

2 Ce principe a été repris et précisé par l'article L. 1110-9 du code de la santé publique : « *Toute personne malade dont l'état le requiert a le droit d'accéder à des soins palliatifs et à un accompagnement* ».

3 Audition du 14 avril 2004.

4 *Prendre la douleur en charge* – n° 138 – Sénat 1994/1995.

5 Rapport d'information sur *les soins palliatifs et l'accompagnement* – n° 207 – Sénat 1998/1999.

structures palliatives, financées par les agences régionales d'hospitalisation, en unités de soins palliatifs (USP), équipes mobiles de soins palliatifs (EMSP), lits identifiés et réseaux.

Aux termes de la circulaire :

• Chaque région doit comporter, au moins, une unité de soins palliatifs, en centre hospitalier universitaire (CHU) ou en établissement de référence régional. Constituée de lits totalement dédiés à la pratique des soins palliatifs et de l'accompagnement, l'USP réserve sa capacité d'admission aux situations les plus complexes et/ou les plus difficiles. Elle assure une triple mission de soins, de formation-enseignement et de recherche. Chaque USP constitue un pôle de compétence indispensable pour la formation initiale et continue des différents professionnels appelés à intervenir en soins palliatifs. A ce titre, elle doit être capable d'accueillir des stagiaires. Les USP participent activement aux enseignements universitaires initiaux et continus, et tout particulièrement dans les cursus des études médicales, les instituts de formation, les diplômes universitaires, les diplômes inter universitaires et les capacités.

• L'équipe mobile de soins palliatifs, interdisciplinaire et pluriprofessionnelle, se déplace au lit du malade et/ou auprès des soignants, à la demande des professionnels de l'établissement de santé. Elle exerce une activité transversale au sein de l'établissement de santé. Elle a un rôle de conseil et de soutien auprès des équipes soignantes des services de l'établissement, de formation et est éventuellement associée à des fonctions d'enseignement et de recherche.

• Les lits identifiés représentent au sein des services ayant une activité en soins palliatifs importante, une organisation qui doit permettre d'optimiser la réponse à une demande spécifique et croissante. Ils peuvent être identifiés dans un service de courte durée, de soins de suite et de réadaptation ou éventuellement de soins de longue durée.

• Les réseaux offrent, d'une part, aux patients une permanence et une continuité des soins et, d'autre part, aux professionnels, un environnement de compétences. Ils permettent aussi la participation d'acteurs professionnels indispensables (psychologues, assistantes sociales, ergothérapeutes, psycho-motriciens, par exemple) ainsi que l'intervention de bénévoles. Ils intègrent dans la démarche de soins et d'accompagnement, les services de soins infirmiers à domicile (SSIAD) et les services d'auxiliaires de vie locaux éventuellement sollicités, ainsi que les pharmaciens.

2.2.5.3 Les faiblesses actuelles du système

– Lors de leurs auditions devant la mission, M. Henri Delbecque[1] et Mme Aude Le Divenah[2], Chef de projet du Programme national de soins palliatifs à la Direction de l'hospitalisation et de l'organisation des soins, après avoir dressé l'état des lieux des structures de soins palliatifs, ont constaté leur insuffisance[3].

– Mme Marie de Hennezel considère, quant a elle, que les soins palliatifs bien que « *soutenus par une politique de santé qui a fait de "la fin de vie" une priorité de santé publique, évoluent dans un contexte institutionnel, professionnel et culturel peu préparé, et parfois réticent, sinon hostile à leur démarche* ». Elle rappelle également que « *seules 18 régions ayant un volet obligatoire "soins palliatifs" dans leur schéma régional d'organisation sanitaire (SROS) ; il importe donc de rappeler régulièrement aux ARH leur mission à cet égard car elles ne considèrent pas toutes, les soins palliatifs et l'accompagnement comme une priorité* »[4].

– Si un grand nombre de professionnels de santé entendus par la mission se sont opposés à la création de « mouroirs »[5], certains[6] souhaiteraient que tous les médecins et les soignants soient formés à la fin de vie et à la prise en charge de la douleur ; d'autres préféreraient que *« chaque unité, chaque service, chaque département ait un référent en soins palliatifs et des équipes formées »*[7].

– La fragilité des équipes de soins palliatifs a également été soulignée à plusieurs reprises, que ces dernières soient menacées par le caractère insuffisamment rentable de leur activité[8], l'absence de moyens et de reconnaissance[9], le manque de personnel[10] et la tentation des autres services de leur transférer dès qu'ils vont très mal, certains de leurs malades[11] les transformant ainsi en « spécialistes de la mort »[12].

– Déjà dénoncée par le Conseil économique et social[13], aucune véritable évaluation des besoins en soins palliatifs ne semble avoir été

---

1 Audition du 16 décembre 2003.
2 Audition du 13 janvier 2004.
3 Cf. *infra*, le paragraphe 3.3.3.2.2. – Poursuivre le développement des soins palliatifs.
4 Rapport précité, p. 46-47.
5 Cf. notamment les auditions du professeur Louis Hollender, Président de l'Académie nationale de médecine, du 21 octobre 2003 et de M. Michel Ducloux, Président de l'Ordre des médecins du 3 décembre 2003.
6 Auditions de M. Christophe Trivalle du 16 décembre 2003 et de Mme Marie-Thérèse Garnier du 7 janvier 2004.
7 Audition de M. Philippe Letellier du 9 décembre 2003.
8 Audition de Mme Marie-Sylvie Richard du 21 janvier 2004.
9 Mme Marie de Hennezel – rapport précité, p. 49.
10 Audition de M. Christophe Trivalle du 16 décembre 2003.
11 Auditions de M. Philippe Letellier du 9 décembre 2003 et de Mme Marie-Thérèse Garnier du 7 janvier 2004.
12 Audition de M. Patrick Thominet du 28 janvier 2004.
13 Rapport précité, p. 9.

réalisée à ce jour. La politique des soins palliatifs est actuellement fondée sur des études épidémiologiques relatives aux pathologies potentiellement mortelles en phase évoluée ou terminale (cancer, sida, sclérose latérale amyotrophique, maladie de Parkinson...) mais qui ne tiennent pas compte des personnes âgées ni des besoins nouveaux apparus en pédiatrie et en réanimation.

2.2.5.4 Les comparaisons avec l'étranger

C'est sans doute parce que la prise de conscience de l'importance des soins palliatifs est récente que hormis le cas du Royaume-Uni, le degré de développement des soins palliatifs à l'étranger, est à un niveau à peu près équivalent à celui de notre pays.

– **En Allemagne**, sur les 860 000 personnes décédées en 1999, 52 % sont mortes dans des hôpitaux, 14 % dans des établissements de soins ou de long séjour, 29 % à domicile et 5 % dans des accidents. Ces statistiques peuvent varier d'un Land à l'autre puisqu'en Rhénanie-Westphalie, le taux de décès à domicile est de 39,8 %.

Le système allemand de soins palliatifs repose sur l'hospitalisation dans des unités ou des établissements de soins palliatifs (« Palliativstationen und Hospize ») et sur des unités de médecine ambulatoire.

Les hospices possèdent leur propre organisation. Ils accueillent des patients endurant de graves souffrances et des personnes en fin de vie de tout âge, qui ne peuvent être pris en charge autrement. 50 % de ces hospices sont gérés par des institutions confessionnelles.

Les unités de soins palliatifs sont des unités liées à un hôpital ou intégrées dans celui-ci.

Actuellement, on compte en moyenne 12 lits de soins palliatifs pour un million d'habitants. Les évaluations sur les besoins divergent. Une étude ancienne les chiffrait, avec des écarts suivant les Länder de 4 à 23 lits, à 10 lits pour un million d'habitants en Rhénanie du Nord-Wesphalie. Certaines études font état d'un besoin de 100 lits pour un million d'habitants dans un rayon minimal de 30 kilomètres, d'autres enfin reposent sur une fourchette de 123 à 170 lits.

A vrai dire, de nombreux facteurs démographiques, sociaux, économiques, financiers interfèrent dans ces estimations. Le rapport de la Commission d'enquête du Bundestag sur les conséquences de l'évolution démographique de la société allemande (*Drucksache 14/8800*) présenté sous la précédente législature, appelait de ses voeux le développement à la fois de la collaboration des professionnels des soins palliatifs et des soins palliatifs ambulatoires. En ce sens, il plaidait également pour une culture de réseaux et insistait sur le nécessaire soutien à apporter aux personnes engagées dans l'aide aux patients en fin de vie. Le même rapport insistait pour que la formation aux soins palliatifs touche 50 % des personnes travaillant dans les hospices.

– En Belgique, les soins palliatifs ont été mis en place à la fin des années 1980, grâce à des initiatives privées ; ils ont ensuite été développés par une politique publique de planification à partir de 1995.

• L'encadrement et le financement publics de l'offre de soins palliatifs ont permis une répartition équitable sur l'ensemble du territoire des structures palliatives qui sont réparties en :

– unités hospitalières de soins palliatifs, financées par le Gouvernement fédéral. Regroupant 360 lits par zones de 300 000 habitants, elles réunissent des équipes pluridisciplinaires : médecins, infirmiers, kinésithérapeutes, assistants sociaux, psychiatres ;

– équipes de soutien à domicile, financées par une convention avec la sécurité sociale ; qualifiées de « consultantes » participatives ou substitutives ces équipes sont composées de 0,1 équivalent temps plein médecin, 2 infirmiers et 1 employé administratif à mi-temps et s'adressent aux patients en fin de vie à domicile, en maison de repos ou en foyer d'accueil ;

– équipes mobiles intra-hospitalières qui sensibilisent aux soins palliatifs, les professionnels des hôpitaux de court séjour ;

– soins palliatifs en maison de repos et au domicile.

• Le 14 juin 2002 a été adoptée une loi fédérale relative aux soins palliatifs dont l'accès doit être garanti à tous par le dispositif de l'offre de soins et par son remboursement.

– En Espagne, le pourcentage des personnes mourant à domicile est de 50 % lorsqu'il existe un dispositif de soins palliatifs dans leurs zones d'habitation ; il est de 30 à 40 % dans les autres cas. Le développement des soins palliatifs a été mis en oeuvre à partir des années 1990. Si un plan national de soins palliatifs a été adopté en 2001, chaque région autonome décide des orientations de sa politique de santé et les finance.

En 2001, 23 000 patients (dont 80 % étaient atteints d'un cancer en phase terminale) ont bénéficié de soins palliatifs. Ces derniers sont dispensés par 350 équipes de soins palliatifs dont 180 sont des unités mobiles de soins (soit 13 en Andalousie, 47 en Catalogne et 11 dans la Communauté de Madrid) ; 70 sont des équipes mobiles à l'hôpital et 100 sont des unités hospitalières. Les équipes hospitalières gèrent 1 200 lits (soit 35 lits pour 1 million d'habitants) et exercent pour 50 % d'entre elles dans des services de soins aigus et pour le reste dans le système socio-sanitaire (moyen et long séjour) ou dans des maisons de retraite. Tous les soins sont gratuits.

• L'enseignement des soins palliatifs est assuré par des cours d'initiation ainsi que des cours de niveau intermédiaire et par des enseignements universitaires. Il est envisagé de créer une sous-spécialité « soins palliatifs » au sein des spécialités « médecine de famille », « oncologie » et « médecine interne » pour les médecins et les infirmières. Elle comprendra un stage de six mois dans les services accrédités ainsi qu'une formation universitaire.

– **Aux Etats-Unis,** les soins des personnes en fin de vie étaient assurés en 2002 par 3 200 *Hospice programm* (H.P.) qui touchaient 885 000 patients et prenaient en charge le décès de plus d'un quart des morts annuelles du pays. Alors que seuls 32 % des Américains décèdent à domicile, 52 % suivis par un H.P. meurent à leur domicile.

• 70 % des H.P. sont gérés par des organismes privés à but non lucratif (seuls 24 % sont à but lucratif) et 4 % par le secteur public. 91 % des H.P. sont agréés par le système *Medicare* (assurance médicale gérée par le gouvernement fédéral et offerte aux personnes de plus de 65 ans ou aux personnes affligées d'un handicap sévère).

Ils reposent sur une équipe multidisciplinaire (médecins, infirmiers, aides-soignants, psychologues, kinésithérapeutes, travailleurs sociaux) et sur des volontaires. Les équipes assurent des soins courants à domicile (94,5 %), des soins d'hospitalisation (4,5 %) ou des soins intensifs permanents (1 %). Ces soins pris en charge par des assurances médicales à 99 %, leur coût variant de 110 $ à 644 $ par jour (honoraires des médecins non compris).

• L'enseignement des soins palliatifs, balbutiant au niveau de la formation initiale des médecins et des infirmiers, est essentiellement assuré par les hôpitaux universitaires, les écoles de médecine et les écoles d'infirmières.

La formation continue dans ce domaine, est en revanche un objectif dans lequel s'impliquent de plus en plus les associations professionnelles.

– **En Italie**, les soins palliatifs sont peu connus, coûteux et offrent peu d'efficacité et de qualité. Le contrôle de la douleur accuse un grand retard[1].

• Les Italiens meurent en moyenne à 80 % à leur domicile ; l'hôpital est réservé aux traitements des phases aiguës des maladies.

• Le système des soins palliatifs prévoit une assistance en milieu ambulatoire, à domicile (intégrée ou spécialisée), à l'hôpital et dans les 134 hospices (résidences de soins palliatifs pour malades en phase terminale, dont 50 % sont des unités hospitalières). La distribution des hospices sur le territoire est hétérogène[2] car leur organisation et leur gestion dépendent des régions. Ils relèvent à 45 % du service sanitaire national, à 33 % d'organisations non lucratives et à 10 % de structures religieuses. Ils disposent de personnel qualifié à deux niveaux (infirmiers et spécialistes) et gèrent 8 à 30 lits au maximum. En 1998-1999, 1 920 lits étaient financés par l'Etat, les collectivités territoriales et des organismes privés.

• La formation aux soins palliatifs est récente ; elle comprend une formation de base pour tous les professionnels de santé, une formation intermédiaire pour les personnes qui, possédant un titre professionnel sont en contact avec des malades en phase terminale (généralistes, spécialistes, médecins ou infirmiers et psychologues) et une formation spécialisée pour les professionnels des soins palliatifs.

– **Le Québec** disposait en 2002 de 370 lits de soins palliatifs soit 1 lit pour 20 000 habitants.

Les structures palliatives se répartissent en : équipes ou unités hospitalières (la situation variant extrêmement d'un hôpital à un autre) ; centres d'hébergement et de soins longue durée (110 lits) ; 13 résidences spécialisées en soins palliatifs (90 lits financés grâce à des fonds caritatifs) et des centres locaux de services communautaires.

– **Le Royaume-Uni**, berceau du mouvement mondial des soins palliatifs, compte 216 hospices (unités de soins palliatifs) soit un total de 2 433 lits. Ces structures relèvent principalement du secteur associatif caritatif (152 hospices). Des soins palliatifs peuvent également être délivrés à domicile 24 heures sur 24.

• Les soins palliatifs, qui représentaient une dépense totale de 435 millions d'euros en 2000, sont, quel que soit leur gestionnaire, totalement gratuits pour les patients et pour leurs familles. Ils sont dispensés

---

1 La prescription des opiacées est 12 fois inférieure à celle de l'Allemagne et 32 fois à celle de la France.

2 65 % au Nord, 15 % au Centre et 10 % au Sud et dans les îles.

par des équipes pluridisciplinaires (médecins, infirmiers, psychologues et personnels des services sociaux, lorsqu'ils sont à domicile).

• La formation aux soins palliatifs est une spécialité suivie après la formation médicale de base. Les infirmières peuvent également bénéficier d'une formation supplémentaire en médecine palliative.

2.2.6 PRENDRE LA MESURE DES PROBLÈMES DES PROFESSIONNELS

Enfin, on ne saurait dresser un tableau des attentes des professions de santé sans prendre la mesure des contraintes pesant sur elles, liées à la charge de travail et à l'organisation de notre système de santé.

2.2.6.1 Une charge de travail très lourde

Les difficultés que rencontrent les soignants lorsqu'ils sont confrontés à une fin de vie tiennent à la pénurie des personnels de santé, aggravée par la réduction du temps de travail et par une prise en compte insuffisante de la charge de travail que ces soins représentent.

Ainsi que le rappelle M. Christophe Trivalle : *« Dès que le malade est en fin de vie et selon la durée de cette dernière, différents processus pas systématiques mais très fréquents, vont apparaître (dénutrition, fonte musculaire, apparition d'escarres, par exemple) et qui vont demander des soins quotidiens assez longs. Si dix malades en soins palliatifs souffrent tous d'escarres et nécessitent des soins, cela signifie qu'il faut pratiquement une infirmière par malade. Or, actuellement, l'Assistance publique-Hôpitaux de Paris (AP-HP) n'a pas pour perspective d'augmenter le personnel, alors qu'elle propose pour les soins de longue durée, un ratio de 0,5 personne au lit du malade, qu'elle soit infirmière, aide-soignante, etc... C'est un ratio très bas. »*[1]

M. Jean-Michel Zucker constate de son côté que si l'usure des soignants est une réalité dans tous les cas, « *elle est notamment présente dans l'affrontement à la fin de vie* »[2] tandis que Mme Hedwige Marchand s'inquiète de ce phénomène « *car j'ignore par quel bout le prendre : le rythme est-il tel que l'on arrive à être débordé au point, parfois, de ne plus même pouvoir assurer le minimum ?* »[3]

De même, Mme Nadine Hesnart témoigne de la difficulté d'exercer un accompagnement des malades et de leur famille en milieu rural : « *Dans un emploi du temps débutant à six heures et demie du matin et finissant à*

---

[1] Audition du 16 décembre 2003.
[2] Audition du 16 décembre 2003.
[3] Audition du 27 janvier 2004.

vingt-deux heures, il est impossible d'aménager un espace pour un nouveau cas. Et, dans ma campagne normande, comme nous sommes 42 infirmières pour cent mille habitants, ces refus de prise en charge de patients sont possibles. [...] Nos refus de soins sont plutôt dictés par l'éloignement géographique des patients : la prise en charge d'un patient demeurant dans la commune où nous exerçons est possible mais pas celle du patient situé à quinze kilomètres car il n'est pas possible de faire cinq à six allers-retours par jour pour l'assister. A la campagne, le temps de déplacement est un facteur très important, puisque notre lot quotidien est de parcourir en voiture deux cents kilomètres. Pour gagner du temps, nous avons institué des permanences dans nos cabinets pour traiter les patients qui, pour une injection ou un pansement, peuvent se déplacer. Mais, ces heures sont très occupées et ne suffisent pas à pallier les manques de temps. »[1]

Mais si ces difficultés sont spécifiques au milieu rural, l'accompagnement des malades en milieu urbain – en particulier dans les grandes agglomérations – se heurte également à d'autres problèmes pratiques comme les questions de circulation et de stationnement. Ces contraintes quotidiennes limitent le nombre de visites d'aide à domicile.

2.2.6.2 Une organisation du système de soins mal maîtrisée

2.2.6.2.1 Les transferts de patients

La dernière hospitalisation d'un malade, les soins à donner à une personne âgée qui s'achemine vers la mort sont souvent longs et nécessitent non seulement des soins nombreux mais aussi une grande, voire une continuelle présence.

La tentation est grande dès lors de diriger ce malade en service de soins de suite ou en service de soins palliatifs « *au détriment bien souvent du souhait du malade et de sa famille qui ont établi depuis longtemps des liens de confiance avec l'équipe qui a suivi le malade tout au long de sa maladie et qui ont l'impression que le malade était un sac-poubelle dont personne ne veut* »[2].

Cette errance institutionnelle est également dénoncée par :

• Mme Marie-Sylvie Richard : « *Il est révoltant d'entendre que l'on va confier aux longs séjours, qui fonctionnent avec un personnel minimum, des patients présentant des pathologies très complexes. La limite d'âge va*

---

[1] Audition du 10 décembre 2003.
[2] Audition de Mme Marie-Thérèse Garnier du 7 janvier 2004.

souvent faire écran mais je connais des personnes âgées de 30 ans, atteintes d'une chorée de Huntington, qui s'y trouvent »[1] ;

• M. Michel Dehan : « *Nous allons accueillir des enfants dans le cadre d'une réanimation, puis dès qu'ils seront un peu autonomes, ils seront confiés à un autre service, d'où s'ensuit un changement d'équipe, voire de discours car les équipes n'ont pas toujours la même façon d'envisager les choses »*[2] ;

• M. Grégoire Moutel : « *Ainsi s'explique un grand nombre de transferts vers les soins palliatifs alors que certains patients pourraient rester en gériatrie, ou encore de transferts vers les services de réanimation alors que les intéressés pourraient demeurer dans les services de médecine polyvalente. Ce problème de transferts vers des structures spécialisées est extrêmement important, dans la mesure où ces dernières deviennent surchargées. Se pose alors la question de la contrainte économique qui rendra plus nécessaire la décision d'arrêt des soins »*[3].

2.2.6.2.2 Le poids des contraintes socio-économiques

Ces contraintes socio-économiques peuvent émaner soit des malades, soit de la structure de soins elle-même.

– En réanimation pédiatrique, 25 % des familles dont les enfants sont accueillis, sont en situation de grande précarité psychosociale. Dans ce contexte, quelle est la place des facteurs psychosociaux dans la prise de décision de réanimation ? Tous les enfants ont-ils les mêmes droits ?

S'interrogeant sur ce problème, M. Michel Dehan reconnaît ne pas savoir résoudre de telles difficultés mais avoue que « *de temps en temps, la situation familiale va nous pousser à prendre des décisions opposées soit de vie soit d'arrêt. Nous sommes obligés de tenir compte de ce contexte. C'est la raison pour laquelle j'ai insisté sur ce cas par cas individualisé, en fonction de l'histoire familiale et du contexte, etc...* »[4]. Illustrant ses propos par les cas des enfants atteints du syndrome d'Ondine qui, trachéotomisés, nécessitent d'être ventilés chaque soir, il indique que chaque fois que son équipe avait imposé à des familles en difficulté de reprendre leurs enfants, cela avait été une catastrophe (enfants mourant d'obstruction trachéale, couples se séparant). Depuis lors, les décisions de maintien en vie ou non de ces enfants sont prises en fonction de leurs situations familiales.

---

1 Audition du 21 janvier 2004.
2 Audition du 7 janvier 2004.
3 Audition du 10 décembre 2003.
4 Audition précitée du 7 janvier 2004.

De même, le manque de place dans les services de réanimation adulte exige parfois que le médecin réanimateur fasse des choix entre différents patients, en admette certains sur des critères d'âge et en refuse d'autres sur des critères qui ne sont pas forcément explicites. Ainsi, M. Grégoire Moutel qualifie d'*« euthanasie sociale, fréquente sur la place de Paris tous les soirs »* les refus d'admission en réanimation des personnes âgées de plus de 75 ans[1].

Cette réalité économique qui impose des choix aux professionnels de santé s'applique également aux hospitalisations des malades qui doivent être de plus en plus courtes et performantes mais qui remettent en question toute la fonction asilaire de l'hôpital. Dès lors, s'interroge Mme Isabelle Marin, que faire des malades mourants, sans domicile fixe ou toxicomanes qui ne trouvent pas d'autres lieux d'accueil ?[2] En écho, M. André Comte-Sponville, philosophe, souhaite poser la question suivante : *« Disposons-nous véritablement des moyens financiers de notre politique ? Lorsqu'on considère l'état de nos hôpitaux, le vieillissement de la population, les progrès de la médecine et aussi le coût de chaque prolongation de vie, cette question doit être posée. Elle est désagréable et glauque, mais n'est pas obscène. Chacun sait que la santé n'a pas de prix, mais elle a un coût. La mort, également. »*[3]

Ces arguments de type économique ne doivent pas être *« disqualifiés d'avance comme immoraux »* car rappelle M. Olivier Abel *« nos sociétés ont des moyens limités et nous sommes donc obligés, pour les répartir, de faire des choix... Les traitements ont des coûts qu'il faut prendre en compte, même si, moralement, cela pose des problèmes très importants, souvent tragiques. Un traitement disproportionné va ainsi mobiliser des ressources qui pourraient être utiles à une autre vie, à une autre survie »*[4].

Pour cette raison mais aussi pour répondre aux attentes de notre société, et pour encourager tous les professionnels de santé à continuer de veiller sur nos fins de vie et à les accompagner avec compétence et dévouement, il est aujourd'hui nécessaire de rappeler les orientations primordiales d'une politique de la fin de vie et de procéder aux aménagements réglementaires et législatifs qui apparaissent socialement, juridiquement et médicalement les plus justifiés.

---

[1] Audition du 10 décembre 2003.
[2] *« Allez donc mourir ailleurs » – opus* cité, p. 225.
[3] Table ronde du 17 décembre 2003.
[4] Audition du 25 novembre 2003.

3. TROISIÈME PARTIE : QUELLES SONT LES RÉPONSES POSSIBLES AUX ATTENTES DE NOTRE SOCIÉTÉ ?

Plusieurs options possibles se sont dégagées progressivement des enseignements des auditions de la mission : le maintien du *statu quo*, la dépénalisation de l'euthanasie en s'inspirant des exemples néerlandais et belge et enfin le choix d'une troisième voie, adaptée au contexte social et médical français.

3.1 CONSERVER LE *STATU QUO*

Nombreuses sont les personnalités entendues par la mission, qui ont fait valoir la force des arguments plaidant pour que les équilibres actuels ne soient pas profondément modifiés. Des considérations sociales, médicales, juridiques, ainsi qu'un souci de prudence ont été fréquemment mis en avant pour étayer cette argumentation.

3.1.1 LES ARGUMENTS SOCIAUX

Suivant le choix que pourrait être amené à faire le législateur, à savoir la dépénalisation de l'euthanasie ou l'aménagement du code de déontologie médicale et du code de la santé publique, les conséquences ne seraient évidemment pas les mêmes pour la société. Mais dans les deux cas, les réactions possibles du corps social ne sauraient être occultées.

Une dépénalisation aurait deux effets : d'une part, comme l'a fait observer Mme Nicole Questiaux, membre du Comité consultatif national d'éthique, ancien ministre, présidente de section honoraire du Conseil d'Etat, elle heurterait une partie de la population pour laquelle une telle idée est intolérable[1] ; d'autre part, elle pourrait être interprétée par la société comme un encouragement au laissez-faire, générateur d'angoisses chez les personnes affaiblies en fin de vie. Dans la mesure où les malades pourraient dès lors appréhender toute admission dans un établissement hospitalier, l'image même de l'hôpital pourrait en souffrir[2].

A des degrés moindres, le droit pour le législateur d'aménager la loi a également été contesté au nom de considérations sociales. A ce titre, le risque de débordements législatifs successifs et la persistance de l'insatisfaction des familles ont été invoqués.

Citant un propos de Mme Jacqueline Labrusse-Riou, professeur de droit à l'Université de Paris I, selon laquelle « *au désordre des faits s'ajouterait un désordre organisé des valeurs* », M. Gérard Mémeteau, professeur à la faculté de droit de Poitiers, Directeur du Centre de droit

---

1 Audition du 12 février 2004.
2 *Idem.*

médical, a mis en garde le législateur contre la tentation d'initiatives législatives, destinées à adapter par étapes successives la loi à des pratiques : « *Encadrer, c'est dire « oui », sans conditions évolutives. C'est peut-être [...] s'incliner d'avance devant des faits cependant estimés contraires à la conscience du législateur.* »[1] Cette démarche n'aurait pour effet que d'affaiblir l'autorité de la loi et plus symboliquement celle de la norme. Le souci de la stabilité de la règle de droit n'étant pas la caractéristique la plus évidente de la législation actuelle, ce risque ne saurait être sous-estimé.

Par ailleurs, selon M. Régis Aubry, Président de la *Société française d'accompagnement et de soins palliatifs*, si l'on analyse la plainte des familles, après le décès de l'un des leurs, comme un moyen pour celles-ci d'exprimer leur culpabilité ou au contraire de s'en dégager, toute modification de la loi ne priverait pas celles-ci de cet exutoire[2]. On pourrait même penser le contraire : l'expression de ces plaintes pourrait s'en trouver favorisée.

3.1.2 LES ARGUMENTS MÉDICAUX

Les principes d'éthique médicale sont venus également conforter les arguments invoqués pour contester l'opportunité d'une intervention du législateur. Il a été ainsi rappelé avec force par M. Jean Pradel, professeur émérite à la Faculté de droit de Poitiers, que le médecin avait pour vocation de soigner et non de donner la mort et que de ce fait, la loi était conçue pour défendre la vie[3]. Pour illustrer cette thèse, M. Jean Pradel s'est appuyé sur le serment d'Hippocrate, selon lequel : « *Même si on me le demande, je n'administrerai jamais à quiconque un médicament mortel et je n'aviserai personne à ce propos.* » Lors de son audition, M. Dominique Perben, Garde des Sceaux, a également insisté sur l'importance de la relation de confiance qui doit prévaloir entre le médecin et le patient : « *Ce qui me paraît indispensable, c'est de préserver la relation de confiance qui existe entre le malade et le médecin : cette relation est fondamentale. Tout notre système de soins est fondé sur cette relation. Il ne faut pas que le malade puisse avoir le moindre doute sur ce point. Il doit avoir la conviction, même s'il ne peut pas l'exprimer, que lorsque le médecin s'approche de lui, c'est pour le soigner et le sauver. Cela est au cœur du pacte social et c'est cette relation de confiance qui doit être préservée, car sinon, que pourrait-il se passer ?* »[4] Or, on peut craindre que cette dernière ne soit remise en cause si le législateur venait à faire le choix d'une dépénalisation de l'euthanasie. Sur le registre médical, trois conséquences ont été prêtées à la

---

1 Audition du 4 février 2004.
2 Audition du 20 janvier 2004.
3 Table ronde du 25 février 2004.
4 Audition du 27 avril 2004.

dépénalisation[1] : le risque d'une dérive dans la perspective d'alléger le poids économique des fins de vie ; le frein ainsi opposé aux progrès médicaux et à la recherche ; la consécration de l'absence totale d'espoir et par voie de conséquence, la reconnaissance de l'incurabilité.

Au surplus, certaines personnes auditionnées par la mission, comme M. Michel Castra, maître de conférences en sociologie et chercheur au Laboratoire CLERCE-CNRS, ont estimé que l'introduction de l'exception d'euthanasie risquerait d'être vécue comme une mutation considérable : « *Elle correspondrait non pas à un simple changement mais à une rupture radicale avec le paradigme médical palliatif que l'on a choisi de privilégier jusqu'à maintenant.* »[2]

3.1.3 LES ARGUMENTS JURIDIQUES

Des juristes rencontrés par la mission, aucun n'est venu plaider pour une dépénalisation de l'euthanasie.

La réflexion juridique qui a alimenté les débats de la mission s'est ordonnée essentiellement autour de deux constats : le dispositif juridique applicable est suffisant et le législateur rencontrerait beaucoup de difficultés à apporter, dans une telle matière, des définitions claires et précises.

3.1.3.1 Le droit applicable est suffisant

Des raisons à la fois d'ordre général et des raisons liées plus particulièrement à la procédure pénale et à la procédure disciplinaire ont été mises en avant pour justifier le *statu quo*.

– Des raisons d'ordre général

D'aucuns ont douté que le législateur soit apte à légiférer sur une question aussi sensible que la vie et la mort, le droit français comme l'a fait valoir M. Daniel Vigneau, professeur de droit privé et de sciences criminelles à l'Université de Pau et des pays de l'Adour [3], ayant pour lui d'être flexible.

L'apport de la loi n° 2002-303 du 4 mars 2002 relative aux droits des malades et à la qualité du système de santé a été également invoqué. Le droit reconnu aux malades d'accéder aux soins palliatifs et en même temps de refuser un traitement, le devoir imparti au médecin par l'article 37 du code de déontologie médicale de ne pas pratiquer d'obstination déraisonnable et de soulager les souffrances, l'obligation parallèle

---

1 Audition de M. Jean Pradel à la table ronde du 25 février 2004.
2 Audition du 10 février 2004.
3 Audition du 10 février 2004.

d'accompagnement de la personne malade et de sa famille, constitueraient autant de réponses fournies par le droit en vigueur pour résoudre en grande partie les questions posées dans le cadre du débat sur l'euthanasie.

– Les mérites de la procédure pénale et de la procédure disciplinaire

Plusieurs juristes se sont accordés à reconnaître au principe de l'appréciation souveraine du parquet et du jury d'assises des vertus susceptibles d'apporter des réponses appropriées à chaque affaire d'euthanasie. Pour M. Gérard Mémeteau[1], « *il faut laisser, au cas par cas, le ministère public exercer son pouvoir d'appréciation de l'opportunité des poursuites, après une enquête sur les véritables mobiles parce que les mobiles ostensibles ne sont pas toujours les vrais mobiles de l'acte litigieux* ». Cette liberté d'appréciation se retrouve, lorsque le jury d'assises est amené à se prononcer. Il se forge par définition son opinion et ses arrêts n'ont pas à être motivés. Dès lors, comme l'observe M. Daniel Vigneau, « *le débat peut à la fois conduire à la sévérité, lorsqu'il le faut, je pense notamment à l'affaire Malèvre, et à la clémence lorsque celle-ci est parfaitement justifiée* »[2].

Evoquant une affaire où un médecin avait été privé de l'exercice de la médecine pendant un an par la section disciplinaire du Conseil national de l'Ordre des médecins, pour avoir injecté une dose de chlorure de potassium provoquant immédiatement la mort par arrêt cardiaque (CE, 29 décembre 2000, *Duffau,* Lebon p. 678), M. Bernard Beignier, Doyen de la Faculté de droit de Toulouse, a donné raison au procureur qui, en l'espèce, avait saisi le Conseil national de l'Ordre des médecins, avant d'engager des poursuites pénales. Deux raisons justifieraient à ses yeux le recours à une procédure disciplinaire préalable à la procédure pénale : l'étalement dans le temps des deux procédures et l'effet de dissuasion prêté à la sanction disciplinaire par rapport à la sanction pénale. « *Il est préférable d'avoir une sanction qui aura un effet évident sur le médecin et au-delà sur l'ensemble du corps médical, plutôt que de se risquer à engager un procès qui se terminera par un acquittement, ce qui aurait un résultat inverse.* »[3]

Si l'on peut trouver à la procédure disciplinaire des vertus que ne possède pas la procédure pénale, il ne faut pas toutefois sous–estimer le caractère aléatoire de l'engagement d'une telle procédure. En effet, la saisine du conseil régional de l'Ordre des médecins appartient, en vertu de l'article L. 4124-2 du code de la santé publique, à des autorités limitativement énumérées : le ministre chargé de la santé, le préfet, le

1 Audition du 4 février 2004.
2 Audition du 10 février 2004.
3 Audition du 24 février 2004.

parquet, le directeur de l'agence régionale de l'hospitalisation. Au surplus, la chambre disciplinaire de première instance peut, soit sur la demande des parties, soit d'office, ordonner une enquête sur les faits dont la contestation lui paraît utile à l'instruction de l'affaire. Cependant, si aucune de ces autorités ne prend l'initiative de cette saisine, soit par inertie, soit par souci d'apaisement, l'argument tiré de l'avantage prêté à la priorité de la procédure disciplinaire perd de sa force, puisque celle–ci ne reçoit pas d'application systématique.

3.1.3.2 L'impossibilité d'apporter des définitions précises

La difficulté, voire l'impossibilité de légiférer a été également souvent opposée par les juristes et des philosophes reçus par la mission.

M. Renaud Denoix de Saint Marc, Vice-président du Conseil d'Etat, a attiré particulièrement l'attention des parlementaires sur ce point : *« Il est très difficile, voire impossible, de légiférer sur le fond en la matière car il y aura toujours des définitions sur lesquelles il y aura une part d'incertitude. Il reviendra toujours au juge du fond – juge de la déontologie, juge pénal en cas de poursuites pénales, juge administratif en cas de mise en cause de la responsabilité d'un établissement hospitalier – de préciser à partir des définitions données par les textes, la qualification juridique. »*[1]

De son côté, M. Guy Canivet, Premier président de la Cour de cassation n'a pas manqué de souligner que *« plus la loi est précise plus elle est difficile à appliquer et plus elle risque de laisser hors de son champ d'application des situations qui n'ont pas été aperçues. La généralité de la loi permet de tout appréhender. La trop grande spécificité de la loi ferme les choix »*[2].

Des raisonnements identiques ont été tenus par M. Jean Michaud, conseiller honoraire à la Cour de cassation, membre du Comité consultatif national d'éthique et par M. Jean Pradel[3].

S'agissant plus précisément de la définition de l'intention du médecin, M. Nicolas Aumonier, maître de conférences en histoire et philosophie des sciences à l'Université Joseph Fourier – Grenoble I, a mis en garde le législateur : *« Si la loi voulait préciser cette intention pour ne pas l'exposer à de trop grandes variétés d'interprétations jurisprudentielles, elle ne pourrait le faire qu'en caractérisant des gestes précis qu'elle autoriserait (recours à une escalade létale de doses d'analgésiques, limitations ou arrêts de traitements, débranchement d'appareils de survie*

---

1 Audition du 3 février 2004.
2 Audition du 3 février 2004.
3 Table ronde du 25 février 2004.

artificielle, afin d'éviter toute douleur inutile ou tout acharnement thérapeutique), par opposition à d'autres qui seraient interdits (suicide assisté, injection létale). Or, caractériser, puis autoriser, des gestes serait manquer le problème, puisqu'à geste égal, l'intention peut être de laisser vivre ou de faire mourir. Une loi éviterait aux consciences d'avoir à s'interroger pour savoir si leur intention est ou non homicide. Puis la loi serait interprétée comme une admission de l'euthanasie dans certains cas, et, comme l'habitude en aurait été prise, elle serait élargie cinq ans plus tard au suicide assisté et à l'injection létale eux-mêmes. »[1] Au demeurant, l'intention ne se confondant traditionnellement pas en droit pénal avec le mobile, l'acte est intentionnel même si le mobile est louable[2]. Quelle que soit la motivation pour laquelle l'individu prétend avoir agi, en voulant obtenir un résultat illicite, il a consciemment violé la loi pénale. Qu'il soit mû par méchanceté ou par compassion, l'empoisonnement, par exemple, est juridiquement intentionnel. Il reste que la peine peut être prononcée en fonction des circonstances de l'infraction et de la personnalité de son auteur, comme le prévoit l'article 132-24 du code pénal.

3.1.4 LES ARGUMENTS DE LA PRUDENCE

La nécessité, préalablement à toute réforme, d'évaluer les effets de la loi n° 2002-303 du 4 mars 2002 relative aux droits des malades et à la qualité du système de santé est une réaction partagée par nombre de spécialistes, qu'il s'agisse de juristes ou de professionnels de santé.

M. Bernard Beignier a estimé qu'une loi nouvelle par définition pose toujours des problèmes et que l'on ne saurait dès lors s'étonner des interrogations soulevées par une législation qui n'a que deux ans d'âge[3]. Mme Isabelle Erny, juriste au bureau Ethique et droit de la Sous-Direction de la coordination des services et des affaires juridiques de la Direction générale de la santé, de la famille et des personnes handicapées, a rejoint cette opinion, en considérant qu'une refonte de textes récents à un intervalle aussi rapproché n'était pas souhaitable[4].

Ce souci de ne pas remettre en cause de nouvelles règles a été également exprimé par des représentants des professionnels de santé. Pour M. Régis Aubry, « *il conviendrait d'attendre les effets de ce que nous avons mis en route* »[5].

D'autres personnes reçues par la mission ont lié l'opportunité d'une législation aux avancées de la politique des soins palliatifs. C'est ainsi que

---

1 Audition du 5 novembre 2003.
2 Crim. 11 décembre 1924 ; 3 septembre 1996, B. n° 311 ; 8 décembre 1998, B. n° 336.
3 Audition du 24 février 2004.
4 Audition du 24 février 2004.
5 Audition du 20 janvier 2004.

Mme Marie-Thérèse Garnier, infirmière au sein d'une unité mobile de soins palliatifs, a fait valoir qu'il lui semblait trop tôt pour légiférer sur l'euthanasie, la politique des soins palliatifs n'ayant pas été menée encore jusqu'à son terme. Cette condition une fois remplie, la législation sur l'euthanasie ne devrait plus être justifiée : « *Quand tous les services de soins auront des soignants bien formés, quand les équipes auront mûri au niveau de la prise en charge de la fin de vie, quand il y aura un accompagnement de qualité, les demandes d'euthanasie seront pratiquement inexistantes.* »[1]

Certains intervenants, tels que M. Jean-Pierre Pilorge, Grand secrétaire de la Grande Loge nationale française, ont subordonné l'introduction d'une législation à des créations jurisprudentielles préalables[2].

3.1.5 LES LIMITES DE CET ARGUMENTAIRE

Pour forts qu'ils soient, ces arguments n'emportent pas toutefois totalement la conviction. Assimilant le plus souvent toute nouvelle législation à une dépénalisation de l'euthanasie, ces réserves à l'égard d'une réforme de la réglementation, quelle qu'elle soit, semblent exclure un aménagement de cette dernière qui n'emprunterait pas la direction de la dépénalisation. Au risque de se répéter, sur un problème aussi difficile, dans lequel interfèrent autant des considérations éthiques que sociales, médicales et juridiques, un raisonnement binaire n'est pas le plus adapté à la réalité.

Pour fondés qu'ils soient juridiquement, ces arguments font également peu de cas de la demande des patients et des professionnels de santé à voir leurs droits et leurs obligations mieux pris en compte. Si par exemple le droit positif ne définit pas l'obstination déraisonnable, son imprécision revient, dans le même temps, à ignorer la situation du malade inconscient en fin de vie.

Enfin, le maintien du *statu quo* a pour effet également de continuer à faire arbitrer ces problèmes par la justice, alors même que nos concitoyens sont gagnés par la tentation procédurière à l'anglo-saxonne et que ce contentieux pèse de manière croissante sur l'exercice de la profession médicale et sur son attractivité. Or, d'une part, l'expérience montre que le juge judiciaire en particulier, est peu familiarisé avec le code de la santé publique et le code de déontologie médicale et, d'autre part, le danger est que le contentieux dont il peut être saisi, peut naître à l'occasion d'affaires, qui ne sont pas forcément représentatives de la réalité. Mme Nicole Questiaux est particulièrement consciente de ce risque : « *Il ne faut pas résoudre cette question par des litiges. Autrement dit, la tentation serait d'attendre qu'un juge vienne trancher la question. Or, que ce soit le juge*

1 Audition du 7 janvier 2004.
2 Audition du 3 décembre 2003.

national, le juge européen ou un autre, des décisions seront prises mais aucune d'elles ne constituera la bonne solution. Pourquoi ? Parce que les litiges interviendront toujours à propos d'affaires saugrenues et ne concerneront pas le cas du médecin qui, par compassion et mesurant le degré de doute dans lequel il se trouve, s'agissant de la fin de vie d'une personne, a pris les responsabilités qu'il croyait devoir prendre, compte tenu de la pratique médicale du moment. »[1]

3.2 DÉPÉNALISER L'EUTHANASIE : S'INSPIRER DES EXEMPLES NÉERLANDAIS ET BELGE

Lorsque l'on considère que le droit interne est présumé ne pas offrir de réponse à un problème, il est alors tentant de chercher des solutions à l'étranger[2].

Les Pays-Bas et la Belgique, qui ont fait le choix de la dépénalisation de l'euthanasie, sont en l'espèce souvent invoqués comme des exemples.

Si d'autres Etats plus lointains ont également opté pour la dépénalisation, l'attention de la mission s'est toutefois portée exclusivement sur les législations de ces deux pays, en raison de leur degré d'achèvement, de la proximité géographique de ces deux Etats et de leur appartenance à l'Union européenne.

3.2.1 LA LÉGISLATION NÉERLANDAISE

La loi néerlandaise qui traite de cette question date de 2001[3]. Elle présente pour l'essentiel deux traits : d'une part, elle a fait l'objet de discussions approfondies, de propositions, d'enquêtes pendant trente ans et est caractérisée incontestablement par un relatif consensus. Elle avait d'ailleurs été précédée d'une première législation en 1992. Elle est donc le fruit d'une longue maturation. D'autre part, cette législation est fortement imprégnée de deux valeurs spécifiques à la société néerlandaise : la liberté de l'individu, qui s'explique par l'influence très forte de la religion protestante et la relation de confiance prévalant entre le médecin et le patient. Cette réglementation s'appuie au demeurant sur un réseau très dense de médecins de famille qui jouent un rôle central dans le dispositif en vigueur.

---

1 Audition du 12 février 2004.

2 On consultera avec profit l'étude de la division des études de législation comparée du service des études juridiques du Sénat disponible sur le site www.senat.fr. On se reportera aussi utilement à *Regard éthique, l'euthanasie*, vol. II, *Perspectives nationales et européennes*, Editions du Conseil de l'Europe, janvier 2004.

3 Loi du 12 avril 2001 relative au contrôle de l'interruption de vie pratiquée sur demande et au contrôle de l'assistance au suicide et portant modification du code pénal ainsi que de la loi sur les pompes funèbres reproduite et extraits du modèle de rapport à rédiger par le médecin qui a pratiqué « l'interruption de la vie ou apporté une aide au suicide », en annexes au présent rapport p. 275 et s.

Afin de pouvoir dégager les enseignements de cette législation, on analysera successivement son contenu, son application et ses perspectives.

3.2.1.1 Son contenu

L'euthanasie aux Pays-Bas se définit comme l'interruption de la vie par un médecin à la demande du patient. L'euthanasie est dépénalisée dans le code pénal. L'homicide commis sur demande de la victime et l'assistance au suicide ne sont pas punissables, lorsqu'ils sont réalisés par un médecin, qui satisfait à six critères et qui en donne communication au médecin légiste de la commune. Ces critères qualifiés « de minutie » et détaillés en 46 questions imposent au médecin d'avoir acquis plusieurs convictions :

– la demande du patient doit être délibérée et bien réfléchie ;

– les souffrances du patient doivent être insupportables et sans perspective d'amélioration ;

– le médecin doit avoir informé le patient sur sa situation et sur les perspectives qui sont les siennes ;

– il doit être parvenu en concertation avec le patient à la conviction qu'il n'existe aucune autre solution raisonnable pour remédier à la situation dans laquelle il se trouve ;

– il doit avoir consulté au moins un autre médecin indépendant, qui ayant vu le patient, s'est exprimé par écrit sur le respect des autres critères de minutie précédents ;

– il doit avoir pratiqué l'interruption de la vie ou aidé au suicide avec toute la rigueur médicale requise.

3.2.1.2 La procédure applicable

Une demande orale ou une déclaration écrite peuvent être considérées comme constituant une demande légitime d'euthanasie.

Le médecin qui a procédé à une interruption de vie sur demande ou qui a aidé un patient à se suicider répond à un questionnaire qu'il adresse à une commission régionale, chargée de vérifier s'il a respecté les « critères de minutie ». Il est à noter que les deux-tiers des demandes d'euthanasie adressées aux médecins et précisément aux médecins de famille, sont rejetées, le médecin n'étant pas tenu d'accéder à une demande d'euthanasie. La Commission régionale de contrôle reçoit aussi bien le rapport du médecin, qui a pratiqué l'euthanasie ou prodigué une aide au suicide que celui du médecin légiste, de même que la déclaration du médecin indépendant consulté et éventuellement la déclaration écrite du patient décédé. Le médecin consulté, doit être indépendant, tant à l'égard du premier médecin que de la commission. Celle-ci rend ses conclusions écrites et motivées au médecin dans les six semaines suivant la réception de son rapport. Soit le médecin a agi avec toute la rigueur requise et il n'est pas poursuivi, soit la commission estime que le médecin n'a pas agi conformément aux « critères de minutie » et transmet son évaluation au parquet ; soit encore la commission demande au médecin des informations complémentaires.

D'après une enquête réalisée par les commissions de contrôle en 2003, les cas d'euthanasie déclarés représenteraient 60 % des cas d'euthanasies pratiquées.

3.2.1.3 Le champ de la loi

La Cour de cassation hollandaise dans un arrêt du 24 décembre 2002 a considéré qu'il n'était manifestement pas dans l'esprit du législateur de permettre l'euthanasie, en dehors des cas prévus par les textes. A ce titre, elle a jugé que « l'ennui de vivre » ne suffisait pas à justifier l'aide au suicide. Elle a ainsi motivé son arrêt : non seulement le législateur n'a expressément pas voulu étendre le régime de la nouvelle loi à ces situations mais admettre une telle démarche irait à l'encontre de l'exigence de ce texte, selon lequel le médecin doit agir conformément à des notions médicales prudentes et avec toute la compétence professionnelle dont il est supposé disposer. Sa compétence médicale ne s'étend ni au diagnostic ni au traitement de questions subsidiaires n'ayant pas pour origine une maladie ou une affection.

3.2.1.4 L'application de la loi

On observe une baisse régulière des déclarations d'euthanasie : 2 590 cas en 1998 ; 2 216 en 1999 ; 2 123 en 2000 ; 2 054 en 2001 ; 1 882 en 2002 et 1 815 en 2003. En 2003, huit cas ont été transmis au parquet.

Pour expliquer cette diminution, les promoteurs de la législation avancent plusieurs raisons : la réticence des médecins à remplir un questionnaire ; la crainte pour un certain nombre d'entre eux que ces règles ne portent atteinte aux rapports de confiance devant prévaloir avec le patient ; la tentation de certains médecins de déclarer des euthanasies comme des morts naturelles. Il faut tenir compte également de la conception différente de l'euthanasie que peuvent avoir les médecins, ce mot n'ayant pas le même sens pour tous les praticiens. Enfin, présentant les chiffres d'euthanasies pour 2003, la Présidente des commissions de contrôle,

Mme Reina de Valk, jugeait, le 27 mai 2004, que le développement des soins palliatifs aux Pays-Bas expliquait cette baisse.

3.2.1.5 Les perspectives de la loi

Cependant, le débat sur l'opportunité de compléter cette législation est d'ores et déjà ouvert. A l'occasion d'une manifestation officielle récente, la Ministre de la Santé, du Bien-être et des Sports, qui avait été à l'origine de la législation actuellement en vigueur, a dessiné plusieurs perspectives possibles pour la loi, montrant ainsi que celle-ci n'avait pas épuisé le débat. La ministre de l'époque a estimé que cette législation ne prenait pas en compte les personnes souffrant de façon insupportable, sans perspective d'amélioration. Elle a aussi suggéré de remédier au vide juridique visant la situation des nouveau-nés souffrant de malformations graves. Elle a également proposé que les psychiatres puissent aider des patients atteints de maladie psychiatrique insupportable. Les « critères de minutie » devraient s'appliquer à ces cas et le contrôle de la bonne application de la loi devrait revenir à une commission nationale unique, composée de psychiatres, qui n'avertirait le parquet que si elle juge le psychiatre blâmable.

S'agissant des patients atteints de la maladie d'Alzheimer, l'ancien ministre de la santé a plaidé pour que le médecin puisse aider le patient qui est au premier stade de cette maladie. Enfin, le cas des personnes très âgées qui ne sont pas malades mais qui souffrent d'être encore en vie a été évoqué. Cette même responsable politique a proposé que celles-ci puissent acquérir en pharmacie, une pilule, appelée « pilule de la dernière volonté », sur présentation d'une attestation préalable du médecin, qui ferait valoir que la personne était atteinte d'une souffrance sans perspective d'amélioration ; la distribution des pilules serait par ailleurs signalée à une commission de contrôle.

3.2.1.6 Les enseignements de cette expérience

Le contexte culturel et social de cette expérience est très particulier. Encore une fois, la place laissée à l'autonomie de l'individu dans la culture protestante imprègne fortement cette législation.

Les déclarations d'euthanasie obéissant aux critères de la législation sont modestes ; elles diminuent d'une année sur l'autre et montrent qu'un nombre important d'euthanasies clandestines sont pratiquées en dehors des critères légaux comme l'avaient déjà souligné plusieurs praticiens français devant la mission. En d'autres termes, la procédure mise en place après une longue maturation a surtout abouti à ne juger que les « bons élèves ». Au surplus, si les bonnes pratiques respectueuses des « critères de minutie » n'appellent pas par définition de poursuites pénales, parallèlement les pratiques clandestines n'entraînent pas non plus de fait, de poursuites. Dès lors, on peut légitimement s'interroger sur l'intérêt juridique d'une telle construction législative. Celle-ci semble surtout avoir servi à conforter une situation acquise, sans que la méconnaissance de la législation ne soit, en tout état de cause, sanctionnée. Si ses auteurs admettent que cette législation n'a reçu qu'une application limitée et a surtout une valeur pédagogique, on peut douter de la pertinence de la transposition d'une telle démarche en France. Compte tenu de la valeur symbolique attachée à la norme législative dans notre pays, il est probable que le corps social n'admettrait pas qu'une telle loi ne reçoive pas d'application, faute de sanction frappant sa méconnaissance.

3.2.2 LA LÉGISLATION BELGE

Alors que la législation néerlandaise n'avait vu le jour qu'à la suite d'une longue maturation, la législation belge n'a pas fait l'objet d'une telle réflexion préalable. Elle date du 28 mai 2002[1].

3.2.2.1 Ses prémices

L'initiative d'un débat est revenue aux Présidents de la Chambre des représentants et du Sénat, qui avaient saisi en 1996 le Comité consultatif d'éthique nouvellement créé, afin qu'il se prononce sur l'opportunité d'une législation sur l'euthanasie.

Dans son avis n° 1 du 12 mai 1997, le comité avait proposé différentes solutions au législateur ; il avait déclaré ne pas pouvoir « *trancher dans un débat où les orientations éthiques et les conceptions de la vie sont fondamentalement différentes* » mais avait constaté que « *par delà les divergences [...] irréductibles* », certains points de vue avaient pu être rapprochés, ce qui pouvait permettre « *d'arriver à une solution au problème de l'euthanasie* ». Il avait alors conclu qu'un large débat démocratique devait s'engager « *entre les principaux acteurs concernés et plus largement entre tous les citoyens* ». Ce souhait a été satisfait par le Sénat qui, en décembre 1997, a invité les rédacteurs de l'avis à deux jours de discussions publiques.

En 1999, le débat, déjà influencé par le clivage très important qui divise la société belge entre chrétiens et laïcs, a été marqué par l'alternance politique qui est résultée des élections du 13 juin. Les sociaux-chrétiens qui, depuis 1958, n'avaient jamais été exclus d'un gouvernement, ont été remplacés par la coalition « Arc-en-ciel » associant les libéraux, les socialistes et les écologistes. La loi de dépénalisation de l'euthanasie faisait partie des sujets sur lesquels la nouvelle majorité entendait faire entendre sa

---

[1] Loi du 28 mai 2002 relative à l'euthanasie figurant en annexe au rapport p. 291.

différence par rapport à ses prédécesseurs, puisqu'elle avait plaidé dans le même temps pour le mariage homosexuel et la tolérance en matière de drogues douces.

En décembre 1999, six sénateurs de la nouvelle majorité ont fondu dans une proposition de loi commune relative à l'euthanasie, les divers textes qu'ils avaient précédemment déposés sur ce sujet. Un débat s'est alors engagé en novembre 2000, au sein des commissions de la justice et des affaires sociales du Sénat sur cette proposition de loi amendée. 44 auditions publiques – soit moitié moins que les auditions effectuées par la présente mission d'information – ont été organisées et retransmises par la télévision belge dès le lendemain.

Adopté en commission, après d'intenses débats, le texte a été transmis pour avis au Conseil d'Etat. Ce dernier a considéré que le droit à la vie protégé par la Convention européenne des droits de l'homme, n'étant pas un devoir de vie, le texte sénatorial sur l'euthanasie ne le méconnaissait pas, d'autant que les garanties mises en œuvre semblaient suffisantes « *pour assurer qu'il ne soit accédé à une demande de fin de vie qu'entouré de la prudence nécessaire* ».

La proposition de loi, votée par le Sénat le 25 octobre 2001[1] a été définitivement adoptée, après seulement 16 heures de discussion, par la Chambre des représentants le 16 mai 2002[2].

Parallèlement à la discussion de la loi relative à l'euthanasie, se sont ouverts des débats sur les droits du malade et sur la nécessité des soins palliatifs. De ce fait, simultanément à l'adoption de la loi précitée, ont été promulguées la loi du 14 juin 2002 relative aux soins palliatifs et la loi du 22 août 2002 relative aux droits du malade.

3.2.2.2 Ses dispositions

– Qualifiée d'« *acte pratiqué par un tiers qui met intentionnellement fin à la vie d'une personne à la demande de celle-ci* », l'euthanasie ne constitue pas une infraction pénale dès lors que le médecin :

• la pratique sur une personne majeure ou émancipée (15 ans) capable et consciente, dont la demande est « *volontaire, réfléchie et répétée* », dont « *la situation médicale est sans issue* » et qui fait état d'une souffrance physique ou psychique constante, insupportable, inapaisable due à une « *affection accidentelle ou pathologique grave et incurable* » ;

---

1 Par 44 voix pour, 23 contre et 2 abstentions.
2 Par 86 voix pour, 51 contre et 10 abstentions.

• insère dans le dossier du patient, la demande écrite, datée et signée de l'intéressé ; s'il n'est pas en état de la rédiger lui-même, la demande est faite par une personne majeure qu'il aura précédemment choisie et qui ne doit avoir aucun intérêt matériel au décès. La demande, révocable à tout moment, n'a aucune valeur contraignante : aucun médecin n'est tenu de participer à un acte d'euthanasie ;

• a constaté – après avoir informé son patient de l'état de sa santé, des possibilités thérapeutiques et palliatives et de leurs conséquences – la persistance de sa souffrance physique ou psychique, la réitération de sa volonté et l'absence de toute autre solution raisonnable ;

• a consulté un autre médecin indépendant ainsi que l'équipe soignante et les proches que le patient a désignés ;

• a fait appel, lorsque le malade n'est pas en phase terminale, à un second médecin indépendant, qui rédige un rapport établissant que les conditions médicales et celles relatives à la volonté du patient sont remplies. Dans ce cas, un délai d'au moins un mois devra être respecté entre la demande d'euthanasie et l'acte.

– La loi organise un contrôle *a posteriori* systématique des euthanasies, en obligeant le médecin à remplir un document détaillant les conditions dans lesquelles l'euthanasie a été effectuée et à le transmettre à la Commission fédérale de contrôle et d'évaluation, dans les quatre jours qui suivent l'acte d'euthanasie. Cette dernière exerce son contrôle sur la base de diverses données : nature de la souffrance constante et insupportable ; existence d'une déclaration de volonté libre, réfléchie et réitérée ; procédure suivie par le médecin ; qualification et avis du ou des médecins consultés ; manière dont l'euthanasie a été effectuée et les moyens utilisés.

La commission se prononce dans le délai de deux mois. En cas de doute, elle peut demander communication de tous les éléments du dossier médical relatifs à l'euthanasie. Lorsque celle-ci n'a pas eu lieu dans les conditions prévues par la loi, la commission décide à la majorité des deux tiers de saisir le ministère public.

– Lorsqu'un patient inconscient, atteint d'une affection accidentelle ou pathologique grave et incurable et dans un état « *irréversible selon l'état actuel de la science* », a établi ou confirmé cinq ans avant cet état, une déclaration anticipée de demande d'euthanasie, le médecin peut pratiquer cette dernière, à condition que :

• la déclaration prenne la forme d'un écrit daté et signé par le déclarant, par deux témoins majeurs dont l'un au moins n'a pas d'intérêt matériel au décès du déclarant ainsi que, le cas échéant, par les personnes de confiance ;

• le médecin ait consulté un autre médecin indépendant qui doit constater par écrit l'irréversibilité de l'état du patient, l'équipe soignante et éventuellement la personne de confiance et les proches du patient désignés par cette dernière.

3.2.2.3 Ses premiers enseignements

Entrée en vigueur quatre mois après son adoption, la loi belge continue de diviser chrétiens et laïcs, comme a pu le constater la mission, en assistant à des débats très vifs sur le sujet au Sénat belge.

La Commission fédérale de contrôle et d'évaluation a reçu en un an et demi, près de 300 déclarations d'euthanasie qui, effectuées à 40 % à domicile, ont concerné pour :

– 91 %, des patients en fin de vie ;

– 83 %, des cancers en phase terminale ;

– 10 %, des affections neurologiques ;

– 3 %, des affections neuromusculaires non évolutives.

Le ministère de la santé estime que le nombre des gestes actifs est dix fois plus important que le nombre des actes déclarés. Il explique ces données par le fait que l'habitude de la clandestinité perdure. D'aucuns mettent en cause également l'aspect « bureaucratique » de la loi, qui impose au médecin de remplir un formulaire comprenant 39 données.

3.2.2.4 Les questions en suspens

– Dans la mesure où il concerne des patients qui ne sont pas en phase terminale et font état d'une souffrance physique ou psychique constante et insupportable qui ne peut être apaisée, le champ d'application de la loi est large. Mais il s'avère en même temps restreint, puisqu'en sont exclus tous les patients inconscients qui n'ont pas rédigé de déclaration anticipée.

– En reposant sur les seules déclarations anticipées des patients inconscients, la loi belge encourt plusieurs reproches :

• elle ne traite pas des malades qui n'ont pas exprimé de volonté et qui constituent le cas le plus fréquent. De ce fait, en ne se concentrant que sur une faible proportion de patients ayant accompli une démarche volontaire, elle n'assure véritablement aucune sécurité juridique aux médecins réanimateurs – comme l'ont souligné les représentants de cette spécialité devant la mission – lorsqu'ils mettent fin à la vie de patients inconscients n'ayant laissé aucune déclaration anticipée de volonté et dont le maintien en vie présenterait le caractère d'un acharnement thérapeutique.

• elle fait craindre à certains professionnels que leurs confrères, hésitant à pratiquer des arrêts de traitement, afin de ne pas tomber sous le coup de la loi, ne pratiquent des acharnements thérapeutiques, alors que ces derniers sont interdits par le code de déontologie et que dans les hôpitaux, des conseils d'éthique peuvent permettre d'engager une discussion sur le cas d'un patient ;

• elle souffre également le reproche d'entraîner une double spécialisation professionnelle préjudiciable aux intéressés : spécialisation des médecins, puisque toute personne peut s'adresser aux associations qui militent en faveur de l'euthanasie, afin d'obtenir une liste de médecins pouvant être consultés pour le deuxième avis ; spécialisation des centres hospitaliers, qui décident d'accueillir les demandes d'euthanasie.

• enfin, elle ne prévoit aucune formation du personnel soignant.

On observera au surplus que d'autres sujets font encore débat à l'heure actuelle. D'abord, aucune condition de nationalité ou de résidence n'étant exigée pour l'application de cette loi, certains craignent que la Belgique ne devienne le pays de l'euthanasie. Les tenants d'un élargissement du champ d'application de la loi ont également évoqué la possibilité d'étendre ces dispositions aux mineurs. En outre, la gestion des déclarations anticipées fait problème. Elle exige la mise en place d'un système organisant leur conservation et leur consultation : faut-il les conserver en mairie, créer un registre national, inscrire sur la carte d'identité des informations non pas médicales mais permettant d'accéder à un serveur informatique, utiliser le service existant des dons d'organes, informatisé et accessible 24 heures sur 24 mais qui s'avère assez onéreux ? Telles sont les questions encore en suspens.

3.2.3 DES RÉPONSES PARTIELLES AUX PROBLÈMES DE LA FIN DE VIE

Mais au-delà de ces critiques et de ces interrogations, il s'avère plus fondamentalement que ces deux législations n'apportent qu'une réponse limitée aux problèmes de la fin de vie.

3.2.3.1 Une appréhension très parcellaire de la complexité de la réalité

La législation belge est le décalque *a posteriori* de la législation hollandaise. Elle a été inspirée par de fortes considérations politiques, alors que la loi hollandaise s'inscrit dans une démarche réfléchie, enracinée dans un contexte culturel et religieux, qui explique très largement ses orientations. La loi belge a un champ d'application plus large que la loi hollandaise, puisqu'elle prend en compte la souffrance psychique et s'essaye même à la qualifier. Sous des formes différentes, puisque la loi hollandaise admet même une formulation orale de la demande d'euthanasie, toutes deux cependant, en ne répondant qu'à l'expression de cette demande ne traitent que très partiellement des problèmes de fin de vie. Le sort des malades inconscients n'est pas pris en compte. La sécurité juridique des médecins confrontés à de tels patients n'est pas assurée. La place confiée dans ce dispositif à la déclaration anticipée de volonté, qualifiée en France de « testament de vie » est au surplus contestable.

3.2.3.2 La fragilité des « testaments de vie »

Sans insister à l'excès sur l'équivoque de ces termes, il est un fait qu'ils sont ambigus et que la valeur réelle de ce document est pour le moins incertaine.

Pour en démontrer toutes les limites, Mme Jacqueline Lagrée, philosophe, a recouru à une citation de Vladimir Jankélévitch : « *Le "testament de vie" est une fausse promesse, parce qu'elle est fonction d'une opinion sur un mal à venir tenu pour insupportable et pour incurable, dans l'ignorance que je suis de ce que sera ce mal ni des moyens de le soigner.* »[1]

Comme s'est plu à le relever M. Bernard Beignier : *« Les mots jurent par eux-mêmes, puisque le testament en droit français, est défini dans le code civil comme un acte qui prend effet à la mort d'une personne. Par conséquent, un document qui a des effets antérieurs à la mort, constitue un contresens. »*[2] Pour ce juriste qui fait autorité, les plus grands doutes sur la licéité d'un « testament de vie » *ex abrupto* peuvent être émis : *« Un « testament de vie » qui solliciterait la mort donc le suicide assisté est contraire à l'ordre public, à la loi et au principe constitutionnel de dignité de la personne. En revanche, on peut considérer que c'est un acte tout à fait licite, dès lors que la personne stipulerait que, pour le jour où elle perdrait la conscience ou ne pourrait s'exprimer, elle souhaite que le médecin qui*

---

1 Audition du 12 novembre 2003.

2 Audition du 24 février 2004.

aurait à la soigner sache qu'on lui épargne la souffrance, mais qu'elle affrontera la mort à l'heure où elle viendra. »[1]

Au cours des auditions, la validité des « testaments de vie » a été fréquemment mise en question. Parmi les très nombreux témoignages allant dans ce sens, on en retiendra cinq, faisant ressortir sans ambiguïté la valeur très relative de ces documents.

Pour M. Philippe Letellier, professeur au CHU de Caen, responsable de l'unité de soins palliatifs : *« L'expérience nous montre que l'être humain qui s'approche de sa fin ne réagit pas du tout comme l'indique l'Association pour le droit de mourir dans la dignité (ADMD). Je le répète : l'homme est ondoyant et ambivalent.*

Si l'adhérent de l'ADMD qui a signé son "testament de vie" est confronté à une nécessité de réanimation dans l'urgence, il remerciera le réanimateur de lui avoir sauvé la vie en ne tenant pas compte de son testament. Je pense ici à un cas bien précis. Durant toute sa réanimation, la seule crainte d'un malade adhérent à l'ADMD qui était sous respirateur artificiel avait été, voyant sa veste accrochée au portemanteau, que le réanimateur ou les infirmières ne découvrent son "testament de vie" dans son portefeuille. C'est le réanimateur le professeur Mantz qui a rapporté cette histoire dans les « Cahiers éthiques *», il y a quelques années. Je trouve cette histoire admirable, car elle montre bien la valeur relative de ce « testament de fin de vie ». Nous n'avons pas de continuité dans notre personnalité. L'être humain évolue en fonction de sa maladie, de son âge. Confronté à la mort imminente, il n'est plus du tout le même, il est un autre. »*[2]

La fluctuation des opinions en ces matières est une donnée particulièrement mise en exergue par M. Pascal Hintermeyer, qui montre combien les patients modifient leur avis quant ils sont confrontés à l'épreuve de la mort : « *Ainsi le docteur Emanuel et ses collaborateurs ont fait paraître dans le* Journal of American Medical Association *du 15 novembre 2000 une étude portant sur un millier de patients américains en phase terminale. Soixante pour cent d'entre eux approuvent l'euthanasie ou le suicide médicalement assisté dans une situation hypothétiquement désespérée. Mais seuls quelque dix pour cent les ont sérieusement envisagés pour eux-mêmes. La moitié de ces derniers a fait une demande effective, mais très peu y ont eu recours. Certains patients ont de nouveau été interrogés quelques mois après. La moitié de ceux qui avaient envisagé l'euthanasie ou le suicide avaient changé d'avis. Les auteurs en concluent*

---

1 Audition du 24 février 2004.
2 Audition du 9 décembre 2003.

que l'état psychologique du patient a une grande influence sur les demandes d'euthanasie. L'argument de la liberté est donc réversible. Les choix sur lesquels elle se porte dépendent des dispositions et du contexte. Ces derniers étant sujets au changement, les premiers ne sauraient être tenus pour définitifs. »[1]

M. Didier Sicard, Président du Comité consultatif national d'éthique, n'a pas dit autre chose, lorsqu'il a retracé devant la mission les changements d'opinion des malades :

« *Le "testament de vie" n'a pas beaucoup de valeur. Une personne en bonne santé, envisageant sa fin de vie avec une certaine indétermination et l'espoir que cela se passe bien, n'a pas envie d'être soumise à des perfusions inutiles qui prolongeraient sa vie pendant trois jours. Cela fait partie de l'évidence de tout être humain. Mais j'ai été confronté à des situations paradoxales et cette expérience est certainement partagée : des dizaines, voire des centaines de fois, des personnes m'ont dit que, si tout espoir était un jour perdu, elles ne souhaitaient pas vivre une vie qui n'ait plus de sens, toutes paroles qu'un médecin entend sans les critiquer. Or, à de très nombreuses reprises, ces personnes arrivant en état de détresse avaient un regard qui nous suppliait non d'abréger leur vie, mais de la prolonger. Celui qui se noie s'accroche au rocher, alors qu'en parfaite santé, il a une attitude radicalement différente. Pour ces raisons la société est dans une situation très embarrassante. Elle parle au nom de personnes en bonne santé alors que, lorsque l'on est un malade en fin de vie, la moindre heure gagnée peut procurer un très grand plaisir. Le "testament de vie" est donc une information, mais une information très vaine.* »[2]

Les juristes partagent cette perception des choses. L'appréciation de M. Renaud Denoix de Saint Marc est sans appel sur ce point : « *C'est pourquoi il ne faut absolument pas s'engager dans la voie du « testament de vie » qui s'avère en fait être un testament de mort. En effet, il est très facile de dire, quand on est en bonne santé, que l'on veut mourir lucidement, sainement, proprement et ne subir aucune intervention qui fasse obstacle à ce processus. Quand le moment sera venu, on ne refusera peut-être pas l'acharnement thérapeutique pour aller jusqu'au lendemain. Tous autant que nous sommes, en tant qu'individus lucides, nous ne souhaitons pas finir notre vie entourés d'un équipement d'aide à la survie, avec une ventilation et des perfusions, dans des souffrances inhérentes à ce type de situation. Dans l'idéal et dans l'abstrait, nous préférons tous mourir dans la propreté, aussi rapidement que possible, en pleine possession de nos moyens, c'est*

---

1 Pascal Hintermeyer, *Euthanasie, la dignité en question*, Buchet Chastel, 2003, p. 71-72
2 Audition du 21 octobre 2003.

cela la dignité. »[1]. Mme Dominique Thouvenin, professeur de droit privé à l'Université Denis Diderot-Paris VII, a fait valoir qu'*« à un instant T, une personne lucide se projette dans une situation qu'elle ne connaît pas. Or, précisément ce que l'on ne saura pas, c'est ce que veut la personne au moment où elle est en situation »*[2].

3.2.3.3 La réalité de la poursuite des euthanasies clandestines

Parce qu'elles sont étonnamment faibles, les statistiques des euthanasies déclarées aux Pays-Bas (1 815) et en Belgique (300) laissent sous-entendre que les législations dans ces deux pays n'ont pas mis fin aux pratiques d'euthanasie clandestine. Par là même, cette réalité prive de poids l'argumentation des tenants d'une dépénalisation de l'euthanasie, pour qui celle-ci serait synonyme de pratiques transparentes, ayant le mérite de faire échec à des euthanasies effectuées hors du cadre légal.

De fait, plusieurs personnes entendues par la mission se sont émues de la poursuite, voire de l'accroissement des euthanasies clandestines dans ces deux Etats.

Ainsi M. Régis Aubry considère que « *(ce) travail mené en Hollande permet d'affirmer aujourd'hui qu'un grand nombre de pratiques euthanasiques sont pratiquées en dehors des critères rigoureux mis en place. Il y a eu très peu d'euthanasies rentrant dans le cadre de la décriminalisation du fait que les critères de minutie sont lourds* »[3].

M. Jean-Marie Gomas, médecin généraliste, cofondateur de la *Société française d'accompagnement et de soins palliatifs*, rejoint son confrère sur ce terrain : « *Des infirmières en Belgique m'ont dit qu'après la loi de dépénalisation, la situation a empiré car les médecins qui pratiquaient des euthanasies sauvages continuent à le faire mais ils n'en parlent même plus puisqu'ils ne risquent plus rien. De même, les Hollandais ont reconnu, en partie, un tel effet de la loi de dépénalisation devant les instances européennes. Ils ont admis un millier de cas d'euthanasies non expliquées et non désirées. Toute dépénalisation de l'euthanasie renforce le caractère secret des euthanasies. Nous dénonçons cet effet pervers de la dépénalisation depuis des années.* »[4]

Enfin, ce point de vue n'est pas le monopole des professions de santé, mais est partagé par les juristes. Faisant part de son expérience, M. Jean Pradel a indiqué à la mission : *« Un ami hollandais m'a fait le*

---

1 Audition du 3 février 2004.
2 Audition du 24 février 2004.
3 Audition du 20 janvier 2004.
4 Audition du 6 janvier 2004.

compte rendu de l'application (de la loi hollandaise) et il m'a indiqué que la loi n'était pas du tout appliquée, que les dérives sont considérables. Par exemple, la loi hollandaise prévoit qu'il faut l'accord du malade et l'avis d'un deuxième médecin. Puis, il faut que le médecin "euthanasiant", une fois qu'il a fait son acte, envoie un rapport, un compte rendu, un procès-verbal à un service médical départemental ou provincial. Eh bien, ces exigences ne sont pas respectées. Notamment les deux tiers des euthanasies ne sont pas déclarés et ne donnent pas lieu au rapport. Dans 15 % des cas, le médecin agit sans l'accord du malade. C'est le médecin qui estime qu'il n'y a plus de chance du tout et qu'au fond, pour tout le monde, il vaut mieux faire passer de vie à trépas celui qui n'a plus de raison de s'accrocher à la vie. » [1]

Il est à noter que ces législations ont inspiré plusieurs propositions de loi sous la présente législature. On retrouve en effet une parenté très nette entre les législations hollandaise et belge et les propositions de loi déposées à l'Assemblée nationale (n° 788 déposée par M. Jean-Paul Dupré et plusieurs de ses collègues ; n° 1120 déposée par M. Jacques Desallangre ; n° 1395 déposée par Mme Henriette Martinez, n° 1446 déposée par M. Yves Cochet, Mme Martine Billard et M. Noël Mamère[2]) et au Sénat (n° 297 déposée par M. François Autain et plusieurs de ses collègues).

Ces textes définissent les critères de l'euthanasie autorisée, les règles relatives à l'expression de la volonté de la personne, aux directives anticipées et au statut des médecins compétents. Toutes dépénalisent l'euthanasie et pour certaines d'entre elles, font intervenir une commission *a posteriori* (propositions n° 1395 de Mme Henriette Martinez et n° 297 de M. François Autain).

3.3 TROUVER DES SOLUTIONS ADAPTÉES AU CONTEXTE SOCIAL ET MÉDICAL FRANÇAIS

Rechercher des solutions applicables à la société française revient après une analyse approfondie à écarter des options qui paraissent inapplicables et à s'attacher à en trouver d'autres, plus réalistes et plus consensuelles. C'est la voie qu'a empruntée la mission.

En l'état, deux options n'ont pas recueilli ses suffrages : l'introduction dans le code pénal d'une cause d'irresponsabilité pénale et la création d'une procédure de contrôle social d'une exception d'euthanasie.

---

1 Table ronde du 25 février 2004.

2 Ces textes sont disponibles sur les sites de l'Assemblée nationale. www.assemblee-nationale.fr et du Sénat : www.senat.fr.

3.3.1 ÉCARTER L'INTRODUCTION DANS LE CODE PÉNAL D'UNE CAUSE D'IRRESPONSABILITÉ PÉNALE

On pourrait effectivement envisager d'introduire dans le code pénal des faits justificatifs, qui viendraient contrecarrer la réunion de l'ensemble des éléments constitutifs de l'infraction pénale et rendraient l'euthanasie non imputable à son auteur. M. Jean-Claude Marin, Directeur des affaires criminelles et des grâces du ministère de la justice, a explicité devant la mission la finalité d'un tel dispositif : *« Il faut démontrer dans le concret que la personne s'est trouvée à un moment précis dans le contexte objectif qui l'a conduite à perpétrer l'acte qualifié pénalement mais qui ne peut pas recevoir cette qualification, parce que le contexte abolit la qualification. »*[1] En d'autres termes, il s'agirait en l'espèce de supprimer l'infraction pénale interdisant au médecin de donner la mort, lorsque le malade le demande.

Cette cause d'irresponsabilité pénale ne serait pas sans précédents. Des causes subjectives et objectives d'irresponsabilité existent déjà dans notre code pénal. Le défaut de discernement résultant d'un trouble mental (article 122-1), la contrainte (article 122-2), l'erreur sur le droit (article 122-3), la minorité pénale (article 122-8) sont à ranger parmi ces causes subjectives. Sont assimilés en revanche à des causes objectives d'irresponsabilité, l'ordre ou l'autorisation de la loi ou du règlement et le commandement de l'autorité légitime (article 122-4), la légitime défense (articles 122-5 et 122-6) et l'état de nécessité (article 122-7).

M. Robert Badinter, sénateur, ancien Garde des Sceaux, ancien Président du Conseil constitutionnel, et M. Guy Canivet ont esquissé les contours du régime d'irresponsabilité pénale qui pourrait s'appliquer aux médecins :

– *« Si nous considérons qu'il y a eu en ce domaine une source d'irresponsabilité pénale, nous rejoignons les cas de la contrainte, de la force majeure irrésistible ou plus communément de la légitime défense dans les limites que la loi lui assigne. On maintient alors le principe et on pose la cause d'irresponsabilité [...] La cause d'irresponsabilité serait le fait d'abréger les souffrances, à sa demande, d'un être humain en proie à des souffrances insupportables et voué à une fin certaine prochaine. »*[2]

– *« Il s'agirait de prévoir, par la loi, la suppression de l'infraction pénale existant actuellement, qui interdit au médecin de donner la mort et*

---

1 Audition du 10 février 2004.

2 Audition de M. Robert Badinter du 14 avril 2004.

qui refuse de faire du consentement du malade, un fait justificatif de l'homicide volontaire. »[1]

La réalisation d'une telle réforme suppose son acceptation par le corps social et une modification du code pénal.

M. Guy Canivet a rappelé qu'une telle démarche ne pouvait en effet être engagée que si elle était « *l'expression d'un consensus général* ».

Le fait justificatif devrait être précisé, « *dans la mesure où, dans la loi pénale actuelle, le consentement du malade ne peut en aucun cas être considéré comme un fait justificatif de l'homicide. Il faut que vous précisiez d'une manière quelconque que l'homicide est justifié par un fait à définir, soit le consentement du malade recueilli dans des conditions particulières, soit la décision du médecin prise dans des conditions particulières et que vous précisiez, dans chacun des cas, ce qui doit être considéré comme un fait justificatif. Si c'est sur la loi pénale que l'on veut agir, il faut partir de cette dernière et avoir une action explicite sur la qualification et les faits justificatifs de l'infraction* »[2].

Pour techniquement réalisable qu'elle soit, une telle option se heurterait cependant à quatre types de difficultés : son acceptation par les médecins ; la rédaction du dispositif ; la prise en compte du consentement du malade sans méconnaître des risques contentieux non négligeables.

– Comme l'a observé M. Guy Canivet, « *est-on certain que tous les médecins accepteront cette rupture avec leur déontologie actuelle* »[3] ? Rien n'est moins sûr. Dans un rapport adopté à sa session du 30 janvier dernier consacré à la fin de vie, le Conseil de l'Ordre a clairement affirmé que « *la transgression de l'interdit par une loi serait une régression majeure de notre société dans sa conception de l'homme et du respect dû à la vie* ».

– La difficulté d'énumérer les actes susceptibles d'être visés par l'exception d'irresponsabilité ne doit pas non plus être sous-estimée.

Comme le note M. Didier Rebut, professeur de droit pénal à l'Université de Paris II, le législateur aurait à choisir entre un texte général et un texte spécial :

« *Dans la première hypothèse, il faudrait nécessairement construire une exception générale, assez imprécise, avec tous les dangers que cela peut impliquer quant à sa mise en oeuvre et quant à son*

1 Audition de M. Guy Canivet du 3 février 2004.
2 *Idem.*
3 Audition du 3 février 2004.

application. Des individus pourraient ensuite s'arroger le droit de se justifier et de décider qu'ils répondent aux prévisions de ce texte. Je crois que ce texte général serait extrêmement dangereux et, de ce point de vue, il devrait être proscrit.

« L'autre hypothèse est celle de textes spéciaux, mais cette fois-ci avec une énumération très précise des actes susceptibles d'être visés. Cela pourrait nous faire tomber dans une casuistique, ce qui d'ailleurs n'est pas tellement l'esprit du droit pénal. Il s'agirait d'énumérer très précisément les différents cas possibles mais avec cet inconvénient, dès lors que l'on est très précis, que l'on va peut-être aussi parfois laisser de côté des hypothèses assimilables mais auxquelles nous n'aurons pas pensé et qui recevront une différence de traitement juridique non acceptable. L'autre danger est de traiter différemment des situations qui peuvent être comparables. »[1]

– La validité de la demande ou de la volonté du malade constitue également une question cruciale pour M. Robert Badinter : « *Ce n'est pas l'acte qui traduirait une volonté, ce serait l'acte d'un autre qui serait censé répondre à une volonté. Mais cette volonté serait-elle certaine, serait-elle acquise, serait-elle lucidement exprimée ?* »[2]

– Enfin, on ne saurait occulter les difficultés d'application de la loi et le contentieux qui en résulterait comme l'ont relevé respectivement MM. Guy Canivet et Robert Badinter :

– *« Même si elle dominait ces difficultés, la loi obligerait les juges dans chaque cas d'espèce, à effectuer de difficiles pesées entre le consentement du patient et la déontologie médicale. »*[3]

– *« Les héritiers ne seraient pas nécessairement d'accord entre eux, les uns arguant que le patient voulait mourir, les autres arguant qu'il était atteint d'une peine passagère et que l'on a profité de son état. Le problème du consentement serait donc premier et source de difficultés judiciaires [...] L'intervention d'une loi à ce stade serait plus une source de contentieux et de difficultés qu'un apaisement pour les uns et les autres. »*[4]

Pour l'ensemble de ces raisons, la mission a écarté l'idée d'introduire dans le code pénal une clause d'irresponsabilité pénale pour les médecins. Une autre option présentée devant la mission a porté sur l'introduction éventuelle d'une procédure de contrôle.

---

1 Table ronde du 25 février 2004.
2 Audition du 14 avril 2004.
3 Audition de M. Guy Canivet du 3 février 2004.
4 Audition de M. Robert Badinter du 14 avril 2004.

3.3.2 ÉCARTER TOUT CONTRÔLE SOCIAL *A PRIORI* OU *A POSTERIORI* D'UNE EXCEPTION D'EUTHANASIE

L'intervention d'un contrôle social pourrait être envisagée, soit avant, soit après l'acte.

3.3.2.1 Le contrôle social *a priori*

La formule d'un contrôle social *a priori* a pour elle le bon sens le plus élémentaire. Une fois que l'acte d'euthanasie a été commis, il importe peu en effet de savoir s'il était ou non légitime.

Pour autant, comme l'a constaté M. Alain Prothais, Directeur de l'institut de criminologie et des sciences criminelles de l'Université de Lille II, ce contrôle ne saurait emporter la conviction : *« Un contrôle social a priori n'est pas suffisant non plus, car toute appréciation par anticipation dans de telles circonstances, est contestable ; les conditions de la justification doivent être réunies à l'instant même de l'accomplissement de l'acte apprécié. Un contrôle social préalable équivaudrait à un permis en blanc de donner la mort. »*[1]

Faudrait-il alors lui préférer un contrôle social *a posteriori* ?

3.3.2.2 Le contrôle social *a posteriori*

Plusieurs médecins et juristes consultés par la mission ont envisagé également cette option, qui consisterait à insérer dans la procédure judiciaire une phase d'expertise.

M. Jean-Michel Boles, président sortant de la *Société de réanimation de langue française*, a suggéré de faire appel à une instance consultative à vocation régionale dont *« l'avis interviendrait obligatoirement avant tout recours au système judiciaire. Elle serait composée de professionnels et d'un juriste ou d'un magistrat »*[2].

Pour M. Guy Canivet : « *On peut envisager la solution qui consiste, à chaque fois, à recourir à un collège d'experts institués et reconnus sur le plan des instances médicales, au lieu d'experts librement choisis par le juge d'instruction ou l'autorité pénale*[3]. *On peut instaurer ce*

---

1 Audition du 12 février 2004. Cf. aussi Alain Prothais. *Crimes et délits. Accompagnement de la fin de vie et droit pénal* ; I, 130, 28 avril 2004, *La Semaine juridique*, JCP.

2 Audition du 3 décembre 2003.

3 L'article 156 du code de procédure pénale prévoit aujourd'hui que : *« Toute juridiction d'instruction ou de jugement, dans le cas où se pose une question d'ordre technique, peut, soit à la demande du ministère public, soit d'office, ou à la demande des parties, ordonner une expertise. Le ministère public ou la partie qui demande une expertise peut préciser dans sa demande les questions qu'il voudrait voir poser à l'expert.*

type de contrôle préalable mais on butera toujours sur la question de savoir quelle est l'autorité de la décision de ce collège. Elle peut protéger le médecin mais en cas de contestation de la décision de ce collège, on doit prévoir soit son acceptation, soit son refus. »[1]

Evoquant l'idée d'une expertise préalable, M. Jean-Claude Marin a cité comme exemple le cas de « la Commission des infractions fiscales » : *« L'action publique ne peut pas être engagée si la Commission des infractions fiscales n'a pas autorisé l'administration à porter plainte pour fraude fiscale [...] Nous sommes dans un champ qui est aux antipodes de celui qui nous préoccupe aujourd'hui. »*[2] Il est certain que l'on ne saurait dans un domaine aussi sensible que la fin de vie s'inspirer de cet exemple, qui lie le principe de l'opportunité des poursuites à l'autorisation donnée par une commission administrative. On ne peut en effet exciper d'une procédure afférente à des sanctions pénales applicables à des infractions fiscales un exemple susceptible d'être transposé à un acte mettant fin à la vie d'une personne. Les enjeux ne sont pas de même nature. Le caractère discrétionnaire de l'appréciation de l'opportunité des poursuites doit, à l'évidence, demeurer la règle lorsque la vie d'un individu est en cause.

Enfin, à propos de la loi belge, M. Renaud Denoix de Saint Marc s'est interrogé sur la pertinence du contrôle *a posteriori* mis en place : *« Il me semble que la loi belge est très peu satisfaisante, puisque, en caricaturant un peu, elle consiste à valider l'acte d'euthanasier devant une commission, une fois l'acte accompli. La loi néerlandaise n'est guère meilleure. »*[3]

Dans ce contexte, que doit-on penser de la procédure d'exception d'euthanasie avancée par le Comité consultatif national d'éthique ?

3.3.2.3 L'exception d'euthanasie présentée par le Comité consultatif national d'éthique

Si cette procédure suggérée par le comité dans son avis n° 63 du 27 janvier 2000 a suscité beaucoup de questions de la part de la mission, il n'est pas sûr que ses interrogations se soient dissipées après les réponses qui lui ont été apportées. On rappellera que le Comité consultatif national

---

Lorsque le juge d'instruction estime ne pas devoir faire droit à une demande d'expertise, il doit rendre une ordonnance motivée au plus tard dans un délai d'un mois à compter de la réception de la demande. Les dispositions des avant-dernier et denier alinéas de l'article 81 sont applicables.
Les experts procèdent à leur mission sous le contrôle du juge d'instruction ou du magistrat que doit désigner la juridiction ordonnant l'expertise. »

[1] Audition du 3 février 2004.
[2] Audition du 10 février 2004.
[3] Audition du 3 février 2004.

d'éthique (CCNE) s'était déjà prononcé sur cette question dans un avis du 25 avril 1991[1]. Il avait alors énoncé clairement trois principes :

– l'acharnement thérapeutique déraisonnable, poursuivi au-delà de tout espoir, doit laisser place à l'apaisement des souffrances qui reste le devoir du médecin ;

– la recherche visant à améliorer et à étendre la pratique des soins palliatifs doit être développée ;

– la famille et les proches doivent être associés à cet accompagnement.

En conséquence, le CCNE désapprouvait qu'un texte législatif ou réglementaire puisse légitimer l'acte de donner la mort à un malade.

Dans son avis n° 63[2] précité, le CCNE a repris position sur cette question :

– après avoir confronté les positions des tenants du respect de toute vie humaine à celles des partisans de la mort dans la dignité, le comité les considère comme inconciliables et menant à une impasse ;

– hors consentement, aucun acte euthanasique ne saurait être envisagé. La dépénalisation doit être exclue et les textes d'incrimination du code pénal ne devraient pas subir de modification ;

– La solidarité peut être mobilisée dans les cas où la mise en oeuvre des soins palliatifs, de l'accompagnement et du refus de l'acharnement thérapeutique se révèle impuissante à offrir une fin de vie supportable.

L'acte d'euthanasie devrait continuer à être soumis à l'autorité judiciaire. Mais un examen particulier devrait lui être réservé s'il était présenté comme tel par son auteur. Une sorte d'exception d'euthanasie, qui pourrait être prévue par la loi, permettrait d'apprécier tant les circonstances exceptionnelles pouvant conduire à des arrêts de vie que les conditions de leur réalisation. Elle devrait faire l'objet d'un examen en début d'instruction ou de débats par une commission interdisciplinaire chargée d'apprécier le bien-fondé des prétentions des intéressés au regard non pas de la culpabilité en fait et en droit, mais des mobiles qui les ont animés : souci d'abréger des souffrances, respect d'une demande formulée par le patient, compassion face à l'inéluctable. Le juge resterait bien entendu maître de la décision.

---

1 Avis n° 27 www.ccne-ethique.fr

2 Avis n° 63 www.ccne-ethique.fr

Or, la mission a entendu trois membres du Comité sur cette question qui lui ont présenté chacun leur lecture du dispositif proposé.

Pour son président, M. Didier Sicard : « *Il s'agissait de sortir* ex capere *de la loi, des situations manifestement simples, afin de limiter deux risques. Le premier est d'éviter que la médecine, tétanisée par l'angoisse de passer devant une juridiction, n'adopte des attitudes clandestines, en laissant à un interne, à un médecin (chef de service ou pas) ou, plus choquant encore, à une infirmière le soin de pratiquer un acte, le soir ou le dimanche matin, en fonction de ses seules convictions. Le deuxième risque est d'aboutir à une lâcheté collective : on ne fait rien, parce que cela est interdit et que l'on ne souhaite pas être mis en examen, la médecine étant faite pour sauver et maintenir la vie. Ceci constitue une sorte de discours fermé. Par conséquent, nous avions proposé non pas une dépénalisation de l'euthanasie, mais plutôt une « instruction judiciaire ». Cela permettrait que le plus grand nombre de situations soit examiné avec une certaine responsabilité de la société et que le soin de décider ne soit pas confié à une équipe médicale.* »[1]

Pour M. Sadek Béloucif, membre du CCNE, « *le coeur du texte [...] s'articulait non pas sur la notion d'"exception d'euthanasie" mais sur celle d'"engagement solidaire". Alors que les Etats ayant décidé de légiférer sur la question de l'euthanasie, l'ont fait après un vote à une majorité le plus souvent assez faible, il faut souligner que le texte du Comité consultatif national d'éthique a été adopté à l'unanimité de ses membres, donc de personnalités appartenant aux principales familles philosophiques et spirituelles. Cette unanimité a pu être obtenue grâce à la cristallisation autour de cette notion d'engagement solidaire* »[2].

Enfin, M. Jean Michaud, a estimé qu'il convenait d'assimiler cette exception à une exception de procédure : « *On a bien considéré que les juridictions et en particulier les cours d'assises, dans les rares cas où elles sont saisies, se trouvent dans un grand embarras. On a cherché par cette exception d'euthanasie à leur donner un moyen supplémentaire de juger, de débattre [...] Cette suggestion procédurale procède de l'article 385 du code de procédure pénale qui prévoit la possibilité devant la juridiction de soulever une exception, une exception d'incompétence, par exemple. Ce serait donc une exception supplémentaire qui serait soulevée par l'accusé ou par son avocat. Elle consisterait à dire, si l'instruction du dossier n'est pas suffisante, qu'il faut chercher plus loin : "Nous soulevons l'exception d'euthanasie qui permettra à une commission composée d'experts que vous aurez désignés, de savoir si on est allé au bout de la question, si vraiment le*

---

1 Audition du 21 octobre 2003.
2 Table ronde du 17 décembre 2003.

consentement du patient était délivré, si vraiment les soins palliatifs étaient utilisés, si vraiment la famille était d'accord [...] Quelle position peut prendre alors la juridiction ? Ou bien elle rejette cette exception et continue à juger ou bien elle cherche un peu plus loin, un peu plus profondément ce qui n'aurait pas été réalisé totalement au cours de l'instruction [...] Cependant l'avis du Comité a été interprété comme permettant, à titre exceptionnel, la dépénalisation de l'euthanasie.» [1]

Cette procédure, pour séduisante qu'elle soit, n'est pas juridiquement irréprochable. Elle encourt quatre critiques : elle est philosophiquement contestable ; elle a un champ d'application trop large ; elle fait peu de cas de la procédure pénale en vigueur ; présentée enfin comme une exception de procédure, elle est en réalité une exception de fond.

– Les fondements philosophiques de cette démarche sont sujets à discussion :

« La solution du CCNE consiste à créer une sorte d'instance d'exception qui serait chargée d'examiner, s'il y a lieu ou non, de poursuivre le médecin qui a pratiqué une euthanasie. Or, cette réponse ne me paraît pas philosophiquement correcte pour plusieurs raisons. D'abord, cette instance se prononce quand il n'y a plus rien à dire. Autrement dit, toute la stratégie qui consiste à dire « sortons les pratiques clandestines de la clandestinité par une loi » restera, en réalité, sans effet si celui ou ceux qui ont agi, estiment que leur action n'était peut-être pas tout à fait conforme à ce que la loi aurait prévu. Ce problème se rencontre aux Pays-Bas et en Belgique. N'ayons pas la naïveté de croire qu'une loi empêche d'agir ceux qui veulent l'enfreindre. L'existence d'une loi ne signifie pas qu'elle ne sera pas violée. Sortir une pratique de la clandestinité en l'organisant juridiquement me paraît, sur le terrain de la pratique même de cette sortie de clandestinité, utopique. »[2]

– Il est un fait également que le dispositif prévu embrasse des hypothèses très larges, qu'a relevées M. Jean-Marie Gomas devant la mission. On peut lire page 17 de l'avis n° 63 la phrase suivante : *« Lorsque les souffrances existentielles, psychologiques et sentimentales d'une personne sont insupportables et non maîtrisables et que cette personne demande qu'il y soit mis fin, le geste d'interruption de sa vie par un tiers ne devrait pas être incriminable. »*

1 Table ronde du 25 février 2004.
2 Audition de M. Nicolas Aumonier du 5 novembre 2004.

« Un tel texte, insensé, est impossible à défendre. L'expression "souffrances existentielles, psychologiques et sentimentales" ouvre la porte à n'importe quoi. En outre, qui va décider que ces souffrances sont intolérables ? Enfin, l'expression « solutions raisonnables »[1] *est trop vague. Qu'est-ce qu'une solution raisonnable face au mystère de la mort ? Les membres du CCNE ont voulu rationaliser quelque chose qui ne peut pas l'être. Je ne m'étonne pas que vous ayez recueilli, monsieur le Président, des avis divers parmi les intéressés. »* [2]

– Si son champ d'application prête au risque de débordements, sa nouveauté est également plus apparente que réelle, au regard de la procédure pénale en vigueur, comme le note M. Daniel Vigneau : *« Peut-on sérieusement imaginer lorsqu'une affaire pénale vient au jour concernant un cas d'euthanasie que, tant dans la phase d'instruction que dans celle des débats à l'audience, les éléments de l'affaire et notamment les mobiles, ne fassent pas l'objet d'une discussion contradictoire entre toutes les parties du procès ? Qu'il n'y ait pas de la part du juge, de décision de nommer des experts dans toutes les disciplines concernées ? La discussion des mobiles existe à tous les niveaux et dans toutes les phases du procès-verbal et jusqu'au terme du procès pénal, puisque l'on sait très bien que les mobiles sont pris en compte pour le prononcé de la sanction. Je m'interroge donc sur une exception d'euthanasie qui consisterait à jeter le doute sur la capacité de l'institution judiciaire à discuter de ces questions, pour les confier à une commission pluridisciplinaire. »*[3]

– Mais la critique principale que l'on peut adresser à cette procédure est que, sous couvert d'exception de procédure, l'exception d'euthanasie suggérée par le CCNE serait en fait une exception de fond. C'est ce qu'a bien résumé M. Didier Rebut : *« On voit bien que la notion d'exception est en réalité un problème de fond. C'est un problème d'irresponsabilité pénale. »*[4]

M. Jean Pradel l'assimile juridiquement à une « *atténuation de peine* »[5]. M. Daniel Vigneau fait écho à ces critiques : *« Le Comité consultatif national d'éthique a conçu cette exception d'euthanasie comme étant une exception de procédure pénale. C'est une erreur. Une exception de procédure consiste à discuter de la régularité d'une procédure ou de la suspendre, avant tout examen, au fond, de l'affaire. Or, la prétendue*

---

1 *« Le caractère intolérable des souffrances subies comme l'absence raisonnable d'autres solutions pour les apaiser devrait être corroboré par le médecin traitant et par un autre soignant ou traitant. »* (Avis n° 63 précité).

2 Audition du 6 janvier 2004.

3 Audition du 10 février 2004.

4 Table ronde du 25 février 2004.

5 *Idem.*

exception consiste ici à évincer la procédure pénale pour discuter du fond de l'affaire et notamment des mobiles. »[1]

La critique la plus vive contre cette procédure a été émise par M. Nicolas Aumonier : « *L'expression exception d'euthanasie paraît reposer sur une imposture juridique et morale. Juridique, parce qu'elle détourne l'expression juridique d'exception de procédure de son sens purement formel, évite de qualifier quant au fond l'acte d'euthanasie dont la gravité se trouve ainsi masquée et passe de l'abstention juridique purement formelle à la décision de qualifier une situation de moralement exceptionnelle. Une exception de procédure (fictive) autorise alors, dans l'esprit de certains, une exception morale (réelle). Une fiction juridique viendrait ainsi, dans certains cas, nous dispenser de morale ordinaire [...] La proclamation arbitraire d'une exception juridique infondée autorisant l'abstention morale s'appelle, selon les cas, laxisme ou tyrannie. Justifier ce laxisme ou cette tyrannie par un devoir de compassion est la deuxième imposture de l'exception d'euthanasie : le vocabulaire compassionnel des soins palliatifs est détourné de son contexte et appliqué à celui de l'injection létale. Il semble donc prudent de ne pas employer une telle expression.* »[2]

Par conséquent, on ne saurait introduire une telle disposition dont l'incidence revient de fait à instituer dans certaines circonstances un régime d'irresponsabilité pénale, sans modifier les règles fondamentales du droit pénal relatives à la qualification des infractions. Si les options d'un contrôle social sur les actes d'euthanasie lui sont apparues inadaptées, la mission n'a pu que prendre acte de la fragilité du raisonnement juridique du CCNE. Ne se résignant toutefois pas au *statu quo*, la mission s'est attachée dès lors à proposer plusieurs recommandations et à suggérer des aménagements du code de déontologie médicale et du code de la santé publique.

3.3.3 PROPOSER DES RECOMMANDATIONS

Ces recommandations intéressent tant le champ pénal que celui de la santé publique.

3.3.3.1 Une recommandation de politique pénale

Les auditions de la mission lui ont donné l'occasion de constater que, faute d'orientations sur la politique pénale dans le domaine de la fin de vie, les magistrats étaient désemparés. Plusieurs juristes et le Garde des Sceaux lui-même se sont émus de cette situation car comme le relève Mme Marie de Hennezel dans son rapport : « *La question de l'information des juges est essentielle si l'on veut harmoniser leurs pratiques et surtout*

---

1 Audition du 10 février 2004.
2 Audition du 5 novembre 2003.

résoudre les dilemmes posés par les situations de détresse qui sortent du cadre légal. »[1]

M. Bernard Beignier a particulièrement insisté sur cet aspect de la politique pénale : « *Par une circulaire de la Chancellerie, prévoir une politique criminelle adéquate à ces situations et diriger l'opportunité des poursuites des procureurs en tant que de besoin pour éviter deux situations tout aussi condamnables l'une que l'autre : l'absence totale de poursuites en cas de dérive avérée ou des poursuites excessives pouvant aboutir au résultat opposé. En effet, si les procureurs hésitent aussi souvent à poursuivre, c'est qu'ils craignent des acquittements qui auraient l'effet inverse de celui qu'on recherche, dans l'opinion publique.* »[2]

M. Jean Pradel a également plaidé pour des circulaires au parquet[3].

Mme Marie de Hennezel a invité aussi les pouvoirs publics à faire connaître les recommandations de bonnes pratiques médicales par le biais d'instructions de politique pénale[4].

Lorsque M. Guy Canivet observe que « *dans l'affaire Humbert, peut-être aurait-on pu manier l'action publique avec plus de précautions, de nuances et d'explications* »[5], on peut penser qu'il aurait été effectivement plus simple pour ladite action publique de s'appuyer précisément sur des circulaires.

Enfin, M. Dominique Perben[6], Garde des Sceaux, a lui-même convenu de la nécessité de clarifier les règles d'exercice de l'action publique pour accompagner une modification éventuelle de l'article 37 du code de déontologie médicale.

3.3.3.2 Des recommandations de santé publique

L'action à mener dans le domaine de la fin de vie exige de recourir à de multiples leviers compte tenu de la complexité de la problématique et de la multiplicité des intervenants. Les recommandations qui vont suivre ne sauraient prétendre épuiser le sujet. Elles visent simplement à inciter les pouvoirs publics à agir dans cinq directions qui sont apparues essentielles à la mission. Il s'agit successivement de la garantie d'un égal accès de nos concitoyens aux soins, de la poursuite du développement des soins palliatifs, de la formation des professions de santé aux situations de fin de vie, de la

1 Mme Marie de Hennezel, Mission « *Fin de vie et accompagnement* », p. 107.
2 Audition du 24 février 2004.
3 Table ronde du 25 février 2004.
4 Rapport précité, p. 114.
5 Audition du 3 février 2004.
6 Audition du 27 avril 2004.

stimulation de la réflexion éthique ainsi que de la sensibilisation et de l'information de l'opinion publique, des médecins et des juristes.

3.3.3.2.1 *Garantir un égal accès de nos concitoyens aux soins*

On ne saurait réfléchir à la politique de santé applicable aux personnes en fin de vie sans évoquer le contexte de notre démographie médicale et de sa répartition. A quoi servirait en effet un encouragement aux soins palliatifs, si parallèlement, l'égalité devant les soins n'était pas assurée, si le malade, en particulier lorsqu'il est âgé et isolé, ne pouvait s'adresser à un médecin, à proximité de son domicile ? A ce titre, le rappel de certaines données très concrètes est nécessaire.

Si la France comptait 198 700 médecins au 1er janvier 2002 contre 146 800 en 1985[1], situant la densité médicale de notre pays dans la moyenne européenne, de fortes disparités géographiques et des écarts importants entre spécialités demeurent. Par conséquent, aujourd'hui, l'accès aux soins est inégal et avec 97 300 médecins généralistes inégalement répartis sur le territoire, notre pays ne supporte pas la comparaison avec le réseau dense de médecins de famille existant aux Pays-Bas.

Si l'on recense en moyenne sur l'ensemble du territoire 365 médecins pour 100 000 habitants, les densités régionales varient de 414 en Ile-de-France, 416 en Provence-Alpes-Côte d'Azur à 251 en Picardie et 265 en Haute-Normandie. Le rapport entre les régions ayant les plus fortes densités de généralistes, à savoir la région PACA et l'Ile-de-France et celles ayant les plus faibles, à savoir le Centre et la Haute-Normandie, est de 1,4 alors qu'il est de 2 pour les spécialistes.

D'après les projections démographiques, les effectifs de généralistes et de spécialistes pourraient – à décisions des pouvoirs publics inchangées – diminuer respectivement de 11 et 27 % entre 2001 et 2020. Le Ministre de la Santé et de la Protection sociale a toutefois annoncé le 28 avril dernier un relèvement du *numerus clausus* des études de médecine à l'entrée de la deuxième année de 5 600 à 7 000, ce qui correspondrait au nombre de médecins formés en 1979-1980.

Par ailleurs, il faut savoir que les pouvoirs publics ont engagé une politique d'encouragement à l'installation. Comme le faisait remarquer le Ministre de l'Agriculture et des Affaires rurales, le gouvernement est confronté sur ce sujet à une obligation absolue et à un principe de réalité[2].

---

[1] Sources : *Projet de loi de financement de la sécurité sociale pour 2004. Annexe A* p. 173 et DREES « *Les médecins – Estimations de 1984 à 2000 – Séries longues* » - document de travail, série Statistiques, n° 22, juillet 2001.

[2] Hervé Gaymard : « *Aider les médecins à franchir le pas de l'installation* », *Le Quotidien du Médecin*, 28 janvier 2004.

L'obligation est de garantir l'accès de l'ensemble de nos concitoyens aux soins. Or la demande et l'offre de soins sont extrêmement complexes et évoluent en permanence. Le réalisme rend impossible d'imaginer un système fixant un *numerus clausus* pour les professions de santé sur chaque parcelle du territoire.

D'ores et déjà, il existe cependant un double dispositif d'aides à l'installation : l'un financé par l'assurance maladie et l'autre financé par l'Etat.

– Le dispositif d'aides de l'assurance maladie vise deux types d'aides, celles relevant du fonds d'aide à la qualité des soins de ville (FAQSV) et celles relevant du fonds de réorientation et de modernisation de la médecine libérale (FORMMEL).

• Créé[1] pour une durée de huit ans à compter du 1er janvier 1999, au sein de la Caisse nationale d'assurance maladie des travailleurs salariés (CNAMTS) et géré en association avec les professionnels de santé exerçant en ville et les centres de santé, le FAQSV finance des actions concourant à l'amélioration de la qualité et de la coordination des soins dispensés en ville, par l'octroi d'aides à des professionnels de santé exerçant en ville ou à des regroupements de ces mêmes professionnels et, le cas échéant, d'aides au développement de nouveaux modes d'exercice et de réseaux de soins liant des professionnels de santé exerçant en ville à des établissements de santé.

Il peut également contribuer au financement des aides aux professionnels de santé, autres que des médecins, en vue de faciliter leur installation dans des zones rurales ou urbaines où est constaté un déficit en matière d'offre de soins. Un décret en Conseil d'Etat doit préciser les obligations auxquelles sont soumis les médecins bénéficiant de ces aides. L'article 47 de la loi de financement de la sécurité sociale pour 2004 a fixé le montant maximal des dépenses du FAQSV à 106 millions d'euros et celui de sa dotation au titre de l'exercice 2004 à 15 millions d'euros.

• Créé[2] au sein de la CNAMTS, le FORMMEL a notamment pour vocation de verser des aides en vue de faciliter l'orientation, la réorientation, la reconversion ou la cessation anticipée d'activité des médecins exerçant à titre libéral ou de participer au développement de l'informatisation des cabinets médicaux. Ce fonds est en outre autorisé à financer des aides en vue de faciliter l'installation des médecins libéraux dans des zones rurales où est constaté un déficit en matière d'offre de soins. Il prévoit également qu'un

---

1 Article 25 de la loi de financement de la sécurité sociale pour 1999, modifié par l'article 39 de la loi de financement de la sécurité sociale pour 2002.

2 Article 4 de l'ordonnance n° 96-345 du 24 avril 1996 relative à la maîtrise médicalisée des dépenses de soins modifié par l'article 39 de la loi de financement de la sécurité sociale pour 2002.

décret en Conseil d'Etat devra préciser les obligations auxquelles sont soumis les médecins bénéficiant de ces aides.

Toutefois, ce décret n'est toujours pas paru. Dès lors, les aides ne peuvent pour le moment être attribuées. Par ailleurs, la définition des zones déficitaires en matière d'offre de soins a fait l'objet d'un décret. Il s'agit du décret n° 2003-1140 du 28 novembre 2003, relatif à la détermination des zones déficitaires en matière d'offre de soins en vue de l'attribution des aides à l'installation des médecins généralistes ; il précise que pour déterminer ces zones, le représentant de l'Etat dans la région procède au recensement des difficultés d'accès aux soins à partir des données relatives à la géographie, à la densité médicale, à la démographie et aux politiques publiques relatives à la politique de la ville et aux zones de revitalisation rurale ainsi que l'organisation des soins sur ces secteurs.

Ce décret indique également qu'une zone est considérée comme déficitaire lorsque, sur un territoire comportant au moins 5 000 habitants, sont constatées des difficultés d'accès au médecin généraliste.

Cependant, la portée de ce texte a été très controversée, des organisations professionnelles considérant que les conditions restrictives ainsi définies font obstacle à l'application du dispositif sur tout le territoire. Une circulaire est venue expliciter les modalités opérationnelles de définition des zones géographiques en vue de l'attribution des aides à l'installation des médecins généralistes (circulaire n° 2004-153 du 26 mars 2004).

– Les aides de l'Etat sont à la fois fiscales et financières.

• Aux termes de l'article 1464 D du code général des impôts, les collectivités locales et leurs groupements dotés d'une fiscalité propre peuvent instituer une exonération de taxe professionnelle en faveur des médecins qui, exerçant leur activité à titre libéral pour la première fois, s'installent dans une commune de moins de 2 000 habitants. L'exonération porte sur les deux années qui suivent celle de l'installation : aucune imposition n'étant due au titre de l'année d'installation, cette disposition a pour effet d'exonérer les bénéficiaires au titre des trois premières années de leur établissement. On notera aussi que, d'une manière générale, les médecins libéraux (conventionnés ou non), placés sous le régime des bénéfices non commerciaux (BNC) en ce qui concerne le paiement de l'impôt sur le revenu, peuvent, lors de la détermination du résultat dans le cadre de la déclaration contrôlée, déduire du bénéfice certaines dépenses nécessitées par l'exercice de la profession, notamment les frais exposés lors de l'installation. Enfin, les éléments d'actifs affectés à l'exercice de la profession qui se déprécient avec l'usage ou le temps donnent lieu à amortissement. Quant aux médecins conventionnés, ils peuvent bénéficier d'un régime spécial donnant droit à divers abattements pour frais professionnels ainsi qu'à un allègement de leurs obligations comptables.

• S'agissant des aides financières, il faut savoir que la loi de finances rectificative pour 2003 a ouvert au chapitre 47-19 du budget de la santé, de la famille, des personnes handicapées et de la solidarité une enveloppe de deux millions d'euros, destinée au financement de l'aide à l'installation des médecins en zone sous-médicalisée. Ces crédits devraient être versés par les services déconcentrés aux médecins s'installant dans les zones déficitaires en matière d'offre de soins. A ce jour, ils n'ont pas été totalement consommés, compte tenu de la mise en place tardive du zonage. Une montée en charge de ces crédits à hauteur de 4 millions d'euros est envisagée pour 2005.

L'Etat peut également verser une aide destinée à financer certaines dépenses d'investissement des médecins qui s'installent dans les zones déficitaires en matière d'offre de soins visées par le décret n° 2003-1140 du 28 novembre 2003 précité. Toutefois, cette aide accordée par l'Etat est subordonnée à l'octroi de l'aide précédemment étudiée relevant de l'assurance maladie. Celle-ci ne pourra être effective qu'une fois paru le décret en Conseil d'Etat fixant les obligations des professionnels de santé bénéficiant de ces aides. Or ce décret, à ce jour, n'est toujours pas paru.

– Enfin, un nouveau dispositif concernant l'aide des collectivités locales est promis à voir le jour à l'issue de l'entrée en vigueur de la future loi relative au développement des territoires ruraux en cours de discussion devant le Parlement (*projet de loi relatif au développement des territoires ruraux* n° 1614, déposé en deuxième lecture devant l'Assemblée nationale).

L'article 38 du projet de loi[1] définit en effet les aides susceptibles d'être apportées par les collectivités locales pour favoriser l'installation ou le maintien de professionnels de santé dans les zones urbaines ou rurales souffrant d'un déficit en matière d'offre de soins au sens de l'article 25 de la loi de financement de la sécurité sociale pour 1999 précitée.

A cette fin, des conventions sont passées entre les collectivités et groupements qui attribuent l'aide, les organismes d'assurance maladie et les professionnels de santé intéressés.

La nature et les conditions d'attribution de ces aides seront fixées par décret en Conseil d'Etat. L'attribution pourra notamment être subordonnée à des modes d'exercice de groupe ou d'exercice professionnel

---

1 Cet article vise à créer un nouvel article L. 1511–8 au sein du code général des collectivités territoriales.

destinés à améliorer la continuité et la qualité des soins. Sont ainsi visés les cabinets médicaux de groupe et les « maisons de soins », à savoir des pôles associant prestataires de soins libéraux et professionnels paramédicaux.

Les collectivités territoriales et leurs groupements pourront aussi attribuer des aides visant à financer des structures participant à la permanence des soins, notamment des maisons médicales. Elles pourront également accorder une indemnité d'étude et de projet professionnel à tout étudiant en médecine, à partir de la première année de troisième cycle, s'il s'engage par contrat à exercer comme médecin généraliste au moins cinq ans dans une zone considérée comme déficitaire en matière d'offre de soins au sens de l'article 25 de la loi de financement de la sécurité sociale pour 1999 précitée. Les conditions générales d'attribution de cette indemnité, son montant maximal ainsi que, le cas échéant, les modalités de sa réévaluation seront déterminés par décret.

Si l'on ne peut que se féliciter de l'orientation ainsi prise, en faveur de l'installation des praticiens, force est d'admettre que le succès de ces dispositions repose très largement sur le pouvoir réglementaire s'agissant de l'Etat et sur la bonne volonté des collectivités locales, s'agissant de l'aide qu'elles sont susceptibles de consentir. Il appartient au législateur de veiller, d'une part, aux conditions d'application du décret du 28 novembre 2003 relatif à la détermination des zones déficitaires en matière d'offre de soins et, d'autre part, à la définition, par voie réglementaire, des obligations imparties aux médecins en contrepartie des aides qui leur sont accordées.

3.3.3.2.2 Poursuivre le développement des soins palliatifs

Comme l'a dit Mme Nicole Questiaux devant la mission, les deux questions des soins palliatifs et de l'euthanasie doivent être séparées car « *quoique l'on fasse en matière de dépénalisation, de toute façon, les médecins ont des devoirs s'agissant de l'accompagnement de fin de vie* »[1]. Ce développement des soins palliatifs doit emprunter plusieurs directions : la continuation sans relâche de l'effort entrepris, le renforcement des équipes mobiles et des réseaux, la revalorisation des actes de soins palliatifs et l'aide aux familles accompagnantes ainsi qu'au bénévolat.

– Continuer sans relâche l'effort entrepris

Il est à noter que cette préoccupation en faveur des soins palliatifs est devenue une préoccupation internationale. C'est ainsi que plusieurs textes récents du Conseil de l'Europe recommandent une prise en charge des souffrances des patients et de leur entourage (recommandation Rec 1418

---

[1] Audition du 12 février 2004.

(1999) de l'Assemblée parlementaire du Conseil de l'Europe sur la protection des droits de l'homme et de la dignité des malades incurables et des mourants et réponses du Comité des ministres ; recommandation Rec (2003) du Comité des ministres du Conseil de l'Europe aux Etats membres sur l'organisation des soins palliatifs)[1].

Le nombre de personnes, qui ont besoin dans notre pays de soins palliatifs, est estimé entre 150 000 et 200 000, ces chiffres faisant actuellement l'objet de travaux de réactualisation. Considérant en 1999 que les soins palliatifs s'appliquaient principalement aux cancers, au sida, aux troubles neurologiques dégénératifs tels que la sclérose en plaques ou la maladie d'Alzheimer, le Conseil économique et social évaluait à 150 000 le nombre de personnes qui décèdent chaque année de ces maladies en France. Il faut ajouter que les progrès de notre système de santé génèrent également des survies de personnes qui autrefois seraient décédées, en raison de leur état végétatif chronique[2].

– Un premier plan triennal de développement des soins palliatifs a été engagé entre 1999 et 2001. Il avait pour objet principal de recenser et de développer l'offre de soins palliatifs, en réduisant les inégalités entre les régions, en mettant l'accent sur la formation des professionnels et l'information du public, ainsi qu'en amorçant un processus de soutien en soins palliatifs et en accompagnement à domicile.

Ce plan a reçu un financement de 57,93 millions d'euros consacré pour l'essentiel au développement des équipes mobiles et des unités de soins palliatifs. Des progrès notables ont été enregistrés. On évaluait à 675 les lits de soins palliatifs en 1998, on en compte aujourd'hui plus de 1 000, alors que les besoins sont estimés à 3 000. Il existait 18 réseaux de soins palliatifs en 1998, on en recense entre 40 et 80 suivant les estimations : 46 pour la DHOS, 80 pour la *Société française d'accompagnement et de soins palliatifs*. Le nombre d'équipes mobiles de soins palliatifs (EMSP) est passé de 84 fin 1998, à 291 en 2003. Toutefois, leur nombre étant étroitement lié à la densité de population, certaines régions telles que la Corse ou le Limousin sont plus mal loties que d'autres comme l'Ile-de-France ou les Pays de Loire. Dans ces régions, les équipes mobiles de soins palliatifs sont respectivement au nombre de 2, 3, 61 et 20. Parallèlement, le nombre de lits identifiés destinés à recueillir des personnes à la suite de leur hospitalisation ou nécessitant des soins palliatifs dans un contexte de crise, a augmenté de 84 unités entre 2001 et 2002 pour atteindre aujourd'hui 316, employant 4 équivalents temps plein médicaux et 70 non médicaux. Un tiers seulement

---

1 Ces textes sont disponibles sur le site du Conseil de l'Europe www.coe.int

2 Rapport du Conseil économique et social, La Documentation française, 1999 : « *L'accompagnement des personnes en fin de vie* », p. 9.

des CHU ont créé une unité de soins palliatifs (USP), soit une offre de moins de 1 000 lits répartis entre 91 unités de soins palliatifs et mobilisant 109 équivalents temps plein médicaux et 1 088 non médicaux.

Evoquant ces chiffres devant la mission, Mme Aude Le Divenah[1], Chef de projet du Programme national de soins palliatifs à la DHOS, considérait que les réseaux continuaient à augmenter et que l'objectif était de disposer en 2007 d'un réseau par département, l'accès étant cependant encore très inégal aujourd'hui selon les régions et les départements ; trois régions métropolitaines (Centre, Limousin, Languedoc-Roussillon) sont en effet dépourvues d'unités de soins palliatifs et treize régions de réseaux de soins palliatifs.

La place des soins palliatifs a été aussi affirmée au sein de l'hospitalisation à domicile, puisque le doublement de la capacité d'accueil a été prévu par une circulaire DH/E02 n° 2000-295 du 30 mai 2000. Ces engagements ont été relayés par les agences régionales d'hospitalisation et par le Fonds national d'action sanitaire et sociale (FNASS) de la CNAMTS. 5,8 millions d'euros, 11,2 millions d'euros, 17,1 millions d'euros, 22,9 millions d'euros et 6,5 millions d'euros ont été accordés par le FNASS respectivement en 2000, 2001, 2002, 2003 et 2004. On observe toutefois que ces crédits sont très peu consommés, en raison d'une carence d'informations et de dispositifs d'éligibilité à ces crédits trop rigoureux. En 2001, le taux de consommation des crédits était en effet de 1,13 %, de 2,05 % en 2002 et de 7,7 % en 2003. Le fléchissement des crédits en 2004 s'explique par le fait que le montant retenu représente 80 % de la dotation 2003, hors reports. Il est à noter qu'une circulaire de la CNAMTS du 4 février 2003 a tiré les conséquences de cette sous-consommation de crédits pour alléger les conditions d'éligibilité de l'aide.

– Le programme 2002-2005 s'articule autour de trois axes : le développement des soins palliatifs et l'accompagnement à domicile ou dans le lieu de vie habituel ; le développement des soins palliatifs et de l'accompagnement dans les établissements de santé et la sensibilisation et l'information de l'ensemble du corps social.

Le premier axe de cette politique, comme l'a rappelé Mme Aude Le Divenah, vise à ouvrir l'hôpital vers le domicile et à développer les soins palliatifs où se trouvent les patients, qu'il s'agisse de leur domicile ou de leur lieu de vie habituel. Six mesures participent de cet objectif : la formation aux soins palliatifs des professionnels de santé, notamment des médecins ; la définition des conditions particulières de rémunération des professionnels de santé exerçant à titre libéral ou des

[1] Audition du 13 janvier 2004.

salariés des centres de santé pratiquant des soins palliatifs dans le cadre d'équipes à domicile ; l'élaboration d'un cahier des charges pour l'hospitalisation à domicile ; la poursuite de la mise en place des réseaux des soins palliatifs ; le développement de l'accompagnement à domicile pour les bénévoles ; la poursuite, en matière de formation des bénévoles, du soutien assuré par la CNAMTS à travers le FNASS.

Le deuxième axe est centré sur la poursuite du développement des soins palliatifs dans les établissements de santé. Il comprend onze mesures qui peuvent être ainsi regroupées :

– L'application de la circulaire DH/OS/02/DGS/SODGS/2002/98 du 19 février 2002 relative à l'organisation des soins palliatifs et de l'accompagnement en application de la loi n° 99-477 du 9 juin 1999 visant à garantir le droit à l'accès aux soins palliatifs et à un accompagnement. Cette circulaire rappelle les trois modalités essentielles de structures en établissements, à savoir : les unités de soins palliatifs, qu'il est préconisé de créer dans les pôles régionaux de cancérologie ; les équipes mobiles de soins palliatifs (évaluées, aujourd'hui – rappelons-le – à 291) et les lits identifiés existant à ce jour dans huit régions. Des objectifs quantifiés ont été fixés, puisqu'il devrait exister entre 5 et 20 lits par unité de soins palliatifs dans ces pôles régionaux de cancérologie ;

– la poursuite de la formation de l'ensemble des équipes hospitalières aux soins palliatifs par les professionnels qui travaillent dans les établissements et qui vont donc faire un enseignement *in situ* ;

– l'élaboration par l'Agence nationale d'accréditation et d'évaluation en santé (ANAES) de recommandations de bonnes pratiques professionnelles sur le soulagement des symptômes et l'accompagnement ;[1]

– l'inscription de la démarche de soins palliatifs dans les projets d'établissement, de service et de soins infirmiers ;

– la réactivation du groupe de travail relatif au programme de médicalisation des systèmes d'information (PMSI) dans le cadre de la tarification à l'activité ;

– l'incitation faite aux unités de services palliatifs et aux équipes mobiles de soins palliatifs à s'inscrire dans une démarche en réseau, en lien avec le domicile et les autres structures hospitalières, y compris les structures privées ne participant pas au service public hospitalier.

---

[1] Agence nationale d'accréditation et d'évaluation en santé. Modalités de prise en charge de l'adulte nécessitant des soins palliatifs. *Texte des recommandations*, décembre 2002.

Comme l'a souligné au surplus, Mme Aude Le Divenah[1] devant la mission, des mesures sont communes au Programme national de développement des soins palliatifs et au Programme national relatif à la prise en charge de la douleur. Il s'agit : de l'engagement d'une réflexion sur la simplification de la prescription et la dispensation des médicaments opioïdes ; du rapprochement avec les professionnels hospitaliers de lutte contre la douleur, notamment dans les équipes mobiles ; du développement et du soutien du bénévolat et de l'accompagnement. Enfin le manuel d'accréditation doit être enrichi : la référence spécifique sur les soins palliatifs et l'accompagnement a été intégrée dans la version 2 du manuel d'accréditation, l'accent ayant été mis en particulier sur la formation et le travail multidisciplinaire en équipe.

Le troisième axe a pour objet de sensibiliser et d'informer le corps social.

Pour impressionnant que soit ce programme, on peut toutefois se demander s'il n'est pas victime aujourd'hui d'un certain essoufflement à la fois pour des raisons budgétaires et parce qu'il a perdu de son autonomie : 23 millions d'euros avaient été consacrés à ce plan en 2001. En 2002, ce chiffre est descendu à 11,4 millions d'euros puis à 10 millions d'euros en 2003, cette somme devant être maintenue tous les ans jusqu'en 2007.

En réalité, tout se passe aujourd'hui comme si le « plan cancer » absorbait le programme des soins palliatifs. Après un financement de 100 millions d'euros en 2003, il est prévu d'accorder au plan cancer la même somme chaque année jusqu'en 2007 pour atteindre à cette date 640 millions d'euros. Les propositions 42 et 43[2] du plan cancer, relatives au développement des soins complémentaires et des soins palliatifs, reprennent notamment certaines mesures du programme de soins palliatifs précité.

Ce plan met l'accent en particulier sur la prise en compte de la douleur et sur le soutien psychologique et social. Il vise également à augmenter de façon significative la capacité de prise en charge des patients, en favorisant toutes les formes d'organisation, en institution et à domicile, à savoir :

– créer des réseaux supplémentaires de soins palliatifs à domicile pour atteindre au minimum un réseau par département ;

---

[1] Audition du 13 janvier 2004.

[2] « *Etre plus attentif aux personnes malades et à leurs attentes. La chimiothérapie sera facilitée de même que les soins à domicile, notamment grâce aux réseaux locaux. Les patients pourront bénéficier de soins complémentaires par une meilleure prise en compte de la douleur et un soutien psychologique accru. Le développement des soins palliatifs, dont 80 % relèvent du cancer, sera soutenu activement.* »

– convertir en tant que de besoin des lits « Médecine Chirurgie Obstétrique » en lits identifiés de soins palliatifs, à l'hôpital et dans les cliniques privées (actuellement – rappelons-le – 316 lits sont identifiés « Médecine Chirurgie Obstétrique » au sein d'unités non spécialisées) ;

– créer des équipes mobiles de soins palliatifs (au moins 100), dont au minimum une équipe dans chaque centre de référence en cancérologie, CHU et CLCC (Centres de lutte contre le cancer), ces équipes étant aujourd'hui au nombre de 291 ;

– créer 200 unités de soins palliatifs en institution, dont au moins une unité dans chaque pôle régional de cancérologie (actuellement 91 unités).

Même s'ils présentent un certain nombre de caractéristiques particulières, telles que l'importance primordiale des préférences des patients, la forte sollicitation des familles, le poids des préoccupations existentielles et spirituelles, l'engagement des bénévoles, on ne saurait nier que les soins palliatifs ont une vocation horizontale affectant de nombreuses maladies. Or, ils pourraient se diluer dans le plan cancer. Non seulement, la prise en compte des spécificités des maladies neuro–dégénératives risque en effet d'être occultée par ce plan mais la dynamique induite par les deux plans de développement des soins palliatifs peut également se ralentir au profit de cette nouvelle priorité qu'est le plan cancer.

Il est donc nécessaire pour les pouvoirs publics d'afficher plus nettement leur volonté de poursuivre l'effort déjà engagé en faveur des soins palliatifs, en dépit des contraintes budgétaires existantes. Cet effort doit porter en particulier sur l'organisation des soins palliatifs.

– Renforcer les équipes mobiles et les réseaux

S'agissant de l'organisation des soins palliatifs, plusieurs personnalités du monde médical interrogées par la mission se sont déclarées très réservées sur le développement de maisons spécialisées exclusivement dans les soins palliatifs.

Il en est ainsi de M. Michel Ducloux, Président du Conseil national de l'Ordre des médecins : *« Il est bien certain que nos structures hospitalières ne sont pas suffisamment développées en matière de soins palliatifs. Mais il ne faut pas aller vers l'instauration de maisons spécialisées uniquement dans les soins palliatifs et l'accompagnement de fin de vie. Il n'y a rien de plus terrible que de mettre les gens qui vont mourir dans un ghetto. »*[1]

Sur un registre différent, M. Philippe Letellier s'est déclaré hostile à la création de grandes unités, *« comme les unités de soins palliatifs »*[2].

Des auditions des professionnels de santé en faveur du développement des soins palliatifs, il ressort que celui–ci pourrait passer par le renforcement des équipes mobiles, des réseaux de santé et d'équipes élargies.

M. Louis Hollender, Président de l'Académie nationale de médecine, s'est fait l'avocat des équipes mobiles : *« Il nous faudrait des équipes mobiles à la fois en libéral et à l'hôpital car je suis contre l'idée de créer des unités de soins palliatifs, sauf à des fins d'enseignement et de recherche dans les CHU. Des unités spéciales où l'on placerait les personnes arrivées à ce stade, deviendraient en effet tôt ou tard des mouroirs ; en y entrant, les patients sauront dans quel état ils se trouvent. En revanche, on devrait, dans chaque grand service (maladies sanguines, chirurgie digestive, cancérologie) prévoir des chambres isolées destinées aux malades arrivés au stade terminal. »*[3] Plutôt que créer des unités de soins palliatifs, il serait donc plus opportun de créer des lits à l'intérieur des services.

Si les besoins en lits de soins palliatifs sont évidents, la question de l'opportunité d'ouvrir beaucoup plus de lits palliatifs mérite toutefois d'être posée. Mme Marie–Thérèse Garnier déclare ne pas être « *certaine qu'il faille avoir beaucoup plus de lits de soins palliatifs* ». En revanche, « *il faudra toujours disposer de quelques lits de soins palliatifs car il existe des situations très complexes, très lourdes ou d'isolement social plus ou moins total d'un malade ou des cas dans lesquels les familles ne supportent plus la situation à laquelle elles sont confrontées [...] De telles situations que je qualifierais de chronophages pour les équipes soignantes, tant hospitalières que privées, nécessitent de passer la main à des équipes élargies qui disposeront de davantage de personnes pour donner le temps aux uns et aux autres, afin de les aider à cheminer autour de ce qui est en train de se passer* »[4].

De son côté, M. Régis Aubry a insisté devant la mission sur les mérites des réseaux de santé[5]. L'article L. 6321–1 du code de la santé

---

[1] Audition du 3 décembre 2003.
[2] Audition du 9 décembre 2003.
[3] Audition du 21 octobre 2003.
[4] Audition du 7 janvier 2004.
[5] Audition du 20 janvier 2004.

publique précise que ces derniers *« ont pour objet de favoriser l'accès aux soins, la coordination, la continuité ou l'interdisciplinarité des prises en charge sanitaires, notamment de celles qui sont spécifiques à certaines populations, pathologies ou activités sanitaires. Ils assurent une prise en charge adaptée aux besoins de la personne tant sur le plan de l'éducation à la santé, de la prévention, du diagnostic que des soins. Ils peuvent participer à des actions de santé publique. Ils procèdent à des actions d'évaluation afin de garantir la qualité de leurs services et prestations. Ils sont constitués entre les professionnels de santé libéraux, les médecins du travail, des établissements de santé, des groupements de coopération sanitaire, des centres de santé, des institutions sociales ou médico–sociales et des organisations à vocation sanitaire ou sociale ainsi qu'avec des représentants des usagers ».*

En favorisant ainsi l'interdisciplinarité et la complémentarité, les réseaux de soins palliatifs peuvent s'articuler avec les réseaux de prise en charge des personnes âgées, de la douleur ou de cancérologie. 65 réseaux interrogés par la *Société française d'accompagnement et de soins palliatifs* font appel ainsi, au concours de 39 médecins, 29 cadres–infirmiers, 15 psychologues et 5 assistantes sociales, 53 autres professionnels – le plus souvent infirmières et secrétaires –ayant été également recensés[1].

L'intérêt de cette démarche en réseau est de permettre à l'ensemble des professionnels de travailler ensemble. Comme l'a souligné M. Régis Aubry lors de son audition : *« Cela peut sembler éloigné du cœur du sujet en débat, mais si nous apprenons à travailler autrement, à travailler ensemble, à modifier les pratiques professionnelles et l'organisation du système de santé, avec des ponts réels entre les champs médical, d'un côté, et médico–social de l'autre, je suis persuadé que nous devrions pouvoir encore très notablement progresser. »*[2]

D'ailleurs, on peut penser que cet appel en faveur de la montée en charge des réseaux en soins palliatifs a été entendu, puisque les crédits en faveur de la dotation nationale des réseaux ont triplé en deux ans et avoisinent aujourd'hui 125 millions d'euros, la part allouée aux soins palliatifs représentant approximativement le tiers de cette somme.

Enfin, la mission a été attentive à ce que la spécialisation des soins palliatifs ne débouche pas pour les professionnels de santé sur une « spécialisation de la mort ». Il lui est apparu préférable que les médecins changent de manière générale leur stratégie et renoncent au curatif pour

---

[1] Conférence de consensus, 14 et 15 janvier 2004. Régis Aubry : *Caractéristiques de la démarche palliative, modalités pratiques de sa mise en œuvre au domicile*, textes des experts, p. 202.

[2] Audition du 20 janvier 2004.

s'orienter vers les soins palliatifs, comme le code de déontologie médicale les y autorisera si les propositions de la mission sont adoptées[1].

Dès lors, tout en partageant la nécessité d'assurer une plus grande complémentarité des actions et en veillant à ce que la dynamique propre aux soins palliatifs ne soit pas diluée, la mission a été convaincue de la nécessité de poursuivre le développement des équipes mobiles et des lits identifiés et d'encourager le développement des réseaux de soins palliatifs. La revalorisation des actes de soins palliatifs ne doit pas non plus être négligée.

– Revaloriser les actes de soins palliatifs

La mission a pu constater que les soins palliatifs souffraient d'un déficit d'image au sein du monde médical. Comme le soulignait M. Philippe Letellier devant la mission : « *A l'heure actuelle, quinze jours d'accompagnement d'un malade rapportent moins qu'une endoscopie ou une échographie, ce qui n'est pas normal. En effet, le système de cotation appliqué dans les hôpitaux, a pour objet de coter chaque acte en fonction de l'importance du travail d'un service. Il est évident que coter, quantifier l'accompagnement de fin de vie n'a aucun sens. Nous ne cherchons certes pas pour les services de soins palliatifs une reconnaissance quantitative, mais malheureusement, les services qui font moins d'actes cotés sont considérés comme moins performants. C'est ce qui est dramatique.* »[2]

En sa qualité d'observateur de la réalité médicale, M. Michel Castra le reconnaissait également : « *Il est important de valoriser les actes de soins palliatifs, en milieu curatif notamment et, en particulier, les actes médicaux et relationnels, parce que, trop souvent, les pratiques de soins palliatifs entrent en contradiction avec la logique de rentabilité de certains services et avec des critères économiques et administratifs.* »[3]

La question de la valorisation des actes de soins palliatifs s'inscrit cependant dans la problématique plus large de la tarification hospitalière. Interrogé sur ce point, M. Edouard Couty, Directeur de l'hospitalisation et de l'organisation des soins du ministère de la santé, de la famille et des personnes handicapées, indiquait : « *Ainsi, les hôpitaux publics ne pratiqueront plus le budget global et passeront à la tarification à l'activité qui tiendra compte de manière plus précise des activités réalisées. On voit bien l'importance de la codification et de la mesure de l'activité, puisque c'est elle qui déclenchera la rémunération et qui déterminera donc les ressources de l'hôpital. Dans cet esprit de réforme, la question de la tarification de l'activité de soins palliatifs est posée. La mission technique*

1 Cf. *infra* le paragraphe 3.3.4.2.
2 Audition du 9 décembre 2003.
3 Audition du 10 février 2004.

chargée de la mise en oeuvre de la tarification de l'activité réalise actuellement des simulations qui ouvrent la perspective d'une révision du codage, pour permettre une meilleure reconnaissance et une meilleure prise en compte de la charge de travail des soins palliatifs, dans la mesure où l'on considère que cette activité doit être prise en charge au même titre que les autres activités cliniques. Notre approche est pragmatique et nous serons sans doute amenés à réviser régulièrement les modes de codage et de tarification des activités. »[1]

Dans le cadre de la tarification à l'activité appelée à entrer en vigueur, la valorisation s'effectuera à partir d'un groupe homogène de malades (GHM) comprenant deux groupes homogènes de séjour (GHS). Le premier GHS soins palliatifs concernera les séjours effectués dans une unité de soins palliatifs. Dans ce dernier cas, une majoration forfaitaire par séjour sera attribuée à l'établissement.

En outre, pour les séjours d'une durée particulièrement longue, appelés « séjours extrêmes longs », une majoration forfaitaire sera accordée pour chaque journée de séjour au-delà d'un seuil de durée spécifique au GHM soins palliatifs.

Par ailleurs, au titre de la nouvelle modalité de financement des missions d'intérêt général et d'aide à la contractualisation (MIGAC), il est prévu l'attribution d'une dotation annuelle de 24 000 euros par an pour les équipes mobiles de soins palliatifs (EMSP) dont l'action s'exerce au bénéfice de patients qui, pour l'essentiel, sont hospitalisés hors des hôpitaux d'implantation de ces équipes.

S'agissant des rémunérations des équipes à domicile, elles font l'objet des articles R. 162-1-10 et R. 162-1-11 du code de la sécurité sociale, pris pour l'application de l'article L. 162-1-10 du même code. La mise en oeuvre de l'article R. 162-1-11, qui prévoit, soit la rémunération à l'acte, soit une rémunération forfaitaire, est subordonnée à la conclusion d'une convention avec la caisse primaire d'assurance maladie du patient, cette convention devant être elle-même conforme à un contrat type.

Un avenant conventionnel a été signé par les médecins et publié au *Journal officiel* du 17 septembre 2003. Une négociation est en cours avec les infirmières libérales et si le résultat de cet accord est suffisamment intéressant et est perçu comme une mesure incitative pour la profession, il est certain que cette convention favorisera utilement la démarche palliative.

---

1 Audition du 6 janvier 2004.

Il restera à régler la question des professions qui n'ont jamais conclu de conventions avec l'assurance maladie, telles que les psychologues et les assistantes sociales. En effet, aujourd'hui, faute de convention, ces professions interviennent le plus souvent bénévolement ou sont rémunérées sur la dotation nationale des réseaux sur la base de vacations. Sans se dissimuler la difficulté de cette question pour une profession comme celle de psychologue dont le statut fait l'objet de controverses[1], il apparaît nécessaire, si l'on veut développer les réseaux, qu'une réflexion s'engage pour associer ces deux professions à ces réseaux, en les rémunérant à l'acte.

Dans ce programme d'action, le rôle des familles ne saurait non plus être ignoré. Il est en effet essentiel.

– Aider les familles accompagnantes

Lorsque le mouvement des soins palliatifs a été créé dans les années quatre-vingt, il a, dès le départ, conçu la famille comme un partenaire de soins. C'est elle en effet qui est en première ligne, le conjoint étant aidé voire remplacé par les descendants.

Comme le note M. Hugues Joublin, Directeur exécutif de Novartis Pharma dans une contribution écrite pour la Conférence de consensus sur « *la famille accompagnante, besoins, modalités de soutien* »[2] : « *La question de temps dans l'accompagnement des derniers instants d'un être cher amène directement à l'appréciation de contraintes très matérielles. Souvent, l'entourage se démène pour concilier les impératifs d'une vie familiale qui continue (éloignement géographique, scolarité des enfants, contraintes domestiques, etc.) et qui appelle une projection douloureuse dans le temps « d'après », avec la volonté d'être le plus présent possible aux côtés du mourant. Pour les proches encore impliqués dans une vie professionnelle active, la société française n'a pas prévu de "sas spécifique" leur permettant une gestion plus souple du temps. Le congé d'accompagnement de fin de vie ne prévoit pas de rémunération.* »[3]

---

1 L'article 18 quater du projet de loi sur la politique de santé publique déposé au Sénat en deuxième lecture (projet n° 278) prévoit en l'état notamment que « *la conduite des psychothérapies nécessite soit une formation reconnue par les associations de psychanalystes [...] L'usage du titre de psychothérapeute est réservé aux professionnels inscrits au registre national des psychothérapeutes. L'inscription est enregistrée sur une liste dressée par le réprésentant de l'Etat dans le département de la résidence professionnelle des personnes souhaitant user du titre de psychothérapeute [...] Sont dispensés de l'inscription sur la liste visée à l'alinéa précédent les titulaires d'un diplôme de docteur en médecine, les personnes autorisées à faire usage du titre de psychologue dans les conditions définies par l'article 44 de la loi n° 85-772 du 25 juillet 1985 portant diverses dispositions d'ordre social et les psychanalystes régulièrement enregistrés dans les annuaires de leurs associations [...]* ». Les travaux parlementaires sur ces dispositions sont disponibles sur les sites internet des deux assemblées.

2 Conférence de consensus, 14 et 15 janvier 2004, « *L'accompagnement des personnes en fin de vie et de leurs proches* », textes des experts, p. 116.

3 *Idem*, p. 119.

L'article L. 225-15 du code du travail issu de l'article 11 de la loi n° 99-477 du 9 juin 1999 visant à garantir le droit à l'accès aux soins palliatifs et à un accompagnement, ouvre aux proches un droit à un congé d'accompagnement pour une durée maximale de trois mois, que ce soit pour un ascendant, un descendant ou une personne partageant le même domicile. Ce congé est appelé « congé de solidarité familiale ». Mme Marie-Thérèse Garnier a constaté cependant que le décret d'application de ce texte n'était toujours pas pris à ce jour : « *C'était une excellente idée. Mais ce congé d'accompagnement n'est pas rémunéré et dans ma région, bien peu de personnes peuvent se permettre d'arrêter de travailler pendant trois mois. Par conséquent, les médecins continuent à délivrer des arrêts maladie aux familles quand elles en ont besoin.* »[1] On notera qu'à l'étranger, certains pays ont mis en place des compensations. Il en est ainsi en Australie et dans le canton de Fribourg, en Suisse, ainsi qu'au Royaume-Uni, sous réserve, dans ce pays, de conditions de ressources.

On ne peut donc qu'inviter le gouvernement à prendre ce décret pour soulager les familles dans l'accompagnement de leurs proches. Evoquer les familles, c'est également aborder la question des bénévoles.

– Favoriser le bénévolat

Comme le relève le Secrétaire du Comité d'experts du Conseil de l'Europe sur l'organisation des soins palliatifs, M. Piotr Mierzewski, *« les bénévoles jouent un rôle particulier dans ce contexte. Il ne s'agit pas pour eux d'empiéter sur les professionnels mais d'apporter leur propre contribution et savoir-faire. A une époque où la mort est un sujet tabou, la présence de bénévoles aux côtés du personnel soignant professionnel acquiert une forte valeur symbolique. Ils "resocialisent" la mort et montrent qu'elle n'est pas un domaine réservé aux professionnels de santé »*[2].

L'article L. 1110-11 du code de la santé publique définit le statut de ces bénévoles. Ils doivent avoir été formés à l'accompagnement de la fin de vie, appartenir à des associations et sans interférer avec la pratique des soins médicaux et para-médicaux, apporter leur concours à l'équipe de soins en participant à l'ultime accompagnement du malade. Aux termes de l'article R. 1110-1 du même code, une convention établie conformément à une convention type régit les relations entre les associations de bénévoles et les établissements concernés. Un soutien financier est accordé par la CNAMTS pour un montant de 971 945 euros en 2004.

---

1 Audition du 7 janvier 2004.

2 *Regard éthique, L'euthanasie, Perspectives nationales et européennes*, Vol. II, Editions du Conseil de l'Europe, 2004, p. 178.

Toutefois, à la différence des dépenses liées au maintien à domicile, ces crédits sont consommés. Cette somme finance des actions de formation auxquelles s'ajoutent des crédits destinés à la prise en charge des dépenses de fonctionnement d'une cellule de coordination, à hauteur de 137 174 euros en 2003.

Le succès du bénévolat est très lié à l'implication des associations. Les bénévoles d'accompagnement doivent être *« fortement reliés à une association bien structurée par un projet associatif clair »*[1].

3.3.3.2.3 Former les professions de santé aux situations de fin de vie

La formation des professions de santé aux situations de fin de vie doit être au coeur de la politique en faveur des soins palliatifs. Comme le faisait valoir Mme Marie-Thérèse Garnier : *« Je ne suis pas certaine qu'il faille ouvrir beaucoup plus de lits de soins palliatifs. En revanche, je crois beaucoup plus dans l'indispensable formation de toutes les équipes, quelles qu'elles soient et quel que soit leur lieu d'exercice. Cela me semble être le meilleur biais pour garantir, ou tenter de garantir, à chacun une fin de vie dans des conditions acceptables. »*[2]

Or, force est de constater que cette formation des professionnels de santé accuse un grand retard, aussi bien dans le cadre de la formation initiale que dans celui de la formation continue.

– Un état des lieux préoccupant

Mme Marie de Hennezel observe que certaines facultés ont pris l'initiative de délivrer en première année de médecine, dans le cadre d'un enseignement « Sciences humaines et sociales », une initiation à l'approche psycho-sociologique de la mort[3].

Le Doyen de la faculté de médecine de Nantes est le premier à avoir mis en place un enseignement de psychologie médicale en deuxième et troisième années de médecine. Cet enseignement est confié à une psychologue-chercheur qui a une expérience de plusieurs années en soins palliatifs.

La formation au traitement de la douleur et aux soins palliatifs est maintenant obligatoire dans le module 6 du deuxième cycle des études de médecine « douleur – soins palliatifs – accompagnement ». Mais, *« on ne*

---

[1] Conférence de consensus, 14 et 15 janvier 2004, Chantal Grimaud : « *Des bénévoles, à quelles conditions ? cadre réglementaire : appartenance à une association, formation, coordination, supervision* », textes des experts, p. 178.

[2] Audition du 7 janvier 2004.

[3] Rapport précité, p. 78.

précise ni le volume horaire ni le contenu de cet enseignement qui se limite dans plusieurs facultés au seul traitement de la douleur »[1]. Qui plus est, les disparités entre facultés sont très importantes.

M. Philippe Letellier s'est ému de cette situation : « *Pour parvenir à une reconnaissance universitaire des soins palliatifs, il faut arrêter de tenir le double langage qui consiste, pour certains doyens, à dire qu'ils ont mis en place un module "soins palliatifs et douleurs" alors que celui–ci ne dure que quatre heures ! Quand on sait le nombre d'années qui sont nécessaires pour approcher l'être humain dans sa souffrance, ces quatre heures sont dérisoires. C'est une véritable catastrophe que de continuer à dire que l'on fait alors que l'on ne fait pas. Il existe une grande disparité, selon les unités de formation et de recherche, dans la dotation en horaires du module 6 intitulé "soins palliatifs et douleurs". D'une unité de formation et de recherche à l'autre [...] on passe ainsi de quatre heures à trente heures. Les étudiants de l'UFR de Besançon, qui y consacrent trente heures, ont beaucoup de chance. Je m'en réjouis pour leur population, car ils seront certainement beaucoup plus humains et plus aptes à aider les malades. »*[2]

Au surplus, l'enseignement des soins palliatifs pour les infirmiers *« est aussi très inégal et celui des kinésithérapeutes et des ergothérapeutes est globalement quasi nul »*[3].

Les conséquences de cette défaillance de notre système de formation médicale ne sont pas neutres sur le traitement des malades en fin de vie, comme l'a relevé M. Grégoire Moutel, Chef du Laboratoire d'éthique médicale de la faculté Necker : « *La formation en médecine a réalisé de grands progrès sur la partie technique du traitement de la douleur, sur les soins palliatifs et sur l'accompagnement de la fin de vie. Il y a par exemple, une approche très technique de la prévention des escarres et de la mise en place des pompes à morphine. Mais nous devons constater, à travers l'expertise dont nous disposons avec Christian Hervé sur la vision de l'enseignement de l'éthique médicale en France, qu'il n'existe pas d'approche pédagogique de la spiritualité, de la dimension de la mort et de l'acceptation de la mort. De fait, la mort est évacuée aujourd'hui des programmes d'enseignement et ce constat est dramatique : il existe en tout et pour tout un Laboratoire d'éthique médicale à Necker, quelques structures développées par Jean-François Mattei à Marseille et quelques embryons de projets à travers la France, comme à Amiens. Aujourd'hui, ni dans les facultés de médecine ni dans les écoles d'infirmières ou*

1 Rapport précité, p. 78.
2 Audition du 9 décembre 2003.
3 Audition du Dr Bruno Pollez, médecin praticien à la disposition de la Direction générale de la santé du 21 janvier 2004.

d'aides-soignants, il n'existe de sensibilisation à la problématique de la mort. De ce fait, les professionnels ont tendance à appréhender les solutions en les reportant sur autrui : ainsi, s'explique le grand nombre de demandes de transferts vers les soins palliatifs, alors que certains patients pourraient rester en gériatrie, ou encore de transferts vers les services de réanimation, alors que les intéressés pourraient demeurer dans les services de médecine polyvalente. »[1]

Ces propos sont relayés par ceux que tient le docteur Isabelle Marin sur la méconnaissance clinique de l'agonie par les médecins. Menant une enquête sur les signes cliniques de l'agonie et sur sa durée, elle a constaté que *« seuls 10 % des médecins hospitaliers qu'elle interrogeait pouvait citer des signes explicites, que la moitié des signes donnés par les autres médecins étaient fantaisistes et que 50 % estimaient qu'une agonie est obligatoirement longue et douloureuse »*[2].

M. Bernard Kouchner, ancien ministre, a une approche identique du problème : *« Je crois même qu'il faudra inclure dans le cursus universitaire de ceux qui le souhaiteraient, l'étude de la mort ou plutôt, parce qu'il est un peu ridicule de parler ainsi, l'abord médical des derniers instants. En effet, malgré votre souhait de voir l'ensemble des médecins, des personnels des services et des personnels paramédicaux prendre en charge les derniers moments d'un patient, je pense que certains s'y refuseront et que cette prise en charge deviendra une spécialité même si avoir pour spécialité la mort est délicat. »*[3]

Par conséquent, il apparaît très clairement que la formation aux soins palliatifs est notoirement insuffisante et qu'il y a un net décalage entre le souci de développer les soins palliatifs et l'exclusion *de facto* de ces derniers et des problèmes de fin de vie de l'enseignement médical. On ne peut que rejoindre sur ce plan les propositions de Mme Marie de Hennezel. Elle suggère dans son rapport d'aborder la problématique de la fin de vie et la réflexion éthique sur le sens du soin dès la première année. Elle préconise également de rendre obligatoire le module « soins palliatifs et accompagnement » en harmonisant ses horaires à hauteur de 35 heures comme pour les aides-soignantes[4].

S'agissant de la formation continue en milieu hospitalier ou dans les réseaux, on renverra également aux propositions du rapport de Mme Marie de Hennezel, les personnes auditionnées par la mission n'ayant pas évoqué précisément ces questions. Il faut savoir par ailleurs que le

---

1 Audition du 10 décembre 2003.
2 *Allez donc mourir ailleurs, opus* cité p. 66 et s.
3 Audition du 6 avril 2004.
4 Rapport précité, p. 80.

programme de lutte contre la douleur 2002-2005 souhaite donner à tout soignant les moyens de mettre en place des stratégies de prévention et de traitement de la douleur. A ce titre, la formation à la thématique douleur constitue une action prioritaire.

Si tout le monde s'accorde à reconnaître la nécessité de la formation initiale et continue aux problèmes de la fin de vie, il convient d'en apprécier les contours. Celle-ci doit avoir pour objet de prendre en compte toutes les dimensions de la souffrance et de permettre de communiquer, tant avec le malade qu'avec la famille. Forte de son expérience, Mme Marie-Sylvie Richard, Chef de service de la Maison médicale Jeanne Garnier, membre du conseil de direction, enseignante en éthique médicale, a décrit en quelques mots les dimensions de cette souffrance à laquelle les professions de santé n'étaient qu'imparfaitement préparées. Les soins palliatifs et l'accompagnement supposent pour elle *« une formation à la prise en compte de la souffrance dans sa complexité. Il faut souligner cette complexité car l'on ne peut jamais saisir la souffrance d'une personne. On en aura quelques bribes, on pourra avoir une certaine action, mais il restera toujours quelque chose de la souffrance »*.[1]

Cette formation doit servir à l'accompagnement des malades et de leurs familles et favoriser le questionnement éthique.

– *Favoriser la formation à l'accompagnement des malades*

Le besoin de formation du personnel soignant à la communication avec les malades en fin de vie est une évidence sur laquelle Mme Marie-Sylvie Richard a attiré l'attention de la mission : *« Lorsque je vois des équipes très opposées, réticentes, réservées ou très embarrassées à l'égard des soins palliatifs, je constate qu'en fait leur principale difficulté est la suivante : il s'agit de communiquer avec un malade lorsque les possibilités thérapeutiques s'amenuisent, de répondre à ses questions embarrassantes et de pouvoir l'entendre parler de la fin de sa vie et de sa mort. »*[2]

Former le personnel à la communication avec le malade revient également à identifier les besoins fondamentaux de ces malades. Mme Hedwige Marchand, infirmière coordinatrice de la Fondation Croix Saint-Simon, Unité François Xavier-Bagnoud en a dressé une typologie précise devant la Conférence de consensus des 14 et 15 janvier 2004 ; il s'agit de : *« besoins de confort, (de) besoins affectifs, (de) besoins de compréhension, (de) besoin d'intériorisation, (de) besoin d'information,*

---

1 Audition du 21 janvier 2004.
2 *Idem.*

(de) besoins spirituels ». Elle insiste avec une particulière netteté sur le besoin d'information des personnes malades. *« Bien que connu des soignants, il est encore largement négligé. Pourtant, informer le sujet malade de la gravité de sa maladie, sans pour autant lui interdire tout espoir et en respectant autant que possible sa capacité à entendre ce qui lui arrive, lui permet de mieux comprendre sa situation et répond à son besoin de savoir »*[1].

Dans cette formation, l'accompagnement psychologique doit avoir une place. Cet aspect ne saurait être un « patch » artificiel, qui « *rassure les professionnels et leur évite des confrontations qu'ils ne sont pas toujours en mesure d'assumer* », comme le fait observer M. Emmanuel Hirsch[2], Directeur de l'Espace éthique de l'Assistance publique-Hôpitaux de Paris.

Poser la question de la place de l'accompagnement psychologique dans la formation, c'est s'interroger sur la dimension psychologique dans la relation de soins. M. Emmanuel Hirsch considère toutefois que de son point de vue « *la relation du soin n'est pas essentiellement psychologique, elle est professionnelle [...] Certaines réalisations sont néanmoins très intéressantes : le travail mené sur le domicile par le Centre François-Xavier Bagnoud, propose une approche très nuancée du psychologue, prenant en compte les spécificités propres de la personne malade en fin de vie, de sa famille, voire de sa fratrie. D'autre part, les initiatives, développées notamment à l'Institut Gustave Roussy, de soutien par des groupes éminemment professionnels, des enfants dans la maladie, des familles, des conjoints, permettent une hiérarchisation des priorités, tout en tenant compte des spécificités et ne ramènent pas tout au concept générique d'approche psychologique »*[3].

On rappellera seulement pour mémoire que le plan cancer a prévu d'accroître les possibilités de recours par le patient à des consultations psycho-oncologiques de soutien et de développer la formation des soignants et des médecins cliniciens à la dimension psychologique de l'accompagnement du patient (mesure 42 du plan).

Cette préconisation rejoint une proposition de Mme Marie de Hennezel, qui plaide pour que les psychologues cliniciens reçoivent une formation personnelle (psychanalyse) ou une formation dans le cadre d'un

---

1 Conférence de consensus, 14 et 15 janvier 2004, « *L'accompagnement des personnes en fin de vie et de leurs proches* », textes des experts, p. 67 et suivantes.

2 Audition du 20 janvier 2004.

3 *Idem.*

diplôme universitaire de soins palliatifs ou d'un stage d'une semaine au moins dans une unité de soins palliatifs[1].

– Favoriser la formation à l'accompagnement des familles

Cette formation doit également être assurée en direction des familles accompagnantes, fatiguées, manquant de temps, éprouvant des sentiments d'anxiété, de culpabilité, d'impuissance et étant parfois en quête de spiritualité.

Mme Annick Ernoult, animatrice et formatrice du Centre de formation François Xavier-Bagnoud, Fondation Croix Saint-Simon et le docteur Christophe Faure, psychiatre psychothérapeute, considèrent qu'une bonne communication entre les membres de « *l'équipe soignante facilite celle des familles. En effet l'harmonisation des informations entre les membres de l'équipe soignante permet celle des messages donnés à la famille et prévient les conflits intra-familiaux liés aux informations contradictoires reçues* »[2].

Mme Marie-Sylvie Richard, comme on l'a déjà vu, admet elle-même que 50 % du temps passé dans ces situations est consacré aux familles[3].

– Favoriser le questionnement éthique

Enfin, le questionnement éthique doit occuper une place privilégiée dans cet enseignement. Mme Marie-Sylvie Richard en a démontré toute la nécessité : « *Je redoute toujours le questionnement éthique lorsqu'il est limité à la prise de décision au chevet du malade. Je pense qu'il y a vraiment une formation et une réflexion éthique à promouvoir. Je constate des progrès dans les études médicales mais il reste encore beaucoup à faire sur l'introduction des sciences humaines, sur les bases philosophiques des médecins et sur une réflexion permettant d'entrer dans un questionnement éthique permanent et non pas réservé à la résolution de conflit, parce qu'il est beaucoup plus que cela.* »[4]

Ce point de vue rejoint celui exprimé par M. Grégoire Moutel : « *Qu'il y ait ou non une loi, le premier point que je souhaite soulever consiste à dire que, si une loi ne s'accompagne pas d'une formation forte et réelle des professionnels, on risque de glisser vers une automaticité des pratiques ou vers une non–implication des professionnels dans la pratique.*

---

1 Rapport précité, p. 88.

2 Conférence de consensus, 14 et 15 janvier 2004, « *L'accompagnement des personnes en fin de vie et de leurs proches* », textes des experts, p. 106.

3 Audition du 21 janvier 2004.

4 *Idem.*

Or, à ce jour, nous constatons qu'il n'existe aucune formation à une réflexion éthique et multidisciplinaire, qui prenne en compte la spiritualité et les dimensions médico-sociale, médicale, et juridique. »[1]

De son côté, M. Régis Aubry souligne : *« Ma génération a été éduquée à partir d'un enseignement très vertical, alors qu'au contraire, il faut avoir une approche très transversale, multidisciplinaire. Tous les médecins doivent intégrer le fait qu'ils ne savent pas tout en médecine. Ils doivent apprendre à fonder leurs décisions sur des référentiels propres à la personne malade, non seulement dans le champ de la morale, des convictions religieuses ou politiques mais aussi dans l'entourage familial qui est un élément important à prendre en compte. »*[2]

Ce retard en formation à l'éthique hospitalière et du soin se reflète à travers les enquêtes menées par l'Espace éthique de l'Assistance publique. Dans une enquête[3] réalisée auprès de 745 professionnels de santé, seuls 35 % des personnes interrogées indiquaient avoir suivi une formation dans le domaine de l'éthique, ce pourcentage étant jugé élevé par rapport à la moyenne des professionnels de santé en général. Sur cet échantillon, 12,7 % des personnes interrogées étaient issues des soins palliatifs, les professionnels des soins palliatifs étant toutefois proportionnellement les personnels les plus formés à l'éthique hospitalière.

Dans son rapport sur l'éthique et les professions de santé remis en mai 2003 au Ministre de la santé, de la famille et des personnes handicapées, M. Alain Cordier, Président du directoire de Bayard-Presse, Président de la Commission « éthique et professions de santé » auprès du Ministre de la santé, de la famille et des personnes handicapées, plaide pour le développement de la réflexion éthique dans la formation initiale. Il émet à ce titre plusieurs propositions auxquelles on ne peut que souscrire.

Ces propositions partent du postulat que l'éveil au questionnement éthique est préférable à la transmission d'un savoir éthique. Dans ce cadre, il est suggéré de proposer aux jeunes désireux de s'inscrire dans une formation aux professions médicales et soignantes et avant la première année d'études, un éveil à l'éthique. Il serait souhaitable de rééquilibrer la part donnée aux sciences de l'homme en PCEM1 (première année du premier cycle des études médicales). S'agissant des étudiants en médecine, le rapport préconise l'introduction d'un entretien d'évaluation en fin de PCEM1 et de PCEM2 (deuxième année du premier cycle des études médicales), le développement de l'éveil au questionnement éthique avec l'expérience pratique. Dans chaque module transversal, une part obligatoire

---

1 Audition du 10 décembre 2003.
2 Audition du 20 janvier 2004.
3 Enquête nationale 2003 : « *Espace éthique. Ethique et pratiques hospitalières* » – Hors série 1.

de l'enseignement devrait être consacrée au sens de la recherche, des investigations et de la thérapeutique, cette démarche devant s'appliquer également aux étudiants non concernés par le PCEM1. La création de séminaires de réflexion éthique est recommandée pour les internes et les chefs de clinique.

Enfin, la mise en place de départements universitaires pluridisciplinaires d'axiologie médicale répondrait au souci « de réfléchir » sur la notion de « valeur » dans toutes ses dimensions.

Ces actions en matière de formation éthique ne seront toutefois utiles que si parallèlement, la réflexion éthique est stimulée tant auprès des enseignants et des chefs de service qu'auprès des généralistes et des spécialistes de soins palliatifs.

Développer la formation à l'éthique suppose une formation également en amont, des formateurs et des choix d'organisation de ces enseignements. Veut-on privilégier l'émergence d'éthiciens sur le modèle américain ou souhaite-t-on favoriser une réflexion éthique, qui ferait partie soit d'un enseignement de droit médical, soit d'un enseignement clinique ? Sans se prononcer concrètement sur l'organisation de ces enseignements, le « rapport Cordier » appelle à la participation de référents en éthique. Après en avoir délibéré, la mission a exprimé des réserves sur la création de chaires d'éthique médicale spécialisées, de crainte que cette formule ne fasse obstacle à l'épanouissement d'une véritable réflexion collective sur ces sujets. Il conviendrait, en tout état de cause, que la Conférence nationale des universités se saisisse de cette question, en liaison avec le ministère chargé de la santé.

3.3.3.2.4 Développer la réflexion éthique

Dans un contexte général soumis à la domination du savoir et du pouvoir, la technicité croissante de l'art médical a occulté quelque peu ces dernières années les exigences éthiques de la décision. Aussi, ne peut-on que rejoindre M. Jean-Marie Gomas dans une contribution intitulée *Démarche pour une décision éthique ;* il y invite la population à réapprendre que : « *La "bonne santé" ne rime pas forcément avec toujours plus de technique médicale. Cette dimension revêt une acuité toute particulière dans la problématique de fin de vie. Elle répond à un souci de réalisme et est justifiée par un besoin d'humilité.* »[1]

Pour conclure son propos devant la mission, en insistant sur la relation médecin-malade, M. Guy Canivet a mis en lumière l'importance de

---

[1] *La Presse médicale* – 26 mai-2 juin 2001, 30 n° 19.

l'éthique médicale et l'a fait prévaloir sur toute construction juridique nouvelle, qui aurait toutes les chances d'être aléatoire et imparfaite : « *J'aurais tendance à dire que la question me semble devoir être prioritairement résolue dans la relation entre le médecin et le malade et que, dans cette relation, il faut prévoir aussi peu d'intrusion que possible de la loi pénale. C'est davantage dans l'équilibre entre une liberté et des obligations déontologiques que l'on devrait trouver des solutions. Il faut rester extrêmement prudent en ce qui concerne toute intervention des tiers dans cette relation. On peut prévoir des déontologies aussi précises que possible, mais la vraie solution réside dans l'éthique médicale et c'est davantage dans ce champ-là qu'il faut trouver les réponses. A cet égard, les mesures prévues par le rapport de Mme Marie de Hennezel telles que la formation des équipes médicales, leur préparation me semblent beaucoup plus utiles que le recours au système des responsabilités.* »[1]

Si le réalisme justifie la place éminente qui doit revenir à l'éthique dans ces choix, l'humilité aussi.

C'est cette idée qui sous-tend les remarques de Mme Marie de Hennezel lorsqu'elle écrit : « *Nous nous sommes attachés à l'idée que c'est en développant la réflexion éthique, la capacité de renoncer à une certaine toute puissance, à assumer le doute et l'incertitude que les équipes médicales et soignantes apprendront à assumer les fins de vie difficiles et pourront affronter les dilemmes qui ne manqueront pas d'émailler leur vie de soignants.* »[2]

Si cette notion d'éthique fait aujourd'hui florès, parce qu'elle est préférée au concept de morale à la connotation vieillotte et péjorative, force est de constater qu'elle ne s'est pas pour autant imposée complètement dans des structures officielles, établies et pérennes.

Le constat sur les déficiences de la réflexion éthique est partagé par plusieurs médecins. Pour M. Régis Aubry : « *Il conviendrait de définir plutôt par des recommandations professionnelles que par une loi, comment prendre une décision éthique en fin de vie, comment organiser la multidisciplinarité et comment, lorsqu'on n'est pas d'accord autour d'une question aussi fondamentale, faire appel à des compétences extérieures, telles celles des comités locaux d'éthique qui sont des structures à développer. A cet égard, il me semble qu'un gros travail reste à faire car l'éthique me paraît parfois carrément absente, non pas tant des hôpitaux que des pratiques. Il ne s'agit pas tant du lieu car la compétence doit se déplacer en fonction du lieu où se situe le drame. A domicile, il n'est pas*

---

1 Audition du 3 février 2004.
2 Rapport précité, p. 9

facile de mettre en place une dynamique de type réflexion éthique, mais cela peut se faire. »[1]

M. Grégoire Moutel souligne l'atonie des comités d'éthique locaux : *« Au sujet des pratiques en général, les DEA que nous avons menés ont montré que les décisions se font encore et trop souvent de manière solitaire, isolée, sans vision collective ni démocratique. Une des illustrations de ce manque de formation apparaît dans l'absence de vie des comités d'éthique locaux. En France, depuis 1988, la superbe loi Huriet a malheureusement incité les comités d'éthique locaux à évoluer, à s'axer davantage vers la recherche que vers le soin. Aujourd'hui, nous n'avons donc pas de comités d'éthique locaux qui, comme cela existe au Québec, se chargent des questions liées aux soins. Cette absence crée donc un hiatus important car, soit on admet que la loi va tout résoudre, ce que je ne crois pas, soit les professionnels prennent tout à leur charge, mais j'estime que cela n'est pas sain dans le contexte ambiant des droits des patients et de l'évolution du débat social. »*[2]

S'interroger sur le rôle des comités d'éthique dans cette problématique de la fin de vie revient à poser trois questions : comment peut-on les définir ? Quel statut juridique ont-ils aujourd'hui ? Quel rôle peut-on leur impartir ?

– Au départ, les comités d'éthique[3] sont apparus dans la déclaration d'Helsinki de l'Association médicale mondiale en 1975. Cette déclaration, amendée ultérieurement, stipulait notamment que *« les projets de l'exécution de chaque phase de l'expérimentation portant sur un être humain doivent être clairement définis dans un protocole expérimental qui doit être soumis à un comité indépendant désigné, spécialement à cet effet pour avis et conseils ».*

On a assisté dans un second temps au développement de comités hospitaliers dont l'émergence relevait surtout de la génération spontanée. Ceux-ci avaient vocation à aider des praticiens confrontés dans leur art à des situations difficiles. Enfin, les comités d'éthique du troisième type ont reçu une vocation nationale ou internationale et ont été chargés d'émettre des avis : Comité consultatif national d'éthique pour les sciences de la vie et de la santé au niveau national (CCNE) ; Comité international de bioéthique du Conseil de l'Europe ; Comité intergouvernemental de bioéthique de

---

1 Audition du 20 janvier 2004.

2 Audition du 10 décembre 2003.

3 Comités consultatifs locaux d'éthique, Dictionnaire permanent « Bioéthique et biotechnologie ; Gérard Memeteau, *Cours de droit médical*, 2ème édition, les études hospitalières 2003 ; p. 149 ; Bertrand Mathieu, les comités d'éthique hospitaliers – étude sur un objet juridiquement non identifié, *Revue de droit sanitaire et social* n° 36 (1), janvier-mars 2000 ; Noël-Jean Mazen, Ethique, *Revue générale de droit médical* n° 9, 2003.

l'Unesco ; Groupe européen d'éthique des sciences et des nouvelles technologies ; Conférence européenne des comités nationaux d'éthique.

Si les comités locaux d'éthique étaient nombreux dans les années 1980, ils ont disparu lorsque la loi a confié le visa des protocoles de recherche aux comités consultatifs pour la protection des personnes se livrant à la recherche biomédicale (CCPPRB) ; M. Grégoire Moutel a regretté cette évolution : *« Je trouve assez aberrant que notre pays assez moderne, et aspirant à des instances de débat local et de démocratie locale, ne dispose plus de comités d'éthique. Pour faire court et un peu provocateur, on risque de faire une loi sans relais dans la vie quotidienne des gens. »*[1]

De fait, aujourd'hui à l'échelon national, il existe peu de comités locaux d'éthique. On peut citer l'Espace éthique Assistance publique-Hôpitaux de Paris dont on a évoqué plus haut les travaux et qui a été créé en 1995. Il a, d'une part, des activités d'enseignement avec l'Institut éthique et soins hospitaliers et, d'autre part, des activités de veille et de recherche, qui sont placées sous l'égide de l'Observatoire éthique et soins hospitaliers. Selon M. Alain Cordier, près de 12 000 personnes sont passées dans cette structure depuis sa création et elle dispose d'un réseau de 6 000 correspondants.

Ce dernier estime *« qu'une plus grande clairvoyance dans les pratiques individuelles a pu être observée comme bénéfice en retour. L'impact sur les pratiques des équipes est en revanche plus difficilement mesurable ».*[2]

Cette expérience a été étendue à Marseille, à l'instigation du Professeur Jean–François Mattei. *« L'Espace éthique méditerranéen (EEM) est un pôle d'enseignement et un lieu d'échange pour les soignants, médecins, chercheurs mais également pour tous les représentants de la société civile qui se sentent directement concernés par les problèmes d'éthique médicale. »*[3] A Paris, le Comité d'éthique de l'hôpital Cochin est souvent cité. Le CHRU d'Amiens s'est également doté récemment d'un espace éthique. Au total, on voit aujourd'hui, comme l'observe M. Noël-Jean Mazen[4], que le paysage des comités d'éthique se partage en trois niveaux : l'éthique sociale avec les avis des comités nationaux et internationaux ; l'éthique de recherche avec les avis des CCPPRB et l'éthique clinique avec les réflexions sur des cas concrets de comités locaux.

---

1 Audition du 10 décembre 2003.
2 Audition du 21 janvier 2004.
3 *Ethique et Professions de santé – Rapport au Ministre de la santé, de la famille et des personnes handicapées*, mai 2033, p. 45.
4 Cf étude citée *supra* p. 228 du présent rapport.

C'est à ces derniers que revient le soin de *« sensibiliser et d'éduquer des personnels hospitaliers aux problèmes et règles d'éthique et de droit, d'élaborer des politiques d'ensemble pour de nouveaux problèmes anciens, mais liés à des phénomènes nouveaux, d'assister et conseiller les équipes soignantes dans les prises de décision individuelles, de faire réfléchir, de fournir un forum de discussion »*[1]. Il est évident que ces comités peuvent par leur action de conseil et de médiation, prévenir des contentieux ultérieurs.

– Les comités d'éthique hospitaliers n'ont cependant pas d'existence légale. L'article L. 6111–1 du code de la santé publique évoque les missions des établissements de santé, parmi lesquelles la conduite d'*« une réflexion sur les questions éthiques posées par l'accueil et la prise en charge médicale »*. Ce texte ne fait pas explicitement référence aux comités d'éthique. Or, si l'on devait favoriser une réflexion sur l'éthique clinique dans les établissements de santé à travers ces comités, c'est indéniablement ces dispositions qu'il conviendrait de modifier.

Dans son rapport, Mme Marie de Hennezel suggère que *« les établissements prévoient dans leur projet d'établissement la création d'une "cellule de réflexion" éthique dont les membres pourraient assumer l'animation régulière de staffs de réflexion éthique, dans les services confrontés à des décisions de fin de vie difficile »*[2].

La solution proposée par la mission consisterait à donner une base légale aux comités d'éthique hospitaliers.

Ce débat ne serait pour autant pas épuisé car il conviendrait de lui confier des attributions précises sur un territoire déterminé.

– Dans ses recommandations sur les comités d'éthique locaux n° 13 en date du 7 novembre 1988, le CCNE rappelait que les *« comités d'éthique sont institués les uns dans le cadre hospitalier, les autres dans le cadre local ou régional [...] (ils) sont composés, selon leur mode pluraliste, à la fois de représentants des professions de santé et des personnes venant d'horizons divers, choisis pour leur compétence et leur intérêt pour les problèmes éthiques. (Ils) rendent des avis sans force obligatoire »*.

Il ne saurait être question de revenir sur ces lignes directrices. Encore une fois les comités d'éthique locaux n'ont d'autre objet que de régler ponctuellement des questions d'éthique en marge de normes

---

1 Rapport Aspects légaux questions et réponses, colloque 8–9 mai 1986, *Les comités d'éthique dans les établissements de santé au Canada*, Inst. rech. cliniques, Montréal, acte polycop, cité par M. Gérard Memeteau, *opus* cité.

2 Rapport précité, p. 105.

générales et abstraites qui ne peuvent pas toujours s'avérer adaptées au cas d'espèce.

M. Grégoire Moutel a été très net sur la portée des décisions de ces comités : *« Je ne pense pas qu'une telle instance doive être décisionnelle à 100 % mais elle doit être systématiquement consultative, pour qu'enfin on puisse disposer de données, d'évaluations et de séries. J'ai parlé de comité mais je pourrais presque plaider, bien que cela fasse un peu* pro domo, *pour les laboratoires universitaires ou les structures hospitalières universitaires. L'important est de disposer de gens qui recensent toutes les données de la problématique éthique. »*[1]

Si cette fonction doit être consultative, il convient de savoir si celle-ci doit s'exercer systématiquement ou si elle doit être réservée aux cas les plus litigieux. Deux considérations plaident pour cette seconde option : d'une part, le souci de conférer de la souplesse au dispositif ; d'autre part, le caractère par définition résiduel de cette procédure, si l'option d'une décision médicale préalable à la fois collégiale et transparente était retenue par le législateur et par le pouvoir réglementaire, à la suite des propositions de la mission.

Il reste à déterminer le champ d'action géographique de ces comités. Il apparaît très ambitieux de créer de telles structures dans chaque établissement de santé. En revanche, cette institution pourrait être envisagée dans chaque région, au sein des hôpitaux universitaires existants, afin d'être articulée avec les formations à promouvoir.

Quoi qu'il en soit, cette consécration des comités d'éthique locaux aurait le mérite de favoriser l'émergence d'une méthodologie, qui fait aujourd'hui encore cruellement défaut.

3.3.3.2.5 Sensibiliser et informer l'opinion publique, les médecins et les juristes

On ne reviendra pas sur l'ambiguïté, les approximations, les inexactitudes terminologiques qui caractérisent le débat sur la fin de vie[2]. On n'insistera donc jamais assez sur la double nécessité d'une clarification sémantique et de campagnes de communication et de sensibilisation.

Si d'évidence une clarification sémantique s'impose, celle-ci passe par plusieurs recommandations :

---

1 Audition du 10 décembre 2003.
2 Cf. *supra*, le paragraphe 2.2.1. Clarifier les termes employés.

– l'emploi à bon escient de l'expression d'euthanasie, source aujourd'hui de confusion et de sens très variables. Comme le note M. Alain Prothais : *« On emploie couramment ce terme mais sans le définir. [...] Ce vocable est utilisé dans des sens différents par les uns ou les autres [...] Autre ambiguïté de langage qu'il convient de dénoncer, également d'emblée, l'expression d'« aide au suicide » ou de « suicide assisté », car il ne s'agit point en réalité juridiquement de suicide mais de mort donnée à autrui qui la solliciterait. La confusion est entretenue, parce que le suicide est impunissable tout comme l'aide. En l'occurrence, la mort est le fait d'un tiers et non de la personne décédée. »*[1]

– l'usage de précautions sémantiques préliminaires : il convient, chaque fois que l'on aborde ces questions, de distinguer les hypothèses où l'on vise les cas où la mort est donnée intentionnellement ; celles où l'on fait référence aux limitations ou aux arrêts des thérapeutiques actives et celles qui renvoient aux actes médicaux ayant pour objet de soulager la douleur ;

– l'institution de campagnes de communication : celles-ci doivent être organisées, d'une part, à l'intention du grand public et, d'autre part, plus spécifiquement à l'intention des médecins et des juristes. Mme Marie de Hennezel s'est prononcée dans son rapport en faveur d'une campagne de communication sur les soins palliatifs et en faveur d'états généraux régionaux sur la fin de vie[2]. Réalisée à partir des conclusions de l'Institut national de prévention et d'éducation pour la santé (INPES), la première action de communication s'adresserait avant tout aux professionnels de santé. Elle aurait pour objet de diffuser des informations sur la démarche et sur l'offre de soins palliatifs.

Pour le grand public, la campagne serait différenciée, suivant le degré de confrontation de l'opinion à ces problèmes. Elle pourrait se concrétiser par des états généraux régionaux sur la fin de vie. Lors de son audition par la mission, Mme Marie-Anne Montchamp, Secrétaire d'Etat aux personnes handicapées, auprès du Ministre de la santé et de la protection sociale, a également plaidé en faveur de la tenue de tels états généraux. Elle *« se traduirait par des manifestations citoyennes, associant les hôpitaux, les mairies, les associations locales. Elles permettraient de donner la parole aux malades, aux familles, aux professionnels de santé. Elles pourraient être le lieu d'un vaste débat, de transmission d'expériences et contribueraient ainsi à une véritable culture de l'accompagnement de la fin de vie. Elles seraient l'occasion d'interpeller les décideurs locaux, de*

---

[1] Audition du 12 février 2004.
[2] Rapport précité, p. 121 et suivantes.

susciter une réflexion, d'établir un état des lieux local ainsi que la mise en place de réponses pour une meilleure prise en charge de la fin de vie. »[1]

Il est apparu cependant à la mission que ces campagnes de communication ne devaient pas seulement porter sur les soins palliatifs mais devaient également avoir pour vocation d'embrasser tous les aspects philosophiques, sociaux et religieux de la fin de vie, les travaux de la mission ayant montré qu'un débat serein et ouvert sur ces sujets, était non seulement souhaitable mais possible.

Ces campagnes pourraient être organisées au niveau de chaque agence régionale d'hospitalisation.

L'un des enseignements de cette mission a été de mesurer également l'imperméabilité des relations entre les professionnels de santé et les magistrats.

Les professeurs de droit interrogés par la mission se sont émus de l'incompréhension régnant entre les médecins et les juristes et de l'ignorance de la règle de droit par les médecins. MM. Gérard Mémeteau et Alain Prothais ont sensibilisé les députés sur ce problème :

– *« Il me semble même que parfois le corps médical a une vision quelque peu fantasmatique de la règle de droit qui ne correspond pas toujours à la réalité. »*[2]

– *« Nombre de médecins, faute de connaître suffisamment les mécanismes du droit pénal, se plaignent de prétendues « contradictions juridiques » entre ce qui est interdit et ce qui est permis. Ils se font ainsi des idées fausses sur le droit pénal et surtout ils ont une crainte excessive des foudres de celui-ci, de sorte que soit ils pratiquent des évitements inutiles, soit ils se paralysent eux-mêmes dans leurs actions à tort. »*[3]

Il serait par conséquent utile que les instructions au parquet (cf. *supra* le paragraphe 3.3.3.1) soient accompagnées de tables rondes « justice-santé » de sensibilisation à la problématique de la fin de vie auxquelles participeraient magistrats et professionnels de santé.

3.3.4 CLARIFIER LA RÉDACTION DES ARTICLES 37 ET 38 DU CODE DE DÉONTOLOGIE MÉDICALE

Mais hormis cet effort financier à ne pas relâcher, ces recommandations à suivre, l'attention des pouvoirs publics doit se porter sur

---

1 Audition du 18 mai 2004.
2 Audition de M. Gérard Memeteau du 4 février 2004.
3 Audition de M. Alain Prothais du 12 février 2004.

des modifications des dispositions du code de déontologie médicale intéressant la problématique de la fin de vie et au-delà plus généralement les droits du malade. Le débat autour de la modification du code de déontologie médicale appelle deux questions : pourquoi modifier ce code et que modifier dans ce code ?

3.3.4.1 Les raisons de ces modifications

En s'engageant dans cette voie, la mission répond à une préoccupation exprimée par nombre de médecins, de responsables politiques et de juristes qu'elle a auditionnés.

M. Philippe Letellier a ainsi attiré l'attention de la mission sur ce point : *« les articles 37 et 38 devront sans doute être modifiés pour mieux préciser certaines situations : arrêts, limitations ou refus de traitements inutiles ou déraisonnables. »*[1]

Il a été rejoint par M. Bruno Pollez : *« Ainsi peut-il sembler nécessaire de retoucher le code de déontologie médicale pour le clarifier plus nettement, pour le relativiser précisément en adéquation avec les principes désormais posés par la loi du 4 mars 2002 et leurs implications. »*[2] .

Pour Mme Marie–Sylvie Richard, *« le plus urgent est la cohérence entre le code de déontologie qui devrait être plus explicite sur certaines situations et notre code de la santé publique ; il faut également apporter quelques ajouts soit à la loi de juin 1999 où il est dit que le malade peut refuser le traitement, soit à la loi de mars 2002 qui dit, de façon un peu pressante, que le médecin doit tenter de le persuader d'y renoncer »*[3].

Dans son rapport « Fin de vie et accompagnement », Mme Marie de Hennezel ne dit pas non plus autre chose : *« Plusieurs pistes nous ont paru possibles : proposer au Conseil national de l'Ordre des médecins une modification et un élargissement des articles 37 et 38 du code de déontologie, ou bien un enrichissement des commentaires et recommandations relatifs à ces articles. Il s'agit de renforcer les principes d'intentionnalité et de double effet : l'obligation absolue de s'efforcer de soulager ne doit pas faire transgresser l'interdiction de mettre fin à la vie par un acte délibéré, mais peut dans certains cas rendre tolérable une prise de risques. »*[4]

---

1 Audition du 9 décembre 2003.
2 Audition du 21 janvier 2004.
3 Audition du 21 janvier 2004.
4 Rapport précité, p. 106.

Mme Marie de Hennezel évoque les propositions présentées en ce sens par l'Espace éthique de l'Assistance publique–Hôpitaux de Paris et par le professeur Bernard Glorion[1]. Devant les députés, M. Dominique Perben et Mme Marie–Anne Montchamp ont également indiqué que l'option de la réforme du code de déontologie médicale avait les faveurs du gouvernement :

– *« Je propose que deux catégories de conditions soient réunies pour mettre en oeuvre la procédure d'accompagnement de la personne en fin de vie.*

En premier lieu, ces conditions porteraient sur l'expression des volontés. Trois acteurs doivent être clairement impliqués : le patient, qui doit être conscient ; s'il n'est pas conscient, ses proches doivent être informés ; le médecin, la décision médicale devant être prise collégialement.

En second lieu, ces conditions doivent porter sur la nature du traitement. Seuls les traitements propres à soulager la souffrance doivent être pris en considération.

C'est en ce sens que je propose la modification de l'article 37 du code de déontologie. Celle–ci s'accompagnera, bien sûr, d'une circulaire aux parquets, afin de clarifier les règles d'exercice de l'action publique. »[2]

– De son côté, Mme Marie–Anne Montchamp a repris l'idée suggérée par Mme Marie de Hennezel : *« Il conviendrait d'harmoniser les textes réglementaires. L'article 37 du code de déontologie médicale pourrait être modifié pour être plus explicite sur le devoir de soulager les souffrances terminales quel qu'en soit l'effet sur la durée de vie du patient. L'obligation absolue de s'efforcer de soulager ne doit pas faire transgresser l'interdiction de mettre fin à la vie par un acte délibéré mais peut, dans certains cas, rendre tolérable une prise de risque. »*[3]

Si des représentants du corps médical et des responsables politiques s'accordent à reconnaître la nécessité de modifier les articles 37 et 38 du code de déontologie médicale, M. Bernard Beignier se prononce également en ce sens : *« l'harmonisation doit se faire pour le moment entre le code de la santé publique – code où il y a les textes les plus importants mais qui est le plus inconnu – le code de déontologie médicale et le code civil. »*[4]

---

1 Rapport précité, p. 106.
2 Audition de M. Dominique Perben du 27 avril 2004.
3 Audition du 18 mai 2004.
4 Audition du 24 février 2004.

En revanche, M. Michel Ducloux s'est montré plus que réservé sur cette proposition : *« On nous a proposé de modifier ou de compléter les articles 37 et 38, surtout le 38. Je crois que ce n'est pas une bonne chose. »*[1] Toutefois depuis son audition, l'Ordre des médecins semble avoir évolué sur ce point et élabore une modification de l'article 37.

Deux raisons principales justifient cette adaptation du code de déontologie médicale :

– celui-ci ne prend pas en compte de manière suffisamment précise la problématique de la fin de vie avec ses paramètres comme l'obstination déraisonnable, l'arrêt ou la limitation de traitement et l'arrêt de soins ;

– il date de 1995 et ignore les avancées de la loi du 4 mars 2002 relative aux droits des malades.

3.3.4.2 L'objet de ces modifications

S'affranchissant du partage de compétences prévalant entre le pouvoir législatif et le pouvoir réglementaire, la mission plaide pour un aménagement des dispositions pertinentes du code de déontologie médicale.

Deux options s'offrent au pouvoir réglementaire : soit modifier le seul article 37, soit modifier les articles 37 et 38.

– La première option a été défendue par le gouvernement[2].

Aujourd'hui l'article 37 est ainsi libellé : *« En certaines circonstances, le médecin doit s'efforcer de soulager les souffrances de son malade, l'assister moralement et éviter toute obstination déraisonnable dans les investigations ou la thérapeutique ».*

La modification apportée à ce texte conduirait à imposer une procédure collégiale. De fait, celle-ci, au cours des auditions, a été revendiquée par de nombreux médecins, des juristes et des responsables politiques. On ne peut que s'y rallier.

Pour M. François Lemaire, adjoint au Chef de service de réanimation de l'hôpital Henri Mondor et Secrétaire de la Commission d'éthique de la *Société de réanimation de langue française* : *« Il est temps de montrer que les décisions ne sont ni clandestines ni solitaires mais*

---

1 Audition du 3 décembre 2003.
2 Auditions de M. Dominique Perben et de Mme Marie-Anne Montchamp des 27 avril et 18 mai 2004.

qu'elles sont prises au sein d'une collégialité qui a discuté et écouté la famille. »[1]

M. Xavier Mirabel, Président de l'Association « *Alliance pour les droits de la vie* », s'est interrogé sur les obstacles rencontrés aujourd'hui par la collégialité : *« Pourquoi cette pratique de la collégialité n'est-elle pas plus répandue ? Est–ce une simple question de temps, de financement ou surtout, une question d'habitudes et de pratiques ? Chacun sait qu'il est très difficile de changer les habitudes et le milieu médical n'est certainement pas le plus souple à cet égard. Pour ma part, je rêverais que toutes les décisions importantes dans nombre de pathologies, notamment dans les disciplines les plus sensibles (cancérologie, réanimation ou néonatalogie) soient obligatoirement prises de façon collégiale et que, dans ces réunions collégiales, participent de façon régulière, des médecins de soins palliatifs. Cela constituerait un vrai progrès. »*[2]

La forme de cette collégialité reste à préciser. Pour les personnes que l'on vient de citer, elle fait référence à la seule collégialité médicale. Pour d'autres, elle renvoie également à une collégialité sociale. M. Grégoire Moutel notamment se place sur ce terrain : *« la collégialité médicale se pratique de plus en plus mais la collégialité sociale est encore très peu développée. Si je reprends par exemple la question de l'arrêt des dialyses en pédiatrie, cette décision, qui ne se prend pas en quelques heures comme dans le cas d'une inondation ventriculaire pourrait faire l'objet d'une réflexion plus collégiale et sociale, être mieux programmée puisqu'elle intervient dans un domaine programmable. J'estime que nous devons vraiment développer cette collégialité sociale. [...] Je pense que le colloque singulier du médecin et du patient (conscient) pourrait être utilement éclairé par un regard qui ne serait pas une sanction mais bien une consultation, notamment sur ceux des éléments de la décision que la singularité de leur relation n'aurait pas fait émerger.* »[3]

A la question : « Qui décide ? », Mme Marie-Sylvie Richard répond : *« le malade avec le médecin ou d'autres soignants, selon l'objet de la décision. Cela implique une relation de confiance et un dialogue permanent entre le malade, ses proches et les soignants. Le dialogue est également indispensable au sein de l'équipe soignante, qui devrait participer à la réflexion nécessaire à la prise de décision. »*[4]

---

1 Audition du 3 décembre 2003.
2 Audition du 28 janvier 2004.
3 Audition du 10 décembre 2003.
4 Mme Marie–Sylvie Richard. *Maintenir la vie à tout prix ? Qui décide ? Revue trimestrielle du Centre Laennec* 4/2003.

La décision procède de nombreux dialogues singuliers qui doivent également tenir compte du non dit. Or, pour l'instant les procédures de réflexion en équipe n'ont fait l'objet que de recommandations de trois sociétés savantes : le *Groupe francophone de réanimation et d'urgences pédiatriques,* la *Société de réanimation adulte de langue française* et la *Société francophone de médecine d'urgence.*

Ce point de vue sur la nécessité de la collégialité médicale est partagé par les juristes. M. Bernard Beignier a appelé de ses vœux la collégialité dans la prise de décision : « *Il me semble que si l'on fixait, dans le code de déontologie, un principe de prudence imposant une délibération de l'équipe de soins, en associant les médecins et ceux qui vont concrètement donner les soins, cela permettrait d'éliminer les décisions purement personnelles, voire impulsives, liées éventuellement à une peur de la mort. En effet, il faut prendre conscience que, dans certains cas, les professions de santé – médecins, aides–soignants – peuvent avoir peur lorsqu'ils sont confrontés à certaines situations. Pour faire face à celles–ci, il faut être plusieurs et retrouver ainsi la délibération.* »[1]

M. Alain Prothais a souscrit à cette idée en proposant une procédure identique : *« ne pourrait–on recommander expressément la collégialité de telles décisions, dissuader la clandestinité en la traitant comme présomptive d'illégalité ? Il n'y aurait dès lors plus d'intérêt à s'y réfugier. »*[2]

M. Renaud Denoix de Saint-Marc s'est fait également l'avocat d'une procédure collégiale médicale : *« Le médecin est placé face à sa seule conscience, celle-ci pouvant toutefois être confortée et enrichie par la confrontation avec deux ou trois autres personnes, par exemple ses confrères, qui auraient une compétence avérée dans les domaines de la déontologie, de la morale et de l'éthique . »*[3]

Enfin, on peut ranger parmi les partisans de la collégialité, MM. Bernard Kouchner et Dominique Perben.

Cette collégialité faisait l'objet de propositions du groupe de travail réuni à l'initiative de M. Bernard Kouchner lorsqu'il était Secrétaire d'Etat chargé de la Santé. Ces propositions étaient ainsi libellées :

III. « *La décision d'interrompre la vie d'un autre ne peut être que collective. Elle ne saurait être une décision individuelle.*

---

[1] Audition du 24 février 2004.
[2] Audition du 12 février 2004.
[3] Audition du 3 février 2004.

IV. *La décision ne peut être prise dans l'urgence.*

V. *Elle doit respecter le temps d'une véritable délibération, visant à clarifier les mobiles et les intentions normales de chacun* ».

M. Bernard Kouchner l'a de nouveau affirmé avec force devant les députés, membres de la mission : « *Il est nécessaire que l'équipe en charge du malade soit unanime, ait discuté de son cas, que sa décision soit collective et que celle–ci soit appliquée sous la responsabilité du médecin.* »[1]

De son côté, M. Dominique Perben a fait du principe de la collégialité, l'un des pivots des propositions de réforme qu'il a présentées devant la mission : « *Du côté des droits des malades, il s'agit d'instaurer, à la demande des patients, une procédure collégiale et pluridisciplinaire de décision des thérapies curatives, dont leurs proches seraient informés immédiatement. Du côté des médecins, le respect de cette procédure constituera une excuse légale, étant entendu que cette expression ne devrait pas être entendue dans sons sens strict qui conduirait à inscrire dans le code pénal une cause d'atténuation ou de suppression de peine. De sorte que des poursuites engagées à leur encontre ne pourraient pas aboutir si, sans qu'ils provoquent délibérément la mort, celle–ci résulte de l'administration à leur patient d'analgésiques dont le dosage, pour être efficace, peut également hâter le décès.* »[2]

La collégialité de la décision ne saurait signifier pour autant dilution de celle–ci. Comme le souligne M. Bernard Beignier, il convient de bien déterminer la responsabilité de la décision : « *C'est un point sur lequel le juriste est catégorique car, dans la réalité, quand il y a une dérive, on ne sait plus à qui incombe la responsabilité de la décision. Celle–ci étant totalement diluée par cette chaîne de transmission, on ne sait plus qui, au départ, a donné réellement l'ordre. C'est l'éternelle histoire du lampiste, mais qui probablement aujourd'hui est beaucoup plus important que par le passé.* »[3]

Si collégialité il y a, le dernier mot doit revenir au médecin. Dans un contexte social où les familles recomposées ne sont pas rares, où les proches dispersés géographiquement n'ont pas la même perception des problèmes et où il appartient d'assurer une totale impartialité au regard de l'interférence possible d'arrière-pensées et d'intérêts des proches peu avouables, il apparaît sage que la décision finale incombe au médecin. La décision doit être prise avec les familles mais jamais par les familles.

---

1 Audition du 6 avril 2004.
2 Audition du 27 avril 2004.
3 Audition du 24 février 2004.

Ce choix est encore plus justifié en matière de néonatalité. Compte tenu du contexte auquel sont confrontés les néonatologues et les familles, on ne saurait demander en effet à ces dernières de prendre de décision. Elles sont amenées dans la réalité à suivre la décision des médecins, qui les associe avec tact et humanité à leur démarche. C'est ce qu'ont déclaré Mme Maryse Dumoulin, maître de conférences (éthique et santé publique) à l'Université de Lille II, médecin à l'hôpital Jeanne de Flandre, présidente de l'Association *« Vivre son deuil Nord Pas-de-Calais »* : *« Nous leur demandons leur assentiment »*[1] et M. Michel Dehan, néonatologiste à l'hôpital Antoine Béclère de Clamart : *« Au regard de cette situation, il est compréhensible que l'on ne puisse pas imposer la prise de décision à ces parents. Notre but va être d'essayer de leur faire partager et de recevoir leur adhésion au projet envisagé par l'équipe médicale. C'est dans ce cadre qu'intervient ce partage de responsabilité. Cela demande beaucoup de temps, une formation particulière et un médecin référent. »*[2]

Si l'on peut s'accorder sur la nécessité de l'introduction d'une procédure collégiale à l'article 37, il apparaît utile en effet de compléter cet article sur deux autres points. La référence qu'il contient sur l'obstination déraisonnable mérite d'être précisée et l'arrêt de cette obstination doit être défini au regard des obligations de collégialité imparties au médecin.

Le Père Patrick Verspieren S.J., Directeur du département d'éthique biomédicale du Centre Sèvres, avance deux critères pouvant justifier l'abstention ou l'interruption de traitements : l'inutilité médicale et la disproportion.[3]

Il illustre cette inutilité médicale par quelques exemples : les prélèvements sanguins et les autres examens, lorsque l'on sait qu'aucun traitement n'améliorera l'état du malade ; les thérapeutiques dépourvues d'effets notables. Apprécier la disproportion entre les bénéfices de l'acte médical envisagé et ses préjudices ou charges revient à se demander si cet acte représente un bénéfice attendu pour le patient : *« Ainsi envoyer en service de réanimation un malade dont la mort est inéluctable à court terme revient à le soumettre à de lourdes contraintes et à le priver d'une présence régulière de ses proches. Douleur, inconfort et stress dû à l'activité déployée par les soignants peuvent être évités par l'emploi de médications sédatives qui le « feraient dormir ». Mais pourquoi essayer de gagner quelques jours de vie, si cela exige de priver définitivement le malade de ce*

---

1 Audition du 10 décembre 2003.
2 Audition du 7 janvier 2004.
3 Père Patrick Verspieren, *L'interruption de traitements réflexion éthique*, *Revue trimestrielle du Centre Laennec* 4, 2003, p. 30.

qui a peut–être plus d'importance pour lui : une relation maintenue avec ceux qui l'entourent ? On peut juger cela totalement disproportionné. »[1]

A cet effet, le deuxième alinéa de l'article 37 pourrait s'énoncer ainsi[2] : « **Lorsque le traitement apparaît inutile, impuissant à améliorer l'état du malade ou présentant un risque disproportionné par rapport au bénéfice escompté, le médecin doit décider de sa limitation ou de son arrêt.**

Dans le cas où, après une évaluation précise de l'état du malade, cette décision peut entraîner la mort de ce dernier, elle n'intervient qu'en concertation avec l'équipe de soins et le malade, et après consultation de la personne de confiance désignée au préalable ou de la famille et, le cas échéant, des directives anticipées. La décision est inscrite dans le dossier médical du malade. »

Formellement, la qualification du traitement qui a été retenue est proche du libellé de l'article L. 1110-5 du code de la santé publique. Cette rédaction répond à un double souci : d'une part, préciser les conditions de l'arrêt de l'obstination déraisonnable ; d'autre part, imposer une procédure collégiale et transparente, lorsque le médecin a décidé de limiter ou d'arrêter un traitement, qui n'apparaît plus justifié.

Par conséquent, la mission a souhaité aller au-delà de l'introduction de l'exigence de collégialité, en s'attachant à définir les conditions de l'arrêt de l'obstination déraisonnable. Dans le même temps, il lui est apparu que l'on ne pouvait faire l'économie d'une réforme de l'article 38 du code de déontologie médicale.

La deuxième option consiste en effet à modifier l'article 38. Celui-ci dispose : *« Le médecin doit accompagner le mourant jusqu'à ses derniers moments, assurer par des soins et mesures appropriées la qualité d'une vie qui prend fin, sauvegarder la dignité du malade et réconforter son entourage. Il n'a pas le droit de provoquer délibérément la mort. »*

Lorsque dans son rapport, Mme Marie de Hennezel insiste sur la nécessité de renforcer les principes d'intentionnalité et du double effet, elle s'inscrit dans la logique d'une nouvelle rédaction de l'article 38 : *« l'obligation absolue de s'efforcer de soulager ne doit pas faire*

---

1 Père Patrick Verspieren, *L'interruption de traitements réflexion éthique, Revue trimestrielle du Centre Laennec* 4, 2003, p. 40.

2 Les modifications du code de déontologie et du code de la santé publique qui sont suggérées sont portées en gras.

transgresser l'interdiction de mettre fin à la vie par un acte délibéré, mais peut dans certains cas rendre tolérable une prise de risques. »[1]

De son côté, M. Jean–Michel Boles observe : « *La modification du code de déontologie médicale me paraît relativement simple. Il faudrait simplement préciser que, sous réserve qu'un certain nombre de conditions soient réunies, le fait d'arrêter des thérapeutiques de suppléance n'a pas pour objet en intervention de donner la mort. Il s'agit simplement de ne plus empêcher une mort naturelle de survenir puisque c'étaient ces thérapeutiques qui l'empêchaient de se produire.* »[2]

A partir du moment où le médecin reconnaît que le malade a atteint le terme de sa vie et que toute obstination déraisonnable serait pour lui plus source d'inconfort que de bénéfice, il est en droit de renoncer à des traitements sans pour autant interrompre les soins normaux. Une fois encore la décision de ne pas chercher à maintenir en vie à tout prix le malade diffère de l'euthanasie qui consiste à provoquer délibérément la mort. C'est là que les soins palliatifs revêtent toute leur signification mais il ne faut pas se méprendre sur le sens des mots. Comme l'observe M. Jacques Ricot : « *Si l'on acceptait de dire que « les soins palliatifs sont seulement ce qui reste à faire quand il n'y a plus rien à faire », on pourrait ainsi accréditer l'idée que la mission centrale et presque exclusive de la médecine est la guérison et que l'échec de la guérison est l'échec de la médecine. Mais c'est avec de tels glissements que s'impose l'idée d'une médecine de la performance, pratique, technicienne soumise aux critères de l'efficacité, au détriment d'une médecine plus ambitieuse selon sa vocation première de venir en aide à toute souffrance mais aussi plus modeste dans ses prétentions à vaincre la maladie, la vieillesse et la mort [...] C'est une façon de rappeler que les traitements ne sont qu'une dimension des soins et que les soins dits palliatifs ne sont pas une activité résiduelle découlant de l'impossibilité d'entreprendre ou de poursuivre des traitements : ils sont positivement la mise en oeuvre du soulagement dû à tout être humain qui souffre, quel que soit le moment de sa vie, quel que soit l'espoir de guérison.* »[3]

Avec une approche différente, M. Jean–Michel Boles justifie ainsi le passage aux soins palliatifs : « *on passe d'une logique curative qui a fait la preuve de son échec à une logique palliative prenant en compte les circonstances où se trouve le patient et se traduisant, en tout cas très clairement, par un accompagnement de la famille.* »[4]

---

1 Rapport précité, p.106.
2 Audition du 3 décembre 2003.
3 Jacques Ricot, *Fin de vie : repères éthiques et philosophiques*, *Revue trimestrielle du Centre Laennec* 1, 2004, p. 19.
4 Audition du 3 décembre 2003.

L'autorisation, sous réserve des conditions précitées, d'un traitement anti–douleur contribuant à avancer la fin de vie du malade, s'inscrit dans la logique du double effet, admise tant par les professions médicales que par les religions monothéistes. Sans revenir sur les développements consacrés au double effet (cf. *supra* le paragraphe 2.2.1.2.), on rappellera quelques données fondamentales soulignées devant la mission. Il est parfaitement éthique pour un médecin de pratiquer le double effet, si celui-ci est conscient des risques qu'il fait courir mais s'il a l'intention de calmer la douleur. Comme le fait remarquer M. Jean–Marie Gomas, « *le sommeil induit peut aboutir au décès du patient après quelques jours mais il ne peut être assimilé à une euthanasie.* »[1]

Dans cette hypothèse, la solution proposée ne serait pas très éloignée de celle qui est en vigueur au Danemark. Aux termes de la loi danoise de 1992[2], « *dans les cas où le patient est mourant et où sa mort est inévitable, mais où il n'y a pas de "testament de vie", le médecin peut se dispenser de commencer ou de poursuivre des soins qui ne peuvent que retarder la date du décès. Dans les mêmes circonstances, le médecin peut donner des antalgiques, des calmants ou des produits analogues, qui sont nécessaires pour soulager le patient, même si une telle action peut conduire à hâter le moment du décès* ». Comme le faisait remarquer M. Luc Ferry, le 2 avril 2002 devant la Commission nationale consultative des droits de l'homme : « *L'intérêt serait de montrer qu'il ne s'agit pas de choisir la mort ou de proposer la mort, mais au contraire, de reconnaître qu'il peut, dans certains cas, être préférable de choisir la lutte contre la souffrance plutôt que la lutte pour la survie, et que ce choix ne relève pas d'une action qui mérite des poursuites.* »[3]

Par conséquent, lorsque le médecin est assuré qu'il n'y a aucun espoir réel d'obtenir une amélioration de l'état du malade mais que celui-ci doit voir ses souffrances soulagées, la modification apportée à l'article 38 consisterait à :

– tirer les conséquences de la législation sur les soins palliatifs, postérieure à la dernière révision du code de déontologie médicale en les imposant, lorsqu'ils constituent une alternative au traitement ;

– permettre la pratique d'un traitement anti–douleur ayant pour effet secondaire de contribuer à abréger la vie du malade conformément à la

---

1 Audition du 6 janvier 2004.

2 Les dispositions de la législation danoise sur les droits des patients sont disponibles sur le site du Sénat www.senat.fr

3 Commission nationale consultative des droits de l'homme, 2002, *La lutte contre le racisme et la xénophobie*, rapport d'activité, p. 276.

théorie du double effet, sous réserve d'avoir informé au préalable le malade, sa famille ou une personne de confiance.

Les modifications conduiraient à libeller ainsi l'article 38[1] :

« Le médecin doit accompagner le mourant jusqu'à ses derniers moments, assurer par des soins **palliatifs** appropriés la qualité d'une vie qui prend fin, sauvegarder la dignité du malade et réconforter son entourage. »

Ce premier alinéa pourrait être complété par le nouvel alinéa suivant :

« Si pour soulager les souffrances du mourant, le médecin doit appliquer un traitement qui peut avoir pour effet secondaire d'abréger sa vie, il doit en informer le malade, la personne de confiance désignée au préalable ou la famille.

« Le médecin n'a pas le droit de provoquer délibérément la mort. » (inchangé).

3.3.5 CLARIFIER LES DISPOSITIONS DU CODE DE LA SANTÉ PUBLIQUE SUR LES DROITS DU MALADE

Il est apparu à la mission que si le code de déontologie médicale était l'objet de modifications, le code de la santé publique ne pouvait ne pas être affecté par ces réformes. Une nouvelle définition par voie réglementaire des obligations professionnelles des médecins n'est pas sans effets sur les droits du malade consacrés par la loi. Les aménagements apportés à la partie législative du code de la santé publique, qui sont suggérés, poursuivent trois objectifs, à savoir : un renforcement des droits du malade, la reconnaissance de droits spécifiques aux malades en fin de vie et une harmonisation des règles de ce code avec celles du code de déontologie médicale.

3.3.5.1 Renforcer les droits du malade

Le renforcement des droits du malade est une nécessité juridique. Elle doit se traduire par la consécration du refus de l'obstination déraisonnable, par une nouvelle définition des procédures de l'arrêt de traitement et par une concrétisation des obligations palliatives des établissements de santé.

3.3.5.1.1 Prendre la mesure d'une nécessité juridique

Aujourd'hui, les droits du malade sont codifiés pour l'essentiel, à l'article L. 1111-4 du code de la santé publique, issu de la loi n° 2002-303

---

[1] Les modifications apportées au texte en vigueur apparaissent en gras.

du 4 mars 2002 relative aux droits du malade et à la qualité du système de santé. Les quatre premiers alinéas de cet article sont ainsi rédigés :

« Toute personne prend, avec le professionnel de santé et compte tenu des informations et des préconisations qu'il lui fournit, les décisions concernant sa santé.

Le médecin doit respecter la volonté de la personne après l'avoir informée des conséquences de ses choix. Si la volonté de la personne de refuser ou d'interrompre un traitement met sa vie en danger, le médecin doit tout mettre en oeuvre pour la convaincre d'accepter les soins indispensables.

Aucun acte médical ni aucun traitement ne peut être pratiqué sans le consentement libre et éclairé de la personne et ce consentement peut être retiré à tout moment.

Lorsque la personne est hors d'état d'exprimer sa volonté, aucune intervention ou investigation ne peut être réalisée, sauf urgence ou impossibilité, sans que la personne de confiance prévue à l'article L. 1111-6, ou la famille, ou à défaut, un de ses proches ait été consulté. »

Pour novateur et ambitieux qu'il soit, ce dispositif est toutefois d'application malaisée.

– Sa rédaction est maladroite et n'est pas entièrement maîtrisée[1]. L'image employée par Mme Marie–Sylvie Richard est parlante : *« On joue au grand écart [...] Je pense qu'il faut concilier un consentement des soignants au refus du patient avec une certaine rigueur de réflexion. »*[2]

– Le juge administratif a montré dans sa jurisprudence qu'il était réticent à laisser s'incliner la protection de la vie, à laquelle il est tenté d'attribuer une valeur quasi constitutionnelle, devant le refus de soins du malade. Il est vrai que les arrêts ont été afférents jusque-là à des patients, témoins de Jéhovah, refusant des transfusions sanguines. Dans un premier temps, par sa décision du 26 octobre 2001, *Mme X*[3], le Conseil d'Etat a jugé que des médecins qui avaient choisi de procéder à la transfusion d'un patient en vue de tenter de le sauver, en dépit de son refus de se voir

---

1 Audition de Mme Dominique Thouvenin du 24 février 2004.

2 Audition du 21 janvier 2004.

3 *« L'obligation faite au médecin de toujours respecter la volonté du malade en l'état de l'exprimer (...) trouve (...) sa limite dans l'obligation qu'a également le médecin, conformément à la finalité même de son activité, de protéger la santé, c'est–à–dire en dernier ressort, la vie elle–même de l'individu ; que par suite, ne saurait être qualifié de fautif le comportement de médecins qui, dans une situation d'urgence, lorsque le pronostic vital est en jeu et en l'absence d'alternative thérapeutique, pratiquent les actes indispensables à la survie du patient et proportionnés à son état, fût–ce en pleine connaissance de la volonté préalablement exprimée par celui–ci de les refuser pour quelque motif que ce soit. »*. Recueil Lebon, p. 514.

administrer des produits sanguins, ne commettaient pas de faute de nature à engager la responsabilité de l'Etat.

Saisie d'un pourvoi en cassation, l'Assemblée du contentieux a censuré pour erreur de droit la règle qu'avait cru pouvoir dégager la Cour administrative d'appel de Paris, selon laquelle l'obligation pour le médecin de sauver la vie prévaudrait de façon générale sur celle de respecter la volonté du malade. En d'autres termes, l'arrêt attaqué a été cassé en raison de sa trop grande généralité : le Conseil d'Etat a jugé qu'il n'existait pas, pour le médecin, de hiérarchie abstraite et intangible entre l'obligation de soigner et celle de respecter la volonté du patient.

Saisie à son tour du fond du litige après cassation, l'Assemblée du contentieux a, dans un second temps, rejeté la demande de condamnation de l'Assistance publique–Hôpitaux de Paris, après avoir relevé, qu'eu égard à l'objectif poursuivi de sauver le patient et au caractère proportionné du traitement prescrit, les médecins n'avaient pas, quelle que fût par ailleurs leur obligation de respecter la volonté du patient, fondée sur ses convictions, commis une faute de nature à engager la responsabilité du service public hospitalier.

Statuant en tant que juge des référés, par ordonnance du 16 août 2002[1] et toujours à l'occasion d'une transfusion sanguine, le Conseil d'Etat a pesé le poids respectif des droits du patient et de l'obligation du médecin. Il a, à cette occasion, dégagé le considérant de principe suivant : « *Le droit pour le patient majeur de donner, lorsqu'il se trouve en état de l'exprimer, son consentement à un traitement médical revêt le caractère d'une liberté fondamentale ; toutefois les médecins ne portent pas à cette liberté fondamentale, telle qu'elle est protégée par les dispositions de l'article 16-3 du code civil et par celles de l'article L. 1111–4 du code de la santé publique, une atteinte grave et manifestement illégale lorsqu'après avoir tout mis en oeuvre pour convaincre un patient d'accepter les soins indispensables, ils accomplissent, dans le but de tenter de le sauver, un acte indispensable à sa survie et proportionné à son état ; le recours, dans de telles conditions, à un acte de cette nature n'est pas non plus manifestement incompatible avec les exigences qui découlent de la Convention européenne des droits de l'homme et des libertés fondamentales, et notamment de son article 9.* »

Par conséquent pour être conforme à la loi, l'acte thérapeutique doit être indispensable à la survie du patient et proportionné à son état.

---

1 A. Dorsner–Dolivet, *Le consentement au traitement médical : une liberté fondamentale en demi–teinte*, *Revue française de droit administratif* mai–juin 2003, p.528 ; *Rec. Dalloz* 2004 n° 9.

M. Renaud Denoix de Saint Marc a résumé ainsi la position de la Haute juridiction : *« Le maintien en vie reste l'objectif le plus fondamental de l'acte médical ou chirurgical dans notre jurisprudence. Le respect de la vie est au premier plan puisque même le respect de la volonté du malade, au moins dans certains cas très précis, doit céder devant le maintien de la vie. C'est ainsi que j'interprète notre jurisprudence. »*[1]

Amené par la mission à prendre position sur le point de savoir si le Conseil d'Etat serait conduit à confirmer cette jurisprudence, au cas où serait en cause un patient en fin de vie, M. Renaud Denoix de Saint Marc a fait valoir que cette jurisprudence avait été justifiée par le cas d'espèce : *« Nous avons indiqué que la thérapeutique salvatrice devait être proportionnée à l'état du patient. S'il s'était agi d'un témoin de Jéhovah âgé de 90 ans, peut–être notre décision eût–elle été différente. »*

Quoi qu'il en soit, cette jurisprudence est doublement intéressante :

– d'une part, elle illustre la prévalence de la protection de la vie qu'entend affirmer le Conseil d'Etat sur les droits du malade et elle marque d'ailleurs une inflexion par rapport à des arrêts antérieurs où le Conseil d'Etat avait adopté des positions variées[2] ;

– d'autre part, elle doit être rapprochée d'un arrêt de la Chambre criminelle de la Cour de cassation du 3 janvier 1973 (71–91820), qui considérait qu'un médecin qui se plie au refus de soins obstiné de son patient ne tombera ni sous le coup de l'homicide involontaire ni sous celui de non assistance en personne en danger, s'il a informé préalablement le malade des conséquences de sa décision. Le refus de soins comme liberté fondamentale avec toutes les précautions d'information préalable prévaudrait. M. Renaud Denoix de Saint Marc explique cette appréciation différente portée par les deux ordres juridictionnels par des raisons juridiques : *« La juridiction administrative connaît de la responsabilité de l'établissement hospitalier sur le terrain quasi délictuel et le malade est un usager du service. La question qui est posée au juge administratif est de savoir si le service a bien ou mal fonctionné, s'il a commis une faute quasi délictuelle : il n'y a, en effet, pas de contrat entre l'usager et l'établissement hospitalier. En revanche, le juge judiciaire connaît le malade et le praticien ou la clinique et dans tous les cas, il y a un contrat entre le praticien et le malade ou entre la clinique et le malade. Qui dit contrat dit nécessairement consentement. Par conséquent, que le juge judiciaire soit plus enclin à*

---

1 Audition du 3 février 2004.

2 CE, 6 mars 1981, *Pech*, Recueil Lebon, p. 133 : le Conseil d'Etat a annulé une sanction disciplinaire prononcée contre un médecin qui, devant le refus d'un malade de se soumettre au seul traitement efficace, avait prescrit un traitement palliatif ; CE, 29 juillet 1994, *Garnier*, Recueil Lebon p. 408 : le Conseil d'Etat a retenu la faute établie à l'encontre d'un médecin, qui n'avait adressé un patient à un cancérologue qu'en phase terminale et ne lui avait prescrit un traitement ne pouvant avoir d'effet sur l'affection cancéreuse.

regarder la façon dont le contrat s'est exécuté et si le malade avait bien donné son consentement à toutes les conséquences que le médecin tire de ce contrat, peut s'expliquer. »[1]

Toutefois, tant pour des raisons de forme que pour des raisons de fond, les dispositions de l'article L. 1111–4 du code de la santé publique relatives aux droits du malade ne peuvent rester en l'état.

Une première considération formelle plaide pour l'introduction de nouvelles dispositions sur les droits du malade dans le code de la santé publique. Même si l'on devait se cantonner à une réforme du seul code de déontologie médicale, celle–ci ne manquerait pas d'avoir des incidences sur les droits des malades et l'on comprendrait mal que ces droits, qui ressortent à la compétence du législateur, parce qu'ils touchent, comme l'a rappelé le Conseil d'Etat, à une liberté fondamentale aient été ignorés par le Parlement. D'aucuns d'ailleurs peuvent s'interroger sur le caractère réglementaire reconnu aujourd'hui par le code de déontologie médicale à des dispositions proscrivant l'obstination déraisonnable et la provocation délibérée de la mort, qui ont des incidences sur les droits fondamentaux du malade. Le pouvoir ainsi conféré au règlement pour régir les obligations professionnelles du médecin et les droits du malade apparaît être plus justifié aujourd'hui par des raisons historiques que par des fondements juridiques indiscutables.

Une seconde raison justifie une modification du code de la santé publique. Abonder dans le sens de la seule modification de l'article 37 du code de déontologie médicale pour définir les conditions de l'arrêt ou de la limitation des traitements en fin de vie aboutirait à créer deux systèmes juridiques. Des dispositions réglementaires régiraient l'arrêt ou la limitation des traitements, que le malade soit ou non en fin de vie, alors que le droit au refus de traitement des malades qui ne seraient pas en fin de vie, relèverait de dispositions législatives. Un souci de cohérence légitime donc pleinement l'intervention du législateur pour définir également les droits du malade en fin de vie.

Enfin, on ne saurait continuer à laisser le juge arbitrer le conflit entre les droits du malade et les obligations professionnelles des médecins faute de précisions législatives suffisantes.

Si l'on s'accorde donc sur la compétence du législateur pour étendre les droits du malade, son intervention doit recevoir des solutions juridiques adaptées à chaque situation.

---

1 Audition du 3 février 2004.

3.3.5.1.2 Reconnaître au malade un droit au refus de l'obstination déraisonnable

Comme on l'a vu, aujourd'hui l'obstination déraisonnable n'est visée que par l'article 37 du code de déontologie médicale, sans avoir reçu de définition. Pour combler cette lacune, la mission propose de compléter le premier alinéa de l'article L. 1110-5 du code de la santé publique.

Cet article figure dans le titre premier *« Droits des personnes malades et des usagers du système de santé »* du livre premier *« Protection des personnes en matière de santé »* de la première partie *« Protection générale de la santé »* du code précité. Le premier alinéa de l'article précise le droit de chaque patient de recevoir des soins appropriés et de bénéficier de thérapeutiques efficaces, ainsi que son droit à ce que *« les actes de prévention, d'investigation ou de soins ne doivent pas, en l'état des méconnaissances médicales, lui faire courir de risques disproportionnés par rapport au bénéfice escompté »*.

Cette dernière phrase pourrait être ainsi complétée par une nouvelle phrase ainsi rédigée : **« Ils ne doivent pas être poursuivis par une obstination déraisonnable, lorsqu'il n'existe aucun espoir d'obtenir une amélioration de l'état de la personne et qu'ils entraînent une prolongation artificielle de la vie ».**

3.3.5.1.3 Définir une nouvelle procédure pour l'arrêt de traitement

La réflexion engagée au départ par la mission sur les malades en fin de vie l'a conduite à s'interroger plus généralement sur les droits du malade. En effet, tant les problèmes soulevés par l'interprétation de l'article L. 1111-4 du code de la santé publique que les enseignements tirés de ses propositions l'ont amenée mécaniquement à prendre en considération le sort de malades qui ne sont pas forcément en fin de vie.

Au risque de se répéter, de fait l'exercice du refus de traitement reconnu aujourd'hui par l'article L. 1111-4 du code de la santé publique est enserré dans d'étroites limites, puisque si le refus ou l'interruption de traitement met la vie du malade en danger, le médecin doit tout mettre en oeuvre pour le convaincre d'accepter les soins indispensables.

Or, sans remettre en cause sa philosophie, la mission a proposé une clarification de l'article L. 1111-4, en couvrant les deux hypothèses du *malade conscient* et du *malade inconscient*.

Par parallélisme des formes avec la solution proposée à l'article L. 1111-10 (nouveau) du code de la santé publique, les députés, s'agissant des droits du *malade conscient,* ont souhaité que la deuxième phrase de l'article L. 1111-4 soit ainsi rédigée : « Si la volonté de la personne de refuser ou d'interrompre **tout** traitement met sa vie en danger, le médecin doit tout mettre en oeuvre pour la convaincre d'accepter les soins indispensables. »

Cette même phrase serait ainsi complétée : « **Il** (le médecin) **peut faire appel à un autre membre du corps médical. Dans tous les cas, le malade doit réitérer sa décision après un délai raisonnable. Celle-ci est inscrite dans son dossier médical. »**

Cette adjonction n'est pas neutre. Elle renforce les obligations procédurales qui entourent la décision du malade *conscient* pour permettre à ce dernier de réfléchir à sa décision, puisque sont prévus : éventuellement un second avis médical ; une réitération de la décision du malade ; l'écoulement d'un délai raisonnable avant celle-ci et son inscription dans le dossier médical.

Quant au *malade inconscient*, la nouveauté consisterait à préciser qu'aucune limitation ou arrêt de traitement ne pourrait être réalisé, sauf urgence ou impossibilité, sans avoir respecté la procédure collégiale définie par voie réglementaire et sans avoir consulté la personne de confiance ou la famille ou à défaut un des proches. En faisant référence à la procédure collégiale, le législateur renvoie à la procédure définie à l'article 37 du code de déontologie médicale.

On relèvera que la volonté du malade de limiter ou d'arrêter un traitement, s'applique à tout traitement, quel qu'il soit, y compris l'alimentation artificielle. Celle–ci est aujourd'hui en effet considérée par des médecins, par des théologiens et par le Conseil de l'Europe comme un traitement.

- M. Bruno Pollez a décrit ses enjeux médicaux et éthiques : *« Comme une personne qui ne peut plus respirer par ses propres moyens a le droit légal de refuser la ventilation mécanisée supplétive et que sa demande doit être respectée - l'arrêt demandé d'une ventilation en place, bien que ce soit légal, n'étant toutefois pas encore une réalité constante dans les pratiques, par persistance d'une peur des auteurs d'être sanctionné – je pense qu'une personne qui ne peut plus déglutir seule devrait avoir le droit de refuser d'être alimentée – ou de refuser de continuer à l'être – et que ce droit devrait être respecté, dans les mêmes conditions de processus décisionnel que celles que préconise la Société de réanimation de langue française (SRLF) pour les arrêts ou limitations de traitement.*

Il ne s'agirait pas d'un abandon. J'irai presque jusqu'à dire qu'il s'agirait d'une écoute. L'alimentation artificielle est à considérer comme un traitement, puisque c'est un élément de maintien en vie, traitement dont on devrait savoir respecter la demande d'arrêt, tout en poursuivant attentivement le soin.

Les soins palliatifs alors assurés, visant l'adoucissement des symptômes, le soulagement, la prévention des complications, le souci de confort et d'apaisement et l'accompagnement, ne se départiraient pas dans cette situation, de leur philosophie de la plus grande attention et du plus grand respect portés à l'humain, à la liberté et à la dignité de la personne. »[1]

• Le Père Patrick Verspieren souscrit à ce point de vue : « *Concernant l'alimentation artificielle, le grand débat international assez hypocrite, est le suivant : apporter des nutriments à travers une sonde relève–t–il de l'ordre de la nutrition d'un malade ou d'un traitement médical ? On peut dire, je pense, que si un malade refuse l'alimentation, le médecin doit insister et essayer de comprendre selon la loi actuelle. Cependant, je crois qu'il devrait s'incliner devant un véritable refus d'alimentation artificielle après avoir tout fait pour lever ce refus. Est–ce conforme au droit ? Je le penserai plutôt. C'est en tout cas conforme à l'éthique car on n'a pas à nourrir – les soignants parlent de gaver – quelqu'un contre sa volonté. Ceci pourrait être dit, c'est encore relativement clair lorsque la personne peut s'exprimer. Cela résoudrait les cas de ceux qui ne sont plus maîtres de leur corps...* »[2]

• Le Conseil de l'Europe vient conforter cette opinion.

M. Carlos de Sola, Chef du service de la bioéthique au Conseil de l'Europe, a précisé à la mission que dans certains Etats membres, l'alimentation artificielle était considérée comme un traitement et qu'il partageait cette analyse : « *En Angleterre, la jurisprudence a abordé deux cas de façon totalement différente. Celui de Diane Pretty, qui n'avait besoin ni de traitement ni d'alimentation artificielle ; celui de Mme B. qui était sous alimentation artificielle et qui refusait de continuer ce traitement. Dans cette dernière affaire, la Cour a confirmé que Mme B. pouvait refuser ce traitement médical.* »[3]

De fait, il a été jugé que l'alimentation pouvait constituer un traitement médical, lorsqu'elle était délivrée sans espoir de rétablissement. « *Pour chacun de ces cas, il s'agissait de patients dans un état végétatif*

[1] Audition du 21 janvier 2004.
[2] Audition du 21 janvier 2004.
[3] Audition du 25 février 2004.

persistant (ou permanent) et pour chacun d'eux la justice a autorisé la suppression de l'alimentation et de l'hydratation sous assistance, entraînant la mort du patient. Mais récemment, dans les affaires NHS Trust A.c., Mrs et M. et NHS Trust BC. Mrs. H., le jugement de l'affaire Bland[1] *a été confirmé et, plus important encore, il a été jugé que la suppression de l'alimentation et de l'hydratation artificielles ne portait pas atteinte (dans les circonstances opportunes) aux protections que garantissent les termes de la Convention européenne des droits de l'homme.* »[2]

Après en avoir débattu, la mission a décidé que seule l'alimentation artificielle devait être qualifiée de traitement et pouvait de ce fait être arrêtée, l'arrêt d'une hydratation entraînant en revanche des souffrances qui ne peuvent être que très difficilement calmées.

Il convient enfin de relever qu'en tout état de cause, la limitation ou l'arrêt de tout traitement incluent l'obligation pour le médecin de recourir aux soins palliatifs.

3.3.5.1.4 Imposer la création de lits identifiés et l'institution de référents en soins palliatifs

Si l'article L. 1110-9 du code de santé publique reconnaît à chaque malade le droit d'accéder à des soins palliatifs, ce droit doit recevoir une traduction plus concrète.

Un des moyens d'inciter les pouvoirs publics à promouvoir les efforts engagés en matière de soins palliatifs serait d'imposer l'obligation de la création de lits identifiés et l'institution de référents en soins palliatifs dans chaque grand service assurant une importante activité de soins palliatifs.

A cette fin, cette obligation pourrait être inscrite au livre premier « *Etablissements de santé* » de la sixième partie du code de la santé publique, parmi les dispositions relatives aux contrats pluriannuels conclus par les agences régionales de l'hospitalisation avec les établissements publics et privés de santé (article L. 6114-2) et parmi les dispositions afférentes aux projets d'établissement des établissements publics de santé (article L. 6143–1 et suivants). Il est à noter que les dispositions relatives aux projets d'établissement des établissements privés de santé – articles L. 6161–6 et L. 6163–8 – renvoient aux dispositions des articles L. 6143-1 et suivants.

---

1 Airedale NHS Trust c. Bland (1993) 12BMLR64.

2 Mme Sheila Mac Kean – Rapport du Conseil de l'Europe sur l'euthanasie au Royaume–Uni. *Regard éthique, l'euthanasie*, vol. II – *Perspectives nationales et européennes*, Editions du Conseil de l'Europe, janvier 2004.

S'agissant des contrats pluriannuels, il convient de se référer à l'article L. 6114–2. Celui–ci dispose : *« Les contrats mentionnés à l'article L. 6114-1 déterminent les orientations stratégiques des établissements, groupements de coopération sanitaire et titulaires d'autorisations sur la base des schémas d'organisation sanitaire. Ils décrivent les transformations qu'ils s'engagent à opérer dans leurs activités et dans leurs actions de coopération. »*

Ils fixent, le cas échéant par avenant, les objectifs quantifiés des activités de soins et équipements lourds pour lesquels une autorisation a été délivrée et en définissent les conditions de mise en oeuvre, au plus tard trois mois après la délivrance de cette autorisation. A défaut de signature du contrat ou de l'avenant dans ce délai, l'agence régionale de l'hospitalisation inscrit ces objectifs quantifiés dans l'autorisation mentionnée à l'article L. 6122-1. »

Cet article (L. 6114-2) pourrait être modifié par l'insertion après le 1er alinéa, de la phrase suivante :

« Ils identifient les services au sein desquels sont dispensés des soins palliatifs et définissent pour chacun d'entre eux, le nombre de référents en soins palliatifs qu'il convient de former ainsi que le nombre de lits qui doivent être identifiés comme des lits de soins palliatifs ».

Quant aux projets d'établissement des établissements publics de santé, ils sont définis par les deux premiers alinéas de l'article L. 6143-1 ainsi libellés :

« Le conseil d'administration définit la politique générale de l'établissement et délibère sur :

1° Le projet d'établissement, y compris le projet médical et le projet social, et le contrat pluriannuel mentionné aux articles L. 6114-1 et L. 6114-2, après avoir entendu le président de la commission médicale d'établissement ; »

Après l'article L. 6143-2-2 qui définit le projet social pourrait être créé un article L. 6143-2-3 qui préciserait le projet médical. Il serait ainsi rédigé :

Article L. 6143-2-3 : « Le projet médical comprend un volet « activité palliative des services ». Celui-ci identifie les services de l'établissement au sein desquels sont dispensés des soins palliatifs. Il précise les mesures qui doivent être prises en application des

dispositions du contrat pluriannuel mentionné aux articles L. 6114-1 et L. 6114-2.

Les modalités d'application du présent article sont définies par décret. »

L'intérêt de ce dispositif serait de définir les conditions nécessaires à la procédure d'accréditation des établissements de santé, régie notamment par les articles L. 6113–3 et L. 6113–4 du code de la santé publique.

3.3.5.2 Reconnaître des droits au malade en fin de vie

On pourrait imaginer que les droits du malade, issus de l'article L. 1111-4, puissent s'appliquer aux malades en fin de vie et qu'il soit donc inutile de légiférer sur la question.

Cependant, les travaux parlementaires sur ce texte montrant sans ambiguïté que le législateur, lorsqu'il avait rédigé cet article, n'avait pas entendu faire référence à la fin de vie, force est d'admettre, qu'en l'état, celui-ci ne tient pas compte de la spécificité des droits des malades en fin de vie. Par conséquent, une jurisprudence qui déduirait de la rédaction actuelle de l'article L. 1111-4, la reconnaissance de droits aux malades en fin de vie serait très constructive. Il apparaît donc nécessaire d'introduire dans le code de la santé publique des dispositions particulières sur les droits des malades en fin de vie. Pour bien les identifier, il est proposé de créer à l'intérieur du chapitre *« Droits de la personne »* du Livre premier deux sections :

– une première section intitulée **« Principes généraux »**, qui regrouperait les actuels articles L. 1111–1 à L. 1111–9 ;

– une seconde section intitulée **« Expression de la volonté des malades en fin de vie »**, qui regrouperait les articles relatifs à ces malades à partir d'un article L. 1111–10 nouvellement créé.

La nouvelle section relative aux droits spécifiques des malades en fin de vie permettrait de préciser les règles applicables à leurs arrêts de traitement et de préciser, lorsqu'ils sont inconscients, le rôle de leur personne de confiance et celui de leurs directives anticipées.

3.3.5.2.1 Consacrer un droit au refus de traitement

Pour cerner plus précisément la fin de vie, il serait fait appel aux critères dégagés par l'Agence nationale d'accréditation et d'évaluation en santé (ANAES), en faisant référence aux personnes en phase avancée ou terminale d'une affection grave et incurable.

L'article L. 1111–10 serait destiné à régir la situation des malades en fin de vie conscients qui sont dans un colloque singulier avec le médecin :

– Art. L. 1111–10 : « Lorsqu'une personne en phase avancée ou terminale d'une affection grave et incurable, quelle qu'en soit la cause, décide de limiter ou d'arrêter tout traitement, le médecin doit respecter sa volonté après l'avoir informée des conséquences de son choix. La décision du malade est inscrite dans son dossier médical.

« Le médecin sauvegarde la dignité du mourant et assure la qualité de sa fin de vie en dispensant les soins visés à l'article L. 1110-10. »

3.3.5.2.2 Affirmer le rôle de la personne de confiance

Aujourd'hui, la personne de confiance voit son statut régi par l'article L. 1111-6 du code de la santé publique. Il prévoit, d'une part, que toute personne peut de son vivant, dès lors qu'elle est majeure, désigner à tout moment une personne de confiance qui est chargée de témoigner de ses sentiments ou de ce qu'elle souhaiterait faire lorsqu'elle ne pourra pas exprimer sa volonté dans un cadre médical ; d'autre part, il confie aux hôpitaux le soin de proposer au patient, lors de son admission, la désignation de cette personne de confiance.

En vertu de l'article L. 1111-4, lorsque la personne est hors d'état d'exprimer sa volonté, aucune intervention ou investigation ne peut être réalisée, sauf urgence ou impossibilité, sans que la personne de confiance ou la famille, ou à défaut, un des proches, ait été consulté.

M. Marc Dupont, membre de la Mission interministérielle de lutte contre le cancer, ancien Chef du département des droits du malade à la Direction générale de l'Assistance publique-Hôpitaux de Paris a particulièrement mis en lumière les fonctions de la personne de confiance : « *La personne de confiance est un dispositif consistant à désigner une personne de son vivant pour qu'à un moment donné, elle puisse porter témoignage de sa conviction personnelle. Aujourd'hui, c'est très général. On pourrait très bien imaginer que la personne de confiance soit mandatée par un document avec des indications écrites du patient sur ce qu'il lui confie réellement.* »[1]

1 Audition du 4 février 2004.

En réalité, ce dispositif se heurte, à l'expérience, à trois difficultés :

– Il est difficile à mettre en oeuvre : *« Qui à l'hôpital, présentera ce dispositif au patient ? » La loi dit « Lors de l'admission », mais nous avons vite constaté qu'il était impossible de confier aux personnes des admissions, qui relèvent les numéros de sécurité sociale et qui remplissent les dossiers, la tâche de parler avec le patient d'événements assez désagréables qui sont son éventuel décès ou sa perte de conscience.*

La discussion a été de savoir qui l'annoncerait parmi les soignants. Certains médecins ont déclaré que c'était leur rôle d'évoquer avec le patient, lors des différentes consultations, l'éventualité d'une perte de possibilité d'exprimer sa volonté. Beaucoup ont relevé la lourdeur de la tâche, qu'elle requérait beaucoup de temps et qu'il n'était pas possible de la mener rapidement car elle demandait une consultation approfondie avec le patient. Dans certaines équipes, il n'existe pas d'empathie par rapport à ce dispositif. »[1]

– *« Nos contemporains peuvent avoir aussi de la difficulté à prévoir ou à prendre des décisions concernant un avenir très négatif, à savoir la fin de vie. »*[2]

– Enfin, comme l'a relevé M. Alain Bénabent : *« Peut-on autoriser les proches pour employer une terminologie ouverte, à prendre cette décision ? Les proches étant constitués par la famille, c'est-à-dire par des héritiers, des confusions d'intérêt peuvent naître. »*[3]

Malgré ces obstacles, il apparaît souhaitable de continuer dans la direction déjà engagée, en développant l'information sur le rôle de la personne de confiance et en renforçant son statut, afin de dissiper toute ambiguïté éventuelle avec le rôle de la famille[4]. D'ailleurs, l'article R. 1112–3 du code de la santé publique différencie dans le dossier médical du patient la personne de confiance et la personne à prévenir.

Dans cet esprit, un nouvel article L. 1111-11 pourrait être ainsi libellé :

Art. L. 1111-11 : « Lorsqu'une personne, en phase avancée ou terminale d'une affection grave et incurable, quelle qu'en soit la cause et hors d'état d'exprimer sa volonté, a désigné une personne de confiance en application de l'article L. 1111-6, l'avis de cette dernière,

---

1 Audition de M. Marc Dupont du 4 février 2004.

2 *Idem.*

3 Audition du 4 février 2004.

4 Cf. *supra* le paragraphe 2.1.2.2. – Le refus anticipé de la personne devenue inconsciente.

sauf urgence ou impossibilité, prévaut sur tout autre avis non médical, dans les décisions d'investigation, d'intervention ou de traitement prises par le médecin. »

3.3.5.2.3 Prendre en compte les directives anticipées du malade

On ne reviendra pas sur la fragilité de ce qui est improprement qualifié de « testament de vie ». Celui–ci n'est pas reconnu dans notre droit positif. Toutefois il peut constituer une manifestation de la volonté du malade s'il devient inconscient. Pour M. François Lemaire : « *le testament de vie est un éclairage de ce qu'était la personne avant son état d'inconscience mais il ne doit pas être comminatoire car il est souvent arrivé que des gens changent d'avis. C'est une information utile et importante qui doit être prise en compte.* »[1]

M. Bernard Beignier estime quant à lui, comme on l'a vu, qu' *« on peut considérer que c'est un acte tout à fait licite dès lors que la personne stipulerait que, pour le jour où elle perdrait la conscience ou ne pourrait s'exprimer, elle souhaite que le médecin qui aurait à la soigner sache qu'elle accepte ses soins, qu'on lui épargne la souffrance, mais qu'elle affrontera la mort à l'heure où elle viendra ».*[2]

M. Dominique Perben n'écarte pas non plus cette possibilité : *« A partir du moment où l'on est bien d'accord sur l'idée que l'on doit chercher un équilibre entre le soin et le non-excès de souffrances inutiles, il ne me paraîtrait pas anormal, dans cette recherche d'équilibre que le patient puisse apporter ce type de précisions, afin que soit mieux prise en compte l'expression de sa volonté. En effet, dans ces maladies terribles, il y a une grande lucidité des patients et les perspectives sont claires et peuvent être décrites, à l'avance, par le médecin. »*[3]

Toutefois, il conviendrait de ne conférer qu'une valeur strictement indicative à ces documents car ils ne possèdent qu'une valeur relative.

L'article 9 de la Convention sur les droits de l'homme et la biomédecine du 4 avril 1997, dite Convention d'Oviedo, stipule – rappelons-le – : *« Les souhaits précédemment exprimés au sujet d'une intervention médicale par un patient qui, au moment de l'intervention, n'est pas en état d'exprimer sa volonté seront pris en compte. »*

Aujourd'hui, aux termes d'une étude réalisée par le Conseil de l'Europe, dans un quart des Etats membres, ces directives sont

---

1 Audition du 3 décembre 2003.
2 Audition du 24 février 2004.
3 Audition du 27 avril 2004.

juridiquement contraignantes. Elles « *doivent être respectées même si le médecin ou la famille de l'intéressé(e) sont en désaccord avec la demande ainsi exprimée. Les médecins ne peuvent toutefois être contraints à procéder à une intervention illégale (telle que l'euthanasie dans les Etats où elle n'est pas autorisée) ni à appliquer un traitement non approprié à l'état du patient* »[1].

Un exemple intéressant des limites du caractère contraignant des directives anticipées est fourni par l'Allemagne. Il est justifié dans ce pays de n'attribuer qu'une valeur limitée au caractère contraignant des instructions anticipées lorsque les instructions du patient :

– ont été données sans qu'il ait eu un entretien médical au préalable parce qu'il se peut qu'il soit insuffisamment informé des risques et alternatives ;

– sont anciennes et que l'on peut douter si leur auteur désire encore qu'elles soient appliquées ;

– emploient une formulation standardisée dont le contenu et la signification ne peuvent être suffisamment bien compris dans le cas où elles ont été signées sans exercer son esprit critique ;

– ont une formulation si générale que l'on peut se demander si elles sont réellement destinées à s'appliquer à la situation dans laquelle leur auteur se trouve.

En revanche, on peut présumer que les instructions du patient doivent s'appliquer sans restriction si, à l'issue d'un premier examen, rien n'indique que la volonté du patient ait changé à l'égard d'une situation donnée et si ses instructions sont fondées sur une information médicale suffisante pour le traitement qui sera administré par la suite. Dans ce cas, les instructions par lesquelles le patient manifeste clairement son désir de cesser un traitement doivent être respectées.[2]

De plus, comme le faisait observer M. Carlos de Sola : « *la volonté anticipée n'est appropriée que lorsque véritablement les conséquences d'une maladie et notamment celles du traitement peuvent être anticipées. Il faut une très bonne raison pour ne pas en tenir compte ; par exemple, lorsque des années se sont écoulées entre l'expression de la volonté anticipée d'un patient atteint d'une maladie longue et dégénérative et le*

---

[1] *Regard éthique – L'euthanasie* vol. II *Perspectives nationales et européennes* – Editions du Conseil de l'Europe 2004, p. 165.

[2] Conseil de l'Europe – *Comité directeur pour la bioéthique. Rapport de la 23ème réunion du CDBI* Addendum II Strasbourg 3–6 décembre 2002, p. 57.

moment où elle doit être prise en compte, alors que les techniques et les traitements ont pu évoluer. On ne peut donc pas se passer d'un examen critique de ces souhaits anticipés [...] Tout le monde s'accorde à dire que la volonté anticipée est un élément de la décision médicale, qu'une évaluation individuelle est indispensable et que le principe de l'intérêt du patient est prédominant. »[1]

M. Alain Bénabent, professeur de droit civil à l'Université de Paris X, avocat au Conseil d'Etat et à la Cour de cassation, observe que « *techniquement, il est tout à fait possible d'organiser un fichier ou une déclaration qui ait la même force ou la même valeur qu'un testament, qui puisse être révoqué ou modifié à tout moment, notamment dans la désignation de la personne de confiance…* »[2]

La rédaction d'un nouvel article du code de la santé publique (art. L. 1111-12) pourrait dès lors être la suivante :

Art. L. 1111–12 : « Toute personne majeure peut rédiger des directives anticipées pour le cas où elle serait un jour hors d'état d'exprimer sa volonté. Ces directives anticipées indiquent les souhaits de la personne relatifs à sa fin de vie concernant les conditions de la limitation ou de l'arrêt de traitement. Elles sont révocables à tout moment.

« A condition qu'elles aient été établies moins de trois ans avant l'état d'inconscience de la personne, le médecin en tient compte pour toute décision d'investigation, d'intervention ou de traitement la concernant. »

Peut–être pourrait-on envisager que ces directives anticipées figurent dans le dossier médical, qui paraît être l'instrument le plus adapté pour les accueillir. En ce sens, il conviendrait de modifier l'article R. 1112-2 du code de la santé publique, relatif au contenu du dossier médical.

La création de ces articles L. 1111-10 à L. 1111-12 renforcerait notablement les droits des malades en fin de vie tout en garantissant une plus grande sécurité juridique aux médecins. Par là même, l'article 122-4 du code pénal, qui exonère de responsabilité pénale toute personne accomplissant un acte prescrit ou autorisé par la loi ou le règlement trouverait toute sa justification. En effet, le médecin qui satisferait ces obligations de transparence et de collégialité, qui respecterait pleinement les demandes du malade, conformément à la loi et au code de déontologie médicale, ne serait pas pénalement responsable. Celui qui, en revanche,

---

1 Audition du 25 février 2004.
2 Audition du 4 février 2004.

s'affranchirait de ces règles, s'exposerait à des poursuites pour homicide involontaire ou non assistance à personne en péril ou empoisonnement[1].

3.3.5.3 Harmoniser la rédaction du code de la santé publique avec celle du code de déontologie médicale.

Pour éviter tout effet de miroitement entre deux dispositions régissant les mêmes droits ou des droits très voisins, il apparaît sage que le code de la santé publique fasse référence implicitement à la procédure collégiale introduite à l'article 38 du code de déontologie médicale. Aussi est-il suggéré d'introduire dans le code de la santé publique un article L. 1111-13 nouveau ainsi rédigé :

« *Art. L. 1111-13* : « Lorsqu'une personne en phase avancée ou terminale d'une affection grave et incurable, quelle qu'en soit la cause, est hors d'état d'exprimer sa volonté, le médecin peut décider de limiter ou d'arrêter un traitement inutile ou impuissant à améliorer l'état du malade, après avoir respecté la procédure collégiale définie par voie réglementaire et consulté la personne de confiance visée à l'article L. 1111-6, la famille et, le cas échéant, les directives anticipées de la personne. »

Cette disposition fait la synthèse de la procédure applicable à un malade en fin de vie et inconscient. En renvoyant à la procédure collégiale définie par voie réglementaire, il est fait référence implicitement aux dispositions de l'article 37 du code de déontologie médicale. L'emploi de l'expression « un traitement » par rapport à « tout traitement » dans les autres dispositifs est sans incidence.

Dès lors, suivant que le malade en fin de vie est ou non conscient, les règles et notamment la procédure applicable seraient différentes. Si le malade est conscient, il serait fait application de l'article L. 1111-10 du code de la santé publique et de l'article 37 du code de déontologie médicale. Dans cette hypothèse, les rapports du médecin et du malade seraient régis par le colloque singulier. En revanche, si le malade est inconscient, l'article L. 1111-13 du code de la santé publique et l'article 37 du code de déontologie médicale recevraient application et les rapports du médecin et du malade seraient encadrés par la procédure collégiale.

---

[1] Art. 122-4 du code pénal : « *N'est pas pénalement responsable la personne qui accomplit un acte prescrit ou autorisé par les dispositions législatives ou réglementaires* ».

*

*   *

Après s'être ralliée à ces propositions, la mission a décidé, dans le prolongement de son rapport, de déposer une proposition de loi reprenant ces suggestions.

4. CONCLUSION

Si l'on ne réforme pas la société par décret, on ne la réforme pas non plus dans l'affrontement politique ou idéologique. Plus que tout autre sujet, les questions de société exigent réflexion, maturation et consensus.

Pour les uns, toute nouvelle législation ou toute nouvelle réglementation serait inutile dans un domaine où les choix éthiques des médecins doivent être la règle. Pour les autres, la volonté individuelle de la personne doit primer sur toute autre considération. Ici, peut être encore plus qu'ailleurs, le droit des uns s'arrête où commence le devoir des autres et l'on ne saurait prêter à la société des intentions mortifères qu'elle n'a pas. En proposant ces recommandations et ces pistes de réforme normatives, la Mission d'information sur l'accompagnement de la fin de vie croit avoir reflété très fidèlement l'opinion des personnes qu'elle a entendues et n'a fait finalement que codifier des bonnes pratiques inspirées par les valeurs d'humanisme et de responsabilité, qui constituent le fondement même de notre société et doivent être non seulement préservées mais encouragées.

Ces solutions devraient constituer un progrès pour les malades et les professions de santé. Mais leur portée ne peut être appréhendée que si elles sont replacées dans la perspective des rapports de notre société avec la mort. Sans prétendre faire de la prospective, au vu des enseignements de cette mission, l'évolution de ces rapports pourrait emprunter deux directions : parce que le déni de la mort est devenu une réalité de plus en plus forte dans la société moderne, on peut considérer que son refoulement n'est voué qu'à s'accentuer ; à l'inverse, fût-ce dans des proportions marginales, on peut estimer que notre regard sur la mort pourrait être appelé à se modifier. La double démarche de poursuite des soins palliatifs et de renforcement des droits du malade peut y aider. Tous les deux partagent en effet le même objectif de mieux assumer la mort et d'en finir avec son déni, qui par bien des côtés s'avère simpliste et puéril. Tous les deux sont inspirés par le même souci de considérer le malade comme un individu à part entière et non comme l'objet momentané d'investigations et de soins. Tous les deux sont animés par la même volonté de permettre à chacun jusqu'à sa fin de donner du sens à son existence.

Depuis une dizaine d'années, les soins palliatifs ont déjà fait la preuve qu'ils pouvaient faire évoluer le rapport de la société à la mort. C'est peut être désormais au tour des droits du malade d'opérer également ce changement et de participer à ce même mouvement. Si ces droits sont mieux reconnus, sous l'effet de nouvelles dispositions sur l'arrêt ou la limitation des traitements, grâce à la consécration des directives anticipées et de la personne de confiance, la réflexion de chacun sur la mort et son anticipation devraient en effet s'en trouver changées. On peut penser aussi que la collégialité et la transparence dans la prise de décision devraient avoir pour résultat de faire échec à ces situations, où le patient remet son destin au seul médecin. En encourageant la discussion avec la famille et avec les proches, ces nouvelles procédures devraient avoir le mérite d'atténuer le caractère brutal que revêt toute disparition et pourraient faciliter le travail de deuil qui s'ensuit. Par là-même, la relation fondamentale de confiance entre le malade, sa famille et le médecin s'en trouverait non seulement enrichie mais renouvelée. Parce qu'elles seraient ainsi mieux organisées, parce qu'elles gagneraient en transparence, ces pratiques désormais définies juridiquement et acceptées peu à peu socialement, devraient permettre à la société d'être mieux préparée à la mort et devraient l'aider à affronter ce passage dans un climat plus apaisé. Ainsi, la mort ne serait plus volée mais réappropriée.

Cependant, on aurait tort de penser que tous les problèmes d'une société se résolvent par le seul droit et à l'intérieur du droit, par la loi. Parce que toutes les situations ne peuvent être appréhendées par le droit, il faut savoir accepter aussi le doute. Une société qui revendique toujours plus de sécurité et toujours plus d'assurance oublie que le progrès et l'intérêt général ont plus à gagner dans la confrontation des interrogations au savoir que dans l'entretien artificiel de certitudes.

5. EXAMEN ET ADOPTION DU RAPPORT

*

*   *

La mission a examiné le présent rapport au cours de sa séance du mercredi 30 juin 2004 et l'a adopté.

Elle a ensuite autorisé sa publication, conformément aux dispositions de l'article 145 du Règlement de l'Assemblée nationale.

*   *

*

6. RECOMMANDATIONS

Recommandation de politique pénale :

Rédiger une circulaire pour le parquet pour faire connaître les bonnes pratiques médicales et clarifier les règles d'exercice de l'action publique.

Recommandations de santé publique :

• *Garantir un égal accès de nos concitoyens* aux soins en renforçant la politique d'encouragement à l'installation des médecins.

• *Poursuivre le développement des soins palliatifs* :

- en renforçant les équipes mobiles et les réseaux de soins ;
- en revalorisant les actes de soins palliatifs dans les établissements hospitaliers et à domicile ;
- en aidant les familles accompagnantes par la garantie du congé d'accompagnement ;
- en favorisant le bénévolat.

• *Former les professions de santé aux situations de fin de vie* :

- en diffusant une formation sur la fin de vie dès la première année de formation initiale ;
- en rendant obligatoire un module d'enseignement « soins palliatifs et accompagnement » ;
- en formant le personnel de soins à la communication avec les malades et les familles dans le cadre de la formation continue ;
- en formant le personnel au questionnement éthique ;

- en demandant à la Conférence nationale des universités d'engager une réflexion sur l'organisation de l'enseignement de l'éthique.

• *Développer la réflexion éthique* dans le cadre des centres hospitaliers et universitaires en créant des comités éthiques rattachés aux CHU.

• *Sensibiliser et informer l'opinion publique, les médecins et les juristes aux problèmes de fin de vie* :

- en organisant une campagne de clarification sémantique et de communication sur les soins palliatifs à l'intention du grand public et des professionnels de santé ;

- en mettant en place des tables rondes régionales conjointes « santé-justice » sur la fin de vie.

7. PROPOSITIONS LÉGISLATIVES

Présentation des modifications du code de la santé publique[1]

1 - Le refus de l'obstination déraisonnable :

Le premier alinéa de l'article L. 1110-5

« Toute personne a, compte tenu de son état de santé et de l'urgence des interventions que celui-ci requiert, le droit de recevoir les soins les plus appropriés et de bénéficier des thérapeutiques dont l'efficacité est reconnue et qui garantissent la meilleure sécurité sanitaire au regard des connaissances médicales avérées. Les actes de prévention, d'investigation ou de soins ne doivent pas, en l'état des connaissances médicales, lui faire courir de risques disproportionnés par rapport au bénéfice escompté. »

est ainsi complété :

« **Ils ne doivent pas être poursuivis par une obstination déraisonnable, lorsqu'il n'existe aucun espoir d'obtenir une amélioration de l'état de la personne et qu'ils entraînent une prolongation artificielle de la vie.** »

2 - L'arrêt et la limitation du traitement du malade qui n'est pas en fin de vie :

• lorsqu'il est conscient :

Le deuxième alinéa de l'article L. 1111-4

« Le médecin doit respecter la volonté de la personne après l'avoir informée des conséquences de ses choix. Si la volonté de la personne de refuser ou d'interrompre **tout** traitement met sa vie en danger, le médecin doit tout mettre en œuvre pour la convaincre d'accepter les soins indispensables. »

est ainsi complété :

« **Il peut faire appel à un autre membre du corps médical. Dans tous les cas, le malade doit réitérer sa décision après un délai raisonnable. Celle-ci est inscrite dans son dossier médical.** »

• lorsqu'il est inconscient :

Après le quatrième alinéa de l'article L. 1111-4 précité, il est inséré le nouvel alinéa suivant :

---

[1] ***Les modifications suggérées par la mission apparaissent en gras.***

« Lorsque la personne est hors d'état d'exprimer sa volonté, l'arrêt ou la limitation de traitement ne peut être réalisé sans avoir respecté la procédure collégiale définie par voie réglementaire et sans que la personne de confiance prévue à l'article L. 1111-6 ou la famille ou à défaut un de ses proches ait été consulté. »

3 - Les droits du malade en fin de vie :

Au sein d'une nouvelle Section II - Expression de la volonté des malades en fin de vie, *sont insérés les articles L.1111-10 à L. 1111-13 relatifs* :

– à l'arrêt et à la limitation de traitement du malade conscient (L.1111-10),

– au rôle de la personne de confiance pour le malade inconscient (L.1111-11),

– au rôle des directives anticipées pour le malade inconscient (L.1111-12),

– à l'arrêt et à la limitation de traitement du malade inconscient (L.1111-13).

Ces articles sont ainsi rédigés :

• lorsque le malade est conscient :

Article L. 1111-10 :
« Lorsqu'une personne, en phase avancée ou terminale d'une affection grave et incurable, quelle qu'en soit la cause, décide de limiter ou d'arrêter tout traitement, le médecin doit respecter sa volonté après l'avoir informée des conséquences de son choix. La décision du malade est inscrite dans son dossier médical.

« Le médecin sauvegarde la dignité du mourant et assure la qualité de sa fin de vie en dispensant les soins visés à l'article L.1110-10. »

• lorsqu'il est inconscient :

Article L. 1111-11 :
« Lorsqu'une personne, en phase avancée ou terminale d'une affection grave et incurable, quelle qu'en soit la cause et hors d'état d'exprimer sa volonté, a désigné une personne de confiance en application de l'article L. 1111-6, l'avis de cette dernière, sauf urgence ou impossibilité, prévaut sur tout autre avis non médical, dans les

décisions d'investigation, d'intervention ou de traitement prises par le médecin. »

Article L. 1111-12 :

« Toute personne majeure peut rédiger des directives anticipées pour le cas où elle serait un jour hors d'état d'exprimer sa volonté. Ces directives anticipées indiquent les souhaits de la personne relatifs à sa fin de vie concernant les conditions de la limitation ou de l'arrêt de traitement. Elles sont révocables à tout moment.

« A condition qu'elles aient été établies moins de trois ans avant l'état d'inconscience de la personne, le médecin en tient compte pour toute décision d'investigation, d'intervention ou de traitement la concernant. »

Article L. 1111-13 :

« Lorsqu'une personne, en phase avancée ou terminale d'une affection grave et incurable, quelle qu'en soit la cause, est hors d'état d'exprimer sa volonté, le médecin peut décider de limiter ou d'arrêter un traitement inutile ou impuissant à améliorer l'état du malade, après avoir respecté la procédure collégiale définie par voie réglementaire et consulté la personne de confiance visée à l'article L. 1111-6, la famille et, le cas échéant, les directives anticipées de la personne. »

4 – Le renforcement de la démarche palliative par la création de lits identifiés et par l'institution de référents en soins palliatifs :

• Les contrats pluriannuels d'objectifs et de moyens :

Après le premier alinéa de l'article L. 6114-2

« Les contrats mentionnés à l'article L. 6114-1 déterminent les orientations stratégiques des établissements, groupements de coopération sanitaire et titulaires d'autorisations sur la base des schémas d'organisation sanitaire. »

Il est inséré un nouvel alinéa ainsi rédigé :

« Ils identifient les services au sein desquels sont dispensés des soins palliatifs et définissent pour chacun d'entre eux, le nombre de référents en soins palliatifs qu'il convient de former ainsi que le nombre de lits qui doivent être identifiés comme des lits de soins palliatifs ».

• Les projets d'établissement des établissements de santé :

Ces projets comprennent aussi un projet social, défini à l'article L. 6143-2-2 et un projet médical non défini. Il est donc proposé de définir ce dernier par un nouvel article ***L. 6143-2-3****, ainsi rédigé :*

Article L. 6143-2-3 :

« Le projet médical comprend un volet « activité palliative des services ». Celui-ci identifie les services de l'établissement au sein desquels sont dispensés des soins palliatifs. Il précise les mesures qui doivent être prises en application des dispositions du contrat pluriannuel mentionné aux articles L. 6114-1 et L. 6114-2.

Les modalités d'application du présent article sont définies par décret. »

8. PROPOSITIONS RÉGLEMENTAIRES

Présentation des modifications du code de déontologie médicale[1]

1 - Consacrer le refus de l'obstination déraisonnable et l'obligation de la décision collégiale :

Après le premier alinéa de l'article 37 :

« En toutes circonstances, le médecin doit s'efforcer de soulager les souffrances de son malade, l'assister moralement et éviter toute obstination déraisonnable dans les investigations ou la thérapeutique. »

pourraient être insérés deux alinéas ainsi rédigés :

« Lorsque le traitement apparaît inutile, impuissant à améliorer l'état du malade ou présentant un risque disproportionné par rapport au bénéfice escompté, le médecin doit décider de sa limitation ou de son arrêt.

Dans le cas où, après une évaluation précise de l'état du malade, cette décision peut entraîner la mort de ce dernier, elle n'intervient qu'en concertation avec l'équipe de soins et le malade et après consultation de la personne de confiance désignée au préalable ou de la famille et, le cas échéant, des directives anticipées. La décision est inscrite dans le dossier médical du malade. »

2 - Consacrer la démarche palliative et autoriser les traitements à « double effet » :

Le premier alinéa de l'article 38 serait ainsi rédigé :

« Le médecin doit accompagner le mourant jusqu'à ses derniers moments, assurer par des soins **palliatifs** appropriés la qualité d'une vie qui prend fin, sauvegarder la dignité du malade et réconforter son entourage. »

Après le premier alinéa il serait ajouté un alinéa ainsi rédigé :

« Si pour soulager les souffrances du mourant, le médecin doit appliquer un traitement qui peut avoir pour effet secondaire d'abréger sa vie, il doit en informer le malade, la personne de confiance désignée au préalable ou la famille. »

Le troisième alinéa serait ainsi rédigé :

« **Le médecin** n'a pas le droit de provoquer délibérément la mort. »

---

[1] *Les modifications suggérées par la mission apparaissent en gras.*

9. ANNEXES

- Loi hollandaise ;
- Modèle de rapport à rédiger par le médecin hollandais qui a pratiqué l'interruption de la vie ou apporté une aide au suicide ;
- Loi belge.

LOI HOLLANDAISE

Sur le contrôle de l'interruption de la vie sur demande et de l'aide au suicide et modification du code pénal et de la loi sur les pompes funèbres.

Chapitre 1er. Définitions

Article 1

Dans la présente loi, on entend par :

a. Nos ministres : le ministre de la Justice et la ministre de la Santé, du Bien-être et des Sports ;

b. aide au suicide : le fait d'aider intentionnellement un autre à se suicider ou de procurer à un autre les moyens à cet effet, visé à l'article 294, paragraphe 2, du code pénal ;

c. le médecin : le médecin qui, conformément au signalement, a pratiqué l'interruption de la vie sur demande ou l'aide au suicide ;

d. le conseiller : le médecin consulté lorsqu'un médecin a l'intention de pratiquer l'interruption de la vie sur demande ou l'aide au suicide ;

e. les intervenants : les intervenants visés à l'article 446, paragraphe 1, du livre 7 du code civil ;

f. la commission : une commission régionale de contrôle comme visé à l'article 3 de la présente loi ;

g. l'inspecteur régional : l'inspecteur régional de la santé du Service national de contrôle de la santé publique.

Chapitre 2. Critères de rigueur

Article 2

1. Selon les critères de rigueur visés à l'article 293, paragraphe 2, du code pénal, le médecin doit :

a. avoir acquis la conviction que la demande du patient est volontaire et mûrement réfléchie ;

b. avoir acquis la conviction que les souffrances du patient sont insupportables et sans perspective d'amélioration ;

c. avoir informé le patient sur sa situation et sur les perspectives qui sont les siennes ;

d. conjointement avec le patient, être parvenu à la conviction qu'il n'existait pas d'autre solution raisonnable dans la situation où se trouvait le patient ;

e. avoir consulté au moins un autre médecin indépendant, qui a vu le patient et a donné par écrit son jugement concernant les critères de rigueur visés aux points a à d ;

f. avoir pratiqué l'interruption de la vie ou l'aide au suicide avec toute la rigueur médicale requise.

2. Si le patient âgé de seize ans ou plus n'est plus capable d'exprimer sa volonté, mais qu'avant d'être dans cet état, il était jugé capable d'apprécier convenablement ses intérêts en la matière et a fait une déclaration écrite dans laquelle il demande l'interruption de la vie, le médecin peut donner suite à cette demande. Les critères de rigueur visés au paragraphe 1 sont applicables par analogie.

3. Si le patient mineur a entre seize ans et dix-huit ans et peut être jugé capable d'apprécier convenablement ses intérêts en la matière, le médecin peut donner suite à sa demande d'interruption de la vie ou d'aide au suicide après que le parent ou les parents investis de l'autorité parentale ou le tuteur ont été associés à la décision.

4. Si le patient mineur est âgé entre douze ans et seize ans et peut être jugé capable d'apprécier convenablement ses intérêts en la matière, le médecin peut donner suite à sa demande si le parent ou les parents investis de l'autorité parentale ou le tuteur peuvent accepter l'interruption de la vie ou l'aide au suicide. L'article 2 est applicable par analogie.

Chapitre 3. Commissions régionales de contrôle de l'interruption de la vie sur demande et de l'aide au suicide

Paragraphe 1 : Instauration, composition et nomination

Article 3

1. Il existe des commissions régionales chargées de contrôler les signalements de cas d'interruption de la vie sur demande et d'aide au suicide visés respectivement à l'article 293, paragraphe 2, et à l'article 294, paragraphe 2, deuxième phrase, du code pénal.

2. Une telle commission comprend un nombre impair de membres, parmi lesquels au moins un juriste, faisant office de président, un médecin et un spécialiste des questions d'éthique ou philosophiques. En font partie également les suppléants des membres de chacune des catégories citées dans la première phrase.

Article 4

1. Le président, les membres et les suppléants sont nommés par Nos ministres pour une durée de six ans. Leur mandat peut être renouvelé une fois pour une durée de six ans.

2. Les commissions ont un secrétaire et un ou plusieurs secrétaires suppléants, tous juristes, qui sont nommés par Nos ministres. Le secrétaire a voix consultative dans les réunions de la commission.

3. Le secrétaire rend compte exclusivement à la commission de ses travaux pour la commission.

Paragraphe 2 : Démission

Article 5

Le président, les membres et les suppléants peuvent à tout moment être démis de leurs fonctions, à leur demande, par Nos ministres.

Article 6

Le président, les membres et les membres suppléants peuvent être démis de leurs fonctions par Nos ministres pour incapacité ou incompétence ou pour tout autre motif grave.

Paragraphe 3 : Rémunération

Article 7

Il est versé au président, aux membres et aux membres suppléants une vacation ainsi qu'une indemnité de voyage et de séjour conformément aux règlements de l'État, pour autant que ces frais ne leur soient pas remboursés à un autre titre par le Trésor public.

Paragraphe 4 : Tâches et compétences

Article 8

1 La commission juge, en s'appuyant sur le rapport visé à l'article 7, paragraphe 2, de la loi sur les pompes funèbres, si le médecin qui a pratiqué l'interruption de la vie sur demande ou l'aide au suicide a agi conformément aux critères de rigueur visés à l'article 2.

2. La commission peut demander au médecin de compléter son rapport, par écrit ou verbalement, si cela est nécessaire pour évaluer correctement ses actes.

3. La commission peut recueillir des informations auprès du médecin légiste de la commune, du conseiller ou des intervenants concernés si cela est nécessaire pour évaluer correctement les actes du médecin.

Article 9

1. La commission communique par écrit son jugement motivé au médecin dans un délai de six semaines à compter de la réception du rapport visé à l'article 8, paragraphe 1.

2. La commission communique son jugement motivé au Collège des procureurs généraux du ministère public et à l'inspecteur régional de la santé :

a. si elle juge que le médecin n'a pas agi conformément aux critères de rigueur visés à l'article 2 ; ou

b. dans la situation visée à l'article 12, dernière phrase, de la loi sur les pompes funèbres. La commission en informe le médecin.

3. Le délai visé au paragraphe 1 peut être prolongé une fois d'une durée maximale de six semaines. Si tel est le cas, la commission en informe le médecin.

4. La commission est habilitée à expliciter oralement devant le médecin, à sa propre demande ou sur demande du médecin, le jugement formulé par elle.

Article 10

La commission est tenue de fournir au procureur de la Reine, sur demande, toutes les informations dont il a besoin :

1. pour évaluer les actes du médecin dans le cas visé à l'article 9, paragraphe 2 ; ou

2. aux fins d'une enquête judiciaire.

La commission fait savoir au médecin que des informations ont été communiquées au procureur de la Reine.

Paragraphe 6 : Méthode de travail

Article 11

La commission fait enregistrer les cas d'interruption de la vie sur demande ou d'aide au suicide signalés aux fins de contrôle.

Article 12

1. Le jugement est arrêté à la majorité simple des voix.

2. La commission ne peut arrêter son jugement que si tous ses membres ont participé au vote.

Article 13

Les présidents des commissions régionales de contrôle se concertent au moins deux fois par ans sur les méthodes et le fonctionnement des commissions. Un représentant du Collège des procureurs généraux et un représentant de l'inspection de la santé du Service national de contrôle de la santé publique sont invités à cette concertation.

Paragraphe 7 : Confidentialité et excuse

Article 14

Les membres et les membres suppléants de la commission sont tenus au respect de la confidentialité à l'égard des données portées à leur connaissance dans l'exercice de leur fonction, sauf si une prescription légale les oblige à les communiquer ou si la nécessité de les communiquer découle de leur tâche.

Article 15

Un membre de la commission qui siège à la commission aux fins de l'examen d'une affaire s'excuse et peut être révoqué si des faits ou des circonstances sont susceptibles de nuire à l'impartialité de son jugement.

Article 16

Un membre, un membre suppléant et le secrétaire de la commission s'abstiennent de porter un jugement sur l'intention qu'a un médecin de pratiquer l'interruption de la vie sur demande ou l'aide au suicide.

Paragraphe 8 : Rapports

Article 17

1. Les commissions adressent tous les ans, avant le 1er avril, à Nos ministres un rapport d'activités pour l'année civile écoulée. Nos ministres arrêtent à cet effet un modèle, par règlement ministériel.

2. Le rapport d'activités visé au paragraphe 1 mentionne dans tous les cas :

a. le nombre de cas signalés d'interruption de la vie sur demande et d'aide au suicide sur lesquels la commission a porté un jugement ;

b. la nature de ces cas ;

c. les jugements de la commission et les considérations qui y ont présidé.

Article 18

Tous les ans, à l'occasion de la soumission du budget aux États généraux, Nos ministres font un rapport sur le fonctionnement des commissions en se référant au rapport d'activité visé à l'article 17, paragraphe 1.

Article 19

1. Sur proposition de Nos ministres, des règles sont arrêtées par règlements d'administration publique concernant :

a. le nombre et les compétences relatives, et

b. le lieu d'établissement des commissions.

Chapitre 4. Modification d'autres lois

Article 20

Le code pénal est modifié comme suit :

A

L'article 293 se lit comme suit :

Article 293

1. Celui qui, intentionnellement, ôte la vie à un autre pour répondre à sa demande expresse et sincère, est puni d'un emprisonnement de douze ans au plus ou d'une amende de la cinquième catégorie.

2. Le fait visé au paragraphe 1 n'est pas punissable s'il est commis par un médecin qui respecte les critères de rigueur visés à l'article 2 de la loi sur le contrôle de l'interruption de la vie sur demande et de l'aide au suicide et qui le signale au médecin légiste de la commune conformément à l'article 7, paragraphe 2, de la loi sur les pompes funèbres.

B

L'article 294 se lit comme suit :

Article 294

1. Celui qui, intentionnellement, incite un autre au suicide est puni, si le suicide a lieu, d'un emprisonnement de trois ans au plus ou d'une amende de la quatrième catégorie.

2. Celui qui, intentionnellement, aide un autre à commettre un suicide ou lui en procure les moyens, est puni, si le suicide a lieu, d'un emprisonnement de trois ans au plus ou d'une amende de la quatrième catégorie. L'article 293, paragraphe 2, est applicable par analogie.

C

Dans l'article 295 sont insérés, après « 295 » les mots « , paragraphe 1, ».

D

Dans l'article 422 sont insérés, après « 293 » les mots « , paragraphe 1, ».

Article 21

La loi sur les pompes funèbres est modifiée comme suit :

A

L'article 7 se lit comme suit :

Article 7

1. Celui qui a fait l'autopsie établit un certificat de décès s'il est convaincu que la mort est la conséquence d'une cause naturelle.

2. Si le décès est subséquent à une interruption de la vie sur demande ou à une aide au suicide visées respectivement à l'article 293, paragraphe 2, et à l'article 294, paragraphe 2, deuxième phrase, du code pénal, le médecin traitant n'établit pas de certificat de décès et communique sur-le-champ au médecin légiste ou à un des médecins légistes de la commune la cause du décès, en remplissant un formulaire. Le médecin joint à cette communication un rapport motivé sur le respect des critères de rigueur visés à l'article 2 de la loi sur le contrôle de l'interruption de la vie sur demande et de l'aide au suicide.

3. Si, dans d'autres cas que ceux visés au paragraphe 2, le médecin traitant juge qu'il ne peut pas établir de certificat de décès, il le fait savoir sur-le-champ au médecin légiste ou à un des médecins légistes de la commune, en remplissant un formulaire.

B

L'article 9 se lit comme suit :

Article 9

1. La forme et l'organisation des modèles de certificat de décès, à délivrer par le médecin traitant et par le médecin légiste de la commune, sont fixées par un règlement d'administration publique.

2. La forme et l'organisation des modèles de la communication et du rapport visés à l'article 7, paragraphe 2, des modèles de la communication visée à l'article 7, paragraphe 3, et des formulaires visés à l'article 10, paragraphes 1 et 2, sont fixées par un règlement d'administration publique sur ordre de Notre ministre de la Justice et de Notre ministre de la Santé, du Bien-Être et des Sports.

C

L'article 10 se lit comme suit :

Article 10

1. Si le médecin légiste de la commune juge qu'il ne peut pas établir de certificat de décès, il en fait rapport sur-le-champ, en remplissant un formulaire, au procureur de la Reine et avertit sur-le-champ le fonctionnaire de l'état civil.

2. Sans préjudice du paragraphe 1, dans le cas d'une communication comme visé à l'article 7, paragraphe 2, le médecin légiste de la commune fait immédiatement rapport, en remplissant un formulaire, à la commission régionale de contrôle visée à l'article 3 de la loi sur le contrôle de l'interruption de la vie sur demande et de l'aide au suicide. Il y joint le rapport motivé visé à l'article 7, paragraphe 2.

D

Une phrase, libellée comme suit, est rajoutée à l'article 12 :

Si le procureur de la Reine, dans les cas visés à l'article 7, paragraphe 2, juge qu'il ne peut pas délivrer de déclaration de non-opposition à l'inhumation ou à l'incinération, il en informe sur-le-champ le médecin légiste de la commune et la commission régionale de contrôle visée à l'article 3 de la loi sur le contrôle de l'interruption de la vie sur demande et de l'aide au suicide.

E

À l'article 81, première partie, les mots « 7, paragraphe 1, » sont remplacés par les mots « 7, paragraphes 1 et 2, ».

Article 22

La loi générale sur les procédures administratives est modifiée comme suit :

À l'article 1:6, à la fin du point d, le point est remplacé par un point-virgule et il est rajouté un cinquième point libellé comme suit :

e. des décisions et des actes en vue de l'exécution de la loi sur le contrôle de l'interruption de la vie sur demande et de l'aide au suicide.

Chapitre 6. Dispositions finales

Article 23

La présente loi entre en vigueur à une date à fixer par décret royal.

Article 24

La présente loi est appelée : loi sur le contrôle de l'interruption de la vie sur demande et sur l'aide au suicide.

Mandons et ordonnons que les présentes soient publiées au Staatsblaad et que tous les départements ministériels, autorités, corps constitués et fonctionnaires concernés veillent à leur stricte exécution.

Le ministre de la Justice,

La ministre de la Santé, du Bien-être et des Sports

Modèle de rapport à rédiger par le médecin hollandais qui a pratiqué l'interruption de la vie ou apporté une aide au suicide

III

Modèle de rapport
A l'intention du médecin traitant qui signale au médecin légiste de la commune un décès consécutif à une interruption de la vie sur demande ou une aide au suicide.

Le médecin traitant qui signale au médecin légiste de la commune une mort non naturelle consécutive à une interruption de la vie sur demande ou à une aide au suicide lui remet un rapport rédigé sur la base du modèle ci-dessous.

NB : Vous êtes prié de motiver vos réponses. Vous pouvez aussi fournir des informations complémentaires dans des annexes. Prière de recourir aussi à une annexe lorsque l'espace prévu pour la réponse est insuffisant. N'oubliez pas clairement sur les annexes les questions auxquelles elles se rapportent.

DONNÉES RELATIVES AU MÉDECIN

Nom :

Initiales des prénoms : Sexe : M/F

Fonction :
- ☐ médecin de famille
- ☐ médecin d'institution
- ☐ spécialiste : (indiquer la spécialité)

Nom de l'institution :

Adresse professionnelle :

DONNÉES RELATIVES AU DÉFUNT

Nom :

Initiales des prénoms : Sexe : M/F

Date du décès :

Âge :

Commune où a eu lieu le décès :

I. HISTOIRE DE LA MALADIE

1 De quelle affection souffrait le patient et depuis quand ?

2 Quels traitements médicaux ont-ils été administrés ?

3 La guérison du patient était-elle encore possible ?

4 Quelle était la nature des souffrances du patient ?

5a Existait-il encore des moyens d'alléger les souffrances du patient ?

5b Dans l'affirmative, quelle était l'attitude du patient à l'égard de ces moyens ?

6 Dans quel délai estimez-vous que la mort du patient serait intervenue si vous n'aviez pas pratiqué l'euthanasie ou pas apporté une aide au suicide ?

II. DEMANDE D'INTERRUPTION DE LA VIE OU D'AIDE AU SUICIDE

7a Quand le patient a-t-il demandé l'interruption de la vie ou l'aide au suicide ?

7b Quand a-t-il réitéré cette demande ?

8 En présence de qui a-t-il fait cette demande ?

9a Existe-t-il une déclaration écrite exprimant la volonté du patient ?

9b Dans l'affirmative, veuillez en indiquer la date et la joindre au rapport.

9c Dans la négative, veuillez en indiquer la raison.

10 Avez-vous des raisons de croire que le patient aurait formulé sa demande sous la contrainte ou l'influence de tiers ?

11 Avez-vous des raisons de douter qu'au moment de formuler sa demande le patient n'était pas pleinement conscient de la portée de sa demande et de son état physique ?

NB : Tout acte visant à interrompre la vie d'un patient dont les souffrances sont au premier chef d'ordre psychique ou d'un patient dont la capacité à formuler une demande mûrement réfléchie a pu être affectée, par exemple à la suite d'une dépression ou de l'apparition d'une démence, doit être signalé suivant la procédure applicable aux cas d'interruption de la vie sans que le patient en ait fait la demande expresse. Cette dernière procédure doit aussi être appliquée dans les cas d'interruption de la vie d'enfants mineurs.

12a L'interruption de la vie a-t-elle fait l'objet d'une concertation avec le personnel soignant ou traitant ?

12b Dans l'affirmation, avec qui et quelle était l'opinion des personnes concernées ?

13a L'interruption de la vie a-t-elle fait l'objet d'une concertation avec des proches du patient ?

13b Dans l'affirmative, avec qui et quelle était l'opinion des personnes concernées ?

13c Dans la négative, pourquoi n'y a-t-il pas eu concertation ?

III. CONSULTATION D'UN CONFRÈRE

14 Quel médecin ou quels médecins ont-ils été consultés ?

15a En quelle qualité ont-ils été consultés (généraliste, spécialiste, psychiatre, autre médecin, à savoir : (veuillez spécifier) ?

15b Ce ou ces médecins faisaient-ils partie de l'équipe traitante ?

15c Quelle est sa relation ou leur relation par rapport à vous-même ?

16a Quand le ou les médecins consultés ont-ils vu le patient ?

16b Si le ou les médecins consultés n'ont pas vu le patient, veuillez indiquer pourquoi cela n'a pas eu lieu.

NB : Vous êtes prié de joindre le rapport écrit du ou des médecins consultés dans lequel ils expriment leur avis quant au caractère insupportable et sans perspective d'amélioration des souffrances du patient et au caractère exprès et mûrement réfléchi de la demande du patient.

Si le ou les médecins consultés n'ont pas donné un avis écrit, veuillez indiquer quel était leur avis concernant les questions évoquées ci-dessus.

IV. MISE EN OEUVRE DE L'INTERRUPTION DE LA VIE SUR DEMANDE OU DE L'AIDE AU SUICIDE

18a Y a-t-il eu :

☐ interruption de la vie sur demande

ou

☐ aide au suicide ?

18b Qui a pratiqué effectivement l'interruption de la vie sur demande ?

19 Quels moyens et quelle méthode ont-ils été utilisés pour interrompre la vie ?

20 Des informations ont-elles été recueillies au préalable sur la méthode à appliquer et, dans l'affirmative, auprès de qui ?

21 Quelles personnes, en dehors de vous-même, étaient présentes lors de l'interruption de la vie ?

V. AUTRES REMARQUES

22 Y a-t-il encore d'autres points que vous souhaitez porter à l'attention de la commission régionale de contrôle et qui n'ont pas été abordés dans le questionnaire ? Dans l'affirmative, veuillez les indiquer ci-dessous.

Date :

Nom :

Signature :

LOI BELGE

MINISTÈRE DE LA JUSTICE

28 MAI 2002 - Loi relative à l'euthanasie

ALBERT II, Roi des Belges,

A tous, présents et à venir, Salut.

Les Chambres ont adopté et Nous sanctionnons ce qui suit :

Article 1er. La présente loi règle une matière visée à l'article 78 de la Constitution.

CHAPITRE Ier. - Dispositions générales

Art. 2. Pour l'application de la présente loi, il y a lieu d'entendre par euthanasie l'acte, pratiqué par un tiers, qui met intentionnellement fin à la vie d'une personne à la demande de celle-ci.

CHAPITRE II. - Des conditions et de la procédure

Art. 3. § 1er. Le médecin qui pratique une euthanasie ne commet pas d'infraction s'il s'est assuré que :

– le patient est majeur ou mineur émancipé, capable et conscient au moment de sa demande ;

– la demande est formulée de manière volontaire, réfléchie et répétée, et qu'elle ne résulte pas d'une pression extérieure ;

– le patient se trouve dans une situation médicale sans issue et fait état d'une souffrance physique ou psychique constante et insupportable qui ne peut être apaisée et qui résulte d'une affection accidentelle ou pathologique grave et incurable ;

et qu'il respecte les conditions et procédures prescrites par la présente loi.

§ 2. Sans préjudice des conditions complémentaires que le médecin désirerait mettre à son intervention, il doit, préalablement et dans tous les cas :

1° informer le patient de son état de santé et de son espérance de vie, se concerter avec le patient sur sa demande d'euthanasie et évoquer avec lui les possibilités thérapeutiques encore envisageables ainsi que les possibilités qu'offrent les soins palliatifs et leurs conséquences. Il doit arriver, avec le patient, à la conviction qu'il n'y a aucune autre solution raisonnable dans sa situation et que la demande du patient est entièrement volontaire ;

2° s'assurer de la persistance de la souffrance physique ou psychique du patient et de sa volonté réitérée. A cette fin, il mène avec le patient plusieurs entretiens, espacés d'un délai raisonnable au regard de l'évolution de l'état du patient ;

3° consulter un autre médecin quant au caractère grave et incurable de l'affection, en précisant les raisons de la consultation. Le médecin consulté prend connaissance du dossier médical, examine le patient et s'assure du caractère constant, insupportable et inapaisable de la souffrance physique ou psychique. Il rédige un rapport concernant ses constatations.

Le médecin consulté doit être indépendant, tant à l'égard du patient qu'à l'égard du médecin traitant et être compétent quant à la pathologie concernée. Le médecin traitant informe le patient concernant les résultats de cette consultation ;

4° s'il existe une équipe soignante en contact régulier avec le patient, s'entretenir de la demande du patient avec l'équipe ou des membres de celle-ci ;

5° si telle est la volonté du patient, s'entretenir de sa demande avec les proches que celui-ci désigne ;

6° s'assurer que le patient a eu l'occasion de s'entretenir de sa demande avec les personnes qu'il souhaitait rencontrer.

§ 3. Si le médecin est d'avis que le décès n'interviendra manifestement pas à brève échéance, il doit, en outre :

1° consulter un deuxième médecin, psychiatre ou spécialiste de la pathologie concernée, en précisant les raisons de la consultation. Le médecin consulté prend connaissance du dossier médical, examine le patient, s'assure du caractère constant, insupportable et inapaisable de la souffrance physique ou psychique et du caractère volontaire, réfléchi et répété de la demande. Il rédige un rapport concernant ses constatations. Le médecin consulté doit être indépendant tant à l'égard du patient qu'à l'égard du médecin traitant et du premier médecin consulté. Le médecin traitant informe le patient concernant les résultats de cette consultation ;

2° laisser s'écouler au moins un mois entre la demande écrite du patient et l'euthanasie.

§ 4. La demande du patient doit être actée par écrit. Le document est rédigé, daté et signé par le patient lui-même. S'il n'est pas en état de le faire, sa demande est actée par écrit par une personne majeure de son choix qui ne peut avoir aucun intérêt matériel au décès du patient.

Cette personne mentionne le fait que le patient n'est pas en état de formuler sa demande par écrit et en indique les raisons. Dans ce cas, la demande est actée par écrit en présence du médecin, et ladite personne mentionne le nom de ce médecin dans le document. Ce document doit être versé au dossier médical.

Le patient peut révoquer sa demande à tout moment, auquel cas le document est retiré du dossier médical et restitué au patient.

§ 5. L'ensemble des demandes formulées par le patient, ainsi que les démarches du médecin traitant et leur résultat, y compris le(s) rapport(s) du (des) médecin(s) consulté(s), sont consignés régulièrement dans le dossier médical du patient.

CHAPITRE III. - De la déclaration anticipée

Art. 4. § 1er. Tout majeur ou mineur émancipé capable peut, pour le cas où il ne pourrait plus manifester sa volonté, consigner par écrit, dans une déclaration, sa volonté qu'un médecin pratique une euthanasie si ce médecin constate :

- qu'il est atteint d'une affection accidentelle ou pathologique grave et incurable ;
- qu'il est inconscient ;
- et que cette situation est irréversible selon l'état actuel de la science.

La déclaration peut désigner une ou plusieurs personnes de confiance majeures, classées par ordre de préférence, qui mettent le médecin traitant au courant de la volonté du patient. Chaque personne de confiance remplace celle qui la précède dans la déclaration en cas de refus, d'empêchement, d'incapacité ou de décès. Le médecin traitant du patient, le médecin consulté et les membres de l'équipe soignante ne peuvent pas être désignés comme personnes de confiance.

La déclaration peut être faite à tout moment. Elle doit être constatée par écrit, dressée en présence de deux témoins majeurs, dont l'un au moins n'aura pas d'intérêt matériel au décès du déclarant, datée et signée par le déclarant, par les témoins et, s'il échet, par la ou les personnes de confiance.

Si la personne qui souhaite faire une déclaration anticipée, est physiquement dans l'impossibilité permanente de rédiger et de signer, sa déclaration peut être actée par écrit par une personne majeure de son choix qui ne peut avoir aucun intérêt matériel au décès du déclarant, en présence de deux témoins majeurs, dont l'un au moins n'aura pas d'intérêt matériel au décès du déclarant. La déclaration doit alors préciser que le déclarant ne peut pas rédiger et signer, et en énoncer les raisons. La déclaration doit être datée et signée par la personne qui a acté par écrit la déclaration, par les témoins et, s'il échet, par la ou les personnes de confiance.

Une attestation médicale certifiant cette impossibilité physique permanente est jointe à la déclaration.

La déclaration ne peut être prise en compte que si elle a été établie ou confirmée moins de cinq ans avant le début de l'impossibilité de manifester sa volonté.

La déclaration peut être retirée ou adaptée à tout moment.

Le Roi détermine les modalités relatives à la présentation, à la conservation, à la confirmation, au retrait et à la communication de la déclaration aux médecins concernés, via les services du Registre national.

§ 2. Un médecin qui pratique une euthanasie, à la suite d'une déclaration anticipée, telle que prévue au § 1er, ne commet pas d'infraction s'il constate que le patient :

– est atteint d'une affection accidentelle ou pathologique grave et incurable ;

– est inconscient ;

– et que cette situation est irréversible selon l'état actuel de la science ;

– et qu'il respecte les conditions et procédures prescrites par la présente loi.

Sans préjudice des conditions complémentaires que le médecin désirerait mettre à son intervention, il doit préalablement :

1° consulter un autre médecin quant à l'irréversibilité de la situation médicale du patient, en l'informant des raisons de cette consultation. Le médecin consulté prend connaissance du dossier médical et examine le patient. Il rédige un rapport de ses constatations. Si une personne de confiance est désignée dans la déclaration de volonté, le médecin traitant met cette personne de confiance au courant des résultats de cette consultation.

Le médecin consulté doit être indépendant à l'égard du patient ainsi qu'à l'égard du médecin traitant et être compétent quant à la pathologie concernée ;

2° s'il existe une équipe soignante en contact régulier avec le patient, s'entretenir du contenu de la déclaration anticipée avec l'équipe soignante ou des membres de celle-ci ;

3° si la déclaration désigne une personne de confiance, s'entretenir avec elle de la volonté du patient ;

4° si la déclaration désigne une personne de confiance, s'entretenir du contenu de la déclaration anticipée du patient avec les proches du patient que la personne de confiance désigne.

La déclaration anticipée ainsi que l'ensemble des démarches du médecin traitant et leur résultat, y compris le rapport du médecin consulté, sont consignés régulièrement dans le dossier médical du patient.

CHAPITRE IV. - De la déclaration

Art. 5. Le médecin qui a pratiqué une euthanasie remet, dans les quatre jours ouvrables, le document d'enregistrement visé à l'article 7, dûment complété, à la Commission fédérale de contrôle et d'évaluation visée à l'article 6 de la présente loi.

CHAPITRE V. - La Commission fédérale de contrôle et d'évaluation

Art. 6. § 1er. Il est institué une Commission fédérale de contrôle et d'évaluation de l'application de la présente loi, ci-après dénommée « la commission ».

§ 2. La commission se compose de seize membres, désignés sur la base de leurs connaissances et de leur expérience dans les matières qui relèvent de la compétence de la commission. Huit membres sont docteurs en médecine, dont quatre au moins sont professeurs dans une université belge. Quatre membres sont professeurs de droit dans une université belge, ou avocats. Quatre membres sont issus des milieux chargés de la problématique des patients atteints d'une maladie incurable.

La qualité de membre de la commission est incompatible avec le mandat de membre d'une des assemblées législatives et avec celui de membre du gouvernement fédéral ou d'un gouvernement de communauté ou de région.

Les membres de la commission sont nommés, dans le respect de la parité linguistique – chaque groupe linguistique comptant au moins trois candidats de chaque sexe – et en veillant à assurer une représentation pluraliste, par arrêté royal délibéré en Conseil des Ministres, sur une liste double présentée par le Sénat, pour un terme renouvelable de quatre ans. Le mandat prend fin de plein droit lorsque le membre perd la qualité en laquelle il siège. Les candidats qui n'ont pas été désignés comme membres effectifs sont nommés en qualité de membres suppléants, selon une liste déterminant l'ordre dans lequel ils seront appelés à suppléer. La commission est présidée par un président d'expression française et un président d'expression néerlandaise. Les présidents sont élus par les membres de la commission appartenant à leur groupe linguistique respectif.

La commission ne peut délibérer valablement qu'à la condition que les deux tiers de ses membres soient présents.

§ 3. La commission établit son règlement d'ordre intérieur.

Art. 7. La commission établit un document d'enregistrement qui doit être complété par le médecin chaque fois qu'il pratique une euthanasie.

Ce document est composé de deux volets. Le premier volet doit être scellé par le médecin. Il contient les données suivantes :

1° les nom, prénoms et domicile du patient ;

2° les nom, prénoms, numéro d'enregistrement à l'INAMI et domicile du médecin traitant ;

3° les nom, prénoms, numéro d'enregistrement à l'INAMI et domicile du (des) médecin(s) qui a (ont) été consulté(s) concernant la demande d'euthanasie ;

4° les nom, prénoms, domicile et qualité de toutes les personnes consultées par le médecin traitant, ainsi que les dates de ces consultations ;

5° s'il existait une déclaration anticipée et qu'elle désignait une ou plusieurs personnes de confiance, les nom et prénoms de la (des) personne(s) de confiance qui est (sont) intervenue(s).

Ce premier volet est confidentiel. Il est transmis par le médecin à la commission. Il ne peut être consulté qu'après une décision de la commission, et ne peut en aucun cas servir de base à la mission d'évaluation de la commission.

Le deuxième volet est également confidentiel et contient les données suivantes :

1° le sexe et les date et lieu de naissance du patient ;

2° la date, le lieu et l'heure du décès ;

3° la mention de l'affection accidentelle ou pathologique grave et incurable dont souffrait le patient ;

4° la nature de la souffrance qui était constante et insupportable ;

5° les raisons pour lesquelles cette souffrance a été qualifiée d'inapaisable ;

6° les éléments qui ont permis de s'assurer que la demande a été formulée de manière volontaire, réfléchie et répétée et sans pression extérieure ;

7° si l'on pouvait estimer que le décès aurait lieu à brève échéance ;

8° s'il existe une déclaration de volonté ;

9° la procédure suivie par le médecin ;

10° la qualification du ou des médecins consultés, l'avis et les dates de ces consultations ;

11° la qualité des personnes consultées par le médecin, et les dates de ces consultations ;

12° la manière dont l'euthanasie a été effectuée et les moyens utilisés.

Art. 8. La commission examine le document d'enregistrement dûment complété que lui communique le médecin. Elle vérifie, sur la base du deuxième volet du document d'enregistrement, si l'euthanasie a été effectuée selon les conditions et la procédure prévues par la présente loi. En cas de doute, la commission peut décider, à la majorité simple, de lever l'anonymat. Elle prend alors connaissance du premier volet du document d'enregistrement. Elle peut demander au médecin traitant de lui communiquer tous les éléments du dossier médical relatifs à l'euthanasie.

Elle se prononce dans un délai de deux mois.

Lorsque, par décision prise à la majorité des deux tiers, la commission estime que les conditions prévues par la présente loi n'ont pas été respectées, elle envoie le dossier au procureur du Roi du lieu du décès du patient.

Lorsque la levée de l'anonymat fait apparaître des faits ou des circonstances susceptibles d'affecter l'indépendance ou l'impartialité du jugement d'un membre de la commission, ce membre se récusera ou pourra être récusé pour l'examen de cette affaire par la commission.

Art. 9. La commission établit à l'intention des Chambres législatives, la première fois dans les deux ans de l'entrée en vigueur de la présente loi, et, par la suite, tous les deux ans :

a) un rapport statistique basé sur les informations recueillies dans le second volet du document d'enregistrement que les médecins lui remettent complété en vertu de l'article 8 ;

b) un rapport contenant une description et une évaluation de l'application de la présente loi ;

c) le cas échéant, des recommandations susceptibles de déboucher sur une initiative législative et/ou d'autres mesures concernant l'exécution de la présente loi.

Pour l'accomplissement de ces missions, la commission peut recueillir toutes les informations utiles auprès des diverses autorités et institutions. Les renseignements recueillis par la commission sont confidentiels.

Aucun de ces documents ne peut contenir l'identité d'aucune personne citée dans les dossiers remis à la commission dans le cadre du contrôle prévu à l'article 8.

La commission peut décider de communiquer des informations statistiques et purement techniques, à l'exclusion de toutes données à caractère personnel, aux équipes universitaires de recherche qui en feraient la demande motivée. Elle peut entendre des experts.

Art. 10. Le Roi met un cadre administratif à la disposition de la commission en vue de l'accomplissement de ses missions légales. Les effectifs et le cadre linguistique du personnel administratif sont fixés par arrêté royal délibéré en Conseil des Ministres, sur proposition des ministres qui ont la Santé publique et la Justice dans leurs attributions.

Art. 11. Les frais de fonctionnement et les frais de personnel de la commission, ainsi que la rétribution de ses membres sont imputés par moitié aux budgets des ministres qui ont la Justice et la Santé publique dans leurs attributions.

Art. 12. Quiconque prête son concours, en quelque qualité que ce soit, à l'application de la présente loi, est tenu de respecter la confidentialité des données qui lui sont confiées dans l'exercice de sa mission et qui ont trait à l'exercice de celle-ci. L'article 458 du Code pénal lui est applicable.

Art. 13. Dans les six mois du dépôt du premier rapport et, le cas échéant, des recommandations de la commission, visés à l'article 9, les Chambres législatives organisent un débat à ce sujet. Ce délai de six mois est suspendu pendant la période de dissolution des Chambres législatives et/ou d'absence de gouvernement ayant la confiance des Chambres législatives.

CHAPITRE VI. - Dispositions particulières

Art. 14. La demande et la déclaration anticipée de volonté telles que prévues aux articles 3 et 4 de la présente loi n'ont pas de valeur contraignante.

Aucun médecin n'est tenu de pratiquer une euthanasie.

Aucune autre personne n'est tenue de participer à une euthanasie.

Si le médecin consulté refuse de pratiquer une euthanasie, il est tenu d'en informer en temps utile le patient ou la personne de confiance éventuelle, en en précisant les raisons. Dans le cas où son refus est justifié par une raison médicale, celle-ci est consignée dans le dossier médical du patient.

Le médecin qui refuse de donner suite à une requête d'euthanasie est tenu, à la demande du patient ou de la personne de confiance, de communiquer le dossier médical du patient au médecin désigné par ce dernier ou par la personne de confiance.

Art. 15. La personne décédée à la suite d'une euthanasie dans le respect des conditions imposées par la présente loi est réputée décédée de mort naturelle pour ce qui concerne l'exécution des contrats auxquels elle était partie, en particulier les contrats d'assurance.

Les dispositions de l'article 909 du Code civil sont applicables aux membres de l'équipe soignante visés à l'article 3.

Art. 16. La présente loi entre en vigueur au plus tard trois mois après sa publication au Moniteur belge.

Promulguons la présente loi, ordonnons qu'elle soit revêtue du sceau de l'Etat et publiée par le Moniteur belge .

Bruxelles, le 28 mai 2002.

ALBERT

Par le Roi :

Le Ministre de la Justice,

M. VERWILGHEN

Scellé du sceau de l'Etat :

Le Ministre de la Justice,

M. VERWILGHEN

10. LISTE DES PERSONNALITÉS AUDITIONNÉES

Le 21 octobre 2003 :

M. Didier Sicard, Président du Comité consultatif national d'éthique pour les sciences de la vie et de la santé

Pr Louis Hollender, Président de l'Académie nationale de médecine

Le 29 octobre 2003 :

M. Michel Vovelle, historien

Le 5 novembre 2003 :

M. Nicolas Aumonier, maître de conférences en histoire et philosophie à l'Université Joseph Fourier, Grenoble I

M. Damien Le Guay, philosophe

Le 12 novembre 2003 :

Mme Jacqueline Lagrée, philosophe

M. Jean Delumeau, historien, ancien professeur au Collège de France

Le 18 novembre 2003 :

M. Michel Hanus, Président de la Société française de thanatologie

Mme Anita Hocquard, socio-anthropologue, enseignante-chercheur à l'Université de Paris I

Le 19 novembre 2003 :

M. Pascal Hintermeyer, Directeur de l'Institut de sociologie de l'Université Marc Bloch de Strasbourg II

Mme Danièle Hervieu-Léger, sociologue, directrice d'études à l'Ecole des Hautes Etudes en Sciences sociales

Le 25 novembre 2003 :

M. Dalil Boubakeur, Président du Conseil français du culte musulman

M. Olivier Abel, membre de la Commission Eglise et Société de la Fédération protestante de France, professeur de philosophie éthique

Le 26 novembre 2003 :

Son Eminence le Cardinal Philippe Barbarin, Archevêque de Lyon

M. Joseph Sitruk, Grand Rabbin de France

Le 2 décembre 2003 :

Dr Gilbert Schulsinger, Grand maître honoris causa à la Grande Loge de France, ancien médecin chirurgien

Mme Marie-Françoise Blanchet, Grande maîtresse de la Grande Loge féminine de France
Mme Christiane Aizenfisz, pédiatre
Mme Martine Chiriqui-Reinecke, psychologue

Le 3 décembre 2003 :

M. Jean-Pierre Pilorge, Grand secrétaire de la Grande Loge nationale française

M. Stéphane Meyer, conseiller de l'Ordre du Grand Orient de France

M. Michel Ducloux, Président du Conseil national de l'Ordre des médecins

Pr Jean-Michel Boles, Président sortant de la Société de réanimation de langue française
Pr François Lemaire, adjoint au Chef de service de réanimation de l'Hôpital Henri Mondor et Secrétaire de la Commission d'éthique de la Société de réanimation de langue française

Le 9 décembre 2003 :

M. Philippe Letellier, professeur au CHU de Caen, responsable de l'unité de soins palliatifs

Le 10 décembre 2003 :

Dr Grégoire Moutel, Chef du Laboratoire d'éthique médicale de la Faculté Necker

Mme Annick Touba, Présidente du Syndicat national des infirmières et infirmiers libéraux (SNIIL)

Mme Nadine Hesnart, Présidente de la Fédération nationale des infirmiers (FNI)

Dr Maryse Dumoulin, maître de conférences des universités (éthique et santé publique) à l'Université de Lille II, médecin à l'Hôpital Jeanne de Flandre de Lille, Présidente de l'association Vivre son deuil Nord-Pas-de-Calais

Le 16 décembre 2003 :

Dr Christophe Trivalle, Chef de service de gérontologie et de soins palliatifs de l'Hôpital Paul Brousse de Villejuif

Pr Jean-Michel Zucker, ancien Chef du département d'oncologie pédiatrique de l'Institut Curie

Dr Henri Delbecque, responsable du comité de suivi du Programme national de développement des soins palliatifs

Le 17 décembre 2003 (Table ronde ouverte à la presse) :

Mme Marie de Hennezel, auteur du rapport « Fin de vie et accompagnement » remis en octobre 2003 à M. Jean-François Mattei, Ministre de la santé, de la famille et des personnes handicapées

M. Sadek Béloucif, membre du Comité consultatif national d'éthique pour les sciences de la vie et de la santé

M. Nicolas Aumonier, maître de conférences en histoire et philosophie à l'Université Joseph Fourier, Grenoble I

M. André Comte-Sponville, philosophe

M. Jacques Ricot, philosophe

Le 6 janvier 2004 :

M. Edouard Couty, Directeur de l'hospitalisation et de l'organisation des soins du ministère de la santé, de la famille et des personnes handicapées

Dr Pierre Saltel, responsable de l'Unité de psychologie médicale du Centre Léon Bérard de Lyon et Secrétaire de la Société française de psycho-oncologie

Dr Jean-Marie Gomas, médecin généraliste, co-fondateur de la Société française d'accompagnement et de soins palliatifs

Le 7 janvier 2004 :

Mme Marie-Thérèse Garnier, infirmière au sein d'une unité mobile de soins palliatifs

Pr Michel Dehan, Chef du service de pédiatrie et réanimation néonatales à l'Hôpital Antoine Béclère de Clamart

Le 13 janvier 2004 :

Dr Aude Le Divenah, Chef de projet du Programme national de soins palliatifs à la Direction de l'hospitalisation et de l'organisation des soins (DHOS)

Le 20 janvier 2004 :

Pr Emmanuel Hirsch, Directeur de l'Espace éthique de l'Assistance publique-Hôpitaux de Paris

Dr Jean-Philippe Wagner, Président de la Fédération des associations « Jusqu'à la mort, accompagner la vie » (JALMALV)

Dr Régis Aubry, Président de la Société française d'accompagnement et de soins palliatifs (SFAP)

Le 21 janvier 2004 :

Dr Bruno Pollez, médecin praticien mis à la disposition de la Direction Générale de la Santé

M. Alain Cordier, Président du directoire de Bayard Presse, Président de la Commission « Ethique et professions de santé » auprès du Ministre de la santé, de la famille et des personnes handicapées

Père Patrick Verspieren S.J., Directeur du département d'éthique biomédicale du Centre Sèvres

M. Henri Caillavet, Président d'honneur de l'Association pour le droit à mourir dans la dignité (ADMD)

Dr Marie-Sylvie Richard, Chef de service de la Maison médicale Jeanne Garnier, membre du conseil de direction, enseignante en éthique médicale

Le 27 janvier 2004 :

Père Daniel Duigou, prêtre, journaliste et psychanalyste

Mme Hedwige Marchand, infirmière coordinatrice de la Fondation Croix Saint-Simon, Unité François Xavier-Bagnoud

Le 28 janvier 2004 :

M. Patrick Thominet, cadre de soins au sein de l'équipe mobile de soins palliatifs du Groupe hospitalier La Pitié-Salpêtrière

M. Claude Reinhart, Président de l'Association pour le développement des soins palliatifs

Mme Yolande Briand, Secrétaire générale de la Fédération Santé-sociaux de la CFDT

Dr Xavier Mirabel, Président de l'association « Alliance pour les droits de la vie »

Le 3 février 2004 :

Père Léon Burdin S.J., ancien aumônier de l'Institut Gustave Roussy de Villejuif

M. Renaud Denoix de Saint Marc, Vice-président du Conseil d'Etat

M. Guy Canivet, Premier président de la Cour de cassation

Le 4 février 2004 :

M. Marc Dupont, membre de la Mission interministérielle de lutte contre le cancer, ancien Chef du département des droits du malade à la Direction générale de l'Assistance publique-Hôpitaux de Paris

M. Alain Bénabent, professeur de droit civil à l'Université Paris X, avocat au Conseil d'Etat et à la Cour de cassation

M. Gérard Mémeteau, professeur à la Faculté de droit de Poitiers, Directeur du Centre de droit médical

Le 10 février 2004 :

M. Michel Castra, maître de conférences en sociologie et chercheur au Laboratoire CLERCE-CNRS

M. Jean-Claude Marin, Directeur des affaires criminelles et des grâces du ministère de la justice

M. Daniel Vigneau, professeur de droit privé et de sciences criminelles à l'Université de Pau et des Pays de l'Adour

M. Emmanuel Dunet-Larousse, juriste, auteur d'études sur les droits des malades et la fin de vie

Le 11 février 2004 (Table ronde ouverte à la presse) :

Dr Michèle Salamagne, médecin responsable de l'unité de soins palliatifs de l'Hôpital Paul Brousse de Villejuif

M. Henri Caillavet, Président d'honneur de l'Association pour le droit à mourir dans la dignité (ADMD)

Dr Régis Aubry, Président de la Société française d'accompagnement et de soins palliatifs (SFAP)

Pr Jean-Michel Boles, Président sortant de la Société de réanimation de langue française

Le 12 février 2004 :

M. Alain Prothais, Directeur de l'Institut de criminologie et des sciences criminelles de l'Université de Lille II

Mme Nicole Questiaux, membre de la Commission nationale consultative des droits de l'homme, ancien ministre et présidente de section honoraire du Conseil d'Etat

Le 24 février 2004 :

Mme Dominique Thouvenin, professeur de droit privé à l'Université Denis Diderot, Paris VII

M. Bernard Beignier, Doyen de la Faculté de droit de Toulouse

Mme Isabelle Erny, juriste au bureau Ethique et droit de la Sous-Direction de la coordination des services et des affaires juridiques de la Direction générale de la santé du ministère de la santé, de la famille et des personnes handicapées

M. Didier Rebut, professeur de droit pénal à l'Université de Paris II

Le 25 février 2004 :

M. Carlos de Sola, Chef du service de la bioéthique au Conseil de l'Europe

Le 25 février 2004 (Table ronde ouverte à la presse) :

M. Jean Michaud, conseiller honoraire à la Cour de cassation, membre du Comité consultatif national d'éthique pour les sciences de la vie et de la santé ;

M. Didier Rebut, professeur de droit pénal à l'Université de Paris II ;

M. Jean Pradel, professeur émérite de droit pénal à la Faculté de droit de Poitiers ;

M. Bernard Beignier, Doyen de la Faculté de droit de Toulouse ;

Le 6 avril 2004 (audition ouverte à la presse) :

M. Bernard Kouchner, ancien ministre

Le 14 avril 2004 (audition ouverte à la presse) :

M. Robert Badinter, sénateur, ancien Garde des Sceaux et ancien Président du Conseil constitutionnel

M. Lucien Neuwirth, membre honoraire du Parlement

Le 27 avril 2004 (audition ouverte à la presse) :

M. Dominique Perben, Garde des Sceaux

Le 18 mai 2004 (audition ouverte à la presse) :

Mme Marie-Anne Montchamp, Secrétaire d'Etat aux personnes handicapées, auprès du Ministre de la santé et de la protection sociale

Imprimé pour l'Assemblée nationale par SEVEN - 91941 Courtabœuf Cedex